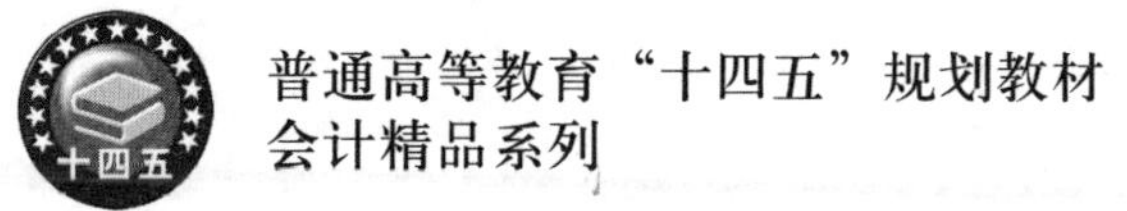

政府会计

（第二版）

胡克刚◎主编

李社宁 周宝湘 韩磊◎副主编

图书在版编目(CIP)数据

政府会计 / 胡克刚主编. —2 版. —上海：立信会计出版社，2022.10(2024.7 重印)

ISBN 978-7-5429-7142-5

Ⅰ. ①政… Ⅱ. ①胡… Ⅲ. ①预算会计 Ⅳ. ①F810.6

中国版本图书馆 CIP 数据核字(2022)第 229311 号

策划编辑　张巧玲
责任编辑　孙　勇
助理编辑　战小雨

政府会计(第二版)
ZHENGFU KUAIJI

出版发行　立信会计出版社
地　　址　上海市中山西路 2230 号　　邮政编码　200235
电　　话　(021)64411389　　传　　真　(021)64411325
网　　址　www.lixinaph.com　　电子邮箱　lixinaph2019@126.com
网上书店　http://lixin.jd.com　　http://lxkjcbs.tmall.com
经　　销　各地新华书店

印　　刷　常熟市人民印刷有限公司
开　　本　787 毫米×1092 毫米　1/16
印　　张　25.75
字　　数　660 千字
版　　次　2022 年 10 月第 2 版
印　　次　2024 年 7 月第 2 次
书　　号　ISBN 978-7-5429-7142-5/F
定　　价　56.00 元

第二版前言

进入21世纪以来，随着我国经济体制改革的不断深入，我国政府财政管理和政府组织的财务管理不断改进，政府财政部门总预算会计和行政事业单位会计制度也在不断地经历变革，尤其是中共十八届三中全会提出的将建立权责发生制的政府综合财务报告制度作为深化财税体制改革的重要举措，新修订的《预算法》要求各级政府财政部门应当按年度编制以权责发生制为基础的政府综合财务报告。近年来，为了适应政府财政管理和财务管理需要，财政部建立健全政府会计核算体系，在推进财务会计与预算会计适度分离并相互衔接、完善预算会计功能、增强政府财务会计功能方面发挥了重要作用，先后出台了政府会计基本准则、10个政府会计具体准则、财政部门总预算会计制度、单位会计制度等一系列政府会计准则和制度。本教材以近年来全国人民代表大会、国务院和财政部修订和新发布的《预算法》《财政部门总预算会计制度》《政府会计基本准则》《政府会计制度——行政事业单位会计科目和报表》和《政府会计准则第1号——存货》《政府会计准则第2号——投资》《政府会计准则第3号——固定资产》《政府会计准则第4号——无形资产》等现行政府会计制度、具体准则为主要依据，结合政府预算执行过程中财政部门总预算会计和行政事业单位会计实际发生的经济业务情况，全面系统地阐述了我国现行政府会计的基本内容和核算方法。

本教材共分为三篇十五章，第一篇是基础理论篇，主要介绍政府会计的基本理论和政府会计核算的基础知识；第二篇是财政总预算会计篇，主要介绍财政总预算会计资产、负债、净资产、收入和支出的核算以及财政总预算会计报表；第三篇是行政事业单位会计篇，以新的政府会计制度为基础，结合行政事业单位经济业务，具体介绍同一会计主体中财务会计和预算会计的双重会计核算功能的应用及财务报告和预算报告的编制。

本教材既可以作为高等院校财政与税收、财务会计等专业教材，也可以作为行政事业单位财会干部业务培训、会计人员继续教育教材。

本教材由西安财经大学胡克刚副教授担任主编，西安财经大学李社宁教授、周宝湘老师、西安财经大学行知学院韩磊老师担任副主编，西安财经大学行知学院何亚雯、张星娟、陈文婷、李振华老师参与编写。胡克刚、李社宁负责补充、总纂和最终定稿。具体编写分工如下：第一、第二、第三、第九、第十章由胡克刚编写；第四章由张星娟编写；第五章由陈文婷编写；第六、第七、第八章由周宝湘编写；第十一、第十二章由韩磊编写；第十三章由李振华编写；第十四章由何亚雯编写；第十五章由李社宁编写。

第二版是在第一版的基础上修订的，除了因相关税收政策变动对相关内容进行修订，我们对其进行了初步立体化教材改造，增加了各章的视频资料和思维导图，还充实了各章的课后习题，这些资料以二维码等的形式散布在各章，方便同学扫码学习。在此，非常感谢立信会计出版社责任编辑张巧玲和倪丹燕在本教材立体化改造过程中给予的大力支持。由于时间和能力所限，书中可能存在疏漏，我们诚挚希望各位读者和同仁对本教材提出宝贵意见，以备来日继续修改完善。

编者

2022年7月

目　录

第一篇　基础理论

第二篇　财政总预算会计

第三篇　行政事业单位会计

第一篇　基 础 理 论

第一章 政府会计基础理论

思维导图

本章重点包括4个知识点。

1. 政府会计的概念和核算对象

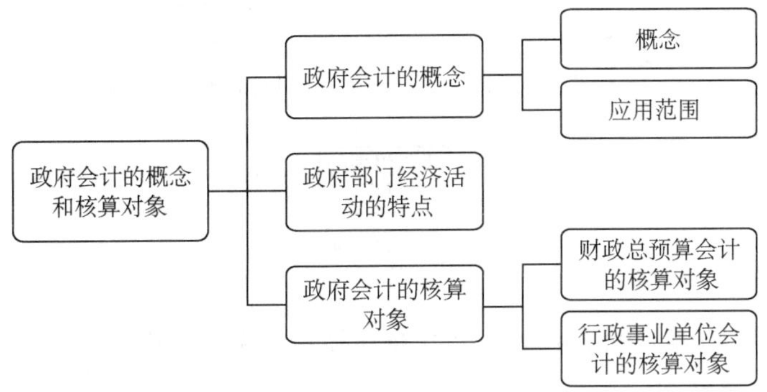

学生通过学习，掌握概念，明确适用范围及与国际政府与非营利组织会计的区别，了解政府部门经济活动的特点，熟悉政府会计的核算对象。

2. 政府会计的组成和分级

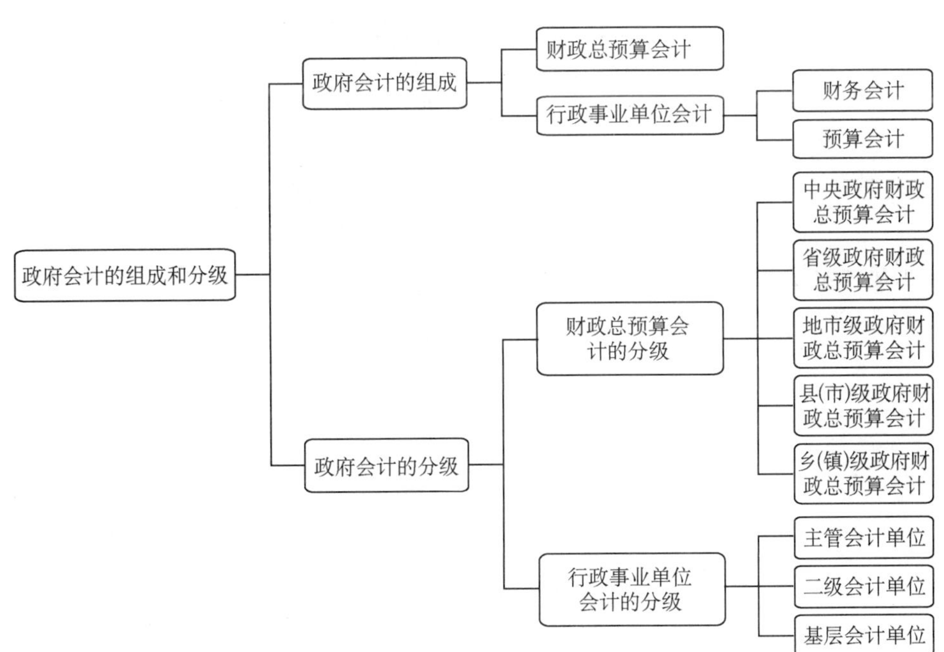

学生通过学习，熟悉并掌握政府会计的组成和分级，了解财政总预算会计和行政事业单位会计分级的依据。

3. 政府会计的会计目标

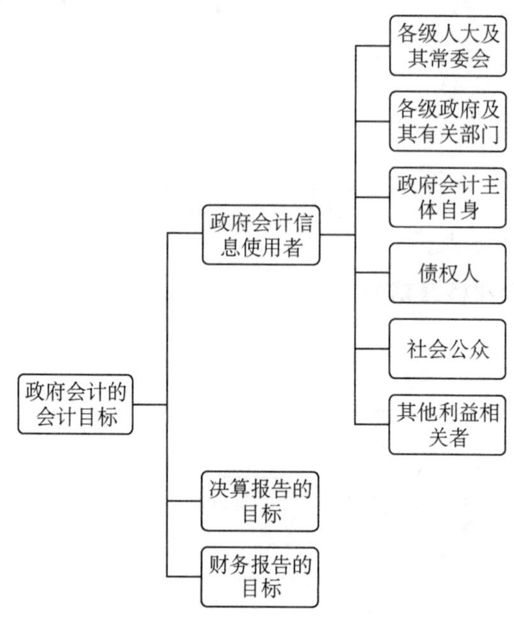

学生通过学习，了解政府会计的决算报告目标和财务报告目标。

4. 政府会计的特点

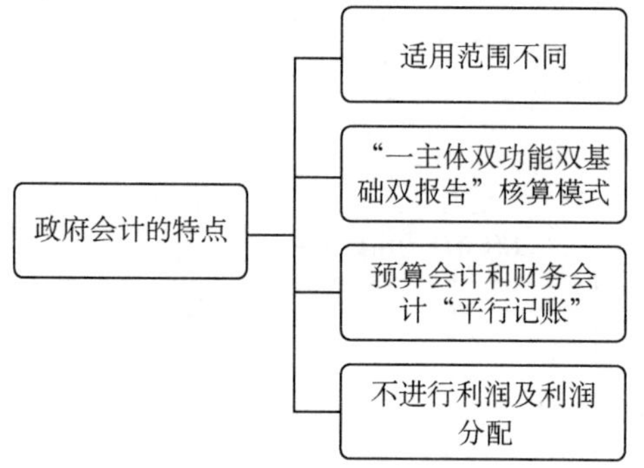

学生通过学习，了解政府会计的 4 个特点。

第一节 政府会计的概念与核算对象

1.1 政府会计的概念和核算对象

一、政府会计的概念

政府会计是以货币为主要计量单位，对各级政府及其所属各部门、各单位的经济活动或会计事项进行记录、核算、反映和监督的一种专门会计，是与营利性企业会计相并列的会计学两大分支之一。

与以营利为目的的企业会计相比，政府会计主要应用于管理社会公共事务，或者提供社会公益服务的领域。政府会计的应用主体通过政府预算，集聚和组织公共经济资源，提供公共产品和服务，以增进社会公共福利为目标。政府会计与国际上的政府及非营利组织会计比较接近，但是现行的政府会计制度的适用范围包括公立事业单位等非营利组织而不包括非公立的非营利组织。

政府会计的主体是与本级政府财政部门直接或者间接发生预算拨款关系的国家机关、政党组织、社会团体、事业单位和其他单位。具体包括：

行政机关，包括中央和地方各级人民政府。

立法机关，包括全国和地方各级人民代表大会。

司法机关，包括最高和地方各级人民法院和人民检察院。

政党组织，包括中央和地方各级中国共产党、各民主党派、全国和地方各级人们政治协商会议等。

社会团体包括工会、共青团、妇联等。

事业单位包括科学、教育、文化、卫生、信息服务、广播电视、体育等科学文化事业单位，水利、环保、地震、气象、计划生育等公益事业单位，养老院、孤儿院等社会福利救济事业单位。

现行政府会计制度的适用主体不包括军队、已纳入企业财务管理体系的单位和执行《民间非营利组织会计制度》的社会团体。

二、政府部门经济活动的特点

政府部门与企业处于两个完全不同的领域。在市场经济体制下，企业通过价格机制引导，以逐利为目标，开展生产经营，提供私人产品，在满足市场需求的同时，实现企业的营利，具有明显的市场性特征。由于存在市场失灵和外部性，市场不能解决社会共同需要的公共产品和服务，政府及其相关机构从社会公平与正义出发，以增进社会公共福利为目标，采用非市场方式去弥补市场失效，其开展的各项经济活动具有明显的非市场性特点。具体而言，政府相关机构运用公共权力，通过政府预算机制，主要利用税收等形式筹集资金，占用公共资源并耗用公共资金，向社会公众提供公共产品和服务，促进市场的正常顺利运转，满足社会公众的社会共同需要。

与政府部门经济活动相一致，在政府预算执行过程中，政府部门的资金运动过程包括资金筹集与分配、资金使用两个阶段。

三、政府会计的核算对象

政府会计的核算对象是指政府会计核算和监督的基本内容，也就是政府部门资金运动的过程和结果。在政府部门资金运动的不同阶段，财政部门和其他政府部门承担着不同的职能和任务。财政部门主要负责按照政府预算筹集和分配公共资金；行政事业单位按照各自承担的提供公共产品和服务的职责，依据批准的政府预算从财政部门申领预算资金，按照规定的预算用途使用资金，提供公共产品和服务。财政部门和行政事业单位承担的职责任务不同，因此，会计核算对象也有差异。

（一）财政总预算会计的核算对象

各级政府财政部门负责具体执行各级总预算，一方面，按照核定的预算，从国民经济各部门取得各项预算收入；另一方面，又按照核定的预算，将集中起来的预算资金再分配出去，用于各项支出，形成预算支出；预算收入与预算支出的差额，形成预算收支结余。同时，在执行预算的过程中，由一级财政部门掌管的货币资金和债权形成一级财政的资产；由发行公债、与上下级财政、与预算单位之间的应付款项形成一级财政的负债；各项结余和基金形成一级财政的净资产。

因此，财政总预算会计的核算对象，就是各级政府总预算执行过程的预算收入、预算支出和预算结余，以及在资金运动过程中所形成的资产、负债和净资产。

（二）行政事业单位会计的核算对象

按照财务管理要求，行政事业单位的会计核算不仅要反映预算执行过程中的公共资金的取得、使用及其结果，还要反映受托责任的履行情况和政府活动的绩效要求，因此，行政事业单位会计的核算对象，就是行政事业单位在预算执行过程中的各项资金收支及其结余，以及各项资金运动过程中所形成的资产、负债和净资产。

第二节　政府会计的组成和分级

1.2　政府会计的组成与分级

一、政府会计的组成

（1）以政府会计的资金运动过程和各部门在政府预算执行中的不同职责为标准，政府会计可以分为财政总预算会计和行政事业单位会计。

各级政府财政部门是指组织财政收支、办理政府预算、决算的专职管理机关。财政总预算会计是指各级政府财政部门代表本级政府核算、反映和监督政府预算执行中各项财政性资金收支活动和结果，以及本级政府资产、负债和净资产等财务状况的专业会计。

行政事业单位会计是以各单位实际发生的各项经济业务为对象，核算、反映和监督单位预算执行过程和结果以及本单位资产、负债和净资产等财务状况的专业会计。

（2）按照核算内容和会计报告要求，行政事业单位会计还可以分为财务会计和预算会计。按照政府会计基本准则的要求，行政事业单位会计核算应当具备财务会计与预算会计双重功能，实现财务会计与预算会计适度分离并相互衔接，全面、清晰反映行政事业单位财务信息和预算执行信息。

预算会计是指以收付实现制为基础对政府会计主体预算执行过程中发生的全部收入和全部支出进行会计核算，主要反映和监督预算收支执行情况的会计。

财务会计是指以权责发生制为基础对政府会计主体发生的各项经济业务或者事项进行会计核算，主要反映和监督政府会计主体财务状况、运行情况和现金流量等的会计。

二、政府会计的分级

（一）财政总预算会计的分级

财政总预算会计的分级与政府预算的分级是一致的。我国政府预算体系是根据国家政权结构、行政区划和财政管理体制而确定的预算级次和预算单位，按一定的方式组合成的统一整体。为实现事权与财权的统一，我国各级预算级次的划分与政权体系的层次基本对应，具体分为中央预算和地方预算。地方预算又分为省、自治区、直辖市；设区的市、自治州；县、自治县，不设区的市、直辖区、市辖区；乡、民族乡、镇四级预算。上述五级预算构成了我国的政府预算体系。

财政总预算会计的管理体系与政府预算组成体系相一致，也分为五级，即有一级政府就要建立一级总预算，每一级政府的总预算都在财政部门设立财政总预算会计。财政部设立中央级财政总预算会计；省级（包括自治区、直辖市）的财政厅（局）设立省级（包括自治区、直辖市）财政总预算会计；市（地、州）财政局设立市（地、州）级财政总预算会计；县（市）财政局设立县（市）级财政总预算会计；乡（镇）财政所则设立乡（镇）级财政总预算会计。

各级总预算会计不仅要做好自身的会计核算、反映和监督工作，而且要负责组织和指导本区的整个预算会计工作，指导下级总预算会计工作，保证政府预算工作的顺利完成。

（二）行政事业单位会计的分级

根据现行的事业、行政管理体制，行政、事业单位预算拨款关系和单位财务收支计划的编报程序，行政事业单位会计组织系统一般分为三级。

1. 主管会计单位

主管会计单位（简称“主管单位”）。与同级财政部门直接发生经费领报关系或建立财务关系（预算资金审批关系、财务收支计划与会计决算审批关系），并有所属会计单位的，为主管会计单位。

2. 二级会计单位

二级会计单位（简称“二级单位”）。与主管会计单位或上级会计单位发生经费领报关系、财务收支计划与会计决算审批关系，并有所属会计单位的，为二级会计单位。二级会计单位下边没有所属会计单位的视同基层会计单位。

3. 基层会计单位

基层会计单位。与主管会计单位或二级会计单位直接发生经费领报关系、财务收支计划与会计决算审批关系，下面没有附属会计单位的，称为基层会计单位。

以上的会计单位，都应建立独立的单位预算，实行比较完整的会计核算制度。不具备独立核算条件的，实行单据报账制度，作为“报账单位”管理。

1.3 政府会计的目标和特点

第三节 政府会计的会计目标

会计目标是对会计实践行为结果的一种预期，也就是提供会计主体的会计信息的目的。政府会计的会计目标就是向政府会计信息的使用者提供对其有用的会计信息。因此，对政府会计目标的认识，应该首先明确政府会计信息的使用者有哪些，其次明确政府会计信息的使用者使用政府会计信息的目的。

一、政府会计信息的使用者

根据我国目前的政府会计信息管理工作实践，政府会计信息的使用者主要包括以下几类：

(1) 各级人民代表大会及其常务委员会。

(2) 各级政府及其有关部门。

(3) 政府会计主体自身。

(4) 债权人。

(5) 社会公众。

(6) 其他利益相关者，如社会审计机构、信用评估机构、新闻媒体、对政府会计信息感兴趣的社会组织、个人及其他利益相关者等。

二、使用政府会计信息的目的

各种政府会计信息使用者了解会计信息，都有一定的目的。要准确定位政府会计的目标，必须了解政府会计信息的使用者出于什么目的、需要了解哪些方面的会计信息。从上述政府会计信息使用者的具体类型看，他们使用政府会计信息，主要是为了做出各项政治和经济政策的决策，了解政府预算、决算的执行情况，评价监督政府各项政策决策的实施效果；了解政府财务状况和运行情况，评价和监督政府会计主体公共受托责任的履行情况等。

三、政府会计的目标

按照政府会计基本准则规定，政府会计从核算内容上分为预算会计和财务会计，预算会计需要定期编制决算报告，财务会计需要定期编制财务报告。政府会计的目标包括两个方面：

(1) 决算报告的目标。向决算报告使用者提供与政府预算执行情况有关的信息，综合反映政府会计主体预算收支的年度执行结果，有助于决算报告使用者进行监督和管理，并为编制后续年度预算提供参考和依据。政府决算报告使用者包括各级人民代表大会及其常务委员会、各级政府及其有关部门、政府会计主体自身、社会公众和其他利益相关者。

(2) 财务报告的目标。向财务报告使用者提供与政府的财务状况、运行情况（含运行成本）和现金流量等有关信息，反映政府会计主体公共受托责任履行情况，有助于财务报告使用者作出决策或者进行监督和管理。政府财务报告使用者包括各级人民代表大会常务委员会、债权人、各级政府及其有关部门、政府会计主体自身和其他利益相关者。

第四节 政府会计的特点

政府会计和企业会计同属于专业会计的范畴,因此,它们所应用的会计理论和会计核算的基本方法大致相同。但是,由于核算对象、任务及业务性质等的不同,与企业会计相比,政府会计有以下特点。

一、适用范围不同

政府会计适用于各级政府财政部门、各级各类行政事业单位,其开展的各项经济活动具有明显的非市场性,适用对象具有明显的非营利性特点。而企业会计适用于以营利为目的的从事生产经营活动的各类企业。

二、"一主体双功能双基础双报告"核算模式

为了兼顾现行预算会计部门决算报告制度的需要,又能满足部门编制权责发生制财务报告的要求,避免部门和单位采用两套会计信息系统进行核算的复杂性,财政部进行了政府会计规则的重大改革,出台了《权责发生制政府综合财务报告制度改革方案》,创新性地提出了包涵政府预算会计和财务会计的"一主体双功能"核算模式。

(1) 双功能。即在同一会计核算系统中实现财务会计和预算会计双重功能,通过资产、负债、净资产、收入、费用五个要素进行财务会计核算,通过预算收入、预算支出和预算结余三个要素进行预算会计核算。这样在完善预算会计功能基础上,强化财务会计功能,更加完整地反映政府会计信息。

(2) 双基础。即财务会计采用权责发生制,预算会计采用收付实现制。

(3) 双报告。即通过财务会计核算形成财务报告,通过预算会计核算形成决算报告。在同一会计核算系统中政府预算会计要素和财务会计要素相互协调,决算报告和财务报告相互补充,共同反映政府会计主体的预算执行信息和财务信息。

三、预算会计和财务会计"平行记账"

为了满足单位在一个会计信息系统中同时进行财务会计和预算会计核算的需要,政府会计制度要求各会计单位进行"平行记账",即对于纳入预算管理的现金收支,在采用财务会计核算的同时进行预算会计核算。对于不属于预算收支的现金收支,如应当上缴国库或财政专户的款项、应当转拨其他单位的款项、受托代理的款项等,收到或支付时仅作财务会计核算,不需要进行预算会计核算。"平行记账"相对于原来行政事业单位会计制度中"双分录"核算模式,更能全面准确反映行政事业单位的财务信息和预算执行信息。

四、不进行利润及利润分配的核算

政府会计没有利润和所有者权益的概念,政府组织的活动不以营利为目的,政府组织在开展各项活动在增加的净资产也不需要向出资者分配。政府会计虽然也进行收入和费用核算,但是各个政府会计主体的收入减去费用的差额(结余),与企业会计的经营成果(利润)不同,并不是越大越好。

关键术语

政府会计　政府会计的核算对象　政府会计的组成　政府会计的分级　平行记账　政府会计目标

复习题

1. 什么是政府会计？它有哪些特点？
2. 简述政府会计的组成体系与分级。
3. 如何理解“一主体双功能双基础双报告”核算模式？
4. 政府会计的会计目标是什么？

练习题

一、单选题

1. 会计学两大分支包括营利性企业会计和(　　)。
   A. 管理会计　B. 成本会计　C. 财务会计　D. 政府会计
2. 以政府会计的资金运动过程和各部门在政府预算执行中的不同职责为标准,政府会计可以分为财政部门的总预算会计和(　　)。
   A. 预算会计　B. 行政事业单位会计　C. 财务会计　D. 企业会计
3. 按照核算内容和会计报告要求,行政事业单位会计还可以分为预算会计和(　　)。
   A. 财政总预算会计　B. 基础会计
   C. 财务会计　D. 成本会计
4. 预算会计是以(　　)为会计基础。
   A. 权责发生制　B. 收付实现制　C. 应收应付制　D. 应计制
5. 财务会计以(　　)为会计基础。
   A. 权责发生制　B. 收付实现制　C. 现收现付制　D. 实际盘存制

二、多选题

1. 政府会计的主体包括(　　)等。
   A. 国家机关　B. 事业单位　C. 政党组织　D. 军队
   E. 民间非营利组织
2. 以政府会计的资金运动过程和各部门在政府预算执行中的不同职责为标准,政府会计可分为(　　)。
   A. 财政总预算会计　B. 行政事业单位会计
   C. 财务会计　D. 企业会计
   E. 民间非营利组织会计
3. 按照核算内容和会计报告要求,行政事业单位会计还可分为(　　)。
   A. 财政总预算会计　B. 预算会计
   C. 财务会计　D. 企业会计
   E. 基础会计
4. 关于财政部门总预算会计的分级,下列说法正确的有(　　)。

A. 财政总预算会计的分级与政府预算的分级是一致的
B. 财政总预算会计的分级与政府预算的分级不一致
C. 有一级政府就要设立一级总预算会计
D. 财政总预算会计分五级
E. 财政总预算会计分四级

5. 行政事业单位会计由(　　)构成。
A. 总预算会计单位　　B. 主管会计单位
C. 二级会计单位　　D. 基层会计单位
E. 基础会计单位

6. 行政事业单位会计的目标包括(　　)。
A. 财务报告的目标　　B. 决算报告的目标
C. 总预算会计的目标　　D. 基层会计的目标
E. 基础会计目标

三、判断题

1. 现行的政府会计制度的适用范围包括非公立的非营利组织。(　　)
2. 现行的政府会计制度的适用范围不包括非公立的非营利组织。(　　)
3. 政府会计的适用领域与企业会计基本一致。(　　)
4. 财政总预算会计的核算对象与行政事业单位会计的核算对象相同。(　　)
5. 政府会计的会计目标就是向政府会计信息的使用者提供对其有用的会计信息。(　　)
6. 政府会计主体开展的各项经济活动具有明显的非市场性和非营利性。(　　)
7. 政府组织的活动不以营利为目的,政府组织在开展各项活动中增加的净资产也不需要向出资者分配。(　　)
8. 政府部门的各项经济活动具有明显的非市场性特点。(　　)

第二章　政府会计核算基础

思维导图

本章重点如下。

1. 政府会计的基本前提和会计原则

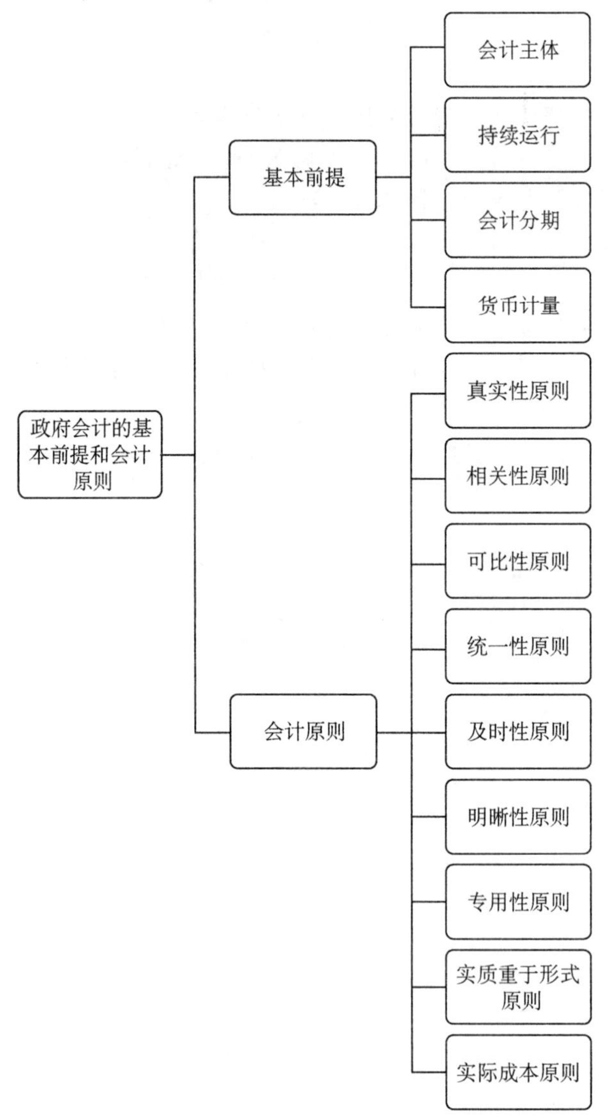

学生通过学习，了解政府会计的4个会计基本前提和9条会计原则。

2. 政府会计的会计要素及其确认计量

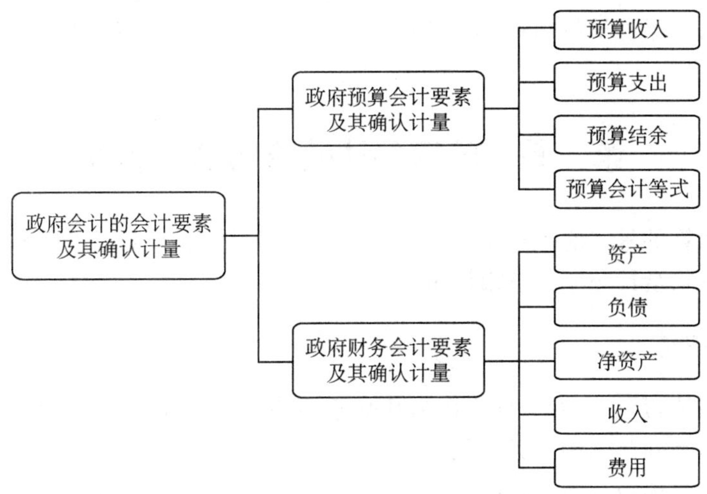

3. 政府会计核算的基本方法

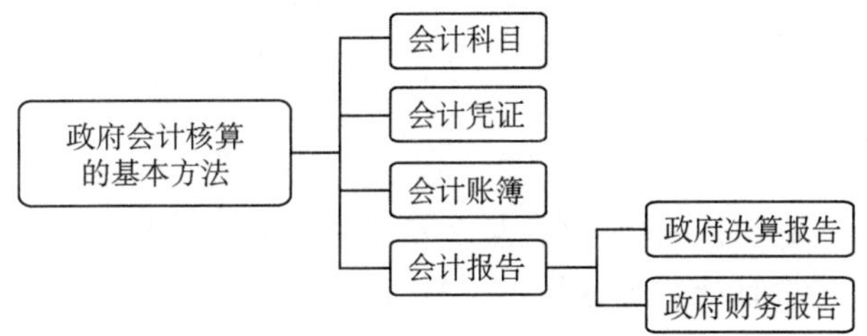

政府会计是建立在一定的基础之上的，政府会计核算的基础包括政府会计核算的基本前提、一般原则、会计要素和基本方法。它们之间相互联系、相互补充、相互制约，从而构成一个完整的政府会计核算体系。本章主要介绍了政府会计核算的基本前提、一般原则、会计要素和核算方法。通过学习本章，学生应全面掌握政府会计核算的基础，重点掌握政府会计核算的基本方法。

第一节 政府会计核算的基本前提

政府会计核算的基本前提是指组织政府会计核算工作必须具备的前提条件，它包括会计主体、持续运行、会计分期和货币计量。

一、会计主体

政府会计主体，是指政府会计工作为其服务的特定单位或组织。政府会计主体规定了政府会计核算的空间范围和服务对象。

政府会计的主体包括国家各级政府及各类政府单位。财政总预算会计的主体是各级政府，而不是各级财政机关，因为财政总预算各项收支的安排、使用，是国家各级政府的职权范围，财政只是代表政府执行预算，管理财政收支。各类政府单位会计的会计主体是指会计为之服务的各类行政事业单位。

二、持续运行

持续运行，是指政府会计主体的经济业务活动将无限期地延续下去，是针对非持续经济业务活动而言的。政府会计核算所采取的会计程序和一系列的会计处理方法都是建立在持续运行业务活动前提基础上的。就是说，一个政府会计主体通常是以正常的经济活动作为前提条件去处理数据、加工并传递信息的。若没有持续经济业务活动的前提条件，一些公认的会计处理方法将失去存在的基础，一些公认的会计处理方法也将无法采用，单位也就不能按照正常的会计原则、正常的会计处理方法进行会计核算。

三、会计分期

会计分期，是将政府会计主体持续不断的经济业务活动分割为一定的期间，据以结算账目，编制会计报表，从而及时向有关方面提供会计信息。单位通常以一年作为划分会计期间的标准。以一年为一会计期间称为会计年度。我国的会计年度采用历年制，即每年 1 月 1 日至12 月 31 日作为一个会计年度。期间还可以采用季度和月度。

会计期间的划分对会计核算有着重要的影响。由于有了会计期间，才产生本期与非本期的区别，才产生了权责发生制和收付实现制，才使不同类型的会计主体有了记账的基础。会计期间的划分，使单位连续不断的经济业务活动分为若干个较短的会计期间，有利于单位及时结算账目，编制会计报表；有利于及时提供反映单位经济活动情况的财务信息，能够及时满足单位内部管理及其他有关方面进行决算的需要。

四、货币计量

货币计量,是指政府会计主体的会计核算应该通过货币予以综合反映。这是现代会计最基本的前提条件,如果没有这个前提条件,会计也就失去了其基本特征——价值的核算。政府会计一般以人民币为记账本位币,即政府会计采用人民币记账。对于记账中涉及的外币,就根据中央银行公布的人民币外汇汇率折算成人民币记账。境外事业单位或业务收支以外币为主的,可以选定某种外币为记账本位币。但向国内编报会计报表时,应按照报告期末日的汇率折算为人民币反映。

政府会计记录的文字,一般应使用中文文字,少数民族地区可以同时使用少数民族文字。外国设在中国境内的事业单位,也可以同时使用某种外国文字。境外事业单位向国内报送财务报表应当使用中文。

第二节 政府会计核算的一般原则

2.1 政府会计核算的基本前提和一般原则

会计核算的一般原则是处理具体会计核算业务的基本依据,是对会计核算提供信息的基本要求。政府会计核算的一般原则主要有以下几个方面。

一、真实性原则

真实性原则是指会计核算应以实际发生的经济业务为依据,客观真实地反映单位的财务收支状况及其结果。按照这个要求,首先,会计核算的对象应该是客观的,即单位实际已经发生的经济业务,并且每一项经济业务必须取得或填制合法的书面凭证,做到内容真实、数字准确、手续完备;其次,会计核算的过程应该是客观的,即根据相同原始资料对同一业务进行处理,两位合格的会计人员应得出相同的结论;最后,会计报表应该是真实的,即会计报表应该根据合法的会计账簿记录进行编制,不能弄虚作假。因此,会计信息的真实性,是保证会计核算质量的首要条件。

二、相关性原则

相关性原则是指会计核算所提供的经济信息应当有助于信息使用者作出正确的经济决策,会计提供的信息要同经济决策相关联。政府会计主体提供的会计信息,应当与反映政府会计主体公共受托责任履行情况以及报告使用者决策或者监督、管理的需要相关,有助于报告使用者对政府会计主体过去、现在或者未来的情况作出评价或者预测。

三、可比性原则

可比性原则是指会计核算应当按照规定的会计处理方法进行,同类单位的会计指标应当口径一致,相互可比。政府会计主体提供的会计信息应当具有可比性。同一政府会计主体不同时期发生的相同或者相似的经济业务或者事项,应当采用一致的会计政策,不得随意变更。确需变更的,应当将变更的内容、理由及其影响在附注中予以说明。不同政府会计主体发生的相同或者相似的经济业务或者事项,应当采用一致的会计政策,确保政府会计信息口径一致,相互可比。

四、统一性原则

统一性原则是指政府会计主体应当将发生的各项经济业务或者事项统一纳入会计核算，确保会计信息能够全面反映政府会计主体预算执行情况和财务状况、运行情况、现金流量等。

五、及时性原则

及时性原则是指政府会计主体对已经发生的经济业务或者事项，应当及时进行会计核算，不得提前或者延后。会计核算在持续运作的过程中，每天都有大量的经济业务发生，及时性原则要求在业务活动发生或完成时，财会人员应及时依据原始凭证编制记账凭证，据以登记账簿，并按规定时日编报财务报告，不得拖延和积压，以提高会计信息的时效性。

六、明晰性原则

明晰性原则又称清晰性原则，它要求会计记录和会计报表应当简单明了、通俗易懂，能够一目了然地反映单位经济活动的来龙去脉。根据政府会计制度的有关规定，会计记录和会计报表应当清晰明了，便于理解和运用。这一方面说明了清晰性原则的要求，另一方面也说明了清晰性原则的目的，就是要使会计信息能够被会计信息使用者迅速有效地加以运用，以提高工作效率和决策效率。

七、专用性原则

专用性原则是指对于政府预算拨款和其他指定用途的资金，应按规定的用途使用，不能擅自改变用途，挪作他用。这一原则是政府会计特有的一条原则，这是由政府会计主体本身的性质所决定的。无论财政部门总预算会计还是行政事业单位会计日常核算过程中，都涉及多种性质不同的资金和基金，这些基金均有专门的指定用途的资金，对于这些资金的核算和管理应贯彻专款专用的原则。在目前的情况下，政府会计不宜采用企业会计的做法，取消专用性原则。

八、实质重于形式原则

实质重于形式原则是指政府会计主体应当按照经济业务或者事项的经济实质进行会计核算，不限于以经济业务或者事项的法律形式为依据。

九、实际成本原则

实际成本原则是指政府会计人员在进行资产的登记入账时，各项财产物资应当按照取得或购建时的实际成本计价，除国家另有规定外，一律不得自行调整其账面价值。

实际成本又称历史成本或原始成本，是指各单位在取得财产物资时，包括购买、制造或建造财产物资时所支出的全部货币金额。采用实际成本计价较之其他计价基础最易确定财产物资的价值，并且一般附有原始凭证，因而也最确凿可靠。

第三节 政府会计核算的会计要素及其确认计量

政府会计要素就是政府会计对象的构成要素，是对政府会计对象的基本分类，是构成政府会计报表的基础，所以，它又被称作会计报表要素。政府会计要素包括政府预算会计要素和政府财务会计要素。

一、政府预算会计要素及其确认计量

政府预算会计要素包括预算收入、预算支出和预算结余。

(一) 预算收入

预算收入是指政府会计主体在预算年度内依法取得的并纳入预算管理的现金流入。

预算收入一般在实际收到时予以确认，以实际收到的金额计量。

(二) 预算支出

预算支出是指政府会计主体在预算年度内依法发生并纳入预算管理的现金流出。

预算支出一般在实际支付时予以确认，以实际支付的金额计量。

(三) 预算结余

预算结余是指政府会计主体预算年度内预算收入扣除预算支出后的资金余额，以及历年滚存的资金余额。

预算结余包括结余资金和结转资金。

结余资金是指年度预算执行终了，预算收入实际完成数扣除预算支出和结转资金后剩余的资金。

结转资金是指预算安排项目的支出年终尚未执行完毕或者因故未执行，且下年需要按原用途继续使用的资金。

(四) 预算会计等式

预算收入－预算支出＝预算结余

二、政府财务会计要素及其确认计量

政府财务会计要素包括资产、负债、净资产、收入和费用。

(一) 资产的确认与计量

1. 资产的概念和内容

资产是指政府会计主体过去的经济业务或者事项形成的，由政府会计主体控制的，预期能够产生服务潜力或者带来经济利益流入的经济资源。

服务潜力是指政府会计主体利用资产提供公共产品和服务以履行政府职能的潜在能力。

经济利益流入表现为现金及现金等价物的流入，或者现金及现金等价物流出的减少。

政府会计主体的资产按照流动性，分为流动资产和非流动资产。

流动资产是指预计在 1 年内(含 1 年)耗用或者可以变现的资产，包括货币资金、短期投资、应收及预付款项、存货等。

非流动资产是指流动资产以外的资产,包括固定资产、在建工程、无形资产、长期投资、公共基础设施、政府储备资产、文物文化资产、保障性住房和自然资源资产等。

2. 资产的确认与计量

符合资产定义的经济资源,在同时满足以下条件时,确认为资产:

(1) 与该经济资源相关的服务潜力很可能实现或者经济利益很可能流入政府会计主体。

(2) 该经济资源的成本或者价值能够可靠地计量。

资产的计量属性主要包括历史成本、重置成本、现值、公允价值和名义金额。

在历史成本计量下,资产按照取得时支付的现金金额或者支付对价的公允价值计量。

在重置成本计量下,资产按照现在购买相同或者相似资产所需支付的现金金额计量。

在现值计量下,资产按照预计从其持续使用和最终处置中所产生的未来净现金流入量的折现金额计量。

在公允价值计量下,资产按照市场参与者在计量日发生的有序交易中,出售资产所能收到的价格计量。

无法采用上述计量属性的,采用名义金额(即人民币 1 元)计量。

政府会计主体在对资产进行计量时,一般应当采用历史成本。采用重置成本、现值、公允价值计量的,应当保证所确定的资产金额能够持续、可靠计量。

(二) 负债的确认与计量

1. 负债的概念和内容

负债是指政府会计主体过去的经济业务或者事项形成的,预期会导致经济资源流出政府会计主体的现时义务。

现时义务是指政府会计主体在现行条件下已承担的义务。未来发生的经济业务或者事项形成的义务不属于现时义务,不应当确认为负债。

政府会计主体的负债按照流动性,分为流动负债和非流动负债。

流动负债是指预计在 1 年内(含 1 年)偿还的负债,包括应付及预收款项、应付职工薪酬、应缴款项等。

非流动负债是指流动负债以外的负债,包括长期应付款、应付政府债券和政府依法担保形成的债务等。

2. 负债的确认与计量

符合负债定义的义务,在同时满足以下条件时,确认为负债:

(1) 履行该义务很可能导致含有服务潜力或者经济利益的经济资源流出政府会计主体。

(2) 该义务的金额能够可靠地计量。

负债的计量属性主要包括历史成本、现值和公允价值。

在历史成本计量下,负债按照因承担现时义务而实际收到的款项或者资产的金额,或者承担现时义务的合同金额,或者按照为偿还负债预期需要支付的现金计量。

在现值计量下,负债按照预计期限内需要偿还的未来净现金流出量的折现金额计量。

在公允价值计量下，负债按照市场参与者在计量日发生的有序交易中，转移负债所需支付的价格计量。

政府会计主体在对负债进行计量时，一般应当采用历史成本。采用现值、公允价值计量的，应当保证所确定的负债金额能够持续、可靠计量。

(三) 净资产的确认与计量

净资产是指政府会计主体资产扣除负债后的净额。净资产金额取决于资产和负债的计量。

(四) 收入的确认与计量

1. 收入的概念

收入是指报告期内导致政府会计主体净资产增加的、含有服务潜力或者经济利益的经济资源的流入。

2. 收入的确认与计量

收入的确认应当同时满足以下条件：

(1) 与收入相关的含有服务潜力或者经济利益的经济资源很可能流入政府会计主体。

(2) 含有服务潜力或者经济利益的经济资源流入会导致政府会计主体资产增加或者负债减少。

(3) 流入金额能够可靠地计量。

(五) 费用的确认与计量

1. 费用的概念

费用是指报告期内导致政府会计主体净资产减少的、含有服务潜力或者经济利益的经济资源的流出。

2. 费用的确认与计量

费用的确认应当同时满足以下条件：

(1) 与费用相关的含有服务潜力或者经济利益的经济资源很可能流出政府会计主体。

(2) 含有服务潜力或者经济利益的经济资源流出会导致政府会计主体资产减少或者负债增加。

(3) 流出金额能够可靠地计量。

(六) 财务会计等式

资产＝负债＋净资产＋(收入－费用)

资产＋费用＝负债＋净资产＋收入

第四节 政府会计核算的基本方法

政府会计的核算方法是指对政府会计对象进行连续、系统、完整地核算和监督所采用的方法。具体包括设置会计科目、确定记账方法，填制和审核会计凭证，登记会计账簿等。这些方法相互联系，相互补充，相互制约，构成一个完整的会计核算体系。

、会计科目

会计科目是对会计要素按其经济内容或用途所作出的科学分类。每一个会计科目都要规定一定的名称、编号和核算内容,它是设置账户和归集、核算各项经济业务的依据。科学地设置和正确地使用会计科目,是做好会计核算工作的重要条件。

政府会计的会计科目按照政府预算资金运动过程和会计主体职能不同分为财政总预算会计科目和单位会计科目。财政总预算会计科目按其反映的经济内容或用途分为资产类、支出类、负债类、收入类及净资产类五大类。单位会计科目又分为政府预算会计科目和政府财务会计科目。政府会计的会计科目按核算层次分为总账科目和明细科目两大类。

二、会计凭证

会计凭证是记录经济业务、明确经济责任的书面证明,是登记账簿的依据。政府会计凭证按其填制程序和用途,可分为原始凭证和记账凭证。

(一) 原始凭证

原始凭证是经济业务发生时取得的书面证明,是证明会计事项发生的唯一合法凭证,是填制记账凭证、登记明细账的依据。

1. 原始凭证的基本内容

政府会计的原始凭证一般包括以下基本内容:

(1) 凭证的名称、填制日期及编号。

(2) 填制凭证的单位名称及填制人。

(3) 受证单位的名称。

(4) 经济业务的具体内容。

(5) 凭证应具备的签字与盖章。

(6) 发票上应印有税务专用章,行政单位按规定收取费用时,应使用财政部门统一印刷的收据。

2. 原始凭证的种类

原始凭证是多种多样的,有的是由外单位填制的外来原始凭证,有的是本单位或职工填制的自制原始凭证。从原始凭证的种类来看,财政总预算会计和单位会计有所不同。财政总预算会计因为一般不直接办理预算收支,其原始凭证大部分是国库或单位报送的各种报表;行政事业单位会计是直接办理预算支出的,其原始凭证主要有收款收据、借款凭证、预算拨款凭证、各种税票,材料出、入库单,固定资产出、入库单,开户银行转来的收、付款凭证,往来结算凭证、其他足以证明会计事项发生经过的凭证和文件等。

(1) 各级财政总预算会计的原始凭证。各级总预算会计的原始凭证有:①国库报来的各种收入日报表及其附件,如各种"缴款书""收入退还书""更正通知书"等;②各种拨款和转账收款凭证,如国库集中支付凭证、各种银行汇款凭证等;③主管部门报来的各种非包干专项拨款支出报表和基本建设支出月报;④其他能够证明经济业务事项发生的文件和凭证。

财政总预算会计相关原始凭证格式如表 2-1、表 2-2 和表 2-3 所示。

表 2-1　　　　国库集中支付凭证(支款凭证)

拨款日期　　　　年　　月　　日　　　　第　号

付款单位	全　　称			收款单位	全　　称		
	账　　号				账号或地址		
	开户银行		行号		开 户 银 行		行号
拨款金额	人民币(大写)					金额(小写)	
用途				类：　款：　项：			
拨款单位盖章：			银行会计分录	(借)__________ 对方科目__________ 复核员：　记账员：			

此联是付款国库(银行)的付出凭证

表 2-2　　　　国库集中支付凭证(收入凭证)

拨款日期　　　　年　　月　　日　　　　第　号

付款单位	全　　称			收款单位	全　　称		
	账　　号				账号或地址		
	开户银行		行号		开 户 银 行		行号
拨款金额	人民币(大写)					金额(小写)	
用途			类：　款：　项：				
银行会计分录	(贷) 对方科目 复核员　记账员：						

此联是付款国库(银行)的付出凭证

表 2-3　　　　×级预算收入日报表

地区名　　　　年　　月　　日　　　　共　页　第　号

科目名称	本日收入	科目名称	本日收入
总计		当期累计	

财税签章　　　　国库分章　　　　复核　　　　制表

(2) 行政事业单位的原始凭证。行政单位和事业单位的原始凭证主要有:①收款收据;②借款凭证;③预算拨款凭证;④各种税票;⑤材料出、入库单;⑥固定资产出、入库单;⑦开户银行转来的收、付款凭证;⑧往来结算凭证;⑨其他足以证明会计事项发生经过的凭证和文件等。

各事业单位的会计机构和会计人员,对不真实、不合法的原始凭证,不予受理;对记载不准确、不完整的原始凭证,予以退回,要求更正、补充。

(二) 记账凭证

记账凭证是用来确定会计分录,作为记账根据的一种凭证。它是会计人员根据审核无误的原始凭证加以归类整理,并运用会计科目而编制的,它主要是登记总账的依据。记账凭证和所附的原始凭证是登记明细账的依据。

1. 记账凭证的基本内容

记账凭证一般应具备以下基本内容或要素:

(1) 记账凭证的名称、日期。

(2) 经济业务的主要内容。

(3) 会计科目的名称(总账科目和明细科目)。

(4) 会计分录的方向及金额。

(5) 凭证的类别和编号。

(6) 过账的标记。

(7) 所附原始凭证或其他资料的张数。

(8) 凭证应具备的签字与盖章。

2. 记账凭证的种类

记账凭证是根据审核无误的原始凭证填制的,用来确定经济业务应借、应贷会计科目及其金额的会计凭证,是登记会计账簿的依据。

1) 财政总预算会计记账凭证

财政总预算会计记账凭证的参考格式如表 2-4 和表 2-5 所示。

表 2-4　　记账凭证(格式一)

总号________

年　月　日　　分号________

对方单位	摘　要	借　方		贷　方		金　额	记账符号	
		科目编号	科目名称	科目编号	科目名称			

附凭证　张

会计主管　　记账　　稽核　　制单

表 2-5　　　　　　　　　　　　记账凭证(格式二)

总号________

年　　月　　日　　　　　　　　分号________

摘要	总账科目	明细科目		借方金额		贷方金额	记账符号	

附凭证　张

会计主管　　　　　　记账　　　　　　稽核　　　　　　制单

总预算会计在编制和保管记账凭证时，一般应遵循下列方法。

(1) 各级总预算会计应根据审核无误的原始凭证，归类整理编制记账凭证。记账凭证的各项内容必须填列齐全，经复核后凭以记账，制证人必须签名或盖章。属于预算划拨经费转列支出、年终结账和更正错误的记账凭证可以不附原始凭证，但应经会计主管人员签章。

(2) 记账凭证应按照会计事项发生的日期，顺序整理制证记账。按照制证的顺序，每月从第 1 号编一个连续号。

(3) 记账凭证日期，应按以下规定填列：

第一，月终尚未结账前，收到上月的收入凭证，可填列所属月份的最末一日。结账后，按实际处理账务日期填列。

第二，根据支出月报的银行支出数编制的记账凭证，填列会计报表所属月的最末一日。

第三，办理年终结账的记账凭证，填列实际处理账务的日期，并注上“上年度”字样。凭证编号仍按上年 12 月的顺序号连续编列。

第四，其余会计事项，一律按照发生的日期填列。

(4) 记账凭证每月应按顺序号整理，连同所附的原始凭证加上封面，装订成册，妥善保管。

2) 行政单位和事业单位的记账凭证

行政单位和事业单位记账凭证是由会计人员根据审核后的原始凭证，按照会计核算要求加以归类而填制的，用以记载经济业务，确定会计分录并用以记账的会计凭证。记账凭证按照经济业务所涉及对象及其运动方向的不同，分为收款凭证、付款凭证和转账凭证三种，简称收付转组合凭证，适宜于手工记账使用。为便于区分识别，收款凭证以红色印制，付款凭证以蓝色印制，转账凭证以黑色印制。其参考格式如表 2-6、表 2-7 和表 2-8 所示。

行政事业单位会计在编制和保管记账凭证时，一般应遵循下列方法。

(1) 记账凭证一般根据每项经济业务的原始凭证编制。当天发生的同类会计事项可以适当归并后编制。不同会计事项的原始凭证，不得合并编制一张记账凭证，也不得把几天的会计事项加在一起作一个记账凭证。

表 2-6　　　　收款凭证

出纳编号：

借方科目　　　　年　　月　　日　　制单编号：

对方单位（或领款人）	摘要	贷方科目		金额										记账符号
		总账科目	明细科目	千	百	十	万	千	百	十	元	角	分	

附凭证　　张

会计主管　　记账　　稽核　　出纳　　制单　　领款人

表 2-7　　　　付款凭证

出纳编号：

贷方科目　　　　年　　月　　日　　制单编号：

对方单位（或领款人）	摘要	借方科目		金额										记账符号
		总账科目	明细科目	千	百	十	万	千	百	十	元	角	分	

附凭证　　张

会计主管　　记账　　稽核　　出纳　　制单　　领款人

表 2-8　　　　转账凭证

出纳编号：

年　　月　　日　　制单编号：

对方单位（或领款人）	摘要	借方		贷方		金额										记账符号
		总账科目	明细科目	总账科目	明细科目	千	百	十	万	千	百	十	元	角	分	

附凭证　　张

会计主管　　记账　　稽核　　出纳　　制单　　领款人

(2) 记账凭证必须附有原始凭证。一张原始凭证涉及几张记账凭证的,可以把原始凭证附在主要的一张记账凭证后面,在其他记账凭证上注明附有原始凭证的记账凭证的编号。结账和更正错误的记账凭证,可以不附原始凭证,但应经主管会计人员签章。

(3) 记账凭证必须清晰、工整、不得潦草。记账凭证由指定人员复核,并经会计主管人员签章后据以记账。

(4) 记账凭证应按照会计事项发生的日期,顺序整理制证记账。按照制证的顺序,每月从第一号起编一个连续号。

(5) 记账凭证每月应按顺序号整理,连同所附的原始凭证加上封面,装订成册保管。

3. 错误更正

会计人员填制的记账凭证发生错误时,不得挖补、涂抹、刮擦或用化学药水消字,应按下列方法更正。

(1) 发现未登记账簿的记账凭证错误,应将原记账凭证作废,重新编制记账凭证。

(2) 发现已经登记账簿的记账凭证错误,应采用"红字更正法"或"补充登记法"更正。采用计算机做记账凭证的,用"红字更正法"时,以负数表示。

三、会计账簿

(一) 会计账簿的概念和作用

各类资金活动引起的收支业务,都要在有关会计凭证上加以反映,证明收支已经发生。但是,由于凭证数量多、种类杂,又比较分散,而且每张凭证只能反映个别业务情况,不能全面地、连续地反映在一定时期内同类或全部预算收支的完成情况。因此,就有必要设置账簿,将会计凭证所提供的各种各类分散资料加以归类,登记到各种专设的账簿中去。

会计账簿是会计核算过程中,以会计凭证为依据,运用会计账户全面、系统、连续地记录核算资金活动及其结果的簿籍。它是反映和监督各项预算收支、往来款项和保护国家资金、财产安全的核算工具。设置和登记账簿,是正确组织会计核算的重要环节。会计账簿具有以下作用。

1. 全面反映预算收支,考核预算的执行情况

账簿作为系统、连续和全面记录各项经济活动的工具,可以全面反映预算收支,并将其记录数据与单位预算对比分析,便可以考核单位预算执行情况。

2. 促使单位合理、节约地使用预算资金

账簿记录能把大量分散的原始核算资料分别不同账户加以归类汇总,及时地提供总括和明细的预算收支变化情况及其结存数额。根据这些记录,随时或定期与各项财产物资、库存现金、银行存款的实存数核对,发现差异,查找原因,提出措施,改进管理,有效地保护国家财产物资安全、完整,促使单位合理节约地使用预算资金,提高预算资金的使用效益。

3. 促进往来款项及时结算

根据账簿记录中登记的往来款项情况,可促使单位与有关单位、个人按时对账、查账,及时办理结算,结清各种往来账款。

4. 为编制会计报表提供基础资料

账簿的各种记录,是编制各种政府会计报表的合法依据和准确资料。

(二) 会计账簿的种类和使用要求

1. 会计账簿的种类

政府会计的会计账簿一般分为总账和明细账。

1) 总账

总账是按总账科目设置的,用以反映资金活动的总括情况的账簿。总账具体记录核算资产、负债、净资产、收入、支出、结余的总括情况,平衡账务,也是控制、核对各明细账,编制会计报表的根据。总账一般采用三栏式订本账簿,其一般格式如表 2-9 所示。

表 2-9 **总 账**

科目名称________

户　　名________

<table>
<tr><th colspan="2">年</th><th rowspan="2">凭单号</th><th rowspan="2">摘要</th><th colspan="10">借方金额</th><th colspan="10">贷方金额</th><th rowspan="2">借或贷</th><th colspan="10">金 额</th></tr>
<tr><th>月</th><th>日</th><th>千</th><th>百</th><th>十</th><th>万</th><th>千</th><th>百</th><th>十</th><th>元</th><th>角</th><th>分</th><th>千</th><th>百</th><th>十</th><th>万</th><th>千</th><th>百</th><th>十</th><th>元</th><th>角</th><th>分</th><th>千</th><th>百</th><th>十</th><th>万</th><th>千</th><th>百</th><th>十</th><th>元</th><th>角</th><th>分</th></tr>
<tr><td></td><td></td><td></td><td></td><td></td><td></td><td></td><td></td><td></td><td></td><td></td><td></td><td></td><td></td><td></td><td></td><td></td><td></td><td></td><td></td><td></td><td></td><td></td><td></td><td></td><td></td><td></td><td></td><td></td><td></td><td></td><td></td><td></td><td></td><td></td></tr>
<tr><td></td><td></td><td></td><td></td><td></td><td></td><td></td><td></td><td></td><td></td><td></td><td></td><td></td><td></td><td></td><td></td><td></td><td></td><td></td><td></td><td></td><td></td><td></td><td></td><td></td><td></td><td></td><td></td><td></td><td></td><td></td><td></td><td></td><td></td><td></td></tr>
<tr><td></td><td></td><td></td><td></td><td></td><td></td><td></td><td></td><td></td><td></td><td></td><td></td><td></td><td></td><td></td><td></td><td></td><td></td><td></td><td></td><td></td><td></td><td></td><td></td><td></td><td></td><td></td><td></td><td></td><td></td><td></td><td></td><td></td><td></td><td></td></tr>
<tr><td></td><td></td><td></td><td></td><td></td><td></td><td></td><td></td><td></td><td></td><td></td><td></td><td></td><td></td><td></td><td></td><td></td><td></td><td></td><td></td><td></td><td></td><td></td><td></td><td></td><td></td><td></td><td></td><td></td><td></td><td></td><td></td><td></td><td></td><td></td></tr>
</table>

2) 明细账

明细账是按明细科目设置的,用以对总账科目进行明细核算的账簿。它主要包括:

(1) 收入明细账。它主要包括:①财政总预算会计核算中的一般公共预算本级收入明细账、政府性基金预算本级收入明细账、国有资本经营预算本级收入、专用基金收入明细账、上解收入明细账、补助收入明细账等;②行政事业单位会计核算中的财政拨款收入明细账、事业收入明细账、经营收入明细账、拨入专款明细账、附属单位缴款明细账及其他收入明细账。

(2) 费用明细账。它主要包括:①财政总预算会计核算中的一般公共预算本级支出明细账、政府性基金预算本级支出明细账、国有资本经营预算本级支出明细账、补助支出明细账等;②行政事业单位会计核算中的业务活动费用明细账、单位管理费用明细账、资产处置费用明细账、经营费用明细账及对所属单位补助明细账等。

(3) 往来款项明细账。它主要包括:①财政总预算会计核算中的与下级往来明细账、其他应收款明细账等;②行政事业单位会计核算中的应收账款明细账、其他应收款明细账、应付账款明细账、其他应付款明细账等。明细账的格式一般采用三栏式或多栏式。

(4) 库存物品明细账。凡总账设置"库存物品"科目的单位,均需设置库存物品明细账,用以具体核算各种材料的收、发和结存情况,按照材料的分类和品名设账户。

(5) 固定资产明细账。它具体核算和控制各种固定资产增减变动和结存情况,按照固定资产分类和名称设账户,各单位都必须设固定资产明细账。固定资产明细账一般采用三栏式账簿。

明细账格式有三栏式和多栏式,单位可根据账户设置的需要选择不同的格式,其三栏式格式如表 2-10 所示。

表 2-10　　　　　　　　明　细　账

明细科目或户名：　　　　　　　　　　　　　　　第　页

年		凭证号	摘　要	借方	贷方	余额	借(贷)方余额分析
月	日						

3）日记账

日记账又称序时账，是按经济业务发生的先后顺序连续进行登记的账簿。它主要是结算和控制各项货币资金，分为现金日记账和银行存款日记账。日记账采用三栏式订本账，不能采用活页账。

2. 会计账簿的使用要求

（1）会计账簿的使用，以每一会计年度为限。每一账簿启用时，应填写“经管人员一览表”和“账簿目录”，附于账簿扉页上。

（2）手工记账必须使用蓝、黑色墨水书写，不得使用铅笔、圆珠笔。红色墨水除登记收入负数使用外，只能在划线、改错、冲账时使用。账簿必须按照编定的页数连续记载，不得隔页、跳行。如因工作疏忽发生跳行或隔页时，应当将空行、空页划线注销，并由记账人员签名盖章。登记账簿要及时准确，日清月结，文字和数字的书写要清晰整洁。

（3）会计账簿应根据已经审核过的会计凭证登记。记账时，将记账凭证的编号记入账簿内；记账后，在记账凭证上用“√”符号注明，表示已登记入账。

（4）各种账簿记录应按月结账，求出本期发生额和余额。

3. 会计账簿的错误更正

账簿记录如发生错误，不能挖补、涂抹、刮擦或用化学药水除迹。应按规范方法更正。由于发生错误的具体情况不同，发生错误的时间先后不同，更正错误的方法也不尽相同。

（1）划线更正法。在结账以前，如果发现账簿记录文字或数字计算错误，而记账凭证并无错误，应采用划线更正法更正。更正时，应先在错误的文字或数字正中横画一条红线，表示注销，但原有字迹仍可辨认，以备考查。然后将正确的文字或数字用蓝字写在划线上面，并由记账人员在更正处盖章，以明确责任。

（2）红字更正法。月份结账后，发现账簿登记串户，但记账凭证并无错误，可直接在原错记的账户中用红字冲去原记入的数字，再在应计的账户中补记相同的数字，并由记账人员在账上更正处签章证明。如果发现由于记账凭证错误而使账簿登记发生错误，则不论在月份结账前后，均应使用“红字更正法”。更正时，先用红字填制一张与原错误记账凭证内容完全相同的记账凭证，并据以用红字登记入账，冲销原错误记录。然后，再用蓝字填制一张正确的记账凭证，并据以用蓝字登记入账。

四、政府会计报告

政府会计主体必须定期向会计信息使用者提供政府会计报告。政府会计报告包括政府决算报告和财务报告。

（一）政府决算报告

政府决算报告是综合反映政府会计主体年度预算收支执行结果的文件。政府决算报告应当包括决算报表和其他应当在决算报告中反映的相关信息和资料。

政府决算报告的编制主要以收付实现制为基础，以预算会计核算生成的数据为准。

（二）政府财务报告

政府财务报告是反映政府会计主体某一特定日期的财务状况和某一会计期间的运行情况和现金流量等信息的文件。政府财务报告应当包括财务报表和其他应当在财务报告中披露的相关信息和资料。

政府财务报告包括政府综合财务报告和政府部门财务报告。政府综合财务报告是指由政府财政部门编制的，反映各级政府整体财务状况、运行情况和财政中长期可持续性的报告。政府部门财务报告是指政府各部门、各单位按规定编制的财务报告。

财务报表是对政府会计主体财务状况、运行情况和现金流量等信息的结构性表述。财务报表包括会计报表和附注。会计报表至少应当包括资产负债表、收入费用表和现金流量表。

政府会计主体应当根据相关规定编制合并财务报表。

政府财务报告的编制主要以权责发生制为基础，以财务会计核算生成的数据为准。

关键术语

会计主体　会计分期　会计原则　会计要素　政府决算报告　政府财务报告

复习题

1. 政府会计核算的基本前提有哪些？
2. 简述政府会计核算的一般原则。
3. 政府预算会计要素包括哪些？如何确认计量？
4. 政府财务会计要素包括哪些？确认条件是什么？如何计量？
5. 简述政府财务报告的内容。

第二篇　财政总预算会计

第三章　财政总预算会计概述

思维导图

本章重点包括 2 个知识点。

1. 财政总预算会计的基本概念

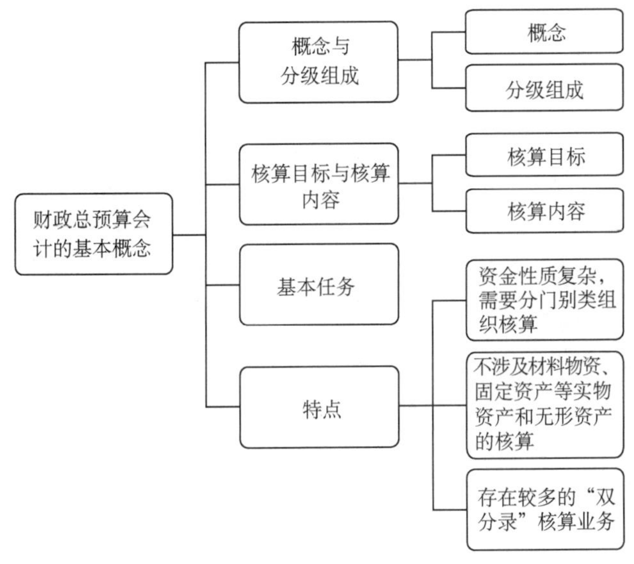

学生通过学习，熟悉财政总预算会计概念及其组成，了解掌握财政总预算会计的核算对象、核算目标和核算内容，了解财政总预算会计任务，在政府会计特点的基础上认识财政总预算会计的特点。本节的知识点是本章的重点。

2. 财政总预算会计的会计等式和基本业务处理规则

会计等式：

$$资产+支出=负债+净资产+收入$$

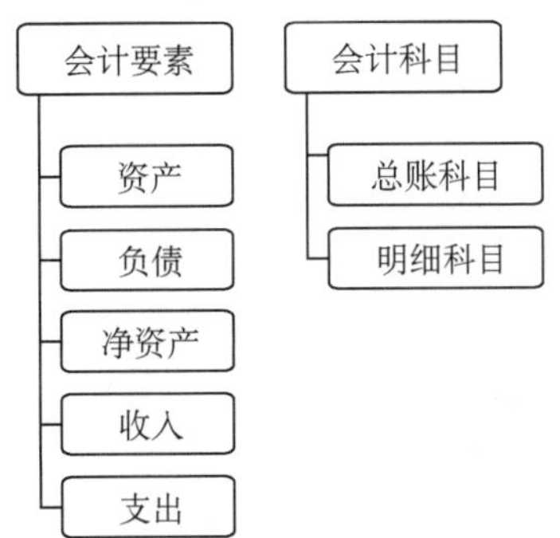

学生通过学习,认识会计科目是会计要素的具体化。会计要素是根据会计核算目标和要求对一个会计主体的各项经济业务所做的基本分类。会计科目是对一个会计主体的各项经济业务所做的具体分类。

在本节的学习过程中,学生应在理解财政总预算会计 5 个会计要素和会计平衡等式的基础上,针对财政总预算会计的各项业务,学会基本的账务处理规则,这是本章的难点也是重点。具体包括以下业务:

(1) 组织预算执行中取得各项预算收入、办理各项预算支出的核算(5 项资金)。

(2) 预算调拨收支(转移性收支)的核算。

(3) 预算执行中调度资金形成的资产和负债的核算。

(4) 资金收支纳入预算管理的债权债务的核算(双分录)。

(5) 政府投资活动的核算(双分录)。

财政总预算会计是指各级政府财政部门代表本级政府核算、反映和监督政府预算执行中各项财政性资金收支活动和结果，以及本级政府资产、负债和净资产等财务状况的专业会计。财政总预算会计在政府预算执行中处于枢纽地位，负责预算资金的筹集、调度和分配，并对政府预算的执行负有监督职能。财政部门总预算会计与行政、事业单位会计以及企业会计相比，具有自身的特点，为了满足预算管理和会计核算目标需要，设置了一套符合财政资金运动特点的会计科目。本章主要介绍财政总预算会计的概念、特点、任务和会计科目的设置等基础知识，是进一步学习财政总预算会计的前提和基础。通过学习本章，学生应重点了解财政总预算会计的特点、任务和会计科目的设置的具体内容。

第一节　财政总预算会计的基本概念

3.1　财政总预算会计的基本概念

一、财政总预算会计的概念与分级组成

财政总预算会计是指各级政府财政部门代表本级政府核算、反映和监督政府预算执行中各项财政性资金收支活动和结果，以及本级政府资产、负债和净资产等财务状况的专业会计。

财政总预算会计是政府预算管理体系的一个组成部分，其组成体系与政府预算组成体系相一致。各级政府财政部门均设立相应的财政总预算会计，负责核算、反映和监督本级政府预算的执行。中央政府财政部设立中央财政总预算会计；省、自治区、直辖市财政厅（局）设立省（自治区、直辖市）财政总预算会计；设立区的市、自治州财政局设立市（州）财政总预算会计；县、自治县、不设区的市、市辖区财政局设立县（市、区）财政总预算会计；乡、民族乡、镇财政所设立乡（镇）财政总预算会计。各级财政总预算会计在全国组成一个相互联系的信息网络。

二、财政总预算会计的核算目标和核算内容

（一）财政总预算会计的核算目标

政府部门的资金运动过程包括资金筹集与分配、资金使用两个阶段，各级政府财政部门在资金的筹集与分配阶段发挥着主要作用。财政部门负责具体执行政府预算，一方面，按照核定的预算，从国民经济各部门取得的各项预算收入，包括一般公共预算本级收入、政府性基金预算本级收入和国有资本经营预算本级收入；另一方面，又按照核定的预算，将集中起来的预算资金再分配出去，用于各项预算支出；预算收入与预算支出的差额，形成预算收支结余。同时，在执行总预算的过程中，由一级财政部门掌管的货币资金和债权形成一级财政的资产；由发行公债、与上下级财政、与预算单位之间的应付款项形成一级财政的负债；各项结余和基金形成一级财政的净资产。财政总预算会计的核算目标是向会计信息使用者提供政府财政预算执行情况、财务状况等会计信息，反映政府财政受托责任履行情况。

（二）财政总预算会计的核算内容

在政府预算执行过程中，财政总预算会计的核算内容也围绕着服务政府预算执行的资金筹集与分配展开。根据会计核算要求和预算资金性质，具体包括以下方面：

（1）各项预算收入、预算支出及其预算结余的核算。涉及一般公共预算资金、政府性

基金预算资金、国有资本经营预算资金、财政专户管理资金、专用基金、预算调拨资金的核算。

(2) 政府预算执行和资金调度过程中形成的资产和负债的核算。涉及国库存款、国库现金管理存款、其他财政存款、有价证券、在途款、预拨经费、借出款项、与下级往来、其他应收款等资产的核算,还涉及与上级往来、其他应付款、应付代管资金等负债的核算。

(3) 资金收支纳入预算管理的债权债务的核算。主要是中央政府和省级地方政府按照法定程序,向国内外举借债务和转贷资金等业务,为了全面准确核算政府债务,防范财政风险,按照会计核算要求,采用"双分录"核算。具体涉及债务收入、债务转贷收入、债务支出、债务转贷支出、应收地方政府债券转贷款、应收主权外债转贷款、待发国债、应付短期政府债券、应付长期政府债券、借入款项、应付地方政府债券转贷款、应付主权外债转贷款、资产基金和待偿债净资产等项内容。

(4) 政府投资活动的核算。主要是政府持有的各类股权投资资产,包括国际金融组织股权投资、投资基金股权投资、国有企业股权投资等。按照会计核算要求,采用"双分录"核算。具体涉及股权投资、应收股利、资产基金——股权投资等。

三、财政总预算会计的基本任务

财政总预算会计基本任务包括:

(1) 进行会计核算。办理政府财政各项收支、资产负债的会计核算工作,反映政府财政预算执行情况和财务状况。

(2) 严格财政资金收付调度管理。组织办理财政资金的收付、调拨,在确保资金安全性、规范性、流动性前提下,合理调度管理资金,提高资金使用效益。

(3) 规范账户管理。加强对国库单一账户、财政专户、零余额账户和预算单位银行账户等的管理。

(4) 实行会计监督,参与预算管理。通过会计核算和反映,进行预算执行情况分析,并对总预算、部门预算和单位预算执行实行会计监督。

(5) 协调预算收入征收部门、国家金库、国库集中收付代理银行、财政专户开户银行和其他有关部门之间的业务关系。

(6) 组织本地区财政总决算、部门决算编审和汇总工作。

(7) 组织和指导下级政府会计工作。

四、财政总预算会计的特点

财政总预算会计是政府会计的一个重要分支,其会计主体是一级政府,会计核算对象是政府预算资金运动过程和结果。财政总预算会计与企业会计及行政事业单位会计相比,具有以下特点:

(1) 资金性质复杂,需要分门别类组织核算。财政总预算会计核算、反映、监督各级政府的一般公共预算资金、政府性基金预算资金、国有资本经营预算资金、社会保险基金预算资金以及财政专户管理资金、专用基金和代管资金等资金活动,各项资金的收支核算需要区分不同的预算资金性质和预算用途,必须相互对应一致,完整准确地反映一项预算资金的活动过程和结果,不能相互混淆。

(2) 不涉及材料物资、固定资产等实物资产和无形资产的核算。财政总预算会计主要是按照批准的政府预算，对各项预算资金筹集、分配及其结果进行核算，不涉及各项预算资金的具体使用。因此，财政总预算会计没有库存材料、固定资产等实物资产和专利权、土地使用权等无形资产的核算，也没有库存现金的核算内容。

(3) 存在较多的"双分录"核算业务。为了全面准确核算和反映政府投资和政府债务，防范财政风险，完整反映一级政府的预算执行情况和财务状况，在政府投资业务和向国内外举借债务及转贷资金等业务核算方面，广泛采用了"双分录"核算，既反映纳入预算管理的资金收支活动，还反映由此引起的资产、负债和净资产对财务状况的变化。

第二节　财政总预算会计的会计科目

3.2　财政总预算会计的会计科目

一、财政总预算会计科目设置的原则、分类和编号

(一) 会计科目设置的原则

会计科目是对会计核算对象按其经济内容或用途所作的科学分类，是设置账户和核算、归集各项经济业务的依据。科学地设置会计科目、正确地使用会计科目，是做好会计核算工作的重要条件。各级总会计应当对有关法律、法规允许进行的经济活动，按照财政总预算会计制度的规定使用会计科目进行核算；不得以本制度规定的会计科目及使用说明作为进行有关经济活动的依据。财政总预算会计关于会计科目的设置应遵循以下原则。

1. 统一性原则

财政总预算会计制度由财政部负责制定，总账科目必须统一。各省、自治区、直辖市在征得财政部同意以后，可做必要的补充，但总账科目的名称不得自行更改。各级总会计应当按照本制度的规定设置和使用会计科目，不需使用的总账科目可以不用；在不影响会计处理和编报会计报表的前提下，各级总预算会计可以根据实际情况自行增设本制度规定以外的明细科目，或者自行减少、合并本制度规定的明细科目。

2. 适应性原则

根据国家预算管理的需要，财政总预算会计的会计科目要与政府预算收支科目相适应，即预算收支科目表示的内容，要有相应的会计科目与此对应，以及会计科目所记录和反映的内容与预算执行情况作比较，满足预算管理的需要。

3. 简明实用原则

会计科目的设置，既要能全面系统地核算和监督预算资金执行情况，又要尽量简化核算事务，力求科目含义确切、简明扼要、科学实用，特别是总账科目宜简不宜繁。

(二) 会计科目的分类

财政总预算会计科目与会计要素相适应，分为资产类、负债类、净资产类、收入类、支出类五大类。

财政总预算会计的资产是指政府财政占有或控制的，能以货币计量的经济资源。资产具体包括财政存款、有价证券、应收股利、借出款项、暂付及应收款项、预拨经费、应收转贷款和股权投资等。

财政总预算会计的负债是指政府财政承担的能以货币计量、需以资产偿付的债务。负债具体包括应付国库集中支付结余、暂收及应付款项、应付政府债券、借入款项、应付转贷款、其他负债、应付代管资金等。

财政总预算会计的净资产是指政府财政资产减去负债的差额。净资产包括一般公共预算结转结余、政府性基金预算结转结余、国有资本经营预算结转结余、财政专户管理资金结余、专用基金结余、预算稳定调节基金、预算周转金、资产基金和待偿债净资产。

财政总预算会计的收入指政府财政为实现政府职能,根据法律法规等所筹集的资金。收入包括一般公共预算本级收入、政府性基金预算本级收入、国有资本经营预算本级收入、财政专户管理资金收入、专用基金收入、转移性收入、债务收入、债务转贷收入等。

财政总预算会计的支出是指政府财政为实现政府职能,对财政资金的分配和使用。支出包括一般公共预算本级支出、政府性基金预算本级支出、国有资本经营预算本级支出、财政专户管理资金支出、专用基金支出、转移性支出、债务还本支出、债务转贷支出等。

财政总预算会计的会计科目按核算层次不同可分为总账科目和明细科目两大类。总账科目是对核算对象的总分类,是设置总账的依据;明细科目是对某总账科目核算内容的进一步分类的科目,是设置明细账的依据。

(三) 会计科目的编号

为便于编制会计凭证、登记账簿、查阅账目和实行会计电算化的要求,财政总预算会计规定了统一的会计科目编号。各级总会计应当使用本制度统一规定的会计科目编号,不得随意打乱重编。会计科目编号由 4 位数字组成,百分位上的数字代表会计科目的类别,其中,资产类为"1×××",负债类为总资产类为"2×××",净资产类为资产类为"3×××",收入类为资产类为"4×××",支出类为资产类为"5×××"。财政总预算会计在填制会计凭证、登记账簿时,应填列会计科目的名称或者同时填制会计科目的名称和会计科目编号。

根据现行财政总预算会计制度的规定,各级财政总预算会计统一适用的会计科目表如表 3-1 所示。

表 3-1　　财政总预算会计科目表

类　别	编　码	科目名称
一、资产类		
	1001	国库存款
	1003	国库现金管理存款
	1004	其他财政存款
	1005	财政零余额账户存款
	1006	有价证券
	1007	在途款
	1011	预拨经费
	1021	借出款项

（续表）

类　别	编　码	科目名称
	1022	应收股利
	1031	与下级往来
	1036	其他应收款
	1041	应收地方政府债券转贷款
	1045	应收主权外债转贷款
	1071	股权投资
	1081	待发国债
二、负债类		
	2001	应付短期政府债券
	2011	应付国库集中支付结余
	2012	与上级往来
	2015	其他应付款
	2017	应付代管资金
	2021	应付长期政府债券
	2022	借入款项
	2026	应付地方政府债券转贷款
	2027	应付主权外债转贷款
	2045	其他负债
	2091	已结报支出
三、净资产类		
	3001	一般公共预算结转结余
	3002	政府性基金预算结转结余
	3003	国有资本经营预算结转结余
	3005	财政专户管理资金结余
	3007	专用基金结余
	3031	预算稳定调节基金
	3033	预算周转金
	3081	资产基金
	308101	应收地方政府债券转贷款
	308102	应收主权外债转贷款

（续表）

类　别	编　码	科目名称
	308103	股权投资
	308104	应收股利
	3082	待偿债净资产
	308201	应付短期政府债券
	308202	应付长期政府债券
	308203	借入款项
	308204	应付地方政府债券转贷款
	308205	应付主权外债转贷款
	308206	其他负债
四、收入类		
	4001	一般公共预算本级收入
	4002	政府性基金预算本级收入
	4003	国有资本经营预算本级收入
	4005	财政专户管理资金收入
	4007	专用基金收入
	4011	补助收入
	4012	上解收入
	4013	地区间援助收入
	4021	调入资金
	4031	动用预算稳定调节基金
	4041	债务收入
	4042	债务转贷收入
五、支出类		
	5001	一般公共预算本级支出
	5002	政府性基金预算本级支出
	5003	国有资本经营预算本级支出
	5005	财政专户管理资金支出
	5007	专用基金支出
	5011	补助支出
	5012	上解支出

（续表）

类　别	编　码	科目名称
	5013	地区间援助支出
	5021	调出资金
	5031	安排预算稳定调节基金
	5041	债务还本支出
	5042	债务转贷支出

二、财政总预算会计总账科目设置

为了保证会计信息的可比性，使财政总预算会计核算所提供的指标在国民经济各部门口径一致，便于有关部门和单位对会计指标的逐级汇总和分析利用，财政部统一规定了财政总预算会计的会计科目。财政总预算会计有关总账科目设置及使用除了遵循统一性、适应性和简明实用原则外，还应注意以下两个方面：

(1) 按照统一会计制度的规定设置。各级财政总预算会计要按科目使用说明使用会计科目，不需要的可以不用，不得擅自更改总账科目名称。

(2) 与政府预算收支科目相适应。各级财政总预算会计的会计科目应与政府预算收支分类相适应，使会计记录和反映的结果能与预算相对应，便于分析和比较，更好地为预算管理服务。

三、财政总预算会计明细科目设置

在财政总预算会计的核算中，根据预算管理的需要，会计科目既要提供总括的核算结果，又要反映明细的核算资料。总账科目是按照统一会计制度的规定设置的，而明细科目是根据核算需要设置的。明细科目的设置一般有以下两种情况：

(1) 按照《政府预算收支科目》的规定设置明细科目。例如，财政部门的预算收入和预算支出，是按政府预算收支的“类”“款”级科目设明细科目的。

(2) 按结算单位、个人名称或事项设置明细科目。例如，各种往来款项，要按结算单位或个人名称或某一事项分别设置明细科目。

从总账科目和明细科目的关系来看，总账科目是设置总账账户的依据，明细科目是设置明细账户的依据。总账科目是明细科目的综合，它对明细科目起控制作用；明细科目是总账科目的详细分类，是总账科目的具体说明，它对总账起补充作用。

四、会计等式

资产＋支出＝负债＋净资产＋收入

关键术语

财政总预算会计　财政总预算会计任务　财政总预算会计科目

复习题

1. 简述财政总预算会计的任务。
2. 财政总预算会计有何特点?
3. 简述财政总预算会计的核算目标和核算内容。
4. 设置财政总预算会计科目应坚持什么原则?

练习题

一、单选题

1. 财政总预算会计的核算目标是向会计信息使用者提供(　　)、财务状况等会计信息。
   A. 一般公共预算　　B. 政府预算执行情况
   C. 政府性基金预算　　D. 国有资本经营预算
2. 下列属于财政总预算会计"双分录"核算的业务是(　　)。
   A. 各项预算收入、预算支出及其预算结余的核算
   B. 政府预算执行过程中形成的资产和负债的核算
   C. 政府投资活动的核算
   D. 资金调度过程中形成的资产和负债的核算
3. 下列属于财政总预算会计资产类的会计科目是(　　)。
   A. 借入款项　　B. 预算稳定调节基金
   C. 有价证券　　D. 调出资金
4. 下列属于财政总预算会计负债类的会计科目是(　　)。
   A. 借入款项　　B. 预算稳定调节基金
   C. 有价证券　　D. 调出资金
5. 下列属于财政总预算会计净资类的会计科目是(　　)。
   A. 借入款项　　B. 预算稳定调节基金
   C. 有价证券　　D. 调出资金
6. 下列属于财政总预算会计支出类的会计科目是(　　)。
   A. 借入款项　　B. 预算稳定调节基金
   C. 有价证券　　D. 调出资金
7. 下列属于财政总预算会计收入类的会计科目是(　　)。
   A. 借入款项　　B. 预算稳定调节基金
   C. 有价证券　　D. 调入资金
8. 各级财政总预算会计不负责核算的事项是(　　)。
   A. 固定资产　　B. 各类财政资金收支
   C. 上下级财政间的结算　　D. 财政债权债务的发生和结算
9. 财政总预算会计的净资产类科目中不包括(　　)。
   A. 公共财政预算结余　　B. 政府性基金预算结余
   C. 实收资本　　D. 国有资本经营预算结余
10. 财政总预算会计的收入类科目中不包括(　　)。

A. 公共财政预算收入　　B. 政府性基金预算收入
C. 国有资本经营预算收入　　D. 销售商品收入
11. 属于上下级财政间转移性收支的科目不包括(　　)。
A. 一般公共预算本级收入　　B. 补助收入
C. 补助支出　　D. 上解支出
12. 会计核算应以实际发生的经济业务为依据,客观真实地反映单位的财务收支状况及其结果。该原则指的是(　　)。
A. 真实性原则　　B. 统一性原则　　C. 相关性原则　　D. 及时性原则
13. 对已经发生的经济业务或者事项,应当及时进行会计核算,不得提前或者延后。这条原则是(　　)。
A. 真实性原则　　B. 统一性原则　　C. 相关性原则　　D. 及时性原则
14. 会计核算应当按照规定的会计处理方法进行,同类单位的会计指标应当口径一致,相互可比。该原则指的是(　　)。
A. 相关性原则　　B. 统一性原则　　C. 可比性原则　　D. 及时性原则
15. 各项财产物资应当按照取得或购建时的实际成本计价,除国家另有规定外,一律不得自行调整其账面价值。该原则指的是(　　)。
A. 真实性原则　　B. 统一性原则
C. 相关性原则　　D. 实际成本原则
16. 政府会计要素包括财务会计要素和(　　)。
A. 成本会计要素　　B. 预算会计要素
C. 基础会计要素　　D. 管理会计要素
17. 政府会计主体的负债按照流动性,分为流动负债和(　　)。
A. 长期负债　　B. 非流动负债　　C. 应付账款　　D. 预收账款
18. 政府会计体系中不包括(　　)。
A. 财政总预算会计　　B. 事业单位会计
C. 行政单位会计　　D. 民间非营利组织会计

二、多选题

1. 财政总预算会计的核算目标是向会计信息使用者提供(　　)等会计信息。
A. 政府财务状况　　B. 政府预算执行情况
C. 资金筹集分配状况　　D. 资金调入调出情况
E. 财务决算
2. 财政总预算会计的核算内容包括(　　)。
A. 各项预算收入、预算支出及其预算结余的核算
B. 政府预算执行和资金调度过程中形成的资产和负债的核算
C. 资金收支纳入预算管理的债权债务的核算
D. 政府投资活动的核算
E. 财务决算
3. 财政总预算会计采用"双分录"核算的业务包括(　　)。
A. 各项预算收入、预算支出及其预算结余的核算

B. 政府预算执行和资金调度过程中形成的资产和负债的核算
C. 资金收支纳入预算管理的债权债务的核算
D. 政府投资活动的核算
E. 财务决算

4. 财政总预算会计核算对象是政府各项预算资金运动过程和结果,具体包括(　　)等。
A. 一般公共预算资金　　B. 政府性基金预算资金
C. 国有资本经营预算资金　　D. 财政专户管理资金
E. 专用基金

5. 财政总预算会计科目与会计要素相适应,分为(　　)。
A. 资产类账户　　B. 负债类账户
C. 净资产类账户　　D. 收入类账户
E. 支出类账户

6. 下列属于财政总预算会计支出类的会计科目有(　　)。
A. 财政专户管理资金支出　　B. 预算稳定调节基金
C. 有价证券　　D. 调出资金
E. 一般公共预算本级支出

7. 下列属于财政总预算会计净资产类的会计科目的有(　　)。
A. 预算周转金　　B. 预算稳定调节基金
C. 有价证券　　D. 调出资金
E. 财政专户管理资金结余

8. 下列属于财政总预算会计收入类的会计科目有(　　)。
A. 财政专户管理资金收入　　B. 预算稳定调节基金
C. 补助收入　　D. 调入资金
E. 一般公共预算本级收入

9. 下列属于财政总预算会计负债类的会计科目有(　　)。
A. 借入款项　　B. 应付短期政府债券
C. 补助收入　　D. 其他应付款
E. 一般公共预算本级收入

10. 下列属于财政总预算会计资产类的会计科目有(　　)。
A. 股权投资　　B. 借出款项　　C. 国库存款　　D. 其他应收款
E. 应收地方政府债券转贷款

11. 政府会计核算的基本前提包括(　　)。
A. 会计主体　　B. 会计分期　　C. 持续运行　　D. 持续经营
E. 货币计量

12. 预算会计要素包括(　　)。
A. 预算收入　　B. 预算支出　　C. 资产　　D. 预算结余
E. 净资产

13. 财务会计要素包括(　　)。
A. 负债　　B. 费用　　C. 资产　　D. 收入

E. 净资产

14. 政府会计要素包括(　　)。

A. 成本会计要素　　B. 预算会计要素

C. 基础会计要素　　D. 管理会计要素

E. 财务会计要素

15. 政府会计主体的负债按照流动性,分为(　　)。

A. 长期负债　　B. 非流动负债　　C. 流动负债　　D. 预收账款

E. 预计负债

16. 资产的计量属性主要包括(　　)。

A. 历史成本　　B. 公允价值　　C. 重置成本　　D. 现值

E. 名义金额

17. 负债的计量属性主要包括(　　)。

A. 历史成本　　B. 公允价值　　C. 名义金额　　D. 现值

E. 重置成本

18. 政府会计的核算方法具体包括(　　)。

A. 设置会计账户　　B. 确定记账方法

C. 填制和审核会计凭证　　D. 登记会计账簿

E. 编制会计报告

三、判断题

1. 我国的会计年度采用历年制,即每年1月1日至12月31日作为一个会计年度。(　　)
2. 会计信息的真实性,是保证会计核算质量的首要条件。(　　)
3. 政府会计主体提供的会计信息应当具有可比性。(　　)
4. 财政总预算会计的会计平衡等式是:资产＋支出＝负债＋净资产＋收入。(　　)
5. 政府会计主体在对资产进行计量时,一般应当采用历史成本。(　　)
6. 非流动负债是指流动负债以外的负债,包括长期应付款、应付政府债券和政府依法担保形成的债务等。(　　)
7. 政府会计主体在对负债进行计量时,一般应当采用历史成本。采用现值、公允价值计量的,应当保证所确定的负债金额能够持续、可靠计量。(　　)
8. 财务会计要素的会计平衡等式是:资产＋费用＝负债＋净资产＋收入。(　　)
9. 预算会计要素的会计平衡等式是:预算收入－预算支出＝预算结余。(　　)
10. 财政总预算会计制度由财政部负责制定,总账科目必须统一设置。(　　)
11. 根据国家预算管理的需要,预算会计的会计科目要与政府预算收支科目相适应,满足预算管理的需要。(　　)
12. 财政总预算会计不涉及材料物资、固定资产等实物资产和无形资产的核算。(　　)
13. 财政总预算会计向国内外举借债务和转贷资金等业务,采用“双分录”核算。(　　)
14. 政府持有的各类股权投资,按照会计核算要求,采用“双分录”核算。(　　)

第四章　财政总预算会计资产的核算

思维导图

本章重点包括 4 个知识点。

1. 资产的概念和内容

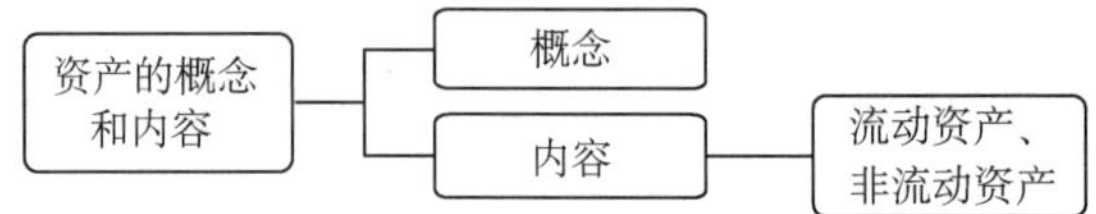

学生通过学习，理解财政总预算会计资产的概念，熟悉资产包括哪些内容，并且理解其特点。

2. 资产的确认与计量

符合资产定义的各项经济资源，应当在取得对其相关的权利，并且能够可靠地进行货币计量时进行确认，按照取得或发生时实际金额进行计量。

学生通过学习，理解收付实现制和权责发生制对财政总预算会计中的应用。

3. 资产的管理

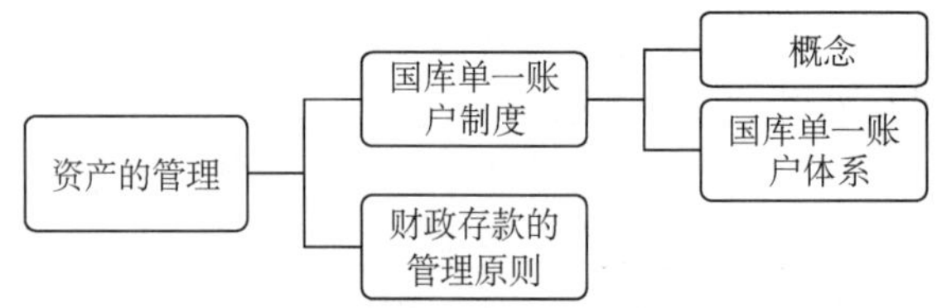

学生通过学习，了解国库单一账户制度的概念，熟悉我国国库单一账户体系包括的账户内容，了解财政存款管理的原则。

4. 各项资产的核算 （掌握资产的核算方法）

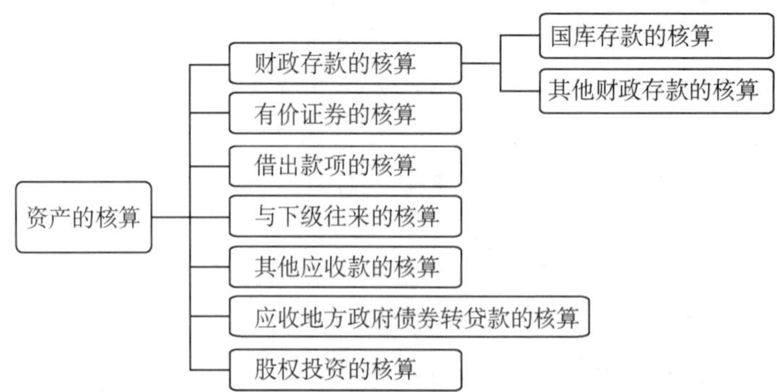

重点：财政性存款、有价证券、借出款项、与下级往来。

难点：应收地方政府债券转贷款的核算、股权投资的核算（双分录）。

本章主要介绍财政总预算会计资产的管理与核算。财政部门的资产是指一级财政占有或控制的能以货币计量的经济资源。它有可能为各级政府在目前或未来带来经济利益和社会利益，是各级政府实现其职能的物质基础，具体包括财政存款、有价证券、暂付及应收款项、预拨经费、在途款、股权投资、待发国债等。本章在介绍财政部门资产含义的基础上，深入地介绍了财政部门资产管理的具体内容及核算方法。通过学习本章，学生应该掌握财政总预算会计资产的内容、资产管理的原则以及各项资产的核算方法。

第一节　资产概述

4.1　资产的管理

一、资产的内容与确认计量

(一) 资产的概念

财政总预算会计的资产是指政府财政占有或控制的，能以货币计量的经济资源。它能为各级政府的目前或未来带来经济利益和社会利益，是各级政府实现其职能的物质基础。

(二) 资产的内容

财政总预算会计的资产按照流动性，分为流动资产和非流动资产。流动资产是指预计在1年内(含1年)变现的资产；非流动资产是指流动资产以外的资产。资产具体包括财政存款、有价证券、应收股利、借出款项、暂付及应收款项、预拨经费、应收转贷款和股权投资等。

1. 财政存款

财政存款是财政部门代表政府所掌管的财政资金，包括国库存款、国库现金管理存款以及其他财政存款等。其中国库存款是指各级财政总预算会计在国库的一般公共预算资金、政府性基金预算资金和国有资本经营预算资金；国库现金管理存款是指政府财政实行国库现金管理业务存放在商业银行的款项；其他财政存款是指未设国库的乡(镇)财政在专业银行的预算资金存款以及部分由财政部指定存入专业银行的专用基金存款等。

2. 有价证券

有价证券是指政府财政按照有关规定取得并持有的政府债券。地方各级财政部门只能用各项财政结余购买国家指定的有价证券。

3. 借出款项

借出款项是指政府财政按照对外借款管理相关规定借给预算单位临时急需，并需按期收回的款项。

4. 暂付及应收款项

暂付及应收款项是指政府财政业务活动中形成的债权，包括与下级往来和其他应收款等。暂付及应收款项应当及时清理结算，不得长期挂账。

5. 应收转贷款

应收转贷款是指政府财政将借入的资金转贷给下级政府财政的款项，包括应收地方政府债券转贷款、应收主权外债转贷款等。

6. 在途款

在途款是指在规定的库款报解整理期和决算清理期内,收到的应属于上年度收入的款项和收回的不应在上年度列支的款项或其他需要作为在途款过渡的资金数。

7. 预拨经费

预拨经费是政府财政在年度预算执行中预拨出应在以后各月列支以及会计年度终了前根据“二上”预算预拨出的下年度预算资金。预拨经费(不含预拨下年度预算资金)应在年终前转列支出或清理收回。

8. 股权投资

股权投资是指政府持有的各类股权投资资产,包括国际金融组织股权投资、投资基金股权投资、国有企业股权投资等。

9. 应收股利

应收股利是指政府因持有股权投资应当收取的现金股利或利润。

10. 待发国债

待发国债是指为弥补中央财政预算收支差额,中央财政预计发行国债与实际发行国债之间的差额。

(三) 资产的确认与计量

财政总预算会计对符合资产定义的各项经济资源,应当在取得对其相关的权利,并且能够可靠地进行货币计量时进行确认,按照取得或发生时实际金额进行计量。

二、资产管理的原则

(一) 财政存款的管理原则

财政存款的支配权属于同级财政部门,并由财政总预算会计负责管理,统一收付。财政总预算会计在管理财政存款时,应当遵循以下管理原则:

(1) 集中资金,统一调度。各种应由财政部门掌管的资金,都应纳入财政会计的存款户。在资金调度中,应首先根据事业进度和资金使用情况,保证满足计划内各项正常支出的需要;其次,要尽量发挥资金效益,把资金用活用好。

(2) 严格控制存款开户。财政部门的预算资金除财政部有明确规定者外,一律由总预算会计统一在国库或指定的银行开立存款账户,不得在国家规定之外将预算资金或其他财政性资金任意转存其他金融机构。

(3) 根据核定的年度预算或季度分月计划拨付资金,不得办理超预算、无计划的拨款。按预算和计划拨付资金,有利于保证政府财政总预算的执行,发挥财政的监督职能,提高财政资金的使用效益。

(4) 转账结算,不提现金。财政会计的各种会计凭证不得用以提取现金。因为财政的职能是分配资金,不直接使用资金,虽然财政机关也经办一部分直接支出,但都不涉及现金结算,这种支出与预算单位花钱办事有原则区别。财政的出纳机关是国库。财政总会计不需要也不应当专设“出纳”。财政机关自身的行政经费,属于行政单位会计管理范畴,财政总会计不能兼办自身行政经费的单位会计核算业务。

(5) 在存款余额内支取,不能透支。财政预算资金与银行信贷资金是两个不同的资金筹集和分配渠道。银行与存款客户,双方是一种有偿的信用关系。因此,财政的各种国库存款,只能在存款余额内支取,银行不能透支垫付。

(二) 国库单一账户制度与国库单一账户体系

1. 国库单一账户制度

所谓国库单一账户制度,是指将政府所有财政性资金,包括预算内资金和预算外资金,集中在国库或国库指定的代理银行开设账户,所有财政收入直接缴入这一账户,所有财政支出直接通过这一账户进行拨付的财政资金管理制度。实行国库单一账户制度,从收入方面讲,意味着所有财政收入将直接缴入国库,而不通过有关部门或单位设置的收入过渡账户;从支出方面讲,意味着财政资金将在实际使用时从国库账户直接划入供货商或劳务提供者开户银行账户,而不通过有关部门或单位设置的财政资金管理账户。实行国库单一账户制度,对于从根本上解决有关部门和人员滥设过渡账户、随意截留和挪用财政资金,以及由于财政资金分散管理而形成的财政资金使用效率和效益不高、财政宏观调控能力不强等问题,都具有重要的现实意义。

2. 国库单一账户体系

国库单一账户体系由财政部门开设的银行账户、财政部门为预算单位开设的银行账户以及特设银行账户组成。

(1) 财政部门开设的银行账户。①在中国人民银行开设的国库单一账户。该账户为国库存款账户,用于记录、核算和反映纳入预算管理的财政收入和支出活动,并用于与财政部门在商业银行开设的财政零余额账户以及财政部门为预算单位在商业银行开设的预算单位零余额账户进行清算,实行支付。②在商业银行开设的财政零余额账户。该账户用于财政直接支付以及与国库单一账户进行清算。该账户为过渡性质的账户。代理银行根据财政部门开具的支付指令向有关货品或劳务供应商支付款项,并按日向国库单一账户申请清算后,该账户的余额即为零。因此,称为财政零余额账户。③在商业银行开设的预算外资金专户。该账户用于记录、核算和反映预算外资金的收入和支出活动,并用于预算外资金日常收支清算。

(2) 财政部门为预算单位开设的银行账户。该账户是财政部门为预算单位在商业银行开设的零余额账户,主要用于财政授权支付,以及与国库单一账户进行清算。该账户为过渡性质的账户,是预算单位的一个授权支付用款额度。代理银行根据预算单位开具的支付指令向有关货品或劳务供应商支付款项,并按日向国库单一账户申请清算后,该账户的余额即为零。因此,称为预算单位的零余额账户。

(3) 特设银行账户。该账户是指经国务院和省级人民政府批准或授权财政部门开设的特殊过渡性专户。该账户用于记录、核算和反映预算单位的特殊专项支出活动,并用于与国库单一账户进行清算。一般情况下,该账户为实存资金账户。

(三) 有价证券的管理原则

财政部门在管理有价证券时,应当遵循以下原则:

(1) 各级财政部门只能用各项财政结余购买债券。不得用当年预算本级收入或专用基金等购买,以免影响当年预算收支平衡或专项任务的完成。

(2) 支付购买有价证券的资金不能列作支出。

(3) 当期取得有价证券的兑付利息及转让有价证券取得的收入与账面成本的差额，记入当期收入。

(4) 有价证券应视同货币保管，保证账实相符。

(四) 暂付及应收款项管理的原则

财政部门在管理暂付及应收款项时，应当遵循暂付及应收款项的管理要求，应按实际发生数额记账，并及时清理结算，不得长期挂账。

各级财政机关对于上、下级财政之间的往来借垫款，属于预算补助范围以内的，应直接用“补助支出”科目拨款，不得长年用往来科目挂账；非预算补助范围内的借款，应随时清理。上、下级财政之间借出或归还款项时，应尽可能在当月汇入对方账户，以利双方对账。

(五) 预拨经费管理的原则

(1) 根据批准的年度预算和季度(分月)用款计划拨付，不得办理无预算、无用款计划、超预算、超计划的拨款。

(2) 根据用款单位的申请，按照用款单位的预算级次和审定的用款计划，逐级转拨，不得越级办理拨款。

(3) 根据用款单位的实际用款进度情况拨付。既要保证资金需要，又要防止积压浪费；既要考虑本期计划需要，又要掌握上期资金使用和结存情况，以促进各单位有效地使用预算资金。

(4) 根据财政部门的国库存款情况拨付，以保证资金调度的平衡。

通常情况下，财政对行政事业经费的拨款实行划拨资金方式。但是随着国库集中收付制度改革，财政部门对行政事业单位的预算拨款改为财政直接支付和财政授权支付，预拨款项业务将越来越少。

(六) 在途款管理的原则

为清理和核实一年的财政收支，保证属于当年的财政收支能全部反映到当年的财政决算中，根据国库制度的规定，年度终了后，支库应设置 10 天的库款报解整理期。在设置决算清理期的年度，库款报解整理期相应顺延。在库款报解整理期和决算清理期内，有些属于上年度的收入需要补充缴库，有些不合规定的支出需要收回。这些资金活动虽发生在新年度，但其会计事项应属于上一年度，单位应根据要求及时清理和核实各项在途款项，以保证财政决算报表的编制。

第二节 资产的核算

4.2 财政存款和有价证券

一、财政存款的核算

(一) 国库存款的核算

为了核算国库各项存款的增减变动情况，各级财政总预算会计应在资产类科目中设置“国库存款”总账科目。“国库存款”科目用来核算各级财政总预算会计在国库的预算资金(含一般公共预算、政府性基金预算和国有资本经营预算)存款，本科目借方登记国库存款增加数，贷方登记国库存款减少数。本科目借方余额，反映国库存款的结存数。本科目按一般公共预算存款、政府性基金预算存款和国有资本经营预算存款进行明细核算。财政总预算会计收到预算收入时，根据国库报来的预算收入日报表入账。办理库款支付时，根据支付凭证回单入账。

【例 4-1】 某市财政总预算会计收到国库报来"预算收入日报表"列明当日一般公共预算本级收入为 1 000 000 元，政府性基金预算本级收入 120 000 元，国有资本经营预算本级收入 50 000 元。财政总预算会计应当编制如下会计分录：

借：国库存款——一般公共预算存款　　1 000 000
　　　　　　——政府性基金预算存款　　120 000
　　　　　　——国有资本经营预算存款　　50 000
　贷：一般公共预算本级收入　　1 000 000
　　　政府性基金预算本级收入　　120 000
　　　国有资本经营预算本级收入　　50 000

【例 4-2】 某市财政总预算会计根据国库报来的有关结算凭证记载，收到下级上解收入为 60 000 元。财政总预算会计应当编制如下会计分录：

借：国库存款——一般公共预算存款　　60 000
　贷：上解收入　　60 000

【例 4-3】 某市财政总预算会计收到国库转来的有关结算凭证，收到上级省财政按财政体制关系拨来的一般预算补助款 150 000 元。财政总预算会计应当编制如下会计分录：

借：国库存款——一般公共预算存款　　150 000
　贷：补助收入　　150 000

【例 4-4】 某市财政总预算会计收到财政国库支付执行机构报来的预算支出结算清单，财政国库支付执行机构以财政直接支付的方式，通过财政零余额账户存款账户支付有关预算单位的属于一般公共预算本级支出的工资支出 1 000 000 元。财政总预算会计经与中国人民银行财政直接支付划款凭证核对无误后，财政总预算会计应当编制如下会计分录：

借：一般公共预算本级支出　　1 000 000
　贷：国库存款——一般公共预算存款　　1 000 000

【例 4-5】 某市财政总预算会计收到财政国库支付执行机构报来的预算支出结算清单，财政国库支付执行机构以财政直接支付的方式，通过财政零余额账户存款账户支付有关预算单位的属于政府性基金预算本级支出的交通运输费用 90 000 元。财政总预算会计经与中国人民银行财政直接支付划款凭证核对无误后，财政总预算会计应当编制如下会计分录：

借：政府性基金预算本级支出　　90 000
　贷：国库存款——政府性基金预算存款　　90 000

【例 4-6】 某市财政总预算会计收到财政国库支付执行机构报来的预算支出结算清单，有关预算单位采用财政授权支付方式，通过单位财政零余额账户存款账户支付属于一般公共预算本级支出的款项 450 000 元，属于政府性基金预算本级支出的款项 80 000 元，属于国有资本经营预算本级支出的款项 20 000 元。财政总预算会计经与中国人民银行财政直接支付划款凭证核对无误后，财政总预算会计应当编制如下会计分录：

借：一般公共预算本级支出　450 000
　　政府性基金预算本级支出　80 000
　　国有资本经营预算本级支出　20 000
　贷：国库存款——一般公共预算存款　450 000
　　　　　　——政府性基金预算存款　80 000
　　　　　　——国有资本经营预算存款　20 000

【例 4-7】 某市财政总预算会计按照财政体制向上级省财政上解一般公共预算本级收入 620 000 元。财政总预算会计应当编制如下会计分录：

借：上解支出　620 000
　贷：国库存款——一般公共预算存款　620 000

【例 4-8】 某市财政总预算会计以国库存款向所属下级某县财政作专项补助 200 000 元。财政总预算会计应当编制如下会计分录：

借：补助支出　200 000
　贷：国库存款——一般公共预算存款　200 000

（二）国库现金管理存款的核算

国库现金管理存款是指政府财政实行国库现金管理业务存放在商业银行的款项。按照国库现金管理有关规定，将库款转存商业银行时，按照存入商业银行的金额，借记本科目，贷记“国库存款”科目。国库现金管理存款收回国库时，按照实际收回的金额，借记“国库存款”科目，按照原存入商业银行的存款本金金额，贷记本科目，按照两者的差额，贷记“一般公共预算本级收入”科目。本科目期末借方余额反映政府财政实行国库现金管理业务持有的存款。

【例 4-9】 某省财政总预算会计根据国库现金管理的有关规定，将库款 500 000 元转存商业银行。转存期满后，国库现金管理存款收回国库，实际收到金额 506 000 元。财政总预算会计应编制如下会计分录：

（1）将库款转存商业银行时。

借：国库现金管理存款　500 000
　贷：国库存款　500 000

（2）国库现金管理存款收回国库时。

借：国库存款　506 000
　贷：国库现金管理存款　500 000
　　　一般公共预算本级收入　6 000

（三）其他财政存款的核算

各级财政为了核算未列入“国库存款”和“国库现金管理存款”科目反映的各项财政性存款的增减变化情况，应在资产类科目中设置“其他财政存款”总账科目。“其他财政存款”科目核算的内容包括未设国库的乡（镇）财政存在专业银行的预算资金存款和部分由财政部指定存入专业银行的专用基金存款等。本科目借方登记其他财政存款增加数，贷方登记其他财政存款减少数，本科目借方余额，反映其他财政存款的实际结存数，其年终余额结转下年。“其他财政存款”科目应根据经办银行报来的收入日报表或银行收款通知入账，按交存地点和资金性质分设明细账。

【例4-10】 某市财政总预算会计收到上级省财政拨入的专用基金345 000元，款项按规定存入某专业银行的专用基金存款账户。财政总预算会计应编制如下会计分录：

借：其他财政存款——专用基金存款 345 000
　贷：专用基金收入 345 000

【例4-11】 某市财政收到按规定实行财政专户管理的教育收费共计278 000元。同日，通过财政专户向有关教育单位拨付教育收费共计145 000元。财政总预算会计应编制如下会计分录：

(1) 收到财政专户管理资金时。

借：其他财政存款——财政专户管理资金存款 278 000
　贷：财政专户管理资金收入 278 000

(2) 拨付财政专户管理资金时。

借：财政专户管理资金支出 145 000
　贷：其他财政存款——财政专户管理资金存款 145 000

【例4-12】 某市财政总预算会计办理农村义务教育中央专项资金财政直接支付业务，支付金额352 000元。财政总预算会计应编制如下会计分录：

借：专用基金支出 352 000
　贷：其他财政存款——中央专项资金存款 352 000

【例4-13】 某省财政根据中央专项资金特设账户代理银行转来的收款凭证，收到中央专项资金226 000元。省财政总预算会计应编制如下会计分录：

借：其他财政存款——中央专项资金存款 226 000
　贷：与上级往来 226 000

财政总预算会计收到上级专项转移支付资金时，先做与上级往来处理，年终根据相关文件再转补助收入。

【例4-14】 某省财政通过财政专户办理中央专项资金财政直接支付业务，向有关货品和服务供应商支付金额78 000元。省财政总预算会计应编制如下会计分录：

借：一般公共预算本级支出 78 000
　贷：其他财政存款——中央专项资金存款 78 000

(四) 国库集中支付执行机构的有关业务核算

财政国库支付执行机构是财政部门审核、监督财政资金收付工作的延伸。目前，在财政部层面，财政国库支付执行机构称为国库支付中心；在地方层面，有的称国库支付局，有的也称国库支付中心。财政国库支付执行机构的重要职责之一，是办理财政资金的支付业务。财政国库支付执行机构会计是财政总预算会计的延伸，其会计核算执行《财政总预算会计制度》。根据财政国库支付执行机构业务活动的特点，会计核算时需要设置“财政零余额账户存款”和“已结报支出”两个特殊总账科目。其中，“财政零余额账户存款”科目用于核算财政国库支付执行机构在代理银行办理财政直接支付的业务，该科目贷方登记财政国库支付执行机构当天发生的财政直接支付资金数，借方登记当天国库单一账户存款划入的冲销数，该账户当天资金结算后余额为零。“已结报支出”科目用于核算财政国库资金已结清的支出数额，当天业务结束后，该科目余额应等于一般公共预算本级支出、政府性基金预算本级支出和国有资本经营预算本级支出的合计数。

【例4-15】 某市财政国库支付执行机构以财政直接支付的方式，通过财政零余额账户支付有关预算单位的属于一般公共预算本级支出的款项共计38 400元。财政国库支付执行机构应编制如下会计分录：

借：一般公共预算本级支出	38 400	
贷：财政零余额账户存款		38 400

【例4-16】 某市财政国库支付执行机构收到代理银行报来的财政支出日报表，有关预算单位通过财政授权支付方式从预算单位零余额账户中支付属于一般公共预算本级支出的款项共计12 800元。财政国库支付执行机构应编制如下会计分录：

借：一般公共预算本级支出	12 800	
贷：已结报支出——财政授权支付		12 800

代理银行应当按照有关预算单位开出的支付指令及时通过预算单位零余额账户以垫付资金的方式向有关方面支付资金。

【例4-17】 某市财政国库支付执行机构汇总编制当日《预算支出结算清单》。其中，当日财政直接支付的资金数额为212 000元。财政国库支付执行机构将《预算支出结算清单》报送财政国库管理部门的财政总预算会计。财政国库支付执行机构应编制如下会计分录：

借：财政零余额账户存款	212 000	
贷：已结报支出——财政直接支付		212 000

【例4-18】 年终，财政国库支付执行机构有关科目的借方或贷方余额为：“已结报支出——财政直接支付”科目贷方余额634 000元，“已结报支出——财政授权支付”科目贷方余额347 000元；“一般公共预算本级支出”科目借方余额763 000元，“政府性基金预算本级支出”科目借方余额185 000元，“国有资本经营预算本级支出”科目借方余额33 000元。财政国库支付执行机构将有关科目的记录与相关方面核对一致。财政国库支付执行机构应编制如下会计分录：

借：已结报支出——财政直接支付	634 000	
已结报支出——财政授权支付	347 000	
贷：一般公共预算本级支出		763 000
政府性基金预算本级支出		185 000
国有资本经营预算本级支出		33 000

二、有价证券的核算

为核算各级政府按国家统一规定用各项财政结余购买的有价证券，应在资产类科目中设置“有价证券”科目。该科目借方登记有价证券的增加数，贷方登记有价证券的减少数，期末贷方余额反映有价证券的实际库存数。本科目应按有价证券种类设置明细账，进行明细分类核算。单位购入有价证券时，应按实际取得时支付的价款借记本科目，贷记“国库存款”“其他财政存款”科目；到期兑换有价证券时，其兑付本金部分，借记“国库存款”“其他财政存款”科目，贷记“有价证券”科目。利息收入通过有关收入科目核算。

【例 4-19】 某市财政总预算会计按规定动用一般公共预算结余资金购买国库券 100 000 元，凭预算拨款凭证回单和同值国库券收据入账。财政总预算会计应编制如下会计分录：

借：有价证券　100 000
　贷：国库存款——一般公共预算存款　100 000

【例 4-20】 某市财政总预算会计以前年度一般公共预算结余购买国库券到期兑付本金 100 000 元，利息收入 20 000 元。

(1) 收回本金，存入国库存款。

借：国库存款——一般公共预算存款　100 000
　贷：有价证券——国库券　100 000

(2) 将利息收入作为预算收入入账。

借：国库存款——一般公共预算存款　20 000
　贷：一般公共预算本级收入　20 000

【例 4-21】 某市财政总预算会计用政府性基金预算结余购买的特种国债到期兑付本金 50 000 元，利息收入 7 000 元。款项已经存入国库。

(1) 收回本金。

借：国库存款——政府性基金预算存款　50 000
　贷：有价证券——特种国债　50 000

(2) 收到利息收入。

借：国库存款——政府性基金预算存款　7 000
　贷：政府性基金预算本级收入　7 000

三、借出款项的核算

4.3　债权类资产的核算

借出款项是指政府财政按照对外借款管理相关规定借给预算单位临时急需的，并需按期收回的款项。将款项借出时，按照实际支付的金额，借记本科目，贷记“国库存款”等科目。收回借款时，按照实际收到的金额，借记“国库存款”等科目，贷记本科目。期末借方余额反映政府财政借给预算单位尚未收回的款项。本科目应当按照借款单位等进行明细核算。

【例 4-22】 某市财政因所属单位临时急需资金，借给该单位一般公共预算款项 15 000 元。半个月后，市财政全额收回了向该所属单位借出的款项 15 000 元。财政总预算会计应编制如下会计分录：

（1）借出款项时。

借：借出款项　　15 000
　贷：国库存款——一般公共预算存款　　15 000

（2）收回款项时。

借：国库存款——一般公共预算存款　　15 000
　贷：借出款项　　15 000

四、与下级往来的核算

预算收入和预算支出在年度内并不总是平衡的，财政总预算在年度的某个时期有可能出现支出大于收入的情况。此时，如果动用了预算后备，预算收支仍然不能平衡，下级财政可以向上级财政申请短期借款，上级财政也可以向有结余的下级财政借入款项。这些款项就是上下级财政之间的往来款项。在年终决算时，全年上下级财政的实际上解或补助款，与应上解或应补助款之间有可能存在差额，对此也要在上下级财政之间办理清理结算，也会发生上下级财政之间的往来款项。

为了核算上下级财政之间的往来款项，应设置“与下级往来”和“与上级往来”两个科目。“与下级往来”科目，是用来核算本级财政与下级财政之间发生的往来待结算的款项。该科目的借方登记本级财政借给下级财政数以及体制结算中应由下级财政上解的收入数，贷方登记本级财政借款收回数或转作补助支出数以及年终体制结算应对下级财政的补助支出数，本科目借方余额反映下级财政应归还本级财政的款项；本科目贷方余额反映本级财政欠下级财政的款项。本科目应及时清理结算，对转作补助支出的部分，应在当年结清，其他年终未能结清的余额，结转下年。本科目属于往来性质的科目，如发生贷方余额，在编制“资产负债表”时应以负数反映。本科目应按资金性质和下级财政部门名称设置明细账。各级财政机关，借给下级财政款时，借记“与下级往来”科目，贷记“国库存款”科目。体制结算中应由下级财政上解的收入数，借记“与下级往来”科目，贷记“上解收入”科目；借款收回、转作补助支出或体制结算应补助下级财政数时，借记“国库存款”“补助支出”等有关科目，贷记“与下级往来”科目。“与上级往来”科目将在第五章的第二节中介绍。

【例 4-23】 某市财政总预算会计同意某县财政局申请，借给临时周转金 150 000 元。财政总预算会计应编制如下会计分录：

借：与下级往来　　150 000
　贷：国库存款——一般公共预算存款　　150 000

【例 4-24】 经审批，某市财政总预算会计将借给所属县的往来款项 100 000 元转作对该县的补助。财政总预算会计应编制如下会计分录：

借：补助支出　　100 000
　贷：与下级往来　　100 000

【例 4-25】 财政总预算会计收回某县向市财政局借款 50 000 元。应编制如下会计分录：

借：国库存款——一般公共预算存款　　50 000
　贷：与下级往来　　50 000

五、其他应收款的核算

其他应收款是指政府财政临时发生的其他应收、暂付、垫付款项。项目单位拖欠外国政府和国际金融组织贷款本息和相关费用导致相关政府财政履行担保责任，代偿的贷款本息费，也属于其他应收款核算的范畴。

为了核算其他应收款，财政总预算会计应设置“其他应收款”总账科目，本科目借方登记增加数，贷方登记减少数，本科目应及时清理结算。年终，本科目原则上应无余额。本科目应当按照资金性质、债务单位进行明细核算。

其他应收款的主要账务处理如下：

(1) 发生其他应收款项时，借记本科目，贷记“国库存款”“其他财政存款”等科目。

(2) 收回或转作预算支出时，借记“国库存款”“其他财政存款”或有关支出科目，贷记本科目。

(3) 政府财政对使用外国政府和国际金融组织贷款资金的项目单位履行担保责任，代偿贷款本息费时，借记本科目，贷记“国库存款”“其他财政存款”等科目。政府财政行使追索权，收回项目单位贷款本息费时，借记“国库存款”“其他财政存款”等科目，贷记本科目。政府财政最终未收回项目单位贷款本息费，经核准列支时，借记“一般公共预算本级支出”等科目，贷记本科目。

【例 4-26】 某省财政代所属某市财政发行一批地方政府债券。该批地方政府债券由该市财政负责偿付本息，但由省财政负责统一办理。即偿付债券的资金由市财政负责提供，省财政负责向债券投资者支付。该批市政府债券到达支付利息的时间，但市财政尚未向省财政提供支付利息的资金。省财政通过垫付资金的方式，向市财政债券投资者支付到期利息 48 000 元。2 个月后，该市财政向省财政偿还了垫付的市政府债券利息 48 000 元。省财政总预算会计应编制如下会计分录：

(1) 为所属市财政垫付市政府债券到期利息时。

借：其他应收款　　48 000
　贷：国库存款——一般公共预算存款　　48 000

(2) 收到所属市财政偿还的市政府债券利息时。

借：国库存款——一般公共预算存款　　48 000
　贷：其他应收款　　48 000

六、应收转贷款的核算

应收转贷款是指政府财政将借入的资金转贷给下级政府财政的款项，包括应收地方政府债券转贷款、应收主权外债转贷款等。

(一) 应收地方政府债券转贷款

应收地方政府债券转贷款是指本级政府财政转贷给下级政府财政的地方政府债券资金

的本金及利息。

为了核算应收地方政府债券转贷款业务，财政总预算会计应设置“应收地方政府债券转贷款”总账科目。本科目借方登记增加数，贷方登记减少数，期末借方余额反映政府财政应属未收的地方政府债券转贷款本金和利息。本科目下应当设置“应收地方政府一般债券转贷款”和“应收地方政府专项债券转贷款”明细科目，其下分别设置“应收本金”和“应收利息”两个明细科目，并按照转贷对象进行明细核算。

应收地方政府债券转贷款的主要账务处理如下：

(1) 向下级政府财政转贷地方政府债券资金时，按照转贷的金额，借记“债务转贷支出”科目，贷记“国库存款”科目；根据债务管理部门转来的相关资料，按照到期应收回的转贷本金金额，借记本科目，贷记“资产基金——应收地方政府债券转贷款”科目。

(2) 期末确认地方政府债券转贷款的应收利息时，根据债务管理部门计算出的转贷款本期应收未收利息金额，借记本科目，贷记“资产基金——应收地方政府债券转贷款”科目。

(3) 收回下级政府财政偿还的转贷款本息时，按照收回的金额，借记“国库存款”等科目，贷记“其他应付款”或“其他应收款”科目；根据债务管理部门转来的相关资料，按照收回的转贷款本金及已确认的应收利息金额，借记“资产基金——应收地方政府债券转贷款”科目，贷记本科目。

(4) 扣缴下级政府财政的转贷款本息时，按照扣缴的金额，借记“与下级往来”科目，贷记“其他应付款”或“其他应收款”科目；根据债务管理部门转来的相关资料，按照扣缴的转贷款本金及已确认的应收利息金额，借记“资产基金——应收地方政府债券转贷款”科目，贷记本科目。

【例4-27】 某省财政发行一批地方政府债券。同时，向所属下级某市财政转贷500 000元，用以支持该市财政的一项公共设施建设。该转贷款项每年利息费用6 000元，转贷期限为3年，每年支付一次利息。省财政总预算会计应编制如下会计分录：

(1) 向下级市政府财政转贷省政府债券款项时。

借：债务转贷支出	500 000	
贷：国库存款——一般公共预算存款		500 000

同时：

借：应收地方政府债券转贷款	500 000	
贷：资产基金——应收地方政府债券转贷款		500 000

(2) 每年确认省政府债券转贷款的应收利息时。

借：应收地方政府债券转贷款	6 000	
贷：资产基金——应收地方政府债券转贷款		6 000

(3) 按时收到下级市政府财政支付的省政府债券转贷款利息时。

借：国库存款——一般公共预算存款	6 000	
贷：其他应付款		6 000

同时：

借：资产基金——应收地方政府债券转贷款　6 000
　贷：应收地方政府债券转贷款　6 000

（4）按时收回下级市政府财政偿还的省政府债券转贷款本金时。

借：国库存款——一般公共预算存款　500 000
　贷：其他应付款　500 000

同时：

借：资产基金——应收地方政府债券转贷款　500 000
　贷：应收地方政府债券转贷款　500 000

（二）应收主权外债转贷款

应收主权外债转贷款是指本级政府财政转贷给下级政府财政的外国政府和国际金融组织贷款等主权外债资金的本金及利息。

为了核算应收主权外债转贷款业务，财政总预算会计应设置“应收主权外债转贷款”总账科目。本科目借方登记增加数，贷方登记减少数，期末借方余额反映政府财政应属未收的主权外债转贷款本金和利息。本科目下应当设置“应收本金”和“应收利息”两个明细科目，并按照转贷对象进行明细核算。

应收主权外债转贷款的主要账务处理如下：

（1）本级政府财政向下级政府财政转贷主权外债资金，且主权外债最终还款责任由下级政府财政承担的，相关账务处理如下：

首先，本级政府财政支付转贷资金时，根据转贷资金支付相关资料，借记“债务转贷支出”科目，贷记“其他财政存款”科目；根据债务管理部门转来的相关资料，按照实际持有的债权金额，借记本科目，贷记“资产基金——应收主权外债转贷款”科目。

其次，外方将贷款资金直接支付给用款单位或供应商时，本级政府财政根据转贷资金支付相关资料，借记“债务转贷支出”科目，贷记“债务收入”或“债务转贷收入”科目；根据债务管理部门转来的相关资料，按照实际持有的债权金额，借记本科目，贷记“资产基金——应收主权外债转贷款”科目；同时，借记“待偿债净资产”科目，贷记“借入款项”或“应付主权外债转贷款”科目。

（2）期末确认主权外债转贷款的应收利息时，根据债务管理部门计算出转贷款的本期应收未收利息金额，借记本科目，贷记“资产基金——应收主权外债转贷款”科目。

（3）收回转贷给下级政府财政主权外债的本息时，按照收回的金额，借记“其他财政存款”科目，贷记“其他应付款”或“其他应收款”科目；根据债务管理部门转来的相关资料，按照实际收回的转贷款本金及已确认的应收利息金额，借记“资产基金——应收主权外债转贷款”科目，贷记本科目。

（4）扣缴下级政府财政的转贷款本息时，按照扣缴的金额，借记“与下级往来”科目，贷记“其他应付款”或“其他应收款”科目；根据债务管理部门转来的相关资料，按照扣缴的转贷款本金及已确认的应收利息金额，借记“资产基金——应收主权外债转贷款”科目，贷记本科目。本科目期末借方余额反映政府财政应收未收的主权外债转贷款本金和利息。本科目下应当设置“应收本金”和“应收利息”两个明细科目，并按照转贷对象进行明细核算。

【例4-28】 某省政府向某国际金融组织贷款650 000元，用于该省范围内的公共基础设施建设。该省政府将相应贷款的一部分资金计280 000元转贷给所属某市政府，用以具体落实在该市范围内的相应建设项目。根据约定，相应贷款的期限为5年，每年的贷款利息为3 080元，该市政府应按期向省政府偿付贷款利息。省政府总预算会计应编制如下会计分录：

（1）向下级市政府财政转贷省政府主权外债资金时。

借：债务转贷支出　　280 000
　贷：其他财政存款　　280 000

同时：

借：应收主权外债转贷款　　280 000
　贷：资产基金——应收主权外债转贷款　　280 000

（2）每年确认省政府主权外债转贷款的应收利息时。

借：应收主权外债转贷款　　3 080
　贷：资产基金——应收主权外债转贷款　　3 080

（3）按时收到下级市政府财政支付的省政府主权外债转贷款利息时。

借：其他财政存款　　3 080
　贷：其他应付款　　3 080

同时：

借：资产基金——应收主权外债转贷款　　3 080
　贷：应收主权外债转贷款　　3 080

（4）省政府主权外债转贷款到期，所属市政府财政未按时偿还贷款本金，省政府财政予以扣缴时。

借：与下级往来　　280 000
　贷：其他应付款　　280 000

同时：

借：资产基金——应收主权外债转贷款　　280 000
　贷：应收主权外债转贷款　　280 000

七、预拨经费的核算

各级财政总预算会计为了核算预拨经费的增减情况，应在资产类科目中设置“预拨经费”科目。“预拨经费”科目，用来核算财政部门预拨给行政事业单位，尚未列作本期总预算支出的经费。凡拨出经费属于本期支出的，应直接通过有关支出科目核算。该科目借方登记财政拨款数，贷方登记各单位缴回财政机关数。其借方余额反映尚未转列支出或尚待收回的预拨经费数。本科目应按拨款单位名称设明细账。财政部门预拨经费时，借记“预拨经费”科目，贷记“国库存款”“其他财政存款”科目；转列支出或收到用款单位缴回数时，借记

“一般公共预算本级支出”“国库存款”“其他财政存款”等科目，贷记“预拨经费”科目。

【例4-29】 财政总预算会计预拨市直属单位经费600 000元。应编制如下会计分录：

借：预拨经费　　600 000
　贷：国库存款——一般公共预算存款　　600 000

【例4-30】 财政总预算会计将预拨给市直属单位的经费560 000元转为一般公共预算本级支出，收回余款40 000元。应编制如下会计分录：

借：一般公共预算本级支出　　560 000
　　国库存款——一般公共预算存款　　40 000
　贷：预拨经费　　600 000

八、在途款的核算

为了在年终决算中全面反映各级财政部门的实际收入总额，解决上下年度间的库款结算问题，各级总会计应在资产类科目中设置“在途款”科目。“在途款”账户核算决算清理期和库款报解整理期内发生的上下年度收入、支出业务及需要通过本账户过渡处理的资金数。决算清理期内收到属于上年度收入时，借记本科目，贷记“一般公共预算本级收入”“补助收入”“上解收入”等收入科目；收回已拨用款单位的拨款或已列支出时，借记本科目，贷记“预拨经费”或“一般公共预算本级支出”等科目；冲转在途款时，借记“国库存款”科目，贷记本科目。

【例4-31】 某市在库款报解整理期内收到属于上一年度的一般公共预算本级收入60 000元。财政总预算会计应编制如下会计分录：

(1) 在上年度账上。

借：在途款　　60 000
　贷：一般公共预算本级收入　　60 000

(2) 在新年度账上。

借：国库存款　　60 000
　贷：在途款　　60 000

【例4-32】 某市在库款报解整理期内收到属于上一年度已列支的一般公共预算本级支出152 00元。财政总预算会计应编制如下会计分录：

(1) 在上年度账上。

借：在途款　　15 200
　贷：一般公共预算本级支出　　15 200

(2) 在新年度账上。

借：国库存款　　15 200
　贷：在途款　　15 200

九、股权投资的核算

4.4　股权投资、预拨款及待发国债

股权投资是指政府持有的各类股权投资资产，包括国际金融组织股权投资、投资基金股权投资、国有企业股权投资等。

为核算股权投资业务，财政总预算会计应设置“股权投资”科目。本科目应当按照“国际金融组织股权投资”“投资基金股权投资”“企业股权投资”设置一级明细科目，在一级明细科目下，可根据管理需要，按照被投资主体进行明细核算。对每一被投资主体还可按“投资成本”“收益转增投资”“损益调整”“其他权益变动”进行明细核算。本科目借方余额反映政府持有的各种股权投资金额。

股权投资一般采用权益法进行核算。其主要账务处理如下所述。

（一）国际金融组织股权投资

（1）政府财政代表政府认缴国际金融组织股本时，按照实际支付的金额，借记“一般公共预算本级支出”等科目，贷记“国库存款”科目；根据股权投资确认相关资料，按照确定的股权投资成本，借记本科目，贷记“资产基金—股权投资”科目。

（2）从国际金融组织撤出股本时，按照收回的金额，借记“国库存款”科目，贷记“一般公共预算本级支出”科目；根据股权投资清算相关资料，按照实际撤出的股本，借记“资产基金——股权投资”科目，贷记本科目。

（二）投资基金股权投资

（1）政府财政对投资基金进行股权投资时，按照实际支付的金额，借记“一般公共预算本级支出”等科目，贷记“国库存款”等科目；根据股权投资确认相关资料，按照实际支付的金额，借记本科目（投资成本），按照确定的在被投资基金中占有的权益金额与实际支付金额的差额，借记或贷记本科目（其他权益变动），按照确定的在被投资基金中占有的权益金额，贷记“资产基金——股权投资”科目。

（2）年末，根据政府财政在被投资基金当期净利润或净亏损中占有的份额，借记或贷记本科目（损益调整），贷记或借记“资产基金——股权投资”科目。

（3）政府财政将归属财政的收益留作基金滚动使用时，借记本科目（收益转增投资），贷记本科目（损益调整）。

（4）被投资基金宣告发放现金股利或利润时，按照应上缴政府财政的部分，借记“应收股利”科目，贷记“资产基金——应收股利”科目；同时按照相同的金额，借记“资产基金——股权投资”科目，贷记本科目（损益调整）。

（5）被投资基金发生除净损益以外的其他权益变动时，按照政府财政持股比例计算应享有的部分，借记或贷记本科目（其他权益变动），贷记或借记“资产基金——股权投资”科目。

（6）投资基金存续期满、清算或政府财政从投资基金退出需收回出资时，政府财政按照实际收回的资金，借记“国库存款”等科目，按照收回的原实际出资部分，贷记“一般公共预算本级支出”等科目，按照超出原实际出资的部分，贷记“一般公共预算本级收入”等科目；根据股权投资清算相关资料，按照因收回股权投资而减少在被投资基金中占有的权益金额，借记“资产基金——股权投资”科目，贷记本科目。

（三）企业股权投资

企业股权投资的账务处理，根据管理条件和管理需要，参照投资基金股权投资的账务处理。

【例4-33】 某市政府为支持国有企业战略性重组和产业结构调整，推动国有资本投向重点行业和关键领域，根据经批准的预算，使用国有资本经营预算资金向某国有企业拨付款项366 000元，作为对该国有企业注入的资本金。市财政总预算会计应编制如下会计分录：

借：国有资本经营预算本级支出 366 000
　贷：国库存款——国有资本经营预算存款 366 000

同时：

借：股权投资——投资成本 366 000
　贷：资产基金——股权投资 366 000

十、应收股利的核算

应收股利是指政府因持有股权投资应当收取的现金股利或利润。

持有股权投资期间被投资主体宣告发放现金股利或利润的，按应上缴政府财政的部分，借记本科目，贷记“资产基金——应收股利”科目；按照相同的金额，借记“资产基金——股权投资”科目，贷记“股权投资——损益调整”科目。实际收到现金股利或利润，借记“国库存款”等科目，贷记有关收入科目；按照相同的金额，借记“资产基金——应收股利”科目，贷记本科目。本科日期末借方余额反映政府尚未收回的现金股利或利润。

【例4-34】 某市政府持有A企业的股权。A企业宣告发放现金股利100 000元，该市政府财政按持股比例应分得其中的80 000元。1个月后，A企业支付宣告的现金股利100 000元，市政府财政同时收到相应的股利数额80 000元。根据相关规定，该部分现金股利纳入该市政府财政的国有资本经营预算。财政总预算应编制如下会计分录：

(1) A企业宣告现金股利时。

借：应收股利 80 000
　贷：资产基金——应收股利 80 000

同时：

借：资产基金——股权投资 80 000
　贷：股权投资——损益调整 80 000

(2) 市财政收到现金股利时。

借：国库存款 80 000
　贷：国有资本经营预算本级收入 80 000

同时：

借：资产基金——应收股利 80 000
　贷：应收股利 80 000

十一、待发国债的核算

待发国债是指为弥补中央财政预算收支差额，中央财政预计发行国债与实际发行国债之间的差额。

为核算待发国债业务，财政总预算会计应设置“待发国债”科目。本科目期末借方余额反映中央财政尚未使用的国债发行额度。

年度终了，实际发行国债收入用于债务还本支出后，小于为弥补中央财政预算收支差额中央财政预计发行国债时，按两者的差额，借记本科目，贷记相关科目；实际发行国债收入用于债务还本支出后，大于为弥补中央财政预算收支差额中央财政预计发行国债时，按两者的差额，借记相关科目，贷记本科目。

【例 4-35】 年度终了，经计算，中央财政实际发行国债收入用于债务还本支出后，小于为弥补中央财政预算收支差额中央财政预计发行国债的数额，两者的差额为 98 000 元。中央财政总预算会计应编制如下会计分录：

借：待发国债　　98 000
　贷：应付长期政府债券　　98 000

关键术语

财政存款　国库现金管理存款　财政直接支付　财政授权支付　直接缴库　集中汇缴　有价证券　与下级往来　其他应收款　应收地方政府债券转贷款　应收主权外债转贷款　在途款　预拨经费　股权投资　应收股利　待发国债

复习题

1. 什么是财政总预算会计的资产？包括哪些内容？
2. 什么是财政存款？财政存款的管理原则是什么？
3. 什么是国库单一账户制度？国库单一账户体系由哪些账户组成？各账户的用途分别是什么？
4. 财政国库资金的拨付方式共有哪三种？其中，哪两种是属于国库单一账户制度下的资金拨付方式？
5. 什么是有价证券？其管理和核算时应遵循哪些原则？
6. 什么是暂付及应收款项？应当如何核算？
7. 什么是借出款项？应当如何核算？
8. 什么是在途款的业务？应当如何核算？
9. 什么是预拨经费？其管理的基本原则是什么？
10. 什么是应收转贷款的业务？应当如何核算？
11. 什么是股权投资的业务？应当如何核算？

练习题

一、单选题

1. 财政总预算会计的资产不包括（　　）。

A. 存货　　B. 国库存款　　C. 与下级往来　　D. 其他财政存款

2. 国库单一账户体系不包括（　　）。

A. 国库存款账户　　B. 财政零余额账户

C. 预算单位的银行存款账户　　D. 预算单位的零余额账户

3. 财政总预算会计借记“国库存款”科目时，贷记的科目不会是(　　)。
A. 公共财政预算收入　　B. 政府性基金预算收入
C. 补助收入　　D. 预收账款

4. 财政总预算会计贷记“国库存款”科目时，借记的科目不会是(　　)。
A. 一般公共预算本级支出　　B. 政府性基金预算本级支出
C. 债务还本支出　　D. 无形资产

5. 财政总预算会计借记“其他财政存款”科目时，贷记的科目可能是(　　)。
A. 一般公共预算本级收入　　B. 专用基金收入
C. 政府性基金预算本级收入　　D. 国有资本经营预算本级收入

6. 财政总预算会计贷记“其他财政存款”科目时，借记的科目可能是(　　)。
A. 一般公共预算本级支出　　B. 财政专户管理资金支出
C. 政府性基金预算本级支出　　D. 国有资本经营预算本级支出

7. 省级政府财政总会计将借入的资金转贷给下级政府的会计事项属于(　　)。
A. 股权投资　　B. 借出款项　　C. 应收转贷款　　D. 其他应收款

8. 财政总会计在本期预拨给行政事业单位以后会计期间的经费，未列作本期总预算支出，称为(　　)。
A. 预拨经费　　B. 借出款项　　C. 应收款项　　D. 其他应收款

9. 在年终财政体制结算中发生应收上级财政款项时，本级财政应当(　　)。
A. 借记“与上级往来”科目　　B. 贷记“与上级往来”科目
C. 借记“与下级往来”科目　　D. 贷记“与下级往来”科目

10. 在年终财政体制结算中发生应收下级财政款项时，本级财政应当(　　)。
A. 借记“与上级往来”科目　　B. 贷记“与上级往来”科目
C. 借记“与下级往来”科目　　D. 贷记“与下级往来”科目

11. 财政总预算会计的负债不包括(　　)。
A. 与上级往来　　B. 借入款项
C. 其他应付款　　D. 应付账款

12. 财政总预算会计的借入款项不包括(　　)。
A. 向外国政府借款　　B. 向国际组织借款
C. 其他借款　　D. 借入转贷款

13. 财政总预算会计的应付政府债券包括应付短期政府债券和(　　)。
A. 应付主权外债转贷款　　B. 应付长期政府债券
C. 其他借款　　D. 应付地方政府债券转贷款

14. 财政总预算会计的应付转贷款包括应付主权外债转贷款和(　　)。
A. 应付短期政府债券　　B. 应付长期政府债券
C. 其他借款　　D. 应付地方政府债券转贷款

15. 在年终财政体制结算中发生应上交上级财政款项时，本级财政应当(　　)。
A. 借记“与上级往来”科目　　B. 贷记“与上级往来”科目
C. 借记“与下级往来”科目　　D. 贷记“与下级往来”科目

16. 在年终财政体制结算中发生应补助下级财政款项时，本级财政应当（　　）。
A. 借记"与上级往来"科目　　B. 贷记"与上级往来"科目
C. 借记"与下级往来"科目　　D. 贷记"与下级往来"科目
17. 税收收入是下列哪个总账科目反映的内容（　　）。
A. 国有资本经营预算本级收入　　B. 政府性基金预算本级收入
C. 一般公共预算本级收入　　D. 财政专户管理资金收入
18. 年终结账时，"债务还本支出"总账科目的借方余额最可能转入（　　）科目。
A. 一般公共财政预算结转结余　　B. 政府性基金预算结转结余
C. 国有资本经营预算结转结余　　D. 财政专户管理资金结余

二、多选题

1. 国库单一账户体系包括（　　）。
A. 国库存款账户　　B. 财政零余额账户
C. 特设银行账户　　D. 预算单位的零余额账户
E. 企业银行存款账户
2. 财政总预算会计的资产不包括（　　）。
A. 存货　　B. 银行存款　　C. 无形资产　　D. 应收股利
E. 国库现金管理存款
3. 财政总预算会计借记"国库存款"科目时，贷记的科目可能有（　　）。
A. 一般公共预算本级收入　　B. 政府性基金预算本级收入
C. 补助收入　　D. 与下级往来
E. 上解收入
4. 财政总预算会计贷记"国库存款"科目时，借记的科目可能有（　　）。
A. 一般公共预算本级支出　　B. 政府性基金预算本级支出
C. 补助支出　　D. 与下级往来
E. 上解支出
5. 财政总预算会计借记"其他财政存款"科目时，贷记的科目不可能有（　　）。
A. 一般公共预算本级收入　　B. 国有资本经营预算本级收入
C. 政府性基金预算本级收入　　D. 专用基金收入
E. 财政专户管理资金收入
6. 财政总预算会计借记"其他财政存款"科目时，贷记的科目可能有（　　）。
A. 一般公共预算本级收入　　B. 国有资本经营预算本级收入
C. 政府性基金预算本级收入　　D. 专用基金收入
E. 财政专户管理资金收入
7. 财政总预算会计贷记"其他财政存款"科目时，借记的科目可能有（　　）。
A. 一般公共预算本级支出　　B. 国有资本经营预算本级支出
C. 政府性基金预算本级支出　　D. 专用基金支出
E. 财政专户管理资金支出

8. 财政总预算会计贷记"其他财政存款"科目时，借记的科目不可能有（　　）。
A. 一般公共预算本级支出　　B. 国有资本经营预算本级支出

C. 政府性基金预算本级支出　　D. 专用基金支出
E. 财政专户管理资金支出

9. 财政总预算会计借记“国库存款”科目时，贷记的科目可能有（　　）。
A. 财政专户管理资金收入　　B. 专用基金收入
C. 补助支出　　D. 与下级往来
E. 上解收入

10. 财政总预算会计贷记“国库存款”科目时，借记的科目可能有（　　）。
A. 财政专户管理资金支出　　B. 专用基金支出
C. 补助支出　　D. 与下级往来
E. 上解支出

11. 财政总预算会计开展股权投资核算时，涉及的会计科目有（　　）。
A. 一般公共预算本级支出　　B. 国库存款
C. 股权投资　　D. 资产基金——股权投资
E. 应收股利

12. 财政总预算会计办理应收转贷款核算时，涉及的会计科目有（　　）。
A. 应收主权外债转贷款　　B. 资产基金——应收地方政府债券转贷款
C. 债务转贷支出　　D. 国库存款
E. 应收地方政府债券转贷款

13. 财政总会计取得债务收入时，应借记的会计科目有（　　）。
A. 国库存款　　B. 银行存款　　C. 待偿债净资产　　D. 零余额账户存款
E. 应收账款

14. 财政总会计归还债务本金时，应借记的会计科目有（　　）。
A. 债务还本支出　B. 借入款项　　C. 待偿债净资产　　D. 零余额账户存款
E. 应收账款

15. 本级财政总会计收到上级财政部门拨来的预算款项，不可能借记的会计科目有（　　）。
A. 一般公共预算本级收入　　B. 政府性基金预算本级收入
C. 上解收入　　D. 补助收入
E. 国库存款

16. 本级财政总会计收到下级财政部门上交的预算款项，不可能贷记的会计科目有（　　）。
A. 补助收入　　B. 政府性基金预算本级收入
C. 上解收入　　D. 一般公共预算本级支出
E. 调入资金

三、判断题

1. 财政总预算会计管理的财政性存款既可以办理转账，也可以提取现金。（　　）
2. 财政部门零余额账户在人民银行开设，用于财政直接支付以及与国库单一账户进行清算。（　　）
3. 预算单位零余额账户是财政部门为预算单位在商业银行开设的零余额账户。该账户用于财政授权支付，以及与国库单一账户进行清算。（　　）
4. 其他财政存款虽然没有存入人民银行，但也属于财政性存款，由财政总预算会计负责管

理、统一收付。（　）

5. 财政总预算会计根据批准的年度预算和季度(分月)用款计划拨付,不得办理无预算、无用款计划、超预算、超计划的拨款。（　）
6. 各级财政部门只能用各项财政结余购买政府债券,不得用当年预算本级收入或专用基金等购买。（　）
7. 应付国库集中支付结余是财政总会计在年终一次核定的未实际从国库拨付给预算单位的财政资金。（　）
8. 暂收及应付款项是政府财政业务活动中形成的债务,包括与上级往来和其他应付款等。（　）
9. 财政直接支付是指由预算单位开具支付令,通过国库单一账户体系,直接将财政资金支付到商品或劳务供应者账户的支付方式。（　）
10. 财政授权支付是指由财政部门开具支付令,通过国库单一账户体系将资金支付到货品或劳务供应者账户的支付方式。（　）
11. 财政部门零余额账户在代理银行开设,用于财政直接支付以及与国库单一账户进行清算。（　）
12. 政府性基金预算支出是指用专用基金收入安排的支出。（　）
13. 各级财政部门可以用当年预算本级收入或专用基金等购买政府债券。（　）
14. 财政部门按规定取得的专用基金,通过其他财政存款核算,没有存放在人民银行国库,因此,不作为财政资金管理。（　）
15. 补助收入是本级财政从上级财政取得的补助款。（　）

四、实操练习

练习一

1. 目的:练习国库存款的核算。
2. 要求:根据下列资料编制有关会计分录。
3. 资料:某财政部门2021年发生的部分经济业务如下:

(1) 收到国库报来的预算收入日报表,当日收到预算收入共计123 400元。其中,一般公共预算本级收入112 000元,政府性基金预算本级收入11 400元。

(2) 财政总预算会计收到财政国库支付执行机构报来的预算支出结算清单,财政国库支付执行机构以财政直接支付方式支付的有关预算单位的款项共计43 000元,其中:属于一般公共预算本级支出的款项共计29 000元,属于政府性基金预算本级支出的款项共计7 900元,属于国有资本经营预算本级支出的款项共计6 100元。

(3) 财政总预算会计收到财政国库支付执行机构报来的预算支出结算清单,有关预算单位采用财政授权支付方式支付的属于一般公共预算本级支出的款项3 000元。

(4) 财政总预算会计按照财政体制向上级省财政上解一般公共预算本级收入853 000元。

(5) 财政总预算会计按照财政体制向所属下级某县财政作一般公共预算补助660 000元。

(6) 财政总预算会计通过财政国库存款账户向所属下级财政转贷债务收入25 000元。

(7) 通过财政国库向中央财政上缴由本级政府承担的地方政府债券还本资金共计20 000元。

练习二

1. 目的:练习其他财政存款的核算。
2. 要求:根据下列资料编制有关会计分录。
3. 资料:某财政部门 2021 年发生的部分经济业务如下:
   (1) 收到上级财政拨入的专用基金 523 000 元,款项按规定存入某商业银行的专用基金存款账户。
   (2) 根据上级财政的要求,使用收到的专用基金存款 523 000 元。
   (3) 根据中央专项资金特设账户代理银行转来的收款凭证,收到农村义务教育中央专项资金 500 000 元。
   (4) 办理农村义务教育中央专项资金财政直接支付业务,支付金额 600 000 元。

练习三

1. 目的:练习有价证券业务核算。
2. 要求:根据下列资料编制有关会计分录。
3. 资料:某市财政局 2021 年发生的经济业务如下:
   (1) 用一般公共预算结余 150 000 元购入国债。
   (2) 转让原一般公共预算结余购入国债 50 000 元,转让价 52 000 元。
   (3) 兑付原一般公共预算结余购入国债 100 000 元,利息 12 000 元。
   (4) 用政府性基金预算结余购买有价证券 35 000 元。
   (5) 收到用政府性基金预算结余购入的有价证券利息 8 000 元。

练习四

1. 目的:练习借出款项的核算
2. 根据下列资料编制有关会计分录。
3. 资料:某市财政局 2021 年发生的经济业务如下:
   (1) 因所属某预算单位特殊情况急需资金,临时借给该预算单位一般公共预算款项 15 000 元。
   (2) 经研究,对借给的某预算单位的 15 000 元款项落实预算,转作一般公共预算本级支出。

练习五

1. 目的:练习与下级往来的核算
2. 根据下列资料编制有关会计分录。
3. 资料:某市财政局 2021 年发生的经济业务如下:
   (1) 借给下级甲财政局临时急用预算款 200 000 元。
   (2) 在财政体制结算中,某县财政应上缴款项 188 000 元。
   (3) 在财政体制结算中,应补助所属某财政款项 76 000 元。
   (4) 为满足所属某县财政局资金周转调度的需要,以一般公共预算存款借给其款项 35 000 元。

练习六

1. 目的:练习在途款和预拨经费的核算
2. 根据下列资料编制有关会计分录。

3. 资料:某市财政局 2021 年发生的经济业务如下:
   (1) 在库款报解整理期内收到属于上一年度的一般公共预算本级收入 120 000 元。
   (2) 在决算清理期间内收到上年度已列支的政府性基金预算本级支出 85 000 元。
   (3) 预拨行政机关下年经费 54 000 元。

练习七

1. 目的:练习股权投资和应收股利的核算
2. 根据下列资料编制有关会计分录。
3. 资料:某市财政局 2021 年发生的经济业务如下:
   (1) 使用政府性基金预算资金向 B 创新投资基金公司拨付款项 350 000 元,作为股权投资。
   (2) 该公司公布财务报告,本级财政总预算会计确认投资收益 68 000 元。
   (3) 该公司宣布发放现金股利,本级财政总预算会计确认应收现金股利 18 000 元。
   (4) 本级财政总预算会计收到现金股利 18 000 元。

第五章　财政总预算会计负债和净资产的核算

思维导图

本章重点包括7个知识点。

1. 负债的概念和内容

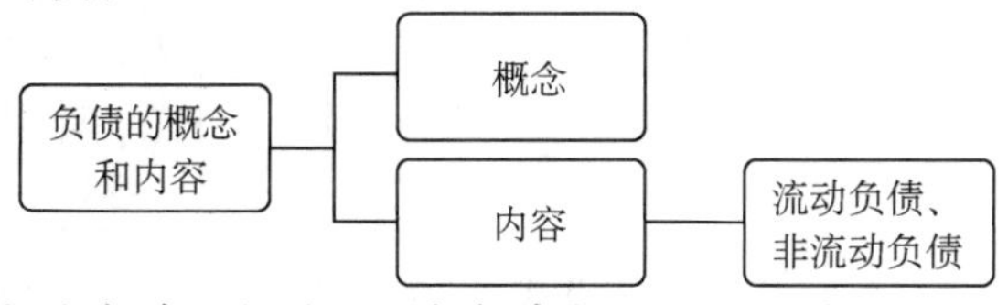

理解财政总预算会计负债的概念,熟悉负债包括哪些内容。

2. 负债的确认与计量

财政总预算会计对符合负债定义的债务,应当在对其承担偿还责任,并且能够可靠地进行货币计量时确认。总预算会计核算的负债,应当按照承担的相关合同金额或实际发生金额进行计量。

3. 负债的管理:(一般了解)

(1) 财政总预算会计发生各种负债必须符合预算管理相关政策。

(2) 财政总预算会计的各种负债应及时清算。

4. 负债的核算

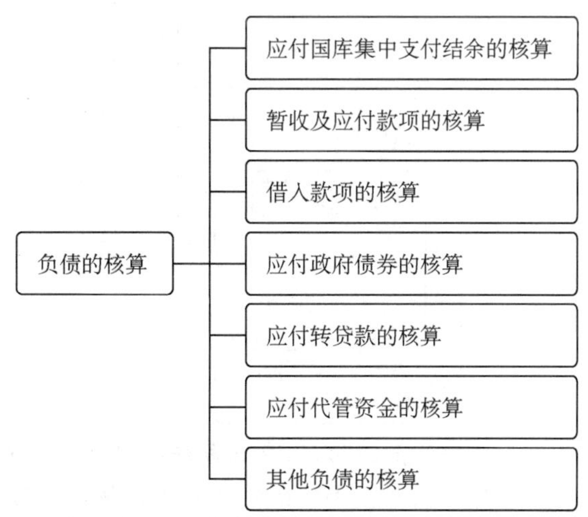

重点:与上级往来、应付短期政府债券、借入款项、应付长期政府债券(双分录)。

难点:应付地方政府债券转贷款的核算(双分录)。

5. 净资产的概念和内容

概念:净资产是指政府财政资产减去负债的差额。

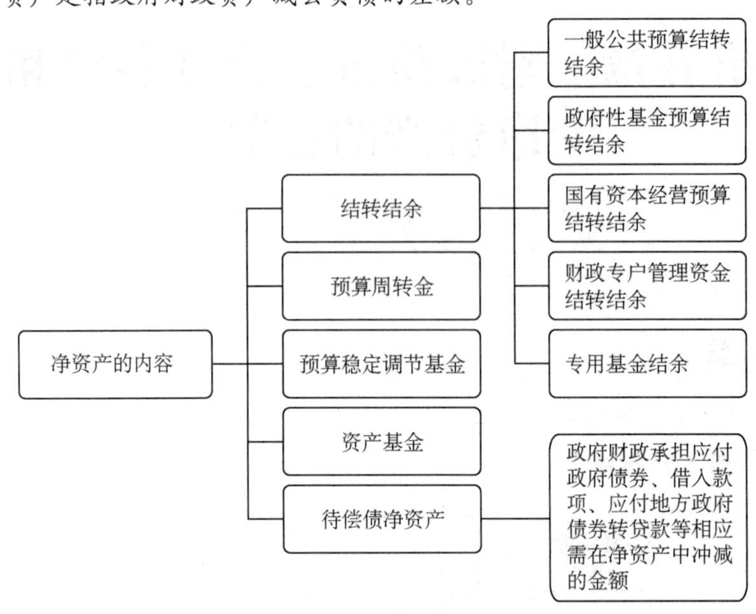

学生通过学习,熟悉财政总预算会计净资产的 5 项内容,重点掌握结转结余、预算周转金和预算稳定调节基金。

6. 净资产的管理

内容包括:结转结余管理和预算周转金管理。

重点掌握结转结余的管理要求,预算周转金和预算稳定调节基金的作用与区别。

7. 净资产的核算

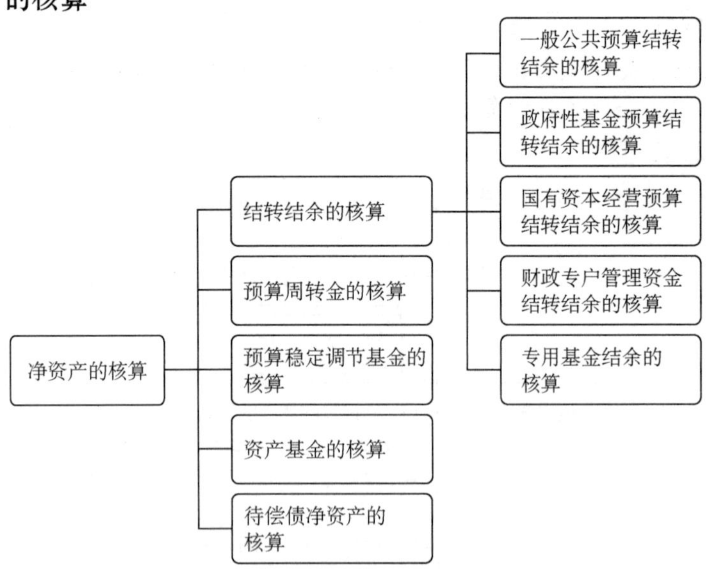

重点:本级财政各项资金结转结余的核算,具体包括一般公共预算当年结余和滚存结余的计算及其年末结转,政府性基金预算当年结余的计算及其年末结转,国有资本经营预算当年结余的计算及其年末结转等。

难点:一般公共预算结余的计算及其年末结转。

财政总预算会计的负债是指政府财政承担的能以货币计量、需以资产偿付的债务，具体包括应付国库集中支付结余、暂收及应付款项、借入款项、应付政府债券、应付转贷款、应付代管资金与其他负债。财政总预算会计核算的净资产是指政府财政资产减去负债的差额，主要包括一般公共预算结转结余、政府性基金预算结转结余、国有资本经营预算结转结余、财政专户管理资金结余、专用基金结余、预算稳定调节基金、预算周转金、资产基金和待偿债净资产。本章在介绍财政总预算会计负债和净资产含义的基础上，着重介绍了财政总预算会计负债和净资产的内容及核算方法。通过学习本章，学生应掌握财政总预算会计负债和净资产的内容、管理原则以及各项负债与净资产的核算方法。

第一节　负债概述

5.1　负债概述

一、负债的内容与确认计量

(一) 负债的概念

财政总预算会计的负债是指政府财政承担的能以货币计量、需以资产偿付的债务。

(二) 负债的内容

财政总预算会计的负债按照流动性，分为流动负债和非流动负债。流动负债是指预计在1年内(含1年)偿还的负债；非流动负债是指流动负债以外的负债。负债具体包括应付国库集中支付结余、暂收及应付款项、借入款项、应付政府债券、应付转贷款、应付代管资金与其他负债等。负债按照流动性，分为流动负债和非流动负债。流动负债是指预计在1年内(含1年)偿还的负债；非流动负债是指流动负债以外的负债。

1. 应付国库集中支付结余

应付国库集中支付结余是指国库集中支付中，按照财政部门批复的部门预算，当年未支而需结转下一年度支付的款项采用权责发生制列支后形成的债务。

财政总预算会计实行收付实现制。但对于年终预算结转和结余资金，应当按照规定采用权责发生制处理。在财政国库集中支付制度下，预算单位在年终尚未使用的财政预算资金留存在财政总预算会计账上，这部分财政预算资金形成预算单位的年终结转和结余资金。由于预算单位年终预算结转和结余资金原则上仍然归预算单位使用，财政总预算会计为不虚增当年度财政结转和结余数额，年终对这部分资金数额应当按规定采用权责发生制，确认预算支出，减少预算结转和结余。由于年终财政总预算会计并未实际从国库拨付这部分财政资金，因此，将相应的数额作为应付国库集中支付结余予以记录。财政总预算会计在平时不对预算单位的财政预算资金结转和结余数额做账务处理，年终一次核定。

2. 暂收及应付款项

暂收及应付款项是政府财政业务活动中形成的债务，包括与上级往来和其他应付款等。暂收及应付款项应当及时清理结算。与上级往来是指上下级财政之间由于财政资金的周转调度以及预算补助、上解结算等事项而形成的债务。如本级财政因资金调度困难而向上级财政临时借款周转和归还借款；在财政体制年终结算中发生本级财政应上解款或上级财政应补助款等。其他应付款是指政府财政临时发生的暂收、应付和收到的不明性质款项。税务机关代征入库的社会保险费、项目单位使用并承担还款责任的外国政府和国际金融组织贷款，也属于其他应付款的内容。

3. 借入款项

借入款项是指政府财政部门以政府名义向外国政府、国际金融组织等借入的款项，以及通过经国务院批准的其他方式借款形成的负债。其主要包括向外国政府借款、向国际组织借款、其他借款等。

4. 应付政府债券

应付政府债券是指政府财政采用发行政府债券方式筹集资金而形成的负债，包括应付短期政府债券和应付长期政府债券。应付短期政府债券是指政府财政部门以政府名义发行的期限不超过1年(含1年)的国债和地方政府债券。应付长期政府债券是指政府财政部门以政府名义发行的期限超过1年的国债和地方政府债券。

5. 应付转贷款

应付转贷款是指地方政府财政向上级政府财政借入转贷资金而形成的负债，包括应付地方政府债券转贷款和应付主权外债转贷款等。应付地方政府债券转贷款是指地方政府财政从上级政府财政借入的地方政府债券转贷款。应付主权外债转贷款是指本级政府从上级政府财政借入的主权外债转贷款。

6. 应付代管资金

应付代管资金是指政府财政代为管理的、使用权属于被代管主体的资金。

7. 其他负债

其他负债是指政府财政因有关政策明确要求其承担支出责任的事项而形成的应付未付款项。

(三) 负债的确认与计量

财政总预算会计对符合负债定义的债务，应当在对其承担偿还责任，并且能够可靠地进行货币计量时确认。财政总预算会计核算的负债，应当按照承担的相关合同金额或实际发生金额进行计量。

二、负债管理的原则

(1) 财政总预算会计发生各种负债必须符合预算管理相关政策。

(2) 财政总预算会计的各种负债应及时清算。属于应付暂收款及性质不明的款项应及时清理转账。

第二节 负债的核算

5.2 负债的核算

一、应付国库集中支付结余的核算

为了核算政府财政采用权责发生制列支、预算单位尚未使用的国库集中支付结余资金，财政总预算会计应设置“应付国库集中支付结余”科目。本科目期末贷方余额反映政府财政尚未支付的国库集中支付结余。本科目应当根据管理需要，按照政府收支分类科目等进行相应明细核算。

应付国库集中支付结余的主要账务处理如下：

（1）年末，对当年形成的国库集中支付结余采用权责发生制列支时，借记“一般公共预算本级支出”等科目，贷记“应付国库集中支付结余”科目。

（2）以后年度实际支付国库集中支付结余资金时，分以下情况处理：

一是按原结转预算科目支出的，借记“应付国库集中支付结余”科目，贷记“国库存款”科目。

二是调整支出预算科目的，应当按原结转预算科目作冲销处理.借记“应付国库集中支付结余”科目，贷记“一般公共预算本级支出”等科目。同时，按实际支出预算科目作列支账务处理，借记“一般公共预算本级支出”等科目，贷记“国库存款”科目。

【例5-1】 某市财政总预算会计发生如下业务：

（1）年终核定当年确实无法实现拨款、按规定应留归预算单位在下一年度继续使用的本年终预算结转和结余资金共计80 000元。其会计分录为：

借：一般公共预算本级支出　　80 000
　贷：应付国库集中支付结余　　80 000

（2）下一年按原结转预算科目支出资金时，其会计分录为：

借：应付国库集中支付结余　　80 000
　贷：国库存款　　80 000

预算单位在次年使用上年结转和结余资金时，财政总预算会计尽管拨付财政预算资金，但不确认预算支出，而是冲减上年年终记录的应付国库集中支付结余的数额。

二、暂收及应付款项的核算

（一）与上级往来

为核算政府预算执行中进行资金调度而与上级财政之间的往来业务，财政总预算会计设置“与上级往来”科目。本科目期末贷方余额反映本级政府财政欠上级政府财政的款项；借方余额反映上级政府财政欠本级政府财政的款项。本科目应当按照往来款项的类别和项目等进行明细核算。本科目应及时清理结算，年终未能结清的余额，结转下年。本科目是往来性质的科目，如有借方余额，在编时“资产负债表”时，应以负数反映。

与上级往来的主要账务处理如下：

（1）本级政府财政为执行预算调度资金临时从上级政府财政借入款或体制结算中发生应上缴上级政府财政款项时，借记“国库存款”“上解支出”等科目，贷记“与上级往来”科目。

（2）本级政府财政归还借款、转作上级补助收入或体制结算中应由上级补给款项时，借记“与上级往来”科目，贷记“国库存款”“补助收入”等科目。

【例5-2】 某市财政总预算会计发生如下与上级往来业务：

（1）在财政体制结算中，应上缴省财政一般公共预算款项1 200 000元。其会计分录为：

借：上解支出　　1 200 000
　贷：与上级往来　　1 200 000

(2) 在财政体制结算中，省财政应对本市财政提供一般公共预算补助600 000元。其会计分录为：

借：与上级往来　　600 000

　贷：补助收入　　600 000

(二) 其他应付款

为核算其他应付款业务，财政总预算会计应设置“其他应付款”科目。本科目期末贷方余额反映政府财政尚未结清的其他应付款项。本科目应当按照债权单位或资金来源等进行明细核算。

其他应付款的主要账务处理如下：

(1) 收到暂存款项时，借记“国库存款”“其他财政存款”等科目，贷记“其他应付款”科目。

(2) 将暂存款项清理退还或转作收入时，借记“其他应付款”科目，贷记“国库存款”“其他财政存款”或有关收入科目。

(3) 社会保险费代征入库时，借记“国库存款”科目，贷记“其他应付款”科目。社会保险费国库缴存社保基金财政专户时，借记“其他应付款”科目，贷记“国库存款”科目。

(4) 收到项目单位承担还款责任的外国政府和国际金融组织贷款资金时，借记“其他财政存款”科目，贷记“其他应付款”科目；付给项目单位时，借记“其他应付款”科目，贷记“其他财政存款”科目。收到项目单位偿还贷款资金时，借记“其他财政存款”科目，贷记“其他应付款”科目；付给外国政府和国际金融组织项目单位还款资金时，借记“其他应付款”科目，贷记“其他财政存款”科目。

【例5-3】 某市财政国库存款账户收到某单位性质不明的缴款8 600元。该市财政经查明，该单位性质不明的缴款8 600元属于误入，予以退回。其会计分录为：

(1) 收到某单位性质不明的缴款时：

借：国库存款　　8 600

　贷：其他应付款　　8 600

(2) 退回误入款项时：

借：其他应付款　　8 600

　贷：国库存款　　8 600

【例5-4】 某省财政收到所属某市财政缴来的转贷省政府债券按年付息资金18 000元，准备按规定向省政府债券投资者支付。省财政在上年末对该批转贷债券确认了应收利息18 000元。当年收到利息后，省财政按时通过相关代办付息机构向省政府债券投资者支付了一年的债券利息18 000元。其会计分录为：

(1) 收到所属某市财政缴来的转贷省政府债券按年付息资金时：

借：国库存款　　18 000

　贷：其他应付款　　18 000

(2) 通过相关代办机构向省政府债券投资者支付一年的债券利息时：

借：其他应付款　　18 000

　贷：国库存款　　18 000

三、借入款项的核算

为了核算政府财政部门以政府名义向外国政府和国际金融组织等借入的款项，以及经国务院批准的其他方式借入的款项，财政总预算会计应在负债类科目中设置“借入款项”科目。“借入款项”科目贷方登记借入数，借方登记偿还数，期末贷方余额反映尚未偿还的债务。本科目下应当设置“应付本金”“应付利息”明细科目，分别对借入款项的应付本金和利息进行明细核算，还应当按照债权人进行明细核算。

借入款项的主要账务处理如下：

(1) 本级政府财政收到借入的主权外债资金时，借记“其他财政存款”科目，贷记“债务收入”科目；根据债务管理部门转来的相关资料，按照实际承担的债务金额，借记“待偿债净资产——借入款项”科目，贷记本科目。

(2) 本级政府财政借入主权外债，且由外方将贷款资金直接支付给用款单位或供应商时，应根据以下情况分别处理：

第一，本级政府财政承担还款责任，贷款资金由本级政府财政同级部门(单位)使用的，本级政府财政部门根据贷款资金支付相关资料，借记“一般公共预算本级支出”等科目，贷记“债务收入”科目；根据债务管理部门转来的相关资料，按照实际承担的债务金额，借记“待偿债净资产——借入款项”科目，贷记本科目。

第二，本级政府财政承担还款责任，贷款资金由下级政府财政同级部门(单位)使用的，本级政府财政部门根据贷款资金支付相关资料及预算指标文件，借记“补助支出”科目，贷记“债务收入”科目；根据债务管理部门转来的相关资料，按照实际承担的债务金额，借记“待偿债净资产——借入款项”科目，贷记本科目。

第三，下级政府财政承担还款责任，贷款资金由下级政府财政同级部门(单位)使用的，本级政府财政部门根据贷款资金支付相关资料，借记“债务转贷支出”科目，贷记“债务收入”科目；根据债务管理部门转来的相关资料，按照实际承担的债务金额，借记“待偿债净资产——借入款项”科目，贷记本科目；同时，借记“应收主权外债转贷款”科目，贷记“资产基金——应收主权外债转贷款”科目。

(3) 期末确认借入主权外债的应付利息时，根据债务管理部门计算出的本期应付未付利息金额，借记“待偿债净资产——借入款项”科目，贷记本科目。

(4) 偿还本级政府财政承担的借入主权外债本金时，借记“债务还本支出”科目，贷记“国库存款”“其他财政存款”等科目；根据债务管理部门转来的相关资料，按照实际偿还的本金金额，借记本科目，贷记“待偿债净资产——借入款项”科目。

(5) 偿还本级政府财政承担的借入主权外债利息时，借记“一般公共预算本级支出”等科目，贷记“国库存款”“其他财政存款”等科目；实际偿还利息金额中属于已确认的应付利息部分，还应根据债务管理部门转来的相关资料，借记本科目，贷记“待偿债净资产——借入款项”科目。

(6) 偿还下级政府财政承担的借入主权外债的本息时，借记“其他应付款”或“其他应收款”科目，贷记“国库存款”“其他财政存款”等科目；根据债务管理部门转来的相关资料，按照实际偿还的本金及已确认的应付利息金额，借记本科目，贷记“待偿债净资产——借入款项”科目。

(7) 被上级政府财政扣缴借入主权外债的本息时，借记“其他应收款”科目，贷记“与上级往来”科目；根据债务管理部门转来的相关资料，按照实际扣缴的本金及已确认的应付利息金额，借记本科目，贷记“待偿债净资产——借入款项”科目。列报支出时，对应由本级政府财政承担的还本支出，借记“债务还本支出”科目，贷记“其他应收款”科目；对应由本级政府财政承担的利息支出，借记“一般公共预算本级支出”等科目，贷记“其他应收款”科目。

(8) 债权人豁免本级政府财政承担偿还责任的借入主权外债本息时，根据债务管理部门转来的相关资料，按照被豁免的本金及已确认的应付利息金额，借记本科目，贷记“待偿债净资产——借入款项”科目。

债权人豁免下级政府财政承担偿还责任的借入主权外债本息时，根据债务管理部门转来的相关资料，按照被豁免的本金及已确认的应付利息金额，借记本科目，贷记“待偿债净资产——借入款项”科目；同时，借记“资产基金——应收主权外债转贷款”科目，贷记“应收主权外债转贷款”科目。

【例5-5】 某省财政发生下列借入款项业务：

(1) 经批准本级政府财政借入的主权外债资金人民币2亿元，款项已经存入指定银行。财政总预算会计应当编制如下会计分录：

借：其他财政存款　　200 000 000
　贷：债务收入　　200 000 000

同时根据债务管理部门转来的相关资料

借：待偿债净资产——借入款项　　200 000 000
　贷：借入款项　　200 000 000

(2) 根据批准的协议，本级政府财政借入主权外债，且由外方将贷款资金直接支付给本级政府财政同级部门(单位)使用，金额为人民币1.5亿元，本级政府财政承担还款责任。财政总预算会计应当编制如下会计分录：

借：一般公共预算本级支出　　150 000 000
　贷：债务收入　　150 000 000

同时根据债务管理部门转来的相关资料

借：待偿债净资产——借入款项　　150 000 000
　贷：借入款项　　150 000 000

(3) 假如上述借款下级政府财政承担还款责任，贷款资金由下级政府财政同级部门(单位)使用。财政总预算会计应当编制如下会计分录：

借：债务转贷支出　　150 000 000
　贷：债务收入　　150 000 000

同时根据债务管理部门转来的相关资料

借：待偿债净资产——借入款项 150 000 000
  贷：借入款项 150 000 000
借：应收主权外债转贷款 150 000 000
  贷：资产基金——应收主权外债转贷款 150 000 000

(4) 期末根据债务管理部门计算出的本期应付未付利息金额确认上述借入主权外债的应付利息 160 000 元，财政总预算会计应当编制如下会计分录：

借：待偿债净资产——借入款项 160 000
  贷：借入款项 160 000

(5) 本级政府财政承担的借入主权外债本金人民币 2 亿元到期，通过其他财政存款账户支付，财政总预算会计应当编制如下会计分录：

借：债务还本支出 200 000 000
  贷：其他财政存款 200 000 000

同时根据债务管理部门转来的相关资料

借：借入款项 200 000 000
  贷：待偿债净资产——借入款项 200 000 000

(6) 偿付本级政府财政承担的借入主权外债利息人民币 360 000 元，通过其他财政存款账户支付，偿付利息金额中属于已确认的应付利息 160 000 元。财政总预算会计应当编制如下会计分录：

借：一般公共预算本级支出 360 000
  贷：其他财政存款 360 000

同时根据债务管理部门转来的相关资料：

借：借入款项 160 000
  贷：待偿债净资产——借入款项 160 000

四、应付政府债券的核算

(一) 应付短期政府债券

为了核算应付短期政府债券业务，财政总预算会计应设置“应付短期政府债券”科目。本科目期末贷方余额，反映政府财政尚未偿还的短期政府债券本金和利息。本科目下应当设置“应付国债”“应付地方政府一般债券”“应付地方政府专项债券”等一级明细科目，在一级明细科目下，再分别设置“应付本金”“应付利息”明细科目，分别核算政府债券的应付本金和利息。债务管理部门应当设置相应的辅助账，详细记录每期政府债券金额、种类、期限、发行日、到期日、票面利率、偿还本金及付息情况等。

应付短期政府债券的主要账务处理如下：

(1) 实际收到短期政府债券发行收入时，按照实际收到的金额，借记“国库存款”科目，按照短期政府债券实际发行额，贷记“债务收入”科目，按照发行收入和发行额的差额，借记或贷记有关支出科目；根据债券发行确认文件等相关债券管理资料，按照到期应付的短期政府债券本金金额，借记“待偿债净资产——应付短期政府债券”科目，贷记“应付短期政府债券”科目。

（2）期末确认短期政府债券的应付利息时，根据债务管理部门计算出的本期应付未付利息金额，借记“待偿债净资产—应付短期政府债券”科目，贷记“应付短期政府债券”科目。

（3）实际支付本级政府财政承担的短期政府债券利息时，借记“一般公共预算本级支出”或“政府性基金预算本级支出”科目，贷记“国库存款”等科目；实际支付利息金额中属于已确认的应付利息部分，还应根据债券兑付确认文件等相关债务管理资料，借记“应付短期政府债券”科目，贷记“待偿债净资产——应付短期政府债券”科目。

（4）实际偿还本级政府财政承担的短期政府债券本金时，借记“债务还本支出”科目，贷记“国库存款”等科目；根据债券兑付确认文件等相关债券管理资料，借记“应付短期政府债券”科目，贷记“待偿债净资产——应付短期政府债券”科目。

（5）省级财政部门采用定向承销方式发行短期地方政府债券置换存量债务时，根据债权债务确认相关资料，按照置换本级政府存量债务的额度，借记“债务还本支出”科目，贷记“债务收入”科目；根据债务管理部门转来的相关资料，按照置换本级政府存量债务的额度，借记“待偿债净资产——应付短期政府债券”科目，贷记“应付短期政府债券”科目。

【例 5-6】 中央财政发生如下业务：

（1）1 月 1 日，根据全国人民代表大会的决定在国内发行 1 年期国债 10 000 000 000 元，承销费用 50 000 000 元。其会计分录为：

借：国库存款	9 950 000 000	
一般公共预算本级支出	50 000 000	
贷：债务收入		10 000 000 000

同时，

借：待偿债净资产——应付短期政府债券	10 000 000 000	
贷：应付短期政府债券——应付国债——应付本金		10 000 000 000

（2）1—11 月，每月末确认短期政府债券的应付利息 10 000 000 元。其会计分录为：

借：待偿债净资产——应付短期政府债券	10 000 000	
贷：应付短期政府债券——应付国债——应付本金		10 000 000

（3）12 月 31 日，偿还 1 年期国债的利息 120 000 000 元，其会计分录为：

借：一般公共预算本级支出	120 000 000	
贷：国库存款		120 000 000

同时，

借：应付短期政府债券——应付国债——应付利息	110 000 000	
贷：待偿债净资产——应付短期政府债券		110 000 000

（4）12 月 31 日，偿还 1 年期国债本金 10 000 000 000 元时。其会计分录为：

借：债务还本支出　　10 000 000 000
　贷：国库存款　　10 000 000 000

同时，

借：应付短期政府债券——应付国债——应付本金　　10 000 000 000
　贷：待偿债净资产——应付短期政府债券　　10 000 000 000

(二) 应付长期政府债券

为了核算应付长期政府债券业务，财政总预算会计应设置“应付长期政府债券”科目。本科目期末贷方余额反映政府财政尚未偿还的长期政府债券本金和利息。本科目下应当设置“应付国债”“应付地方政府一般债券”“应付地方政府专项债券”等一级明细科目，在一级明细科目下，再分别设置“应付本金”“应付利息”明细科目，分别核算政府债券的应付本金和利息。债务管理部门应当设置相应的辅助账，详细记录每期政府债券金额、种类、期限、发行日、到期日、票面利率、偿还本金及付息情况等。

应付长期政府债券的主要账务处理如下：

(1) 实际收到长期政府债券发行收入时，按照实际收到的金额，借记“国库存款”科目，按照长期政府债券实际发行额，贷记“债务收入”科目，按照发行收入和发行额的差额，借记或贷记有关支出科目；根据债券发行确认文件等相关债券管理资料，按照到期应付的长期政府债券本金金额，借记“待偿债净资产——应付长期政府债券”科目，贷记“应付长期政府债券”科目。

(2) 期末确认长期政府债券的应付利息时，根据债务管理部门计算出的本期应付未付利息金额，借记“待偿债净资产——应付长期政府债券”科目，贷记“应付长期政府债券”科目。

(3) 实际支付本级政府财政承担的长期政府债券利息时，借记“一般公共预算本级支出”或“政府性基金预算本级支出”科目，贷记“国库存款”等科目；实际支付利息金额中属于已确认的应付利息部分，还应根据债券兑付确认文件等相关债券管理资料，借记“应付长期政府债券”科目，贷记“待偿债净资产——应付长期政府债券”科目。

(4) 实际偿还本级政府财政承担的长期政府债券本金时，借记“债务还本支出”科目，贷记“国库存款”等科目；根据债券兑付确认文件等相关债券管理资料，借记“应付长期政府债券”科目，贷记“待偿债净资产——应付长期政府债券”科目。

(5) 本级政府财政偿还下级政府财政承担的地方政府债券本息时，借记“其他应付款”或“其他应收款”科目，贷记“国库存款”科目；根据债券兑付确认文件等相关债券管理资料，按照实际偿还的长期政府债券本金及已确认的应付利息金额，借记“应付长期政府债券”科目，贷记“待偿债净资产——应付长期政府债券”科目。

(6) 省级财政部门采用定向承销方式发行长期地方政府债券置换存量债务时，根据债权、债务确认相关资料，按照置换本级政府存量债务的额度，借记“债务还本支出”科目，按照置换下级政府存量债务的额度，借记“债务转贷支出”科目，按照置换存量债务的总额度，贷记“债务收入”；根据债务管理部门转来的相关资料，按照置换存量债务的总额度，借记“待偿债净资产——应付长期政府债券”科目，贷记“应付长期政府债券”科目。同时，按照置换下级政府存量债务额度，借记“应收地方政府债券转贷款”科目，贷记“资产基金——应收地方政府债券转贷款”科目。

【例 5-7】 中央财政发行一批 3 年期电子式储蓄国债，票面年利率为 3.8%，实际发行债券面值金额为 450 000 元，实际收到债券发行收入 450 000 元，实际债券发行额为 450 000 元，经确认的到期应付债券本金金额为 450 000 元。该期债券每年支付一次利息，到期偿还本金并支付最后一年利息。中央财政向相关债券承销团成员按承销债券面值的 0.1% 支付债券发行手续费共计 450 元。债券发行 3 个月后到达期末，该期债券计算 3 个月的应计利息 4 275 元。1 年后，该期债券支付 1 年的利息 17 100 元(450 000×3.8%)。3 年后，该期债券偿还本金 450 000 元并支付最后一年利息 17 100 元。财政总预算会计应编制如下会计分录：

(1) 实际收到长期政府债券发行收入时：

借：国库存款　　450 000
　贷：债务收入　　450 000

同时：

借：待偿债净资产——应付长期政府债券　　450 000
　贷：应付长期政府债券　　450 000

(2) 向债券承销团成员支付债券发行手续费时：

借：一般公共预算本级支出　　450
　贷：国库存款　　450

(3) 期末确认长期政府债券的应付利息时：

借：待偿债净资产——应付长期政府债券　　4 275
　贷：应付长期政府债券　　4 275

(4) 实际支付长期政府债券利息时：

借：一般公共预算本级支出　　17 100
　贷：国库存款　　17 100

同时：

借：应付长期政府债券　　4 275
　贷：待偿债净资产——应付长期政府债券　　4 275

(5) 实际偿付长期政府债券本金并支付最后一年利息时：

借：债务还本支出　　450 000
　　一般公共预算本级支出　　17 100
　贷：国库存款　　467 100

同时：

借：应付长期政府债券　　454 275
　贷：待偿债净资产——应付长期政府债券　　454 275

五、应付转贷款的核算

(一) 应付地方政府债券转贷款

为了核算应付地方政府债券转贷款业务，财政总预算会计应设置“应付地方政府债券转贷款”科目。本科目期末贷方余额反映本级政府财政尚未偿还的地方政府债券转贷款的本金和利息。本科目下应当设置“应付地方政府一般债券转贷款”和“应付地方政府专项债券转贷款”一级明细科目，在一级明细科目下再分别设置“应付本金”和“应付利息”两个明细科目，分别对应付本金和利息进行明细核算。

应付地方政府债券转贷款的主要账务处理如下：

（1）收到上级政府财政转贷的地方政府债券资金时，借记“国库存款”科目，贷记“债务转贷收入”科目；根据债务管理部门转来的相关资料，按照到期应偿还的转贷款本金金额，借记“待偿债净资产——应付地方政府债券转贷款”科目，贷记“应付地方政府债券转贷款”科目。

（2）期末确认地方政府债券转贷款的应付利息时，根据债务管理部门计算出的本期应付未付利息金额，借记“待偿债净资产——应付地方政府债券转贷款”科目，贷记“应付地方政府债券转贷款”科目。

（3）偿还本级政府财政承担的地方政府债券转贷款本金时，借记“债务还本支出”科目，贷记“国库存款”等科目；根据债务管理部门转来的相关资料，按照实际偿还的本金金额，借记“应付地方政府债券转贷款”科目，贷记“待偿债净资产——应付地方政府债券转贷款”科目。

（4）偿还本级政府财政承担的地方政府债券转贷款的利息时，借记“一般公共预算本级支出”或“政府性基金预算本级支出”科目，贷记“国库存款”等科目；实际支付利息金额中属于已确认的应付利息部分，还应根据债务管理部门转来的相关资料，借记“应付地方政府债券转贷款”科目，贷记“待偿债净资产——应付地方政府债券转贷款”科目。

（5）偿还下级政府财政承担的地方政府债券转贷款的本息时，借记“其他应付款”或“其他应收款”科目，贷记“国库存款”等科目；根据债务管理部门转来的相关资料，按照实际偿还的本金及已确认的应付利息金额，借记“应付地方政府债券转贷款”科目，贷记“待偿债净资产—应付地方政府债券转贷款”科目。

（6）被上级政府财政扣缴地方政府债券转贷款本息时，借记“其他应收款”科目，贷记“与上级往来”科目；根据债务管理部门转来的相关资料，按照实际扣缴的本金及已确认的应付利息金额，借记“应付地方政府债券转贷款”科目，贷记“待偿债净资产——应付地方政府债券转贷款”科目。列报支出时，对本级政府财政承担的还本支出，借记“债务还本支出”科目，贷记“其他应收款”科目；对本级政府财政承担的利息支出，借记“一般公共预算本级支出”或“政府性基金预算本级支出”科目，贷记“其他应收款”科目。

（7）采用定向承销方式发行地方政府债券置换存量债务时，省级以下（不含省级）财政部门根据上级财政部门提供的债权、债务确认相关资料，按照置换本级政府存量债务的额度，借记“债务还本支出”科目，按照置换下级政府存量债务的额度，借记“债务转贷支出”科目，按照置换存量债务的总额度，贷记“债务转贷收入”科目；根据债务管理部门转来的相关资料，按照置换存量债务的总额度，借记“待偿债净资产——应付地方政府债券转贷款”科目，贷记“应付地方政府债券转贷款”科目。同时，按照置换下级政府存量债务额度，借记“应收地方政府债券转贷款”科目，贷记“资产基金——应收地方政府债券转贷款”科目。

【例5-8】 某省财政发行一批地方政府一般债券。同时，向所属下级某市财政转贷

500 000元，用以支持该市政府的一项公共设施建设。该转贷款项每年利息费用为6 000元，转贷期限为3年，每年支付一次利息。市财政总预算会计应编制如下会计分录：

（1）收到上级省政府财政转贷的地方政府债券资金时：

借：国库存款 500 000
　贷：债务转贷收入 500 000

同时：

借：待偿债净资产——应付地方政府债券转贷款 500 000
　贷：应付地方政府债券转贷款 500 000

（2）每年确认省政府债券转贷款的应付利息时：

借：待偿债净资产——应付地方政府债券转贷款 6 000
　贷：应付地方政府债券转贷款 6 000

（3）按时支付由市政府财政承担的省政府债券转贷款利息时：

借：一般公共预算本级支出 6 000
　贷：国库存款 6 000

同时：

借：应付地方政府债券转贷款 6 000
　贷：待偿债净资产——应付地方政府债券转贷款 6 000

（4）按时偿还由市政府财政承担的省政府债券转贷款本金时：

借：债务还本支出 500 000
　贷：国库存款 500 000

同时：

借：应付地方政府债券转贷款 500 000
　贷：待偿债净资产——应付地方政府债券转贷款 500 000

（二）应付主权外债转贷款

为了核算应付主权外债转贷款业务，财政总预算会计应设置“应付主权外债转贷款”科目。本科目期末贷方余额反映本级政府财政尚未偿还的主权外债转贷款本金和利息。本科目下应当设置“应付本金”“应付利息”两个明细科目，分别对应付本金和利息进行明细核算。

应付主权外债转贷款的主要账务处理如下所述：

（1）收到上级政府财政转贷的主权外债资金。收到上级政府财政转贷的主权外债资金时，借记“其他财政存款”科目，贷记“债务转贷收入”科目；根据债务管理部门转来的相关资料，按照实际承担的债务金额，借记“待偿债净资产——应付主权外债转贷款”科目，贷记“应付主权外债转贷款”科目。

（2）从上级政府财政借入主权外债转贷款，且由外方将贷款资金直接支付给用款单位或供应商。应根据以下情况分别处理：

第一，本级政府财政承担还款责任，贷款资金由本级政府财政同级部门（单位）使用的，本级政府财政根据贷款资金支付相关资料，借记“一般公共预算本级支出”等科目，贷记“债务转贷收入”科目；根据债务管理部门转来的相关资料，按照实际承担的债务金额，借记“待偿债净资产一应付主权外债转贷款”科目，贷记“应付主权外债转贷款”科目。

第二，本级政府财政承担还款责任，贷款资金由本级政府财政同级部门（单位）使用的，本级政府财政部门根据贷款资金支付相关资料及预算指标文件，借记“补助支出”科目，贷记“债务转贷收入”科目；根据债务管理部门转来的相关资料，按照实际承担的债务金额；借记“待偿债净资产一应付主权外债转贷款”科目，贷记“应付主权外债转贷款”科目。

第三，下级政府财政承担还款责任，贷款资金由下级政府财政同级部门（单位）使用的，本级政府财政部门根据贷款资金支付相关资料，借记“债务转贷支出”科目，贷记“债务转贷收入”科目；根据债务管理部门转来的相关资料，按照实际承担的债务金额，借记“待偿债净资产——应付主权外债转贷款”科目，贷记“应付主权外债转贷款”科目；同时，借记“应收主权外债转贷款”科目，贷记“资产基金——应收主权外债转贷款”科目。

(3) 期末确认主权外债转贷款的应付利息。期末确认主权外债转贷款的应付利息时，按照债务管理部门计算出的本期应付未付利息金额，借记“待偿债净资产——应付主权外债转贷款”科目，贷记“应付主权外债转贷款”科目。

(4) 偿还本级政府财政承担的借入主权外债转贷款的本息。

第一，偿还本级政府财政承担的借入主权外债转贷款的本金时，借记“债务还本支出”科目，贷记“其他财政存款”等科目；根据债务管理部门转来的相关资料，按照实际偿还的本金金额，借记“应付主权外债转贷款”科目，贷记“待偿债净资产——应付主权外债转贷款”科目。

第二，偿还本级政府财政承担的借入主权外债转贷款的利息时，借记“一般公共预算本级支出”等科目，贷记“其他财政存款”等科目；实际偿还利息金额中属于已确认的应付利息部分，还应根据债务管理部门转来的相关资料，借记“应付主权外债转贷款”科目，贷记“待偿债净资产——应付主权外债转贷款”科目。

(5) 偿还下级政府财政承担的借入主权外债转贷款的本息。偿还下级政府财政承担的借入主权外债转贷款的本息时，借记“其他应付款”或“其他应收款”科目，贷记“其他财政存款”等科目；根据债务管理部门转来的相关资料，按照实际偿还的本金及已确认的应付利息金额，借记“应付主权外债转贷款”科目，贷记“待偿债净资产——应付主权外债转贷款”科目。

(6) 被上级政府财政扣缴借入主权外债转贷款的本息。被上级政府财政扣缴借入主权外债转贷款的本息时，借记“其他应收款”科目，贷记“与上级往来”科目；根据债务管理部门转来的相关资料，按照被扣缴的本金及已确认的应付利息金额，借记“应付主权外债转贷款”科目，贷记“待偿债净资产——应付主权外债转贷款”科目。列报支出时，对本级政府财政承担的还本支出，借记“债务还本支出”科目，贷记“其他应收款”科目；对本级政府财政承担的利息支出，借记“一般公共预算本级支出”等科目，贷记“其他应收款”科目。

(7) 上级政府财政豁免主权外债转贷款本息。根据以下情况分别处理：

第一，豁免本级政府财政承担偿还责任的主权外债转贷款本息时，根据债务管理部门转来的相关资料，按照豁免转贷款的本金及已确认的应付利息金额，借记“应付主权外债转贷款”科目，贷记“待偿债净资产——应付主权外债转贷款”科目。

第二，豁免下级政府财政承担偿还责任的主权外债转贷款本息时，根据债务管理部门转来的相关资料，按照豁免转贷款的本金及已确认的应付利息金额，借记“应付主权外债转贷款”科目，贷记“待偿债净资产——应付主权外债转贷款”科目；同时，借记“资产基金——应收主权外债转贷款”科目，贷记“应收主权外债转贷款”科目。

【例5-9】 某省政府向某国际金融组织贷款650 000元，用于该省范围内的公共基础设施建设。该省政府将相应贷款的一部分资金计280 000元转贷给所属某市政府，用以具体落实在该市范围内的相应建设项目。根据约定，相应贷款的期限为5年，每年的贷款利息为3 080元，该市政府应按期向省政府偿付贷款本息。市财政总预算会计应编制如下会计分录：

(1) 收到上级省政府财政转贷的主权外债资金时：

借：其他财政存款　　280 000
　贷：债务转贷收入　　280 000

同时：

借：待偿债净资产——应付主权外债转贷款　　280 000
　贷：应付主权外债转贷款　　280 000

(2) 每年确认市政府主权外债转贷款的应付利息时：

借：待偿债净资产——应付主权外债转贷款　　3 080
　贷：应付主权外债转贷款　　3 080

(3) 按时向上级省政府财政支付主权外债转贷款利息时：

借：一般公共预算本级支出　　3 080
　贷：其他财政存款　　3 080

同时：

借：应付主权外债转贷款　　3 080
　贷：待偿债净资产——应付主权外债转贷款　　3 080

(4) 上级省政府主权外债转贷款到期，市政府财政未按时偿还贷款本金，被省政府财政扣缴时：

借：其他应收款　　280 000
　贷：与上级往来　　280 000

同时：

借：应付主权外债转贷款　　280 000
　贷：待偿债净资产——应付主权外债转贷款　　280 000

(5) 列报债务还本支出时：

借：债务还本支出　　280 000
　贷：其他应收款　　280 000

六、应付代管资金的核算

为了核算应付代管资金业务，财政总预算会计应设置“应付代管资金”科目。本科目应当根据管理需要进行相关明细核算。本科目期末贷方余额反映政府财政尚未支付的代管资金。

应付代管资金的主要账务处理如下：

(1) 收到代管资金时，借记“其他财政存款”等科目，贷记“应付代管资金”科目。

(2) 支付代管资金时，借记“应付代管资金”科目，贷记“其他财政存款”等科目。

(3) 代管资金产生的利息收入按照相关规定仍属于代管资金的，借记“其他财政存款”等科目，贷记“应付代管资金”科目。

【例 5-10】 某日，财政代管银行存款账户收到预算单位缴入的代管资金 7 550 元。次日，有关预算单位使用财政代管资金，财政部门通过财政代管银行存款账户为其支付代管资金 3 220 元。财政总预算会计应编制如下会计分录：

(1) 收到代管资金时：

借：其他财政存款　　7 550
　贷：应付代管资金　　7 550

(2) 支付代管资金时：

借：应付代管资金　　3 220
　贷：其他财政存款　　3 220

七、其他负债的核算

为了核算其他负债业务，财政总预算会计应设置“其他负债”科目。本科目贷方余额反映政府财政承担的尚未支付的其他负债余额。本科目应当按照债权单位和项目等进行明细核算。

其他负债的主要账务处理如下：

(1) 有关政策已明确政府财政承担的支出责任，按照确定应承担的负债金额，借记“待偿债净资产”科目，贷记“其他负债”科目。

(2) 实际偿还负债时，借记有关支出等科目，贷记“国库存款”等科目，同时，按照相同的金额，借记“其他负债科目”，贷记“待偿债净资产”科目。

第三节　净资产概述

5.3　净资产核算的基本概念

一、净资产的概念与内容

(一) 净资产的概念

财政总预算会计核算的净资产是指政府财政资产减去负债的差额，主要包括一般公共预算结转结余、政府性基金预算结转结余、国有资本经营预算结转结余、财政专户管理资金结余、专用基金结余、预算稳定调节基金、预算周转金、资产基金和待偿债净资产。

(二) 净资产的内容

1. 结转结余

结转结余是相关收入减去相应支出后的差额。它是各级财政执行政府预算的结果，是各级财政下年度可以结转使用或重新安排使用的资金。财政总预算会计核算的结转结余包括一般公共预算结转结余、政府性基金预算结转结余、国有资本经营预算结转结余、财政专户管理资金结余、专用基金结余。

一般公共预算结转结余是指一般公共预算类收入与一般公共预算类支出相抵后的差额，是各级财政执行政府一般公共预算的执行结果。

政府性基金预算结转结余是指政府性基金预算类支出相抵后的差额，它是各级财政执行政府性基金预算收支的执行结果。

国有资本经营预算结转结余是指国有资本经营预算类收入减去国有资本经营预算类支出后的差额。

财政专户管理资金结余是指财政专户管理资金收入减去财政专户管理资金支出后的差额。

专用基金结余是指专用基金收入与专用基金支出相抵后的差额，它是各级总预算会计管理的专用基金的年终执行结果。

2. 预算周转金

预算周转金是指政府财政为调剂预算年度内季节性收支差额，保证及时用款而设置的库款周转资金。设置必要的预算周转金，是各级财政灵活调度预算资金的重要保证。

3. 预算稳定调节基金

预算稳定调节基金是指各级财政为平衡各预算年度之间预算收支的差异，保证各年度预算资金的收支平衡和预算稳定而设置的调节基金。

4. 资产基金

资产基金是指政府财政持有的债权和股权投资等资产(与其相关的资金收支纳入预算管理)在净资产中占用的金额。

5. 待偿债净资产

待偿债净资产是指政府财政承担应付短期政府债券、借入款项、应付长期政府债券、应付地方政府债券转贷款、应付主权外债转贷款、其他负债等负债(与其相关的资金收支纳入预算管理)而相应需在净资产中冲减的金额。

二、净资产管理的原则

(一) 结转结余的管理要求

(1) 各项资金的结转结余应分别核算，不得混淆。

(2) 各项资金的结转结余应每年结算一次。年终将各项收入与相应的支出冲销后，即成为该项资金当年的结转结余。当年的结转结余资金，减去下年结转的部分即为当年结余，当年结余加上年年末滚存结余为本年年末滚存结余。

(二) 预算周转金设置和动用的原则

(1) 预算周转金一般从年度预算结余中提取设置、补充或由上级财政部门拨入。

(2) 预算周转金由本级政府财政部门管理，只供平衡预算收支的临时周转使用，不能用于财政开支。

(3) 已设置或补充的预算周转金，未经上级财政部门批准，不能随意减少。年终，必须保持原核定数额，逐年结转。

(4) 预算周转金的数额，应与预算支出规模相适应。随着预算支出的逐年增长，预算周转金也应相应地补充。

第四节　净资产的核算

5.4　结转结余的核算

一、结转结余的核算

(一) 一般公共预算结转结余

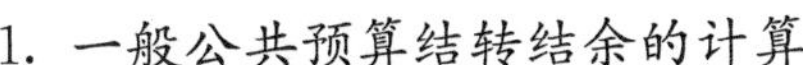

1. 一般公共预算结转结余的计算

一般公共预算结转结余是各级财政执行政府一般公共预算的执行结果。是政府财政纳入一般公共预算管理的收入与支出相抵后的差额。

一般公共预算结转结余＝一般公共预算收入－一般公共预算支出

政府财政纳入一般公共预算管理的收入包括一般公共预算本级收入、一般公共预算补助收入、一般公共预算上解收入、地区间援助收入、一般公共预算调入资金、一般债务收入、一般债务转贷收入、动用预算稳定调节基金等。政府财政纳入一般公共预算管理的支出包括一般公共预算本级支出、一般公共预算补助支出、一般公共预算上解支出、地区间援助支出、一般公共预算调出资金、一般债务还本支出、一般债务转贷支出、安排预算稳定调节基金等。

2. 一般公共预算结转结余的核算

为核算政府财政纳入一般公共预算管理的收支相抵形成的结转结余，财政总预算会计应设置“一般公共预算结转结余”科目。将一般公共预算的有关收入科目贷方余额转入“一般公共预算结转结余”贷方，将一般公共预算的有关支出科目借方余额转入“一般公共预算结转结余”科目借方，本科目年终贷方余额反映一般公共预算收支相抵后的滚存结转结余。

一般公共预算结转结余的主要账务处理如下：

(1) 年终转账时，将一般公共预算的有关收入科目贷方余额转入本科目的贷方，借记“一般公共预算本级收入”“补助收入——一般公共预算补助收入”“上解收入——一般公共预算上解收入”“地区间援助收入”“调入资金——一般公共预算调入资金”“债务收入(一般债务收入)”“债务转贷收入(地方政府一般债务转贷收入)”“动用预算稳定调节基金”等科目，贷记“一般公共预算结转结余”科目；将一般公共预算的有关支出科目借方余额转入本科目的借方，借记“一般公共预算结转结余”科目，贷记“一般公共预算本级支出”“上解支出——一般公共预算上解支出”“补助支出——一般公共预算补助支出”“地区间援助支出”“调出资金——一般公共预算调出资金”“安排预算稳定调节基金”“债务转贷支出(地方政府一般债务转贷支出)”“债务还本支出(一般债务还本支出)”等科目。

(2) 设置和补充预算周转金时，借记“一般公共预算结转结余”科目，贷记“预算周转金”科目。

【例 5-11】 某省财政 2016 年年终结账时，有关一般公共预算类收支科目的余额如表 5-1 和表 5-2 所示。

表 5-1　　一般公共预算类收入科目贷方余额　　单位：元

总账科目	金　额
一般公共预算本级收入	914 000
补助收入——一般公共预算补助收入	260 000
上解收入——一般公共预算上解收入	13 000
调入资金——一般公共预算调入资金	11 000
债务收入	120 000
动用预算稳定调节基金	9 000
地区间援助收入	4 000
合　计	1 331 000

表 5-2　　一般公共预算类支出科目借方余额　　单位：元

总账科目	金　额
一般公共预算本级支出	920 000
补助支出——一般公共预算补助支出	230 000
上解支出——一般公共预算上解支出	80 000
债务转贷支出——地方性政府一般债务转贷支出	40 000
债务还本支出——一般债务还本支出	60 000
合　计	1 330 000

根据表 5-1 和表 5-2，将上述一般公共预算类收支科目的余额转入“一般公共预算结转结余”科目。其会计分录为：

借：一般公共预算本级收入　　914 000
　　补助收入——一般公共预算补助收入　　260 000
　　上解收入——一般公共预算上解收入　　13 000
　　调入资金——一般公共预算调入资金　　11 000
　　债务收入　　120 000
　　动用预算稳定调节基金　　9 000
　　地区间援助收入　　4 000
　贷：一般公共预算结转结余　　1 331 000

同时，结清所有一般公共预算类收入科目的明细账的余额。

借:一般公共预算结转结余　　1 330 000
　贷:一般公共预算本级支出　　920 000
　　补助支出——一般公共预算补助支出　　230 000
　　上解支出——一般公共预算上解支出　　80 000
　　债务转贷支出——地方性政府一般债务转贷支出　　40 000
　　债务还本支出——一般债务还本支出　　60 000

同时,结清所有一般公共预算类支出科目的明细账。

(二) 政府性基金预算结转结余

为了核算政府财政纳入政府性基金预算管理的收支相抵形成的结转结余,总预算会计应设置"政府性基金预算结转结余"科目。本科目年终贷方余额反映政府性基金预算收支相抵后的滚存结转结余。本科目应当根据管理需要,按照政府性基金的种类进行明细核算。

政府性基金预算结转结余的主要账务处理如下:

年终转账时,应将政府性基金预算的有关收入科目贷方余额按照政府性基金种类分别转入本科目下相应明细科目的贷方,借记"政府性基金预算本级收入""补助收入——政府性基金预算补助收入""上解收入——政府性基金预算上解收入""调入资金——政府性基金预算调入资金""债务收入——专项债务收入""债务转贷收入——地方政府专项债务转贷收入"等科目,贷记"政府性基金预算结转结余"科目;将政府性基金预算的有关支出科目借方余额按照政府性基金种类分别转入本科目下相应明细科目的借方,借记"政府性基金预算结转结余"科目,贷记"政府性基金预算本级支出""上解支出——政府性基金预算上解支出""补助支出——政府性基金预算补助支出""调出资金——政府性基金预算调出资金""债务还本支出——专项债务还本支出""债务转贷支出——地方政府专项债务转贷支出"等科目。

【例 5-12】 某市财政年终结算时,有关政府性基金预算类收支科目的余额如表 5-3 所示。

表 5-3　　政府性基金预算类收支科目的余额　　单位:元

总账科目	金额	
	借方	贷方
政府性基金预算本级收入		525 600
补助收入——政府性基金预算补助收入		81 400
上解收入——政府性基金预算上解收入		1 200
政府性基金预算类收入合计		608 200
政府性基金预算本级支出		
补助支出——政府性基金预算补助支出	576 300	
上解支出——政府性基金预算上解支出	2 100	

（续表）

总账科目	金　　额	
	借方	贷方
调出资金——政府性基金预算调出资金	2 500	
政府性基金预算类支出合计	603 900	

根据表5-3，上述政府性基金预算类收支科目的余额转入“政府性基金预算结转结余”科目。其会计分录为：

借：政府性基金预算本级收入　　525 600
　　补助收入——政府性基金预算补助收入　　81 400
　　上解收入——政府性基金预算上解收入　　1 200
　贷：政府性基金预算结转结余　　608 200

同时，结清所有政府性基金预算类收入科目的明细账。

借：政府性基金预算结转结余　　603 900
　贷：政府性基金预算本级支出　　576 300
　　　补助支出——政府性基金预算补助支出　　2 100
　　　上解支出——政府性基金预算上解支出　　2 500
　　　调出资金——政府性基金预算调出资金　　23 000

同时，结清所有政府性基金预算类支出科目的明细账。

(三) 国有资本经营预算结转结余

为核算国有资本经营预算结余，财政总预算会计应设置“国有资本经营预算结转结余”总账科目。本科目年终贷方余额反映国有资本经营预算收支相抵后的滚存结转结余。

国有资本经营预算结转结余的主要账务处理如下：年终转账时，应将国有资本经营预算的有关收入科目贷方余额转入本科目贷方，借记“国有资本经营预算本级收入”等科目，贷记“国有资本经营预算结转结余”科目；将国有资本经营预算的有关支出科目借方余额转入本科目借方，借记“国有资本经营预算结转结余”科目，贷记“国有资本经营预算本级支出”“调出资金——国有资本经营预算调出资金”等科目。

【例5-13】 某市财政年终结账时，有关国有资本经营预算收支科目余额如表5-4所示。

表5-4　　国有资本经营预算收支科目余额　　单位：元

总账科目	金　　额
国有资本经营预算类收入	152 000（贷方）
国有资本经营预算类支出	149 000（借方）

根据表5-4，将上述国有资本经营预算类收支科目余额转入“国有资本经营预算结转结余”科目。其会计分录为：

借：国有资本经营预算本级收入　　152 000
　贷：国有资本经营预算结转结余　　152 000

同时，结清所有国有资本经营预算本级收入科目的明细账。

借：国有资本经营预算结转结余　　149 000
　贷：国有资本经营预算本级支出　　149 000

同时，结清所有国有资本经营预算本级支出科目的明细账。

（四）财政专户管理资金结余

为核算政府财政纳入财政专户管理的教育收费等资金收支相抵后形成的结余，财政总预算会计应设置“财政专户管理资金结余”总账科目。本科目年终贷方余额反映政府财政纳入财政专户管理的资金收支相抵后的滚存结余。本科目应当根据管理需要，按照部门（单位）等进行明细核算。

财政专户管理资金结余的主要账务处理如下：年终转账时，将财政专户管理资金的有关收入科目贷方余额转入本科目贷方，借记“财政专户管理资金收入”等科目，贷记“财政专户管理资金结余”科目；将财政专户管理资金的有关支出科目借方余额转入本科目借方，借记“财政专户管理资金结余”科目，贷记“财政专户管理资金支出”等科目。

【例5-14】　某市财政年终结账时，“财政专户管理资金收入”科目的贷方余额为38 000元，“财政专户管理资金支出”科目的借方余额37 700元。财政总预算会计结转财政专户管理资金收支时，其会计分录为：

借：财政专户管理资金收入　　38 000
　贷：财政专户管理资金结余　　38 000

同时，财政总预算会计应结清所有财政专户管理资金收入明细账的余额。

借：财政专户管理资金结余　　37 700
　贷：财政专户管理资金支出　　37 700

同时，财政总预算会计应结清所有财政专户管理资金支出明细账的余额。

（五）专用基金结余

为核算政府财政管理的专用基金收支相抵形成的结余，财政总预算会计应设置“专用基金结余”科目。本科目年终贷方余额，反映本年专用基金的滚存结余情况。本科目应当根据专用基金的种类进行明细核算。

专用基金结余业务的主要账务处理如下：将“专用基金收入”科目余额转入本科目，借记“专用基金收入”科目，贷记“专用基金结余”科目；将“专用基金支出”科目余额转入本科目，借记“专用基金结余”科目，贷记“专用基金支出”科目。

【例5-15】　某省财政年终结账时，“专用基金收入——粮食风险基金”科目的贷方余额为50 000元，“专用基金支出——粮食风险基金”科目的借方余额为49 500元。财政总预算会计结转专用基金收入和专用基金支出科目余额时，其会计分录为：

借：专用基金收入——粮食风险基金　　50 000
　贷：专用基金结余——粮食风险基金　　50 000

同时，结清所有专用基金收入科目的明细账。

借：专用基金结余——粮食风险基金　　49 500
　贷：专用基金支出——粮食风险基金　　49 500

同时，结清所有专用基金支出科目的明细账。

二、预算周转金与预算稳定调节资金的核算

5.5　预算周转金与预算稳定调节资金的核算

（一）预算周转金

为核算预算周转金业务，财政总预算会计应设置“预算周转金”科目。本科目核算政府财政设置的用于调剂预算年度内季节性收支差额而周转使用的资金。本科目贷方余额反映预算周转金实有数。预算周转金应根据《中华人民共和国预算法》的要求设置。

预算周转金的主要账务处理如下：

（1）设置和补充预算周转金时，借记“一般公共预算结转结余”科目，贷记“预算周转金”科目。

（2）将预算周转金调入预算稳定调节基金时，借记“预算周转金”科目，贷记“预算稳定调节基金”科目。

【例5-16】 某县政府财政总预算会计发生如下有关预算周转金的事项：

（1）经上级财政批准，从本县政府财政上年结余中设置预算周转金500 000元。其会计分录为：

借：一般公共预算结转结余　　500 000
　贷：预算周转金　　500 000

（2）将预算周转金400 000元调入预算稳定调节基金。其会计分录为：

借：预算周转金　　400 000
　贷：预算稳定调节基金　　400 000

（二）预算稳定调节资金

为核算预算稳定调节基金业务，财政总预算会计应设置“预算稳定调节基金”总账户。本科目期末余额在贷方，反映可以动用的预算稳定调节基金数额。

预算稳定调节基金的主要账务处理如下：

（1）使用超收收入或一般公共预算结余补充预算稳定调节基金时，借记“安排预算稳定调节基金”科目，贷记“预算稳定调节基金”科目。

（2）将预算周转金调入预算稳定调节基金时，借记“预算周转金”科目，贷记“预算稳定调节基金”科目。

（3）调用预算稳定调节基金时，借记“预算稳定调节基金”科目，贷记“动用预算稳定调节基金”科目。

【例5-17】 某市财政年终发生财政超收，即财政收入大于财政支出，决定将一部分超收安排预算稳定调节基金，安排金额为135 000元。其会计分录为：

借：安排预算稳定调节基金　　135 000
　贷：预算稳定调节基金　　135 000

【例5-18】 某市财政年终发生财政短收，即财政收入小于财政支出，决定调入以前年度从财政超收中安排的一部分预算稳定调节基金，调入金额为24 500元。其会计分录为：

借：预算稳定调节基金　　24 500
　贷：动用预算稳定调节基金　　24 500

三、资产基金与待偿债净资产的核算

（一）资产基金

为了核算政府财政持有的应收地方政府债券转贷款、应收主权外债转贷款、股权投资和应收股利等资产（与其相关的资金收支纳入预算管理）在净资产中占用的金额，财政总预算会计应设置“资产基金”科目。本科目下应当设置“应收地方政府债券转贷款”“应收主权外债转贷款”“股权投资”“应收股利”等明细科目，进行明细核算。本科目期末贷方余额，反映政府财政持有应收地方政府债券转贷款、应收主权外债转贷款、股权投资和应收股利等资产（与其相关的资金收支纳入预算管理）在净资产中占用的金额。

资产基金的账务处理参见“应收地方政府债券转贷款”“应收主权外债转贷款”“股权投资”和“应收股利”等科目的核算内容。

（二）待偿债净资产

为了核算待偿债净资产业务，财政总预算会计应设置“待偿债净资产”科目。本科目下应当设置“应付短期政府债券”“应付长期政府债券”“借入款项”“应付地方政府债券转贷款”“应付主权外债转贷款”“其他负债”等明细科目，进行明细核算。本科目期末余额在借方，反映政府财政承担应付政府债券、借入款项、应付地方政府债券转贷款、应付主权外债转贷款和其他负债等负债（与其相关的资金收支纳入预算管理）而相应需冲减净资产的金额。

待偿债净资产的账务处理参见“应付短期政府债券”“应付长期政府债券”“借入数项”“应付地方政府债券转贷款”“应付主权外债转贷款”和“其他负债”等科目的核算内容。

关键术语

财政总预算会计负债　财政总预算会计净资产　应付国库集中支付结余　暂收及应付款项　应付主权外债转贷款　应付短期政府债券　应付长期政府债券　一般公共预算结转结余　预算周转金　预算稳定调节基金　资产基金　待偿债净资产

复习题

1. 什么是财政总预算会计的负债？财政总预算会计的负债包括哪些内容？
2. 什么是应付国库集中支付结余？应当如何核算？
3. 什么是与上级往来？应当如何核算？

4. 什么是借入款项？应当如何核算？
5. 应付政府债券是如何进行双分录会计处理的？
6. 财政总预算会计关于“应付主权外债转贷款”的会计核算是如何规定的？
7. 什么是财政总预算会计的净资产？具体包括哪些内容？
8. 财政总预算会计的结转结余包括哪些内容？
9. 什么是一般公共预算结转结余？应当如何核算？
10. 什么是政府性基金预算结转结余？应当如何核算？政府性基金预算结转结余与一般公共预算结转结余在核算时有什么不同？
11. 什么是国有资本经营预算结转结余？应当如何核算？
12. 什么是专用基金结余？应当如何核算？
13. 什么是预算周转金？预算周转金的来源渠道有哪些？应当如何核算？
14. 什么是预算稳定调节基金？各级财政为什么要设置预算稳定调节基金？

练习题

一、单选题

1. 支付政府债券的利息应借记的科目是(　　)。
A. 一般公共预算本级支出　　B. 债务还本支出
C. 专用基金支出　　D. 财政专户管理资金支出
2. 借记“安排预算稳定调节基金”科目,贷记的科目是(　　)。
A. 一般公共预算结转结余　　B. 政府性基金预算结转结余
C. 国有资本经营预算结转结余　　D. 预算稳定调节基金
3. 借记“预算稳定调节基金”科目,贷记的科目可能是(　　)。
A. 一般公共预算结转结余　　B. 政府性基金预算结转结余
C. 国有资本经营预算结转结余　　D. 动用预算稳定调节基金
4. 年终转账时,借记“动用预算稳定调节基金”科目,贷记的科目可能是(　　)。
A. 一般公共预算结转结余　　B. 政府性基金预算结转结余
C. 国有资本经营预算结转结余　　D. 动用预算稳定调节基金
5. 年终转账时,贷记“安排预算稳定调节基金”科目,借记的科目是(　　)。
A. 一般公共预算结转结余　　B. 政府性基金预算结转结余
C. 国有资本经营预算结转结余　　D. 预算稳定调节基金
6. 财政总预算会计核算的结转结余不包括(　　)。
A. 一般公共预算结转结余　　B. 政府性基金预算结转结余
C. 国有资本经营预算结转结余　　D. 补助资金结余
7. 借记“一般公共预算结转结余”科目,贷记的科目不会是(　　)。
A. 一般公共预算本级支出　　B. 调入资金
C. 上解支出　　D. 补助支出
8. 属于政府性基金预算的“补助收入”年终应当转入(　　)。
A. 政府性基金预算结转结余科目的借方　B. 一般公共预算结转结余科目的借方
C. 政府性基金预算结转结余科目的贷方　D. 一般公共预算结转结余科目的贷方

9. 属于一般公共预算的“上解收入”年终应当转入(　　)。
A. 政府性基金预算结转结余科目的借方　B. 一般公共预算结转结余科目的借方
C. 政府性基金预算结转结余科目的贷方　D. 一般公共预算结转结余科目的贷方

10. 属于政府性基金预算的“补助支出”年终应当转入(　　)。
A. 政府性基金预算结转结余科目的借方　B. 一般公共预算结转结余科目的借方
C. 政府性基金预算结转结余科目的贷方　D. 一般公共预算结转结余科目的贷方

11. 设置和补充预算周转金时,借记“一般公共预算结转结余”科目,贷记的科目是(　　)。
A. 安排预算稳定调节基金　B. 预算周转金
C. 预算稳定调节基金　D. 动用预算稳定调节基金

12. 属于一般公共预算的“上解支出”年终应当转入(　　)。
A. 政府性基金预算结转结余科目的借方　B. 一般公共预算结转结余科目的借方
C. 政府性基金预算结转结余科目的贷方　D. 一般公共预算结转结余科目的贷方

13. 借记“政府性基金预算结转结余”科目,贷记的科目不会是(　　)。
A. 一般公共预算本级支出　B. 调入资金
C. 上解支出　D. 补助支出

14. 贷记“政府性基金预算结转结余”科目,借记的科目不会是(　　)。
A. 一般公共预算本级收入　B. 政府性基金预算本级收入
C. 上解收入　D. 补助收入

15. 贷记“一般公共预算结转结余”科目,借记的科目不会是(　　)。
A. 一般公共预算本级收入　B. 政府性基金预算本级收入
C. 上解收入　D. 补助收入

16. 本级财政总会计收到上级财政部门拨来的预算款项,应贷记(　　)。
A. 一般公共预算本级收入　B. 政府性基金预算本级收入
C. 上解收入　D. 补助收入

17. 本级财政总会计收到下级财政部门上交的预算款项,应贷记(　　)。
A. 一般公共预算本级收入　B. 政府性基金预算本级收入
C. 上解收入　D. 补助收入

二、多选题

1. 下列属于财政总预算会计负债的有(　　)。
A. 与上级往来　B. 应付地方政府债券转贷款
C. 其他应付款　D. 借入款项
E. 应付短期政府债券

2. 财政总预算会计的借入款项主要包括(　　)。
A. 向外国政府借款　B. 向国际组织借款
C. 其他借款　D. 借入转贷款
E. 应付短期政府债券

3. 应付政府债券是指政府财政采用发行政府债券方式筹集资金而形成的负债,包括(　　)。
A. 应付长期政府债券　B. 应付地方政府债券转贷款

C. 其他借款　D. 借入转贷款
E. 应付短期政府债券

4. 应付转贷款是指地方政府财政向上级政府财政借入转贷资金而形成的负债，包括(　　)。
A. 应付长期政府债券　B. 应付地方政府债券转贷款
C. 其他借款　D. 应付主权外债转贷款
E. 应付短期政府债券

5. 以下属于一级政府的转移性收入有(　　)。
A. 补助收入　B. 上解收入
C. 政府间援助收入　D. 财政专户管理资金收入
E. 专用基金收入

6. 下列属于资产基金的明细科目有(　　)。
A. 股权投资　B. 应收主权外债转贷款
C. 应收地方政府债券转贷款　D. 应收股利
E. 应收账款

7. 下列属于待偿债净资产的明细科目有(　　)。
A. 应付地方政府债券转贷款　B. 应付主权外债转贷款
C. 应付短期地方政府债券　D. 借入款项
E. 应付长期地方政府债券

8. 财政总会计取得债务收入时，应贷记的会计科目有(　　)。
A. 债务收入　B. 借入款项
C. 待偿债净资产　D. 零余额账户存款
E. 国库存款

9. 财政总会计归还债务本金时，应贷记的会计科目有(　　)。
A. 国库存款　B. 银行存款
C. 待偿债净资产　D. 零余额账户存款
E. 应收账款

10. 发行短期政府债券时，财政总会计应借记的会计科目有(　　)。
A. 国库存款　B. 应付短期政府债券
C. 待偿债净资产　D. 零余额账户存款
E. 应付账款

11. 发行短期政府债券时，财政总会计应贷记的会计科目有(　　)。
A. 债务收入　B. 应付短期政府债券
C. 待偿债净资产　D. 债务还本支出
E. 应收账款

12. 年终结账时，“补助支出”总账科目的借方余额可能转入(　　)科目。
A. 一般公共财政预算结转结余　B. 政府性基金预算结转结余
C. 国有资本经营预算结转结余　D. 财政专户管理资金结余
E. 专用基金结余

13. 年终结账时,“补助收入”总账科目的贷方余额可能转入(　　)科目。
A. 一般公共财政预算结转结余　　B. 政府性基金预算结转结余
C. 国有资本经营预算结转结余　　D. 财政专户管理资金结余
E. 专用基金结余
14. 借记“一般公共预算结转结余”科目,贷记的科目可能有(　　)。
A. 一般公共预算本级支出　　B. 调入资金
C. 上解支出　　D. 补助支出
E. 调出资金
15. 贷记“一般公共预算结转结余”科目,借记的科目可能有(　　)。
A. 一般公共预算本级收入　　B. 调入资金
C. 上解收入　　D. 补助收入
E. 调出资金
16. 借记“专用基金结余”科目,贷记的科目不可能有(　　)。
A. 一般公共预算本级支出　　B. 调入资金
C. 上解支出　　D. 补助支出
E. 调出资金
17. 贷记“专用基金结余”科目,借记的科目不可能有(　　)。
A. 一般公共预算本级收入　　B. 调入资金
C. 上解收入　　D. 补助收入
E. 调出资金
18. 借记“政府性基金预算结转结余”科目,贷记的科目可能有(　　)。
A. 政府性基金预算本级支出　　B. 调入资金
C. 上解支出　　D. 补助支出
E. 调出资金
19. 贷记“政府性基金预算结转结余”科目,借记的科目可能有(　　)。
A. 政府性基金预算本级收入　　B. 调入资金
C. 上解收入　　D. 补助收入
E. 调出资金

三、判断题

1. 总预算会计核算的负债,应当按照承担的相关合同金额或预计发生金额进行计量。(　　)
2. 财政总预算会计发生各种负债必须符合预算管理相关政策。(　　)
3. 财政总预算会计的支出不包括债务还本支出。(　　)
4. 与一般公共预算本级支出相比,政府性基金预算本级支出具有专款专用的特征。(　　)
5. 国有资本经营预算支出是指用国有资本经营预算收入安排的支出。(　　)
6. 政府性基金预算支出是指用政府性基金预算收入安排的支出。(　　)
7. 债务还本支出是指各级财政部门偿还债务本金的支出。(　　)
8. 一般公共预算结转结余是一般公共预算本级收入减去一般公共预算本级支出后的

余额。 ( )

9. 政府性基金预算结转结余是政府性基金预算本级收入减去政府性基金预算本级支出后的余额。 ( )

10. 国有资本经营预算结转结余是国有资本经营预算本级收入减去国有资本就有一种本级收入后的余额。 ( )

11. 专用基金结余是专用基金收入减去专用基金支出后的余额。 ( )

12. 预算稳定调节基金是用于调剂年度内季节性收支差额而周转使用的资金。 ( )

13. 预算周转金是用于调剂年度之间预算资金余缺的后备资金。 ( )

14. 设置和补充预算周转金时，借记“预算周转金”科目，贷记“一般公共预算结转结余”科目。 ( )

15. 调用预算稳定调节基金时，借记“预算稳定调节基金”科目，贷记“动用预算稳定调节基金”科目。 ( )

四、实操练习

练习一

1. 目的：练习财政总预算会计负债的核算。
2. 要求：根据以下经济业务，为该市财政总预算会计编制有关的会计分录。
3. 资料：某市财政2021年发生如下经济业务：

(1) 根据财政体制结算规定计算出的本级财政应向上级省财政上解的预算款项计75 500元。其中，一般公共预算款项63 300元，政府性基金预算款项12 200元。

(2) 以国库存款上缴与上级往来款项75 500元。

(3) 根据财政体制结算规定计算出的本级财政应获得上级省财政补助的一般公共预算款项计15 200元。

(4) 收到与上级往来的款项15 200元。

(5) 因财政预算资金周转的需要，向上级省财政借入一般公共预算款项30 000元。

(6) 向上级省财政偿还因财政预算资金周转的需要而借入的一般公共预算款项30 000元。

(7) 按时向上级省财政上缴转贷地方政府债券还本资金120 000元、债券付息资金2 000元，省财政准备按规定再转交中央财政，由中央财政代为偿付地方政府债券本息122 000元(120 000+2 000)。

练习二

1. 目的：练习财政总预算会计净资产的核算。
2. 要求：根据以下资料，为该市财政总预算会计编制有关年终结账的会计分录，并分别计算一般预算结转结余、政府性基金预算结转结余、国有资本经营预算结转结余、专用基金结余和财政专户管理资金结余的数额。
3. 资料：某市财政2021年年终进行结账。有关收入和支出类科目的余额资料分别如表5-5和表5-6所示。

表 5-5　　一般公共预算类收入科目的贷方余额　　单位:元

项目	金额
一般公共预算本级收入	1 246 000
债务转贷收入	500 000
债务收入	244 000
补助收入——一般性公共预算补助收入	732 000
上解收入——一般性公共预算上解收入	110 000
调入资金——一般性公共预算调入资金	46 000
一般公共预算类收入合计	2 878 000
政府性基金预算本级收入	1 051 200
补助收入——政府性基金预算补助收入	162 800
上解收入——政府性基金预算上解收入	2 400
政府性基金预算类收入合计	1 216 400
国有资本经营预算本级收入	304 000
国有资本经营预算类收入合计	304 000
专用基金收入	52 640
财政专户管理资金收入	179 660

表 5-6　　一般公共预算类支出科目的借方余额　　单位:元

项目	金额
一般公共预算本级支出	1 550 000
债务还本支出	300 000
债务支出	210 000
补助支出——一般性公共预算补助支出	430 000
上解支出——一般性公共预算上解支出	148 000
安排预算稳定调节资金	196 000
一般公共预算类支出合计	2 834 000
政府性基金预算本级支出	1 152 600
补助支出——政府性基金预算补助支出	4 200
上解支出——政府性基金预算上解支出	5 000
调出资金——政府性基金预算调出资金	46 000
政府性基金预算类支出合计	1 207 800

（续表）

国有资本经营预算本级支出	298 000
国有资本经营预算类支出合计	298 000
专用基金支出	52 360
财政专户管理资金支出	179 100

第六章　财政总预算会计收入的核算

思维导图

本章重点包括5个知识点。

1. 收入的概念和内容

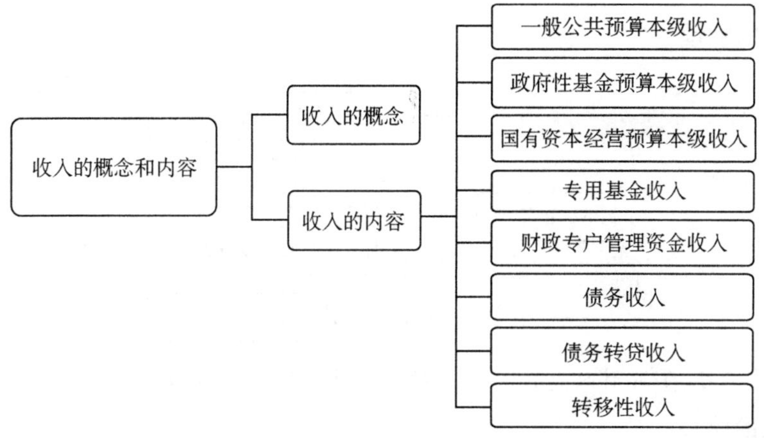

学生通过学习，在理解财政总预算会计收入的基础上，熟悉一级政府财政部门管理的8项收入，尤其是转移性收入，其具体分为补助收入、上解收入、调入资金、地区间援助收入等。

2. 收入的征收机关和收缴方式

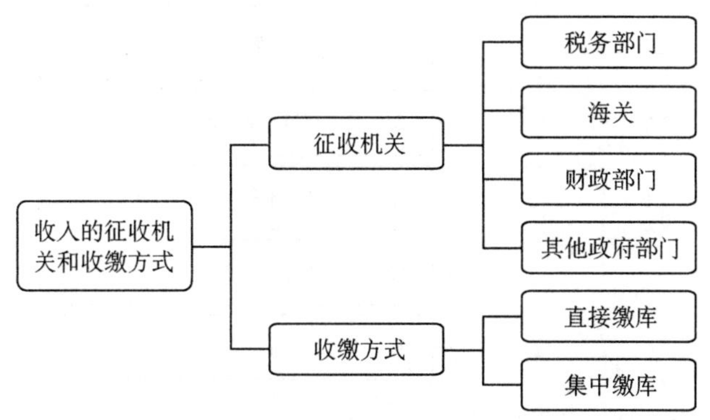

要求：熟悉各项财政收入的征收机关和收缴方式。

3. 收入的划分、报解与列报基础

(1) 一般公共预算本级收入在中央与地方政府间的划分。

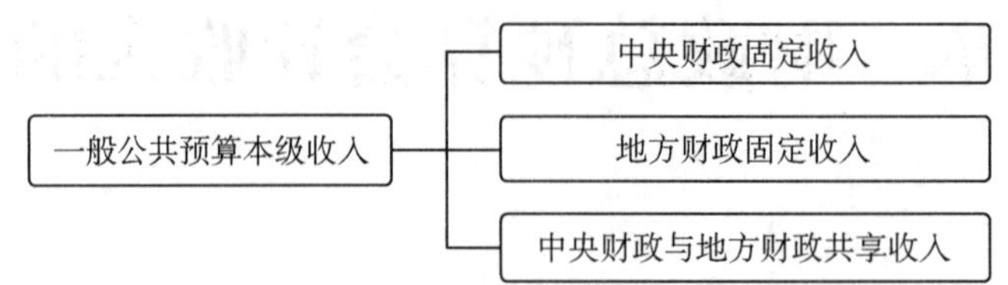

(2) 收入的报解是指国库对每日收到的各项财政收入,在收入划分的基础上向各级政府财政部门报解。

(3) 收入的列报基础(确认与计量)是指财政总预算会计确认和报告收入的基本依据。

学生通过学习,熟悉财政总预算会计一般公共预算收入划分的内容和报解流程,重点掌握各项收入的列报基础。

4. 收入的管理

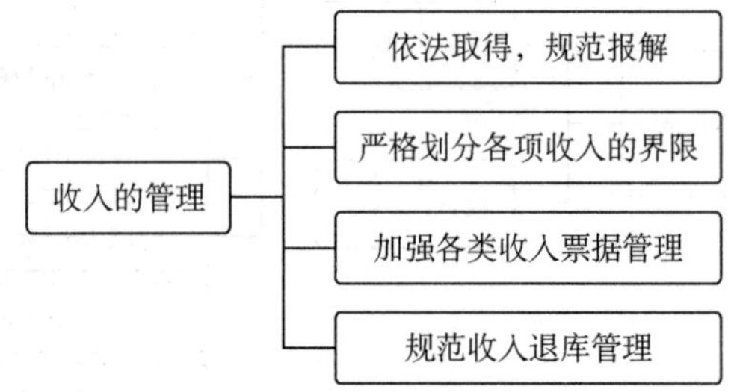

学生通过学习,了解财政总预算会计对各项收入的管理要求。

5. 收入的核算

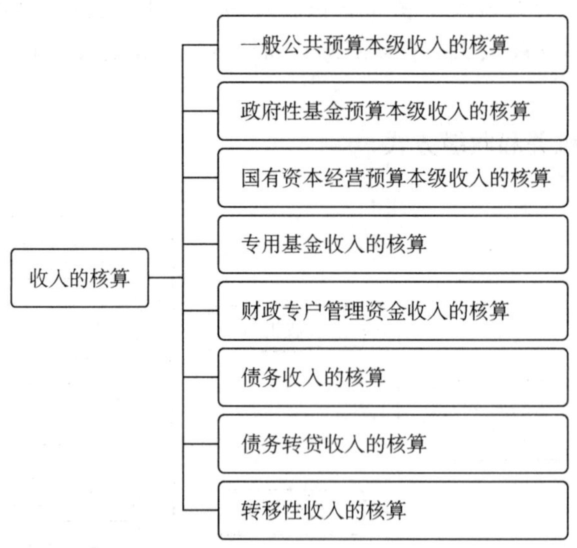

重点:3 项预算资金收入和转移性收入的核算。

难点:债务收入的核算、债务转贷收入的核算。

财政总预算会计的收入是指政府财政为实现政府职能，根据法律、法规等所筹集的资金。包括一般公共预算本级收入、政府性基金预算本级收入、国有资本经营预算本级收入、专用基金收入、财政专户管理资金收入、债务收入、债务转贷收入、转移性收入等。本章在介绍财政总预算会计收入含义的基础上，着重介绍了财政总预算会计收入的内容和各项收入的具体核算方法。通过学习本章，学生应重点掌握财政总预算会计收入的具体内容、对各项收入的管理要求以及各项收入的会计核算方法。

第一节　收入概述

6.1　收入核算的基本概念

一、收入的概念与内容

（一）收入的概念

财政总预算会计的收入是指政府财政为实现政府职能，根据法律、法规等所筹集的资金。包括一般公共预算本级收入、政府性基金预算本级收入、国有资本经营预算本级收入、财政专户管理资金收入、专用基金收入、转移性收入、债务收入、债务转贷收入等。

（二）收入的内容

1. 一般公共预算本级收入

一般公共预算本级收入是指政府财政筹集的纳入本级一般公共预算管理的税收收入和非税收入。一般公共预算本级收入是各级政府最主要的财力来源。

财政总预算会计核算的一般公共预算本级收入，应当按《政府收支分类科目》中的一般公共预算收入科目进行分类，包括一般公共预算收入科目中的税收收入和非税收入科目，按照现行《政府收支分类科目》规定，一般公共预算收入科目依次分为类、款、项、目四级，四级科目，逐级递进，内容也逐级细化。一般而言，《政府收支分类科目》每年都会根据经济社会发展的情况修改，以适应预算管理的需要。

1）税收收入

税收收入是政府从开征的各种税收中取得的收入，是财政收入的最主要的来源。该类级科目分设如下款级科目：

（1）增值税。本科目反映按《中华人民共和国增值税暂行条例》，以及“营改增”的有关规定征收的国内增值税、进口货物增值税和经审批退库的出口货物增值税。

（2）消费税。本科目反映按《中华人民共和国消费税暂行条例》征收的国内消费税、进口消费品消费税和经审批退库的出口消费品消费税。

（3）企业所得税。本科目反映按《中华人民共和国企业所得税法》征收的企业所得税。本科目分设国有冶金工业所得税、国有有色金属工业所得税、国有煤炭工业所得税、国有电力工业所得税等 19 个行业部门的国有企业所得税以及集体企业所得税、股份制企业所得税、私营企业所得税等项级科目。

（4）企业所得税退税。本科目反映财政部门按“先征后退”政策审批退库的企业所得税。其口径与“企业所得税”相同。

（5）个人所得税。本科目反映按《中华人民共和国个人所得税法》《对储蓄存款利息所得征收个人所得税的实施办法》等法律法规征收的个人所得税。本科目分设个人所得税及个人所得税税款滞纳金、罚款收入等项级科目。

(6) 资源税。本科目反映按《中华人民共和国资源税暂行条例》征收的资源税。本科目分设海洋石油资源税、其他资源税等项级科目。

(7) 城市维护建设税。本科目反映按《中华人民共和国城市维护建设税暂行条例》征收的城市维护建设税。本科目分设国有企业城市维护建设税、集体企业城市维护建设税、股份制企业城市维护建设税等项级科目。

(8) 房产税。本科目反映按《中华人民共和国房产税暂行条例》征收的房产税以及依照《城市房地产税暂行条例》征收的城市房地产税。本科目分设国有企业房产税、集体企业房产税等项级科目。

(9) 印花税。本科目反映按《中华人民共和国印花税暂行条例》征收的印花税。本科目分设证券交易印花税、其他印花税等项级科目。

(10) 城镇土地使用税。本科目反映按《中华人民共和国城镇土地使用税暂行条例》征收的城镇土地使用税。本科目分设国有企业城镇土地使用税、集体企业城镇土地使用税、股份制企业城镇土地使用税等项级科目。

(11) 土地增值税。本科目反映按《中华人民共和国土地增值税暂行条例》征收的土地增值税。本科目分设国有企业土地增值税、集体企业土地增值税、股份制企业土地增值税等项级科目。

(12) 车船税。本科目反映按《中华人民共和国车船税法》征收的车船税。本科目分设车船税以及车船税税款滞纳金、罚款收入等项级科目。

(13) 船舶吨税。本科目反映船舶吨税收入。本科目分设船舶吨税以及船舶吨税税款滞纳金、罚款收入等项级科目。

(14) 车辆购置税。本科目反映按《中华人民共和国车辆购置税暂行条例》征收的车辆购置税。本科目分设车辆购置税以及车辆购置税税款滞纳金、罚款收入等项级科目。

(15) 关税。本科目反映按《中华人民共和国进出口关税条例》征收的关税，按《中华人民共和国反倾销条例》征收的反倾销税，按《中华人民共和国反补贴条例》征收的反补贴税，按《中华人民共和国保障措施条例》征收的保障措施关税以及财政部按"先征后退"政策审批退税的关税。本科目分设关税、特定区域进口自用物资关税、关税退税等项级科目。

(16) 耕地占用税。本科目反映按《中华人民共和国耕地占用税暂行条例》征收的耕地占用税。本科目分设耕地占用税、耕地占用税退税等项级科目。

(17) 契税。本科目反映按《中华人民共和国契税暂行条例》征收的契税。本科目分设契税以及契税税款滞纳金、罚款收入等项级科目。

(18) 烟叶税。本科目反映按《中华人民共和国烟叶税暂行条例》征收的烟叶税。本科目分设烟叶税以及烟叶税税款滞纳金、罚款收入等项级科目。

(19) 其他税收收入。本科目反映除上述项目以外的其他税收收入。

2) 非税收入

(1) 专项收入。本科目反映按照有关规定，如按照《排污费征收使用管理条例》《矿产资源补偿费征收管理规定》等规定征收的专项收入。该科目分设排污费收入、水资源费收入、教育费附加收入、矿产资源补偿费收入、公路运输管理费收入、水路运输管理费收入等多个项级科目。

(2) 行政事业性收费收入。本科目反映依据法律、行政法规、国务院有关规定、国务院财政部门与计划部门共同发布的规章或者规定，以及省、自治区、直辖市的地方性法规、政府规章或者规定，省、自治区、直辖市人民政府财政部门与计划(物价)部门共同发布的规定，收取的各项收费收入。该科目分设公安行政事业性收费收入、法院行政事业性收费收入、司法行政事业性收费收入、工商行政事业性收费收入、财政行政事业性收费收入、税务行政事业性收费收入、审计行政事业性收费收入、教育行政事业性收费收入等多个项级科目。在以上有关项级科目中，各科目再分设目级科目。

(3) 罚没收入。本科目反映执法机关依法收缴的罚款、没收款、赃款以及没收物资、赃物的变价款收入。该科目分设一般罚没收入、缉私罚没收入等多个项级科目。在以上有关项级科目中，一般罚没收入科目再分设公安罚没收入、检察院罚没收入、工商罚没收入、卫生罚没收入、交通罚没收入等多个目级科目；缉私罚没收入科目再分设公安缉私罚没收入、工商缉私罚没收入、海关缉私罚没收入等多个目级科目。

(4) 国有资本经营收入。本科目反映经营、使用国有财产等取得的收入。该科目分设国有资本投资收益、国有企业计划亏损补贴、产权转让收入等 3 个项级科目。

(5) 国有资源(资产)有偿使用收入。本科目反映有偿转让国有资源(资产)使用费而取得的收入。该科目分设海域使用金收入、场地和矿区使用费收入、非经营性国有资产出租收入等多个项级科目。

(6) 其他收入。该科目分设捐赠收入、主管部门集中收入、乡镇自筹和统筹收入、免税商品特许经营费收入等多个项级科目。

2. 政府性基金预算本级收入

政府性基金预算本级收入是指各级人民政府及其所属部门根据法律、行政法规规定并经国务院或财政部批准，向公民、法人和其他组织征收的政府性基金，以及参照政府性基金管理或纳入政府性基金预算、具有特定用途的财政资金。其中，政府性基金是指各级人民政府及其所属部门根据法律、行政法规和中共中央、国务院文件规定，为支持特定公共基础设施建设和公共事业发展，向公民、法人和其他组织无偿征收的具有专项用途的财政资金。政府性基金预算纳入政府的财政预算。

财政总预算会计核算的政府性基金预算收入，按照《政府收支分类科目》分设类、款、项、目四级，各级科目逐级递进，内容也逐级细化。根据现行《政府收支分类科目》，非税收入类级科目下设政府性基金收入款级科目。该款级科目下按政府性基金的种类或项目名称设项级科目，项级科目下再分设目级科目。现行政府性基金预算收入的项级科目包括：

(1) 农网还贷资金收入。本科目反映按《农网还贷资金征收使用管理办法》征收的农网还贷资金收入。

(2) 铁路建设基金收入。本科目反映铁路运输部门按《铁路建设基金管理办法》征收的铁路建设基金收入。

(3) 民航发展基金收入。本科目反映民航部门按《民航发展基金征收使用管理暂行办法》征收的民航发展基金收入。

(4) 海南省高等级公路车辆通行附加费收入。本科目反映海南省征收的高等级公路车辆通行附加费收入。

(5) 港口建设费收入。本科目反映交通部门按《港口建设费征收办法》征收的港口建设费。

（6）新型墙体材料专项基金收入。本科目反映按《新型墙体材料专项基金征收和使用管理办法》收取的新型墙体材料专项基金收入。

（7）旅游发展基金收入。本科目反映按《旅游发展基金管理暂行办法》征收的旅游发展基金收入。

（8）国家电影事业发展专项资金收入。本科目反映广电部门按《国家电影事业发展专项资金管理办法》从电影票房收入中收取的电影事业发展专项资金。

（9）新增建设用地土地有偿使用费收入。本科目反映各级政府按规定征收和分享的新增建设用地土地有偿使用费。

（10）南水北调工程基金收入。本科目反映北京、天津、河北、江苏、山东、河南6省市征收的用于南水北调工程建设的基金收入。

（11）残疾人就业保障金收入。本科目反映地方按《残疾人就业保障金管理暂行办法》征收的残疾人就业保障金。

（12）政府住房基金收入。本科目反映住房公积金管理机构按照《住房公积金管理条例》规定从住房公积金增值收益中上缴同级财政的管理费用、计提用于廉租住房的资金，按《财政部关于贯彻落实国务院关于解决城市低收入家庭住房困难若干重见的通知》规定收取的廉租住房租金收入，以及其他住房基金收入。

（13）城市公用事业附加收入。本科目反映按《关于征收城市公用事业附加的几项规定》征收的公用事业附加收入。

（14）国有土地使用权出让金收入。本科目反映以招标、拍卖、挂牌和协议方式出让国有土地使用权所确定的总成交价款扣除财政部门已经划转的国有土地收益基金和农业土地开展资金后的余额，土地使用者以划拨方式取得国有土地使用权依法向市、县人民政府缴纳的土地补偿费、安置补助费、地上附着物和青苗补偿费、拆迁补偿费等费用，以及其他有关国有土地使用权出让收入。

（15）国有土地收益基金收入。本科目反映从招标、拍卖、挂牌和协议方式出让国有土地使用权所确定的总成交价款中按规定比例计提的国有土地收益基金收入。

（16）农业土地开发资金收入。本科目反映从招标、拍卖、挂牌和协议方式出让国有土地使用权所确定的总成交价款中按规定比例计提的农业土地开发资金收入。

（17）大中型水库移民后期扶持基金收入。本科目反映按《大中型水库移民后期扶持基金征收使用管理暂行办法》规定征收的大中型水库移民后期扶持基金收入。

（18）大中型水库库区基金收入。本科目反映按《大中型水库库区基金征收使用管理暂行办法》征收的库区基金收入。

（19）三峡水库库区基金收入。本科目反映按《财政部关于三峡水库库区基金有关问题的通知》征收的三峡水库库区基金收入。

（20）中央特别国债经营基金收入。本科目反映特别国债购买的外汇。

（21）中央特别国债经营基金财务收入。本科目反映使用特别国债所购外汇资金取得的收入。

（22）彩票公益金收入。本科目反映按《财政部关于印发彩票公益金管理办法的通知》征收的彩票公益金收入。

(23) 城市基础设施配套费收入。本科目反映地方政府按《财政部关于城市基础设施配套费性质的批复》规定，经财政部批准征收的城市基础设施配套费。

(24) 小型水库移民扶助基金收入。本科目反映地方按《国务院关于完善大中型水库移民后期扶助政策的意见》征收的小型水库移民扶助基金。

(25) 国家重大水利工程建设基金收入。本科目反映国家为支持南水北调工程建设、解决三峡库区遗留问题以及加强中西部地区重大水利工程建设，利用三峡工程建设基金停征后的电价空间设立的政府性基金。

(26) 车辆通行费。本科目反映交通部门收到的用于偿还公路等建设贷款的车辆通行费。

(27) 船舶港务费。本科目反映按《长江干线船舶港务费征收办法》规定收取的船舶港务费收入。

(28) 核电站乏燃料处理处置基金收入。本科目反映按《核电站乏燃料处理处置基金征收使用管理暂行办法》征收的核电站乏燃料处理处置基金收入。

(29) 可再生能源电价附加收入。本科目反映按《可再生能源发展基金征收使用管理办法》征收的可再生能源发展基金。

(30) 船舶油污损害赔偿基金收入。本科目反映按《船舶油污损害赔偿基金征收使用管理办法》征收的船舶油污损害赔偿基金。

(31) 废弃电器电子产品处理基金收入。本科目反映按《废弃电器电子产品处理基金征收使用管理办法》征收的废弃电器电子产品处理基金。

(32) 烟草企业上缴专项收入。反映从中国烟草总公司税后利润收取的专项收入。

(33) 污水处理费收入。反映住房城乡建设部门收取的污水处理费。

(34) 彩票发行机构和彩票销售机构的业务费用。反映彩票发行机构和彩票销售机构上缴财政的业务费用。

(35) 其他政府性基金收入。本科目反映除上述项目以外的其他政府性基金收入。

3. 国有资本经营预算本级收入

国有资本经营预算本级收入是指各级人民政府及其部门以所有者身份依法取得的国有资本收益，主要包括国有独资企业按规定上缴国家的利润、国有控股或参股企业国有股权股份获得的股利股息、企业国有产权或国有股份的转让收入以及国有独资企业清算净收入、国有控股或参股企业国有股权股份分享的公司清算净收入等。

财政总预算会计核算的国有资本经营预算本级收入，应当按照《政府收支分类科目》中的国有资本经营预算收入科目进行分类。国有资本经营预算收入科目分设类、款、项、目四级，各级科目逐级递进，内容也逐级细化。国有资本经营预算收入科目的类级科目为非税收入，款级科目为国有资本经营收入。款级科目下按国有资本经营收入的来源渠道设置项级科目和目级科目。国有资本经营预算收入科目下没有转移性收入科目。现行国有资本经营预算收入设置的项级科目如下：

(1) 利润收入。本科目反映国有独资企业等按规定上缴政府的利润。本科目下再设烟草企业利润收入、石油石化企业利润收入、电力企业利润收入、电信企业利润收入、煤炭企业利润收入、钢铁企业利润收入、运输企业利润收入、建筑施工企业利润收入、房地产企业利润收入、医药企业利润收入等目级科目，分别反映不同渠道的利润收入来源。按照规定，中国人民银行上缴收入、金融企业利润收入纳入中央和地方财政的一般公共预算本级收入，不作为国有资本经营预算收入。

（2）股利、股息收入。本科目反映国有控股、参股企业国有股权股份获得的股利股息收入。本科目下再设国有控股公司股利股息收入、国有参股公司股利股息收入等目级科目，分别反映不同渠道的股利股息收入来源。按照规定，金融业公司股利股息收入纳入中央和地方财政的一般公共预算本级收入，不作为国有资本经营预算收入。

（3）产权转让收入。本科目反映国有资产股权转让或出售收入。本科目下再设国有股权股份转让收入、国有独资企业产权转让收入等目级科目，分别反映不同渠道的产权转让收入来源。按照规定，国有股减持收入、铁路资产变现收入等纳入中央财政的一般公共预算本级收入，不作为国有资本经营预算收入。

（4）清算收入。本科目反映国有独资企业清算收入（扣除清算费用）以及国有控股参股企业国有股权股份分享的公司清算收入（扣除清算费用）。本科目下再设国有股权股份清算收入、国有独资企业清算收入等目级科目，分别反映不同渠道的清算收入来源。

（5）其他国有资本经营预算收入。本科目反映以上内容之外的其他国有资本经营预算收入来源。

4. 专用基金收入

专用基金是指财政总预算会计管理的各项具有专门用途的资金，如粮食风险基金等。专用基金收入是财政部门取得的作为专用基金管理的资金收入。

5. 财政专户管理资金收入

财政专户管理资金收入是指未纳入预算并实行财政专户管理的资金收入，目前主要是各种教育收费收入。

按照《政府收支分类科目》，目前反映教育部门教育收费的科目主要有普通高中学费、普通高中住宿费、中等职业学校学费，中等职业学校住宿费、高等学校学费、高等学校住宿费、高等学校委托培养费、函大电大夜大及短训班培训费、考试考务费、中央广播电视大学中专学费等。教育部门收取的各种教育收费属于教育行政事业性收费收入，相应款项缴入财政专户，实行财政专户管理。财政部门通过财政专户返还给教育部门的教育收费，教育部门作为事业收入处理。

其他相关部门的教育收费，分别在相应的行政事业性收费收入科目下开设教育收费明细科目。如公安行政事业性收费收入、法院行政事业性收费收入、财政行政事业性收费收入、审计行政事业性收费收入、税务行政事业性收费收入、海关行政事业性收费收入、体育行政事业性收费收入、卫生行政事业性收费收入等科目下分别开设教育收费明细科目，反映相应部门收取的缴入财政专户、实行专项管理的教育收费。

党校行政事业性收费收入科目下开设了函授学院办学收费、委托培养在职研究生学费、短期培训进修费、教材费等教育收费明细科目，分别反映各项纳入财政专户管理的资金收入。

缴入财政专户的教育收费也属于政府的非税收入，但相应款项缴入财政部门在商业银行开设的财政专户中，而不是缴入财政部门在中国人民银行开设的国库中。尽管如此，教育收费的收缴管理仍然比照纳入政府预算的非税收入收缴管理制度执行。教育收费应当严格按照国家规定的范围和标准进行收取，不能随意扩大收费范围、提高收费标准。各级财政部门和执收单位应当加强对教育收费的管理。

6. 债务收入

债务收入是指政府通过发行债券或借款等方式取得的资金收入。债务收入形成政府可以安排使用的公共资金，与此同时，债务收入又被列入政府公共财政预算，因此，债务收入与税收收入、非税收入等并列为政府公共财政预算收入的资金来源。政府公共财政预算可以编制赤字预算，即公共财政预算收不抵支的差额，可以通过发行政府债券弥补。政府性基金预算和国有资本经营预算以收支平衡为原则，不列赤字。债务收入还形成政府需要偿还的债务，因此，债务收入也需要作为政府的负债予以记录，包括正式的会计分录记录或者备查账簿记录。

财政总预算会计核算的债务收入，应当按照《政府收支分类科目》中公共财政预算收入科目下的债务收入科目进行分类。按照现行《政府收支分类科目》，债务收入类级科目下设置的预算科目如下：

(1) 中央政府债务收入。本科目反映中央政府取得的债务收入。本款级科目下设中央政府国内债务收入、中央政府国外债务收入两个项级科目，分别反映中央政府从国外、国内取得的收入。

(2) 地方政府债务收入。本科目反映地方政府取得的债务收入。本款级科目下设一般债务收入和专项债务收入两个项级科目，分别反映地方政府取得的一般债务收入和专项债务收入。其中一般债务收入科目下再设地方政府一般债券收入、地方政府向外国政府借款收入、地方政府向国际组织借款收入、地方政府其他一般债务收入四个目级科目。

7. 债务转贷收入

债务转贷收入是省以下(不含省级)各级地方政府财政部门作为承债主体收到上级政府通过以信用方式从国内、国外取得的借款，转贷给本级政府，列入预算形成的债务收入。债务转贷收入形成本级政府需要偿还的债务，因此，与债务收入一样，也需要作为政府的负债予以记录。

按照《政府收支分类科目》中债务转贷收入科目的核算规定，地方各级政府收到的债务转贷收入包括一般债务转贷收入和专项债务转贷收入。

8. 转移性收入

转移性收入是指根据财政管理体制规定，在各级财政间进行资金转移以及在本级财政各项资金间进行资金调剂所形成的收入，具体包括补助收入、上解收入、调入资金和地区性援助收入等。例如，下级财政收到上级财政的属于补助收入的一般性转移支付收入、专项转移支付收入，本级公共财政预算从政府性基金预算中调入一部分资金等，都会形成转移性收入，相对应的一方形成转移性支出。

按照《政府收支分类科目》，转移性收入是与税收收入、非税收入、债务收入相并列的一个收入种类，属于类级科目。按照政府财政总预算的种类，转移性收入还可以分别有属于公共财政预算的转移性收入、属于政府性基金预算的转移性收入。目前，国有资本经营预算和社会保险基金预算没有设置转移性收入科目。

1) 一般公共预算中的转移性收入分类

根据现行《政府收支分类科目》，公共财政预算中的转移性收入类级科目设置如下款级科目：

(1) 返还性收入。本科目反映下级政府收到上级政府的返还性收入。本科目分设增值税和消费税税收返还收入、所得税基数返还收入等项级科目,分别反映不同来源渠道的返还性收入。

(2) 一般性转移支付收入。本科目反映政府间一般性转移支付收入。本科目分设体制补助收入、均衡性转移支付收入、革命老区及民族和边境地区转移支付收入、调整工资转移支付补助收入、农村税费改革补助收入、县级基本财力保障机制奖补资金收入、结算补助收入、体制上解收入、出口退税专项上解收入、化解债务补助收入、资源枯竭型城市转移支付补助收入、企业事业单位划转补助收入、基层公检法司转移支付收入、义务教育等转移支付收入、基本养老金保险和低保等转移支付收入、重点生态功能区转移支付收入等项级科目,分别反映下级政府收到上级政府相应原因的一般性转移支付补助收入,或者上级政府收到下级政府相应原因的一般性转移支付上解收入。

(3) 专项转移支付收入。本科目反映政府间专项转移支付收入。本科目分一般公共服务、外交、国防、公共安全、教育、科学技术、文化体育与传媒、社会保障和就业、医疗卫生、节能环保、城乡社区、农林水、金融、国土海洋气象等、住房保障、粮油物资储备、专项上解收入等项级科目,分别反映下级政府收到上级政府的相应专项补助收入,或者上级政府收到下级政府的相应专项上解收入。

(4) 上年结余收入。本科目反映各类资金的上年结余。本科目设公共财政预算上年结余收入项级科目,反映公共财政预算资金的上年结余。

(5) 调入资金。本科目反映不同性质资金之间的调入收入。本科目设公共财政预算调入资金项级科目,反映从其他预算调入公共财政预算的资金。

(6) 债券转贷收入。本科目设转贷地方政府债券收入项级科目,反映下级政府收到的上级政府转贷的地方政府债券收入。

(7) 接受其他地区援助收入。本科目反映受援方政府接受的可统筹使用的各类援助、捐赠等资金收入。

2) 政府性基金预算中的转移性收入分类

根据现行《政府收支分类科目》,政府性基金预算中的转移性收入类级科目设置如下款级科目:

(1) 政府性基金转移收入。本科目反映政府性基金的转移收入。本科目分设政府性基金补助收入、政府性基金上解收入等项级科目,分别反映下级政府收到的上级政府性基金补助收入,以及上级政府收到的下级政府性基金上解收入。

(2) 上年结余收入。本科目反映各类资金的上年结余。本科目设政府性基金预算上年结余收入项级科目,反映政府性基金的上年结余。

(3) 调入资金。本科目反映不同性质资金之间的调入收入。本科目设政府性基金预算调入资金项级科目,反映从其他预算调入政府性基金预算的资金。

二、收入的征收机关、收缴方式和程序

(一) 收入的征收机关

各项政府收入都是按照一定的程序组织征收的,涉及支付收入征收的机构包括:

(1) 税务机关。税务机关负责征收除海关关税以外的各项税收。

(2) 海关。海关负责各类关税的征收,以及代为征收的进口环节的增值税、消费税和船舶吨税等。

(3) 财政部门。财政部门负责征收各种非税收入,如各级政府作为国有资产出资人代表,收到国有企业分配的利润、各种政府性基金、国有资源有偿使用收入、行政事业性收费、罚没收入等。

(4) 其他执收单位。有些行政事业单位或国有企业,获得授权代行政府收费职能,负责征收非税收入。

(二) 收入的收缴方式

在国库单一账户制度下,财政收入的收缴分为直接缴库与集中汇缴两种收缴方式。

1. 直接缴库

直接缴库是指缴款单位或缴款人按有关法律、法规规定,直接将应缴收入缴入国库单一账户的收缴方式。在直接缴库方式下,直接缴库的税收收入,由纳税人或税务代理人提出纳税申报,经征收机关审核无误后,由纳税人通过开户银行将税款缴入财政国库单一账户。财政总预算会计根据国库单一账户入库数额,作出相应的会计处理,确认国库存款的增加,并确认相应的预算收入等。

直接缴库的非税收入,比照上述程序缴入财政国库存款账户。

2. 集中汇缴

集中汇缴是指由征收机关按有关法律、法规规定,将所收的应缴收入汇总缴入国库单一账户的收缴方式。在集中汇缴方式下,小额零散税收和法律另有规定的应缴非税收入,尤其是非税收入中的现金缴款,由征收机关于收缴收入的当日汇总缴入国库单一账户。在集中汇缴方式下,财政总预算会计根据国库存款账户的入账数额,作出相应的会计处理,确认国库存款的增加,并确认相应的预算收入等。

非税收入中的现金缴款,比照上述程序缴入财政国库存款账户。

无论是直接缴库还是集中汇缴,征收机关都不需要设立应缴款项的过渡账户。即征收机关不需要将收到的应缴款项先存入自身在银行开立的专门账户,然后,再通过该专门账户将应缴款项缴入财政国库存款账户。

与国库单一账户制度下的直接缴库和集中汇缴这两种财政收入收缴方式相对应,尚未实行国库单一账户制度的缴库方式为部门或单位自收汇缴方式。这是一种传统的财政收入收缴方式。在部门或单位自收汇缴方式下,有关部门或单位按照规定收取财政收入后,存入各自的开户银行。然后,再通过各自的开户银行,将收取的款项汇入财政国库存款账户。财政总预算会计根据财政国库存款账户的入账数额,作出相应的会计处理,确认国库存款的增加,并确认相应的预算收入等。

在部门或单位自收汇缴方式下,有关部门或单位在开户银行开设的有关账户,成为财政收入在收缴过程中的过渡账户。

三、收入的划分、报解与列报基础

(一) 收入的划分

各项收入无论是采用直接缴库、集中汇缴的方式,还是采用部门或单位自收汇缴的方式,中国人民银行国库在收到各项收入后,都应按照财政管理体制的要求,将各项收入在中

央财政与地方财政之间,以及在地方各级财政之间进行划分。一般公共预算本级收入在中央财政与地方财政之间的划分情况为:

(1) 中央财政固定收入,包括消费税(含进口环节海关代征的部分)、车辆购置税、关税、海关代征的进口环节增值税等。

(2) 地方财政固定收入,包括城镇土地使用税、耕地占用税、土地增值税、房产税、城市房地产税、车船税、契税等。

(3) 中央财政与地方财政共享收入,包括增值税、企业所得税、个人所得税、资源税、城市维护建设税、印花税等。

(二) 收入的报解

在各项收入缴库和划分之后,中国人民银行国库就需要对收入进行报解。公共财政预算收入的报解包含报和解两层含义。报就是国库要向各级财政机关报告各项收入的收取情况,以便各级财政机关掌握各项收入的收取进度和相关情况。解就是国库要在对各项收入进行划分的基础上,将财政库款解缴到各级财政的国库存款账户上。

(三) 收入的列报基础

收入的列报基础是指财政总预算会计确认和报告收入的基本依据。根据现行财政总预算会计制度的规定,一般公共预算本级收入、政府性基金预算本级收入、国有资本经营预算本级收入、财政专户管理资金收入和专用基金收入应当按照实际收到的金额入账。转移性收入应当按照财政体制的规定或实际发生的金额入账。债务收入应当按照实际发行额或借入的金额入账,债务转贷收入应当按照实际收到的转贷金额入账。

已建乡(镇)国库的地区,乡(镇)财政的本级收入以乡(镇)国库收到数为准。县(含县本级)以上各级财政的各项预算收入(含固定收入与共享收入)以缴入基层国库数额为准。

未建乡(镇)国库的地区,乡(镇)财政的本级收入以乡(镇)总会计收到县级财政返回数额为准。

四、收入的管理要求

收入是各级政府履行职能的经济基础,财政总预算会计应当加强各项收入的管理,严格会计核算手续。对于各项收入的账务处理必须以审核无误的国库入库凭证、预算收入日报表和其他合法凭证为依据。发现错误,应当按照相关规定及时通知有关单位共同更正。

(一) 依法取得,规范报解

各项收入,无论是一般公共预算的税收收入和非税收入,还是政府性基金收入,以及国有资本经营预算收入、财政专户管理资金收入等,都应当严格按照有关法律法规和规章的规定收取,按照事权和支出责任确定各项收入的归属范围,在对各项收入进行划分的基础上,及时规范地将财政库款解缴到各级财政的国库存款和其他财政存款账户上。

(二) 严格划分各项收入的界限

财政总预算会计核算的各项收入,分属不同性质的预算,各项预算资金都有明确的预算支出用途,体现政府不同的职能和政策方向,在管理上不仅要划分不同的预算资金性质,还要注意区分不同的收入级次,严格按照《政府预算收支科目》分类、款、项、目四级逐级细化。专用基金收入必须专款专用，不能随意改变用途，且都必须做到先收后支，量入为支。

（三）加强各类收入票据管理

依法取得各项收入，及时准确划分报解入库，离不开各类收入票据，发票和相关财政票据是税收收入和非税收入征收的重要原始凭证，是财政、税务、审计等部门进行监督检查的重要依据。加强发票和相关财政票据管理，确保经济业务在源头上得到控制和如实反映，将各项收入建立在有据可查的基础上。

（四）规范收入退库管理

在执行财政总预算过程中，各项缴入国库的收入一般不办理退库，但确有正当理由，符合国家规定退库范围的，可以按照规定审批程序办理收入退库。

第二节　收入的核算

6.2　本级各项预算收入的核算

一、一般公共预算本级收入的核算

为核算政府财政筹集的纳入本级一般公共预算管理的税收收入和非税收入，财政总预算会计应设置“一般公共预算本级收入”科目。本科目平时余额在贷方，反映一般公共预算本级收入累计数。年终结账后，本科目应无余额。本科目应根据《政府收支分类科目》设置相应的明细科目。

一般公共预算本级收入的主要账务处理如下：

收到款项时，根据当日预算收入日报表所列一般公共预算本级收入数，借记“国库存款”科目，贷记“一般公共预算本级收入”科目；如果当日的收入数为负数，则以红字或负数记入。年终结账时，将“一般公共预算本级收入”科目的贷方余额转入“一般公共预算结转结余”科目，即借记“一般公共预算本级收入”科目，贷记“一般公共预算结转结余”科目。

（一）收到税收收入

【例6-1】　某市财政总预算会计收到中国人民银行国库报来的“一般公共预算本级收入日报表”以及所附收入凭证，列示当日一般公共预算本级收入780 000元。其中，“税收收入——增值税——国内增值税”450 000元，“税收收入——企业所得税——国有保险企业所得税”150 000元，“税收收入——个人所得税——个人所得税”150 000元，“税收收入——房产税——私营企业房产税”30 000元。其会计分录为：

借：国库存款——一般公共预算存款	780 000	
贷：一般公共预算本级收入		780 000

同时，在“一般公共预算本级收入”总账科目的贷方登记明细账如下：

税收收入——增值税——国内增值税	450 000
税收收入——企业所得税——国有保险企业所得税	150 000
税收收入——个人所得税——个人所得税	150 000
税收收入——房产税——私营企业房产税	30 000

(二) 收到专项收入、行政事业性收费收入和罚没收入

【例6-2】 某市财政总预算会计收到中国人民银行国库报来的“一般公共预算本级收入日报表”以及所附收入凭证,列示当日一般公共预算本级收入190 000元。其中,“非税收入——专项收入——教育费附加收入”25 000元,“非税收入——专项收入——排污收入”50 000元,“非税收入——行政事业性收费收入——工商行政事业性收费收入”25 000元,“非税收入——罚没收入——一般罚没收入”35 000元。其会计分录为:

借:国库存款——一般公共预算存款 190 000
　贷:一般公共预算本级收入 190 000

同时,在“一般公共预算本级收入”总账科目的贷方登记明细账如下:

非税收入——专项收入——教育费附加收入 25 000
非税收入——专项收入——排污费收入 50 000
非税收入——行政事业性收费收入——公安行政事业性收费收入 55 000
非税收入——行政事业性收费收入——工商行政事业性收费收入 25 000
非税收入——罚没收入——一般罚没收入 35 000

(三) 收到国有资本经营收入、国有资源(资产)有偿使用收入和其他收入

【例6-3】 某市财政收到中国人民银行国库报来的“一般公共预算收入日报表”,列明一般公共预算本级收入合计850 000元。其中,“非税收入——国有资本经营收入——利润收入”630 000元,“非税收入——国有资源(资产)有偿使用收入——场地和矿区使用费收入”220 000元,“非税收入——其他收入——捐赠收入”5 000元。其会计分录为:

借:国库存款 855 000
　贷:一般公共预算本级收入 855 000

同时,在“一般公共预算本级收入”总账科目的贷方登记明细账如下:

非税收入——国有资本经营收入——利润收入 630 000
非税收入——国有资源(资产)有偿使用收入——场地和矿区使用费收入 220 000
非税收入——其他收入——捐赠收入 5 000

(四) 一般公共预算本级收入的年终结转

【例6-4】 某市财政年终将“一般公共预算本级收入”科目贷方余额879 000元全数转入“一般公共预算结转结余”科目。其会计分录为:

借:一般公共预算本级收入 879 000
　贷:一般公共预算结转结余 879 000

同时,财政总预算会计应结清所有“一般公共预算本级收入”科目的明细账。

二、政府性基金预算本级收入的核算

为核算政府财政筹集的纳入本级政府性基金预算管理的非税收入业务,财政总预算会计设置“政府性基金预算本级收入”科目。本科目平时贷方余额,反映当年政府性基金预算

本级收入累计数。年终结账后，本科目应无余额。本科目应按《政府收支分类科目》中的政府性基金预算本级收入科目设置明细账。

政府性基金预算本级收入业务的主要账务处理如下：

收到款项时，根据当日“预算收入日报表”所列政府性基金预算本级收入数，借记“国库存款”科目，贷记“政府性基金预算本级收入”科目。年终转账时，将本科目贷方余额全数转入“政府性基金预算结转结余”科目，借记“政府性基金预算本级收入”科目，贷记“政府性基金预算结转结余”科目。

【例6-5】 某市财政总预算会计收到中国人民银行国库报来的“政府性基金预算收入日报表”以及所附收入凭证，列示当日政府性基金预算本级收入1 150 000元。其中，“非税收入一政府性基金收入——农网还贷资金收入——地方农网还贷资金收入”150 000元，“非税收入——政府性基金收入——国有土地使用权出让收入——土地出让价款收入”500 000元，“非税收入——政府性基金收入——政府住房基金收入——计提廉租住房资金”450 000元，“非税收入——政府性基金收入——车辆通行费”50 000元。其会计分录为：

借：国库存款	1 150 000	
贷：政府性基金预算本级收入		1 150 000

同时，在“政府性基金预算本级收入”总账科目的贷方登记明细账如下：

农网还贷资金收入——地方农网还贷资金收入	150 000
国有土地使用权出让收入——土地出让价款收入	500 000
政府住房基金收入——计提廉租住房资金	450 000
车辆通行费	50 000

年终，总预算会计应将“政府性基金预算本级收入”科目贷方余额全数转入“政府性基金预算结转结余”科目，同时结清所有政府性基金预算本级收入明细账的余额。

三、国有资本经营预算本级收入的核算

为核算政府财政筹集的纳入本级国有资本经营预算管理的非税收入业务，财政总预算会计应设置“国有资本经营预算本级收入”总账科目。本科目平时为贷方余额，表示当年国有资本经营预算本级收入的累计数。年终结转后，本科目无余额。本科目应当根据《政府收支分类科目》中“国有资本经营预算收入”科目规定进行明细核算。

国有资本经营预算本级收入的主要账务处理如下：

收到款项时，根据当日预算收入日报表所列国有资本经营预算本级收入数，借记“国库存款”等科目，贷记“国有资本经营预算本级收入”科目。年终转账时，本科目贷方余额全数转入“国有资本经营预算结转结余”科目，借记“国有资本经营预算本级收入”科目，贷记“国有资本经营预算结转结余”科目。

【例6-6】 某市财政总预算会计发生如下业务：

(1) 收到中国人民银行国库报来的预算收入日报表。其中，国有资本经营收入合计1 250 000元，具体为：“非税收入——国有资本经营收入——利润收入——电力企业利润收入”250 000元，“非税收入——国有资本经营收入——股利股息收入——国有控股公司股

利股息收入”500 000 元,“非税收入——国有资本经营收入——产权转让收入——国有股权股份转让收入”500 000 元。其会计分录为:

借:国库存款　　1 250 000
　贷:国有资本经营预算本级收入　　1 250 000

同时,在“国有资本经营预算本级收入”总账科目的贷方登记明细账如下:

利润收入——电力企业利润收入　　250 000
股利股息收入——国有控股公司股利股息收入　　500 000
产权转让收入——国有股权股份转让收入　　500 000

(2) 年终,将“国有资本经营预算本级收入”科目贷方余额 1 250 000 元全数转入“国有资本经营预算结转结余”科目。其会计分录为:

借:国有资本经营预算本级收入　　1 250 000
　贷:国有资本经营预算结转结余　　1 250 000

同时,财政总预算会计应结清所有国有资本经营预算本级收入科目的明细账。

四、专用基金收入的核算

为核算政府财政按照法律法规和国务院、财政部规定设置或取得的粮食风险基金等专用基金收入业务,财政总预算会计应设置“专用基金收入”科目。平时本科目为贷方余额,反映本年专用基金收入的累计数。年终转账后,本科目无余额。本科目应根据专用基金的种类设置明细账。

专用基金收入业务的主要账务处理如下:

(1) 通过预算支出安排取得专用基金收入转入财政专户的,借记“其他财政存款”科目,贷记“专用基金收入”科目;同时,借记“一般公共预算本级支出”等科目,贷记“国库存款”等科目。退回专用基金收入时,借记“专用基金收入”科目,贷记“其他财政存款”科目.

(2) 通过预算支出安排取得专用基金收入仍存在国库的,借记“一般公共预算本级支出”等科目,贷记“专用基金收入”科目。

(3) 年终转账时,本科目贷方余额全数转入“专用基金结余”科目,借记“专用基金收入”科目,贷记“专用基金结余”科目。

【例 6-7】 某省财政总预算会计发生如下专用基金收入业务:

(1) 收到中央财政拨入的粮食风险基金 55 000 元,相应款项已存入粮食风险基金财政专户。其会计分录为:

借:其他财政存款　　55 000
　贷:专用基金收入　　55 000

同时,在“专用基金收入”总账科目的贷方登记明细账如下:

粮食风险基金——中央财政拨入　　55 000

同时:

借:一般公共预算本级支出　　55 000
　贷:补助收入　　55 000

(2) 通过本级一般公共预算安排取得粮食风险基金69 000元。相应款项已从财政国库转入粮食风险基金财政专户。其会计分录为：

借：一般公共预算本级支出　　69 000
　贷：国库存款　　69 000

同时：

借：其他财政存款　　69 000
　贷：专用基金收入　　69 000

同时，在“专用基金收入”总账科目的贷方登记明细账如下：

粮食风险基金——本级财政预算安排　　69 000

(3) 年终，将“专用基金收入”科目贷方余额158 000全数转入“专用基金结余”科目，其会计分录为：

借：专用基金收入　　158 000
　贷：专用基金结余　　158 000

五、财政专户管理资金收入的核算

为核算政府财政纳入财政专户管理的教育收费等资金收入业务，财政总预算会计应设置“财政专户管理资金收入”科目。平时本科目为贷方余额，反映本年财政专户管理资金收入的累计数。年终转账后，本科目无余额。本科目应当按照《政府收支分类科目》中收入分类科目规定进行明细核算。同时，根据管理需要，按部门(单位)等进行明细核算。

财政专户管理资金收入的主要账务处理如下：

收到财政专户管理资金时，借记“其他财政存款”科目，贷记“财政专户管理资金收入”科。年终转账时，本科目贷方余额全数转入“财政专户管理资金结余”科目，借记“财政专户管理资金收入”科目，贷记“财政专户管理资金结余”科目。

【例6-8】 某市财政发生如下业务：

(1) 收到财政专户管理的资金收入共计334 000元。其中“教育行政事业性收费收入——高等学校学费”215 000元，“教育行政事业性收费收入——高等学校住宿费”85 000元，“卫生行政事业性收费收入——教育收费”25 000元，“党校行政事业性收费收入——短期培训进修费”9 000元。其会计分录为：

借：其他财政存款　　334 000
　贷：财政专户管理资金收入　　334 000

同时，在“财政专户管理资金收入”总账科目的贷方登记明细账如下：

教育行政事业性收费收入——高等学校学费　　215 000
教育行政事业性收费收入——高等学校住宿费　　85 000
卫生行政事业性收费收入——教育收费　　25 000
党校行政事业性收费收入——短期培训进修费　　9 000

(2) 年终“财政专户管理资金收入”总账科目贷方余额为334 000元，将其全数转入“财政专户管理资金结余”总账科目。其会计分录为：

借：财政专户管理资金收入　　334 000
　贷：财政专户管理资金结余　　334 000

同时，财政总预算会计应结清所有财政专户管理资金收入明细账余额。

六、债务收入的核算

6.3 债务收入的核算

为了核算债务收入业务，财政总预算会计应设置“债务收入”总账科目。本科目核算政府财政按照国家法律、国务院规定以发行债券等方式取得的，以及向外国政府、国际金融组织等机构借款取得的纳入预算管理的债务收入。本科目平时贷方余额反映债务收入的累计数。年终结转后，本科目无余额。本科目应当按照《政府收支分类科目》中“债务收入”科目的规定进行明细核算。

债务收入的主要账务处理如下：

(1) 省级以上政府财政收到政府债券发行收入时，按照实际收到的金额，借记“国库存款”科目，按照政府债券实际发行额，贷记“债务收入”科目，按照发行收入和发行额的差额，借记或贷记有关支出科目；根据债务管理部门转来的债券发行确认文件等相关资料，按照到期应付的政府债券本金金额，借记“待偿债净资产——应付短期政府债券(或应付长期政府债券)”科目，贷记“应付短期政府债券”“应付长期政府债券”等科目。

(2) 政府财政向外国政府、国际金融组织等机构借款时，按照借入的金额，借记“国库存款”“其他财政存款”等科目，贷记“债务收入”科目；根据债务管理部门转来的相关资料，按照实际承担的债务金额，借记“待偿债净资产——借入款项”科目，贷记“借入款项”科目。

(3) 本级政府财政借入主权外债，且由外方将贷款资金直接支付给用款单位或供应商时，应根据以下情况分别处理：

一是本级政府财政承担还款责任，贷款资金由本级政府财政同级部门(单位)使用的，本级政府财政根据贷款资金支付相关资料，借记“一般公共预算本级支出”科目，贷记“债务收入”科目；根据债务管理部门转来的相关资料，按照实际承担的债务金额，借记“待偿债净资产——借入款项”科目，贷记“借入款项”科目。

二是本级政府财政承担还款责任，贷款资金由下级政府财政同级部门(单位)使用的，本级政府财政根据贷款资金支付相关资料及预算指标文件，借记“补助支出”科目，贷记“债务收入”科目；根据债务管理部门转来的相关资料，按照实际承担的债务金额，借记“待偿债净资产——借入款项”科目，贷记“借入款项”科目。

三是下级政府财政承担还款责任，贷款资金由下级政府财政同级部门(单位)使用的，本级政府财政根据贷款资金支付相关资料，借记“债务转贷支出”科目，贷记“债务收入”科目；根据债务管理部门转来的相关资料，按照实际承担的债务金额，借记“待偿债净资产——借入款项”科目，贷记“借入款项”科目；同时，借记“应收主权外债转贷款”科目，贷记“资产基金——应收主权外债转贷款”科目。

(4) 年终转账时，本科目下“专项债务收入”明细科目的贷方余额应按照对应的政府性基金种类分别转入“政府性基金预算结转结余”相应明细科目，借记“债务收入”科目(专项债务收入明细科目)，贷记“政府性基金预算结转结余”科目；本科目下其他明细科目的贷方余额全数转入“一般公共预算结转结余”科目，借记“债务收入”科目（其他明细科目），贷记“一般公共预算结转结余”科目。

【例6-9】 中央政府财政发生如下业务：

（1）发行1年期国债5 000 000 000元。总预算会计收到中国人民银行国库报来的“一般公共预算本级收入日报表”，具体情况为：“债务收入——中央政府债务收入——中央政府国内债务收入”5 000 000 000元，当日共收到国债发行收入4 995 000 000元。其会计分录为：

借：国库存款	4 995 000 000	
一般公共预算本级支出	5 000 000	
贷：债务收入——中央政府债务收入——中央政府国内债务收入		5 000 000 000

同时

借：待偿债净资产——应付短期政府债券	5 000 000 000	
贷：应付短期政府债券		5 000 000 000

（2）年终“债务收入”总账科目贷方余额为550 200 000 000元，财政总预算会计将其全数转入“一般公共预算结转结余”总账科目。其会计分录为：

借：债务收入	550 200 000 000	
贷：一般公共预算结转结余		550 200 000 000

同时，财政总预算会计应结清所有债务收入明细账的余额。

七、债务转贷收入

为核算债务转贷收入业务，财政总预算会应设置“债务转贷收入”科目。本科目核算省级以下（不含省级，下同）政府财政收到上级政府财政转贷的债务收入。本科目平时贷方余额反映债务转贷收入的累计数。年终结转后，本科目无余额。本科目下应当设置“地方政府一般债务转贷收入”“地方政府专项债务转贷收入”明细科目。

债务转贷收入的主要账务处理如下：

（1）省级以下政府财政收到地方政府债券转贷收入时，按照实际收到的金额，借记“国库存款”科目，贷记“债务转贷收入”科目；根据债务管理部门转来的相关资料，按照到期应偿还的转贷款本金金额，借记“待偿债净资产——应付地方政府债券转贷款”科目，贷记“应付地方政府债券转贷款”科目。

（2）省级以下政府财政收到主权外债转贷收入时，按照实际收到的金额，借记“其他财政存款”科目，贷记“债务转贷收入”科目；根据债务管理部门转来的相关资料，按照实际承担的债务金额，借记“待偿债净资产——应付主权外债转贷款”科目，贷记“应付主权外债转贷款”科目。

如果从上级政府财政借入主权外债转贷款，且由外方将贷款资金直接支付给用款单位或供应商时，应根据以下情况分别处理：

第一，本级政府财政承担还款责任，贷款资金由本级政府财政同级部门（单位）使用的，本级政府财政根据贷款资金支付相关资料，借记“一般公共预算本级支出”科目，贷记“债务转贷收入”科目；根据债务管理部门转来的相关资料，按照实际承担的债务金额，借记“待偿债净资产——应付主权外债转贷款”科目，贷记“应付主权外债转贷款”科目。

第二，本级政府财政承担还款责任，贷款资金由下级政府财政同级部门（单位）使用的，本级政府财政根据贷款资金支付相关资料及预算文件，借记“补助支出”科目，贷记“债务转贷收入”科目；根据债务管理部门转来的相关资料，按照实际承担的债务金额，借记“待偿债净资产——应付主权外债转贷款”科目，贷记“应付主权外债转贷款”科目。

第三，下级政府财政承担还款责任，贷款资金由下级政府财政同级部门（单位）使用的，本级政府财政根据转贷资金支付相关资料，借记“债务转贷支出”科目，贷记“债务转贷收入”科目；根据债务管理部门转来的相关资料，按照实际承担的债务金额，借记“待偿债净资产——应付主权外债转贷款”科目，贷记“应付主权外债转贷款”科目；同时，借记“应收主权外债转贷款”科目，贷记“资产基金——应收主权外债转贷款”科目。下级政府财政根据贷款资金支付相关资料，借记“一般公共预算本级支出”科目，贷记“债务转贷收入”科目；根据债务管理部门转来的相关资料，按照实际承担的债务金额，借记“待偿债净资产——应付主权外债转贷款”科目，贷记“应付主权外债转贷款”科目。

（3）年终转账时，本科目下“地方政府一般债务转贷收入”明细科目的贷方余额全数转入“一般公共预算结转结余”科目，借记“债务转贷收入”科目，贷记“一般公共预算结转结余”科目。本科目下“地方政府专项债务转贷收入”明细科目的贷方余额按照对应的政府性基金种类分别转入“政府性基金预算结转结余”相应明细科目，借记“债务转贷收入”科目，贷记“政府性基金预算结转结余”科目。

【例6-10】 其市财政总预算会计发生如下业务：

（1）实际收到来自上级省财政部门的债务转贷收入1 500 000元。其会计分录为：

借：国库存款	1 500 000	
贷：债务转贷收入——地方政府一般债务转贷收入		1 500 000

同时，

借：待偿债净资产——应付地方政府债券转贷款	1 500 000	
贷：应付地方政府债券转贷款		1 500 000

地方各级政府财政部门需要上缴由本级政府财政承担的地方政府债券发行费用未按时上缴的，通过年终结算扣缴。

（2）年终“债务转贷收入——地方政府一般债务转贷收入”科目的贷方余额为205 000元，财政总预算会计将其全数转入“一般公共预算结转结余”科目。其会计分录为：

借：债务转贷收入	205 000	
贷：一般公共预算结转结余		205 000

同时，财政总预算会计应结清所有债务转贷收入明细账的余额。

八、转移性收入的核算

为了核算转移性收入业务，财政总预算会计应设置“补助收入”“上解收入”“调入资金”“动用预算稳定调节基金”和“地区间援助收入”科目。

6.4 转移性收入的核算

(一) 补助收入

为了核算补助收入业务，财政总预算会计应设置“补助收入”科目。本科目核算上级政府财政按照财政体制规定或因专项需要补助给本级政府财政的款项，包括税收返还、转移支付等。本科目平时为贷方余额，反映取得的上级补助收入累计数。年终结转以后，本科目应无余额。本科目下应当按照不同的资金性质设置“一般公共预算补助收入”“政府性基金预算补助收入”等明细科目。

补助收入的主要账务处理如下：

(1) 收到上级政府财政拨入的补助款时，借记“国库存款”“其他财政存款”科目，贷记“补助收入”科目。

(2) 专项转移支付资金实行特设专户管理的，政府财政应当根据上级政府财政下达的预算文件确认补助收入。年度当中收到资金时，借记“其他财政存款”科目，贷记“与上级往来”等科目；年度终了，根据专项转移支付资金预算文件，借记“与上级往来”科目，贷记“补助收入”科目。

(3) 从“与上级往来”科目转入本科目时，借记“与上级往来”科目，贷记“补助收入”科目。

(4) 有主权外债业务的财政部门，贷款资金由本级政府财政同级部门(单位)使用，且贷款的最终还款责任由上级政府财政承担的，本级政府财政部门收到贷款资金时，借记“其他财政存款”科目，贷记“补助收入”科目；外方将贷款资金直接支付给供应商或用款单位时，借记“一般公共预算本级支出”，贷记“补助收入”科目。

(5) 年终与上级政府财政结算时，根据预算文件，按照尚未收到的补助款金额，借记“与上级往来”科目，贷记“补助收入”科目。退还或核减补助收入时，借记“补助收入”科目，贷记“国库存款”“与上级往来”等科目。

(6) 年终转账时，本科目贷方余额应根据不同资金性质分别转入对应的结转结余科目，借记“补助收入”科目，贷记“一般公共预算结转结余”“政府性基金预算结转结余”等科目。

【例6-11】 某市财政发生如下业务：

(1) 收到中国人民银行国库报来的“预算收入日报表”，当日收到省一般公共预算转移性收入合计345 000元。具体：“转移性收入——返还性收入——增值税和消费税返还收入”200 000元，“转移性收入——一般性转移支付收入——化解债务补助收入”45 000元，“转移性收入——专项转移性支付收入——环境保护专项补助收入”100 000元。其会计分录为：

借：国库存款——一般公共预算存款	345 000
贷：补助收入——返还性收入——增值税和消费税返还收入	200 000
——一般性转移交付收入——化解债务补助收入	45 000
——专项转移性支付收入——环境保护专项补助收入	100 000

(2) 根据财政体制结算，计算应得上级省财政的补助收入500 000元。具体科目为“转移性收入——一般性转移支付收入——均衡性转移支付收入”。其会计分录为：

借：上级往来	500 000
贷：补助收入——一般性转移交付收入——均衡性转移支付收入	500 000

（3）确认应收上级省财政的补助收入200 000元。具体为“转移性收入——政府性基金转移收入——政府性基金补助收入”200 000元。其会计分录为：

借：与上级往来　　200 000
　贷：补助收入——政府性基金转移收入——政府性基金补助收入　　200 000

（4）年终将“补助收入”科目贷方余额850 000元（其中，属于一般公共预算的补助收入550 000元，属于政府性基金预算的补助收入300 000元）转入“一般公共预算结转结余”“政府性基金预算结转结余”科目。其会计分录为：

借：补助收入　　850 000
　贷：一般公共预算结转结余　　550 000
　　　政府性基金预算结转结余　　300 000

同时，财政总预算会计应结清所有补助收入明细科目。

（二）上解收入

为核算上解收入业务，财政总预算会计应设置“上解收入”科目。本科目核算按照体制规定由下级政府财政上交给本级政府财政的款项。本科目平时余额在贷方，反映下级财政上解本级财政收入累计数，年终结转以后应无余额。本科目下应当按照不同资金性质设置“一般公共预算上解收入”“政府性基金预算上解收入”等明细科目。同时，还应当按照上解地区进行明细核算。

上解收入的主要账务处理如下：

（1）收到下级政府财政的上解款时，借记“国库存款”等科目，贷记“上解收入”科目。

（2）年终与下级政府财政结算时，根据预算文件，按照尚未收到的上解款金额，借记“与下级往来”科目，贷记“上解收入”科目。退还或核减上解收入时，借记“上解收入”科目，贷记“国库存款”“与下级往来”等科目。

（3）年终转账时，本科目贷方余额应根据不同资金性质分别转入对应的结转结余科目，借记“上解收入”科目，贷记“一般公共预算结转结余”“政府性基金预算结转结余”等科目。

【例6-12】 某省财政总预算会计发生如下业务：

（1）收到中国人民银行国库报来的“一般公共预算收入日报表”。其中：当日收到所属某市一般公共预算转移性收入合计350 000元。具体：“转移性收入——一般性转移支付收入——体制上解收入”200 000元，“转移性收入——专项转移性支付收入——专项上解收入”100 000元，“转移性收入——政府性基金转移收入——政府性基金上解收入”50 000元。其会计分录为：

借：国库存款——一般公共预算存款　　350 000
　贷：上解收入——一般性转移支付收入——体制上解收入　　200 000
　　　　　　　——专项转移性交付收入——专项上解收入　　100 000
　　　　　　　——政府性基金转移收入——政府性基金上解收入　　50 000

（2）确认应收下级某市财政的上解收入120 000元。具体：“转移性收入——一般性转移支付收入——体制上解收入”100 000元，“转移性收入——政府性基金转移收入——政府性基金上解收入”20 000 元。其会计分录为：

借：与下级往来　　120 000
　贷：上解收入——一般性转移交付收入——体制上解收入　　100 000
　　　　　　——政府性基金转移收入——政府性基金上解收入　　20 000

(3) 年终，将“上解收入”科目贷方余额 470 000 元按资金性质分别转入“一般公共预算结转结余”和“政府性基金预算结转结余”科目，其会计分录为：

借：上解收入　　470 000
　贷：一般公共预算结转结余　　400 000
　　　政府性基金预算结转结余　　70 000

同时，财政总预算会计应结清所有上解收入科目的明细科目。

(三) 调入资金

为核算调入资金的业务，财政总预算会计应设置“调入资金”科目。本科目核算政府财政为平衡某类预算收支、从其他类型预算资金及其他渠道调入的资金。本科目平时贷方余额反映调入资金的累计数。年终结转后，本科目无余额。本科目下应当按照不同资金性质设置“一般公共预算调入资金”“政府性基金预算调入资金”等明细科目。

调入资金的主要账务处理如下：

(1) 从其他类型预算资金及其他渠道调入一般公共预算时，按照调入的资金金额，借记“调出资金——政府性基金预算调出资金”“调出资金——国有资本经营预算调出资金”“国库存款”等科目，贷记“调入资金”科目(一般公共预算调入资金)。

(2) 从其他类型预算资金及其他渠道调入政府性基金预算时，按照调入的资金金额，借记“调出资金——一般公共预算调出资金”“国库存款”等科目，贷记“调入资金”科目(政府性基金预算调入资金)。

(3) 年终转账时，本科目贷方余额分别转入相应的结转结余科目，借记“调入资金”科目，贷记“一般公共预算结转结余”“政府性基金预算结转结余”等科目。

【例 6-13】 某市财政总预算会计发生如下业务：

(1) 为平衡一般公共预算收支，经批准从政府性基金预算结余中调入资金 150 000 元，其会计分录为：

借：调出资金——政府性基金预算调出资金　　150 000
　贷：调入资金——一般公共预算调入资金　　150 000

(2) 年终，将“调入资金——一般公共预算调入资金”科目贷方余额 150 000 元，转入“一般公共预算结转结余”科目。其会计分录为：

借：调入资金　　150 000
　贷：一般公共预算结转结余　　150 000

同时，财政总预算会计应结清所有调入资金明细分类科目。

(四) 动用预算稳定调节基金

为核算动用预算稳定调节基金业务，财政总预算会应设置“动用预算稳定调节基金”科目。本科目核算政府财政为弥补本年度预算资金的不足，调用的预算稳定调节基金。本科目平时贷方余额反映动用预算稳定调节基金的累计数。年终结转后，本科目无余额。

动用预算稳定调节基金的主要账务处理如下：

（1）调用预算稳定调节基金时，借记“预算稳定调节基金”科目，贷记“动用预算稳定调节基金”科目。

（2）年终转账时，本科目贷方余额全数转入“一般公共预算结转结余”科目，借记“动用预算稳定调节基金”科目，贷记“一般公共预算结转结余”科目。

【例6-14】 某省财政年终发生财政短收，即财政收入小于财政支出，决定调用预算稳定调节基金35 000元。其会计分录为：

	借方	贷方
借：预算稳定调节基金	35 000	
贷：动用预算稳定调节基金		35 000

（五）地区间援助收入

为核算地区间援助收入业务，财政总预算会计应设置“地区间援助收入”总账科目。本科目平时贷方余额，反映当年收到的地区间援助收入累计数。年终结账后，本科目应无余额。本科目应按援助地区及管理要求进行明细核算。

地区间援助收入的主要账务处理如下：

（1）收到援助方政府财政转来的资金时，借记“国库存款”科目，贷记“地区间援助收入”科目。

（2）年终转账时，本科目贷方余额全数转入“一般公共预算结转结余”科目，借记“地区间援助收入”科目，贷记“一般公共预算结转结余”科目。

【例6-15】 甲市财政总预算会计发生如下业务：

（1）收到乙市财政转来的可统筹使用的援助资金250 000元。其会计分录为：

	借方	贷方
借：国库存款	250 000	
贷：地区间援助收入——接受其他地区援助收入——乙市财政		250 000

（2）年终“地区间援助收入”总账科目贷方余额为250 000元，财政总预算会计将其全数转入“一般公共预算结转结余”总账科目。其会计分录为：

	借方	贷方
借：地区间援助收入	250 000	
贷：一般公共预算结转结余		250 000

同时，财政总预算会计应结清所有调入资金明细分类科目。

关键术语

一般公共预算本级收入　税收收入　非税收入　政府性基金预算本级收入　国有资本经营预算本级收入　专用基金收入　财政专户管理资金收入　债务收入　债务转贷收入　转移性收入

复习题

1. 什么是财政总预算会计的收入？具体包括哪些内容？
2. 什么是一般公共预算本级收入？一般公共预算本级收入是如何分类的？按照现行《政府

收支分类科目》,一般公共预算收入科目共分设几级?
3. 一般公共预算收入的收缴方式和程序是怎样的?
4. 什么是政府性基金预算收入?按照现行《政府收支分类科目》,政府性基金预算收入可分成哪些主要类别?政府性基金预算收入管理的基本要求有哪些?
5. 什么是国有资本经营预算收入?按照现行《政府收支分类科目》,国有资本经营预算收入可分成哪些主要类别?国有资本经营预算收入管理的基本要求有哪些?
6. 什么是专用基金收入?它与政府性基金预算收入在管理要求上有什么不同?
7. 什么是转移性收入?按照现行《政府收支分类科目》,一般公共预算本级收入科目下设置了哪几个转移性收入的款级科目?它主要包括哪几项内容?如何进行核算?
8. 什么是债务收入?什么是债务转贷收入?两者有什么相同和不同的地方?

练习题

1. 目的:练习财政总预算会计收入核算。
2. 要求:根据以下经济业务,为该市财政总预算会计编制有关的会计分录。
3. 资料:某市财政 2021 年 3 月发生如下经济业务:

(1) 收到人民银行国库报来"一般公共预算收入日报表",列明增值税收入 555 300 元,个人所得税收入 88 200 元,企业所得税收入 456 800 元,城市维护建设税收入 53 600 元,行政事业性收费收入 8 800 元,罚没收入 9 700 元,所列款项已存入国库。

(2) 收到人民银行国库报来"一般公共预算收入日报表",列明纳入公共财政预算的国有资本经营收入 66 300 元,国有资源(资产)有偿使用收入 38 300 元,款项已存入国库。

(3) 收到中国人民银行国库报来"政府性基金预算收入日报表",列明纳入政府性基金预算的非税收入 468 500 元,国有土地使用权出让收入 435 300 元,政府住房基金收入 67 400元,款项已存入国库。

(4) 收到上级财政一般性转移支付收入 233 300 元,款项已存入国库。

(5) 收到下级财政专项转移支付收入 14 500 元,款项已存入国库。

(6) 收到债券转贷收入 89 000 元,款项已存入国库。

(7) 收到属于财政专户管理资金收入的中等职业学校学费 34 000 元,普通高中住宿费收入 28 300 元,款项已存入财政专户。

(8) 收到属于专用基金的粮食风险基金收入 99 500 元,款项已存入指定银行。

(9) 收到乙市财政转来的可统筹使用的援助资金 558 000 元,款项已存入国库。

(10) 为了平衡一般公共预算收支,从政府性基金预算结余中调出一笔资金 45 000 元至一般公共预算。

(11) 年终将下列科目期末余额结转入相应结余科目(表 6-1):

表 6-1　　各项收入科目的贷方余额　　单位:元

科目	贷方余额
一般公共预算本级收入	1 200 000
债务转贷收入	800 000
补助收入——一般性公共预算补助收入	600 000

（续表）

上解收入——一般性公共预算上解收入	110 000
调入资金——一般性公共预算调入资金	45 000
政府性基金预算本级收入	900 900
补助收入——政府性基金预算补助收入	168 800
上解收入——政府性基金预算上解收入	8 400
国有资本经营预算收入	300 000
专用基金收入	59 640
财政专户管理资金收入	189 660

第七章　财政总预算会计支出的核算

思维导图

本章重点包括5个知识点。

1. 支出的概念和内容

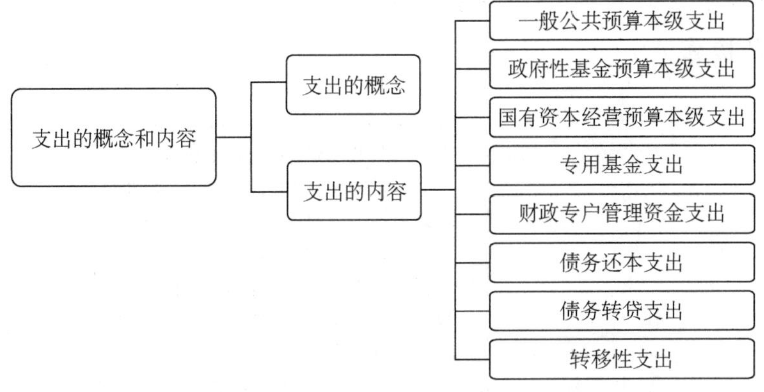

学生通过学习，在理解财政总预算会计支出的基础上，熟悉一级政府财政部门管理的8项支出，尤其是转移性支出，具体分为补助支出、上解支出、调出资金、地区间援助支出等。

2. 支出的管理原则

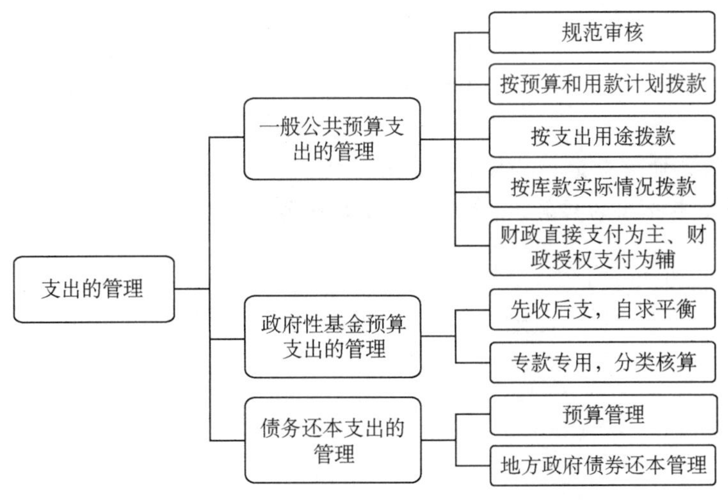

学生通过学习，了解各项预算支出管理的一般规定。

3. 支出的方式

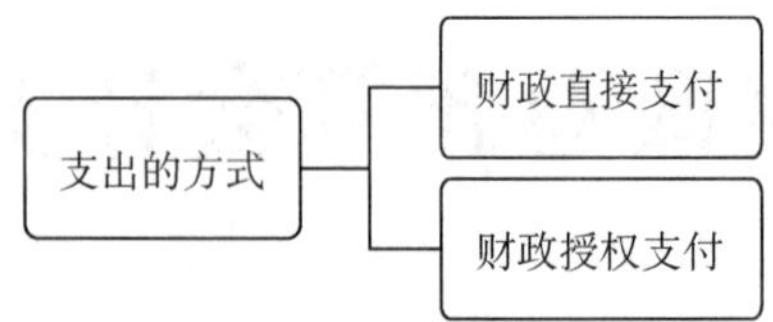

学生通过学习，熟悉各项预算支出的支付方式。

4. 支出的列报基础(确认与计量)

财政总预算会计一般采用收付实现制确认和列报一般公共预算支出，即一般公共预算本级支出通常在财政总预算会计从财政国库拨付财政资金时确认和列报。

学生通过学习，掌握各项支出的确认与计量基础。

5. 支出的核算

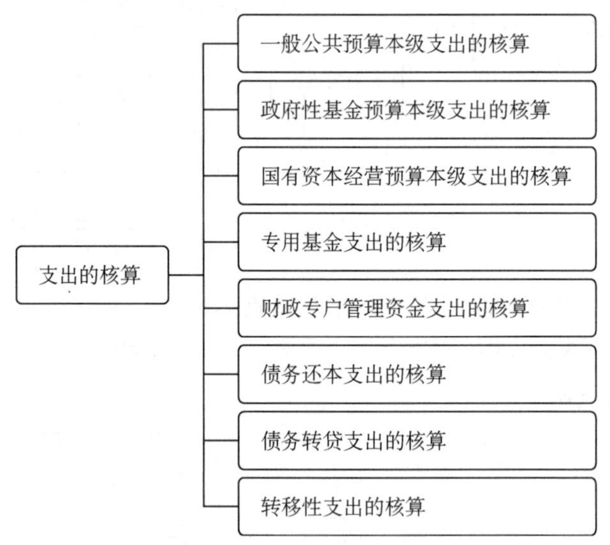

重点：3 项预算资金支出和转移性支出的核算。

难点：债务还本支出的核算、债务转贷支出的核算。

财政总预算会计的支出是指政府为实现政府职能，对财政资金的分配和使用。它主要包括一般公共预算本级支出、政府性基金预算本级支出、国有资本经营预算本级支出、财政专户管理资金支出、专用基金支出、债务还本支出、债务转贷支出、转移性支出。本章在介绍财政支出含义的基础上，着重介绍了财政支出的内容和各项支出的具体核算方法。通过学习本章，学生应重点要掌握预算支出的具体内容、对各项支出的管理要求以及各项支出的会计核算方法。

第一节　支出概述

7.1　支出核算的基本概念

一、支出的概念与内容

(一) 支出的概念

财政总预算会计的支出是指政府为实现政府职能，对财政资金的分配和使用。它主要包括一般公共预算本级支出、政府性基金预算本级支出、国有资本经营预算本级支出、专用基金支出、财政专户管理资金支出、债务还本支出、债务转贷支出、转移性支出。

(二) 支出的内容

1. 一般公共预算本级支出

一般公共预算本级支出是指政府财政管理的由本级政府使用的列入一般公共预算的支出，是政府对集中的一般公共预算收入有计划地进行分配和使用而发生的支出。

财政总预算会计核算的一般公共预算本级支出，应当按照《政府收支分类科目》中的一般公共预算本级支出科目进行分类，分设类、款、项三级，各级科目逐级递进，内容也逐级细化。一般公共预算支出科目的类、款级科目的设置情况及其反映的主要内容如下所述。

1) 一般公共服务支出

一般公共服务科目反映政府提供一般公共服务的支出。本科目分设如下 29 个款级科目：

(1) 人大事务。本科目反映各级人民代表大会的支出。

(2) 政协事务。本科目反映各级政治协商会议的支出。

(3) 政府办公厅(室)及相关机构事务。本科目反映各级政府办公厅(室)及相关机构的支出。

(4) 发展与改革事务。本科目反映发展与改革事务方面的支出。

(5) 统计信息事务。本科目反映统计、信息事务方面的支出。

(6) 财政事务。本科目反映财政事务方面的支出。

(7) 税收事务。本科目反映税收征管方面的支出。

(8) 审计事务。本科目反映政府审计方面的支出。

(9) 海关事务。本科目反映海关事务方面的支出。

(10) 人事事务。本科目反映人事、机构编制、军转、外专等方面的支出。

(11) 纪检监察事务。本科目反映纪检、监察方面的支出。

(12) 人口与计划生育事务。本科目反映人口与计划生育方面的支出。

(13) 商贸事务。本科目反映商贸事务方面的支出。

(14) 知识产权事务。本科目反映知识产权等方面的支出。

(15) 工商行政管理事务。本科目反映工商行政管理事务方面的支出。

(16) 质量技术监督与检验检疫事务。本科目反映质量技术监督、出入境检验检疫等方面的支出。

(17) 民族事务。本科目反映用于民族事务管理方面的支出。

(18) 宗教事务。本科目反映用于宗教事务管理方面的支出。

(19) 港澳台侨事务。本科目反映用于港澳台侨事务方面的支出。

(20) 档案事务。本科目反映档案事务方面的支出。

(21) 民主党派及工商联事务。本科目反映各民主党派及办事机构的支出,工商联的支出。

(22) 群众团体事务。本科目反映各级人民团体、社会团体、群众团体以及工会、妇联、共青团组织等的支出。

(23) 党委办公厅及相关机构事务。本科目反映党委办公厅及相关机构的支出。

(24) 宣传事务。本科目反映中国共产党宣传部门的支出。

(25) 组织事务。本科目反映中国共产党组织部门的支出。

(26) 统战事务。本科目反映中国共产党统战部门的支出。

(27) 对外联络事务。本科目反映中国共产党对外联络部门的支出。

(28) 其他共产党事务支出。本科目反映上述款项以外其他用于中国共产主义事务的支出。

(29) 其他一般公共服务支出。本科目反映上述项目未包括的一般公共服务支出。

2) 外交支出

外交科目反映政府外交事务支出。本科目分设如下 8 个款级科目:

(1) 外交管理事务。本科目反映政府外交管理事务支出。

(2) 驻外机构。本科目反映驻外使领馆、公署、办事处、留守组及驻国际机构代表团、代表处等方面的支出。

(3) 对外援助。本科目反映对外国政府(地区)提供的各种援助和技术合作支出。

(4) 国际组织。本科目反映向国际组织交纳的会费、捐款、联合国维和摊款以及股金、基金等支出。

(5) 对外合作与交流。本科目反映外交部门和党政、人大、政协领导人出国访问、出席国际会议支出,招待来访、参观以及来华参加各项国际活动的外国代表团的支出,在我国召开国际会议的支出等。

(6) 对外宣传。本科目反映用于外交目的的对外宣传支出。

(7) 边界勘界联检。本科目反映我国在与周边国家划界、勘界和联合检查等方面的支出。

(8) 其他外交支出。本科目反映除上述项目以外其他用于外交方面的支出。

3) 国防支出

国防科目反映政府用于现役部队、国防后备力量、国防动员等方面的支出。本科目分设如下 5 个款级科目:

(1) 现役部队。本科目反映用于现役部队管理与建设等方面的支出。

(2) 国防科研事业。本科目反映用于国防科研方面的支出。

(3) 专项工程。本科目反映用于国防专项工程方面的支出。

(4) 国防动员。本科目反映用于国防动员方面的支出。

(5) 其他国防支出。本科目反映用于其他国防方面的支出。

4) 公共安全支出

公共安全科目反映政府维护社会公共安全方面的支出。本科目分设如下 11 个款级科目：

(1) 武装警察。本科目反映内卫、边防、消防、警卫、黄金、森林、水电、交通等武装警察部队的支出。

(2) 公安。本科目反映公安事务及管理的支出。

(3) 国家安全。本科目反映国家安全部门的支出。

(4) 检察。本科目反映检察事务的支出。

(5) 法院。本科目反映法院的支出。

(6) 司法。本科目反映司法行政事务的支出。

(7) 监狱。本科目反映监狱管理事务支出。

(8) 劳教。本科目反映劳动教养管理事务支出。

(9) 国家保密。本科目反映国家保密事务支出。

(10) 缉私警察。本科目反映海关缉私警察的支出。

(11) 其他公共安全支出。本科目反映除上述项目以外其他用于公共安全方面的支出。

5) 教育支出

教育科目反映政府教育事务支出。本科目分设如下 10 个款级科目：

(1) 教育管理事务。本科目反映教育管理方面的支出。

(2) 普通教育。本科目反映各类普通教育支出。

(3) 职业教育。本科目反映各部门举办的各类职业教育支出。

(4) 成人教育。本科目反映各部门举办函授、夜大、自学考试等成人教育的支出。

(5) 广播电视教育。本科目反映广播电视教育支出。

(6) 留学教育。本科目反映经国家批准，由教育部门统一归口管理的出国、来华留学生支出。

(7) 特殊教育。本科目反映各部门举办的盲童学校、聋哑学校、智力落后儿童学校、其他生理缺陷儿童学校和工读学校支出。

(8) 教师进修及干部继续教育。本科目反映教师进修及干部继续教育方面的支出。

(9) 教育附加及基金支出。本科目反映用教育费附加及教育基金安排的支出。

(10) 其他教育支出。本科目反映除上述项目以外其他用于教育方面的支出。

6) 科学技术支出

科学技术科目反映用于科学技术方面的支出。本科目分设如下 10 个款级科目：

(1) 科学技术管理事务，本科目反映各级政府科学技术管理事务方面的支出。

(2) 基础研究。本科目反映从事基础研究、近期无法取得实用价值的应用研究机构的基本支出。

(3) 应用研究。本科目反映在基础研究成果上，针对某一特定的实际目的或目标进行的创造性研究工作的支出。

(4) 技术研究与开发。本科目反映用于技术研究与开发等方面的支出。

(5) 科技条件与服务。本科目反映用于完善科技条件及从事科技标准、计量和检测，科技数据、种质资源、标本、基因的收集、加工处理和服务，科技文献信息资源的采集、保存、加工和服务等为科技活动提供基础性、通用性服务的支出。

(6) 社会科学。本科目反映用于社会科学方面的支出。

(7) 科学技术普及。本科目反映科学技术普及方面的支出。

(8) 科技交流与合作。本科目反映科技交流与合作方面的支出。

(9) 科技重大专项。本科目反映用于科技重大专项的经费支出。

(10) 其他科学技术支出。本科目反映除以上项目以外其他用于科技方面的支出，包括科技奖励支出等。

7) 文化体育与传媒支出

文化体育与传媒科目反映政府在文化、文物、体育、广播影视、新闻出版等方面的支出。本科目分设如下 6 个款级科目：

(1) 文化。本科目反映政府用于公共文化设施、艺术表演团体及文化艺术活动等方面的支出。

(2) 文物。本科目反映文物保护和管理等方面的支出。

(3) 体育。本科目反映体育方面的支出。

(4) 广播影视。本科目反映广播、电影、电视等方面的支出。

(5) 新闻出版。本科目反映新闻出版方面的支出。

(6) 其他文化体育与传媒支出。本科目反映除上述项目以外其他用于文化体育与传媒方面的支出。

8) 社会保障和就业支出

社会保障和就业科目反映政府在社会保障和就业方面的支出。本科目分设如下 19 个款级科目：

(1) 社会保障和就业管理事务。本科目反映社会保障和就业管理事务交出。

(2) 民政管理事务。本科目反映民政管理事务支出。

(3) 财政对社会保险基金的补助。本科目反映财政对社会保险基金的补助支出。

(4) 补充全国社会保障基金。本科目反映用于补充全国社会保障基金的支出。

(5) 行政事业单位离退休。本科目反映用于行政事业单位离退休方面的支出。

(6) 企业改革补助。本科目反映财政用于企业改革的补助支出。

(7) 就业补助。本科目反映财政用于就业方面的补助支出。

(8) 抚恤。本科目反映用于各类优抚对象和优抚事业单位的交出。

(9) 退役安置。本科目反映用于退伍军人的安置和军队移交政府的离退休人员安置及管理机构的支出。

(10) 社会福利。本科目反映社会福利事务支出。

(11) 残疾人事业。本科目反映政府在残疾人事业方面的支出。

(12) 城市居民最低生活保障。本科目反映财政对城市居民最低生活保障对象的救济支出。

(13) 其他城镇社会救济。本科目反映除城市居民最低生活保障之外，用于城镇贫困人员基本生活保障的其他支出。

(14) 自然灾害生活救助。本科目反映用于自然灾害生活救助方面的支出。

(15) 红十字事业。本科目反映政府支持红十字会开展红十字社会公益活动等方面的支出。

(16) 农村最低生活保障。本科目反映用于农村最低生活保障方面的支出。

(17) 其他农村社会救济。本科目反映用于农村五保户及其他农村社会救济方面的支出。

(18) 保障性住房支出。本科目反映用于保障性住房方面的支出。

(19) 其他社会保障和就业支出。本科目反映除上述项目以外其他用于社会保障和就业方面的支出。

9) 医疗卫生支出

医疗卫生科目反映政府医疗卫生方面的支出。本科目分设如下 8 个款级科目：

(1) 医疗卫生管理事务。本科目反映卫生、中医等管理事务方面的支出。

(2) 公立医院。本科目反映公立医院方面的支出。

(3) 基层医疗卫生机构。本科目反映用于基层医疗卫生机构方面的支出。

(4) 公共卫生。本科目反映公共卫生支出。

(5) 医疗保障。本科目反映用于医疗保障方面的支出。

(6) 中医药。本科目反映中医药方面的支出。

(7) 食品和药品监督管理事务。本科目反映食品药品监督管理方面的支出。

(8) 其他医疗卫生支出。本科目反映除上述项目以外其他用于医疗卫生方面的支出。

10) 节能环保支出

节能保护科目反映政府环境保护支出。本科目分设如下 15 个款级科目：

(1) 环境保护管理事务。本科目反映政府环境保护管理事务支出。

(2) 环境监测与监察。本科目反映政府环境监测与监察支出。

(3) 污染防治。本科目反映大气、水体、噪声、固体废弃物、放射性物质等方面的污染治理支出。

(4) 自然生态保护。本科目反映自然生态保护、生态修复、生物多样性保护、农村环境保护和生物安全管理等方面的支出。

(5) 天然林保护。本科目反映专项用于天然林资源保护工程的各项补助支出。

(6) 退耕还林。本科目反映专项用于退耕还林工程的各项补助支出。

(7) 风沙荒漠治理。本科目反映用于风沙荒漠治理方面的支出。

(8) 退牧还草。本科目反映退牧还草方面的支出。

(9) 已垦草原退耕还草。本科目反映已垦草原退耕还草方面的支出。

(10) 能源节约利用。本科目反映用于能源节约利用方面的支出。

(11) 污染减排。本科目反映用于污染减排方面的支出。

(12) 可再生能源。本科目反映用于可再生能源方面的支出。

(13) 资源综合利用。本科目反映对废旧废弃资源综合利用方面的支出。

(14) 能源管理事务。本科目反映能源管理事务方面的支出。

(15) 其他环境保护支出。本科目反映除上述项目以外其他用于环境保护方面的支出。

11) 城乡社区支出

城乡社区事务科目反映政府城乡社区事务支出。本科目分设如下 6 个款级科目：

(1) 城乡社区管理事务。本科目反映城乡社区管理事务支出。

(2) 城乡社区规划与管理。本科目反映城乡社区、名胜风景区、防灾减灾、历史名城规划制定与管理等方面的支出。

(3) 城乡社区公共设施。本科目反映城乡社区道路、桥梁、供水、排水、燃气、供暖、公共交通、道路照明等公共设施建设维护与管理方面的支出。

(4) 城乡社区环境卫生。本科目反映城乡社区道路清扫、垃圾清运和处理、公厕建设与维护、园林绿化等方面的支出。

(5) 建设市场管理与监督。本科目反映各类建筑工程强制性和推荐性标准及规范的制定与修改、建筑工程招投标等市场管理、建筑工程质量与安全监督等方面的支出。

(6) 其他城乡社区事务支出。本科目反映除上述项目以外其他用于城乡社区事务方面的支出。

12) 农林水支出

农林水事务科目反映政府农林水事务支出。本科目分设如下 8 个款级科目：

(1) 农业。本科目反映财政用于种植业、畜牧业、渔业、兽医、农机、农垦、农场、农业产业化经营组织、农村和垦区公益事业、农产品加工等方面的支出。

(2) 林业。本科目反映财政用于林业方面的支出。

(3) 水利。本科目反映财政用于水利方面的支出。

(4) 南水北调。本科目反映政府用于南水北调工程方面的支出。

(5) 扶贫。本科目反映用于农村扶贫开发等方面的支出。

(6) 农业综合开发。本科目反映政府用于农业综合开发方面的支出。

(7) 农村综合改革。本科目反映用于农村综合改革方面的支出。

(8) 其他农林水事务支出。本科目反映除上述项目以外其他用于农林水事务方面的支出。

13) 交通运输支出

交通运输科目反映政府交通运输方面的支出。本科目分设如下 6 个款级科目：

(1) 公路水路运输。本科目反映与公路、水路运输相关的支出。

(2) 铁路运输。本科目反映与铁路运输相关的支出。

(3) 民用航空运输。本科目反映与民用航空运输相关的支出。

(4) 石油价格改革对交通运输的补贴。本科目反映石油价格改革财政对城市公交、农村道路客运和出租车的补贴支出。

(5) 邮政业支出。本科目反映与邮政业相关的支出。

(6) 其他交通运输支出。本科目反映除上述项目以外其他用于交通运输方面的支出。

14) 资源勘探电力信息等支出

资源勘探电力信息等事务反映政府对采掘电力信息等事务支出。该类级科目分设 9 个款级科目：

(1) 资源勘探开发。本科目反映煤炭、石油和天然气、黑色金属、有色金融、非金属矿等采掘业的支出。

(2) 制造业。本科目反映纺织、轻工、化工、医药、机械、冶炼、建材、交通运输设备、烟草、兵器、核工、航空、航天、船舶、电子及通信设备等制造业支出。

(3) 建筑业。本科目反映土木工程建筑业以及线路、管道和设备安装业等方面的支出。

(4) 电力监管支出。本科目反映电力监管方面的支出。

(5) 工业和信息产业监管支出。本科目反映工业和信息产业监管方面的支出。

(6) 安全生产监管。本科目反映国家安全生产监督管理部门、煤矿安全监察部门的支出。

(7) 国有资产监管。本科目反映国有资产监督管理委员会的支出。

(8) 支持中小企业发展和管理支出。本科目反映用于中小企业管理及支持中小企业发展方面的支出。

(9) 其他采掘电力信息等事务支出。本科目反映除上述项目以外用于其他采掘电力信息等事务方面的支出。

15) 商业服务业等支出

商业服务业等支出反映商业服务业等方面的支出。该类级科目分设如下 4 个款级科目：

(1) 商业流通事务。本科目反映各级供销社的行政事业支出及商业物质和供销社专项补贴支出。

(2) 旅游业管理与服务支出。本科目反映旅游业管理与服务方面的支出。

(3) 涉外发展服务支出。本科目反映对从事外贸业务单位、外商投资单位、从事对外经济合作单位和境外单位的资助而形成的支出。

(4) 其他商业服务业等支出。本科目反映除上述项目以外其他用于商业服务业等方面的支出。

16) 金融支出

反映金融保险业监管等事务方面的支出。该类级科目分设如下 5 个款级科目：

(1) 金融部门行政支出。本科目反映金融部门行政支出。

(2) 金融部门监管支出。本科目反映金融部门监管支出。

(3) 金融发展支出。本科目反映金融发展支出。

(4) 金融调控支出。本科目反映金融调控支出。

(5) 其他金融支出。本科目反映除上述项目以外其他用于金融监管等事务方面的支出。

17) 援助其他地区支出

援助其他地区支出科目反映援助方政府安排并管理的对其他地区各类援助、捐赠等资金支出。该类级科目分设如下 9 个款级科目：

(1) 一般公共服务。本科目反映援助其他地区资金中用于一般公共服务的支出。

(2) 教育。本科目反映援助其他地区资金中用于教育的支出。

(3) 文化体育与传媒。本科目反映援助其他地区资金中用于文化体育与传媒的支出。

(4) 医疗卫生。本科目反映援助其他地区资金中用于医疗卫生的支出。

(5) 节能环保。本科目反映援助其他地区资金中用于节能环保的支出。

(6) 农业。本科目反映援助其他地区资金中用于农业的支出。

(7) 交通运输。本科目反映援助其他地区资金中用于交通运输的支出。

(8) 住房保障。本科目反映援助其他地区资金中用于住房保障的支出。

(9) 其他支出。本科目反映援助其他地区资金中除上述项目以外的其他支出。

18) 国土海洋气象等支出

国土海洋气象等支出科目反映政府用于国土资源、海洋、测验、地震、气象等公益服务事业方面的支出。该类级科目分设如下6个款级科目:

(1) 国土资源事务。本科目反映国土资源管理等方面的支出。

(2) 海洋管理事务。本科目反映用于海洋管理事务方面的支出。

(3) 测绘事务。本科目反映用于国家测绘事务方面的支出。

(4) 地震事务。本科目反映地震事务的支出。

(5) 气象事务。本科目反映用于气象事务方面的支出。

(6) 其他国土海洋气象等支出。本科目反映除上述项目以外其他用于国土海洋气象等方面的支出。

19) 住房保障支出

住房保障支出科目反映政府用于住房方面的支出。本类级科目分设如下3个款级科:

(1) 保障性安居工程支出。本科目反映用于保障性住房方面的支出。

(2) 住房改革支出。本科目反映行政事业单位用财政拨款资金和其他资金管安排的住房改革支出。

(3) 城乡社区住宅。本科目反映城乡社区廉租房规划建设维护、住房制度改革、产权产籍管理、房地产市场监督等方面的支出。

20) 粮油物资储备支出

粮油物资储备支出科目反映政府用于粮油物资储备方面的支出。本类级科目分设如下5个款级科目:

(1) 粮油事务。本科目反映粮油事务方面的支出。

(2) 物资事务。本科目反映物资储备部门支出。

(3) 能源储备。本科目反映国家能源储备的有关支出。

(4) 粮油储备。本科目反映国家粮油储备的有关支出。

(5) 重要商品储备。本科目反映除能源、粮油项目以外的其他重要商品物资储备支出。

21) 预备费

预备费科目反映预算中安排的预备费。

根据我国《预算法》的相关规定,各级政府预算应当按照本级政府预算支出额的1%~3%设置预备费,用于当年预算执行中的自然灾害救灾开支及其他难以预见的特殊开支。预备费科目只有年初预算数,年度预算执行中动用预备费时按具体使用项目归入相应的支出科目。

22) 债务还本支出

债务还本支出科目反映归还债务本金方面的支出。本类级科目下设置2个款级科目:

(1) 中央政府债务还本支出。本科目反映中央政府用于偿还债务本金所发生的支出。

(2) 地方政府债务还本支出。本科目反映地方政府用于偿还债务本金所发生的支出。

23) 债务付息支出

债务付息支出科目反映用于偿付债务利息所发生的支出。

(1) 中央政府债务付息支出。本科目反映中央政府用于归还债务利息所发生的支出。

(2) 地方政府债务付息支出。本科目反映地方政府用于归还债务利息所发生的支出。

24) 债务发行费用支出

(1) 中央政府债务发行费用支出。本科目反映中央政府用于债务发行兑付费用的支出。

(2) 地方政府债务发行费用支出。本科目反映地方政府用于债务发行兑付费用的支出。

25) 其他支出

其他支出科目反映不能划分到上述功能科目的其他政府支出。

2. 政府性基金预算本级支出

政府性基金预算本级支出是指用政府性基金预算类收入安排的支出。政府性基金预算本级支出具有专款专用的特征,并纳入政府预算管理。

财政总预算会计核算的政府性基金预算本级支出,应当按照《政府收支分类科目》中的政府性基金预算支出科目进行分类,分设类、款、项三级,各级科目逐级递进,内容也逐级细化。政府性基金预算支出一般包括以下内容。

1) 教育支出

教育支出科目反映政府教育事务支出。该类级科目分设如下款级科目:地方教育附加安排的支出。本科目反映用地方教育附加安排的支出。

2) 科学技术支出

科学技术支出科目反映用于科学技术方面的支出。本类级科目分设如下款级科目:核电站乏燃料处理处置基金支出。本科目反映核电站乏燃料处理处置基金安排的支出。

3) 文化体育与传媒支出

文化体育与传媒支出科目反映政府在文化、文物、体育、广播影视新闻出版等方面的支出。本类级科目分设如下款级科目:

(1) 文化事业建设费安排的支出。本科目反映用文化事业建设费安排的支出。

(2) 国家电影事业发展专项资金支出。本科目反映用国家电影事业发展专项资金安排的支出。

4) 社会保障和就业支出

社会保障和就业支出科目反映政府在社会保障和就业方面的支出。该类级科目分设如下款级科目:

(1) 大中型水库移民后期扶持基金支出。本科目反映用大中型水库移民后期扶持基金安排的支出。

(2) 小型水库移民扶助基金支出。本科目反映用小型水库移民扶助基金安排的支出。

(3) 残疾人就业保障金支出。本科目反映用残疾人就业保障金安排的支出。

5) 节能环保支出

节能环保支出科目反映政府节能环保支出。该类级科目分设如下款级科目:

(1) 可再生能源电价附加收入安排的支出。本科目反映用可再生能源电价附加收入安排的支出。

(2) 废弃电器电子产品处理基金支出。本科目反映用废弃电器电子产品处理基金收入安排的支出。

6) 城乡社区支出

城乡社区支出科目反映政府城乡社区事务支出。本类级科目分设如下款级科目:

(1) 政府住房基金支出。本科目反映用政府住房基金安排的支出。

(2) 国有土地使用权出让收入安排的支出。本科目反映用不含计提和划转部分的国有土地使用权出让收入安排的支出。

(3) 城市公用事业附加安排的支出。本科目反映用公用事业附加收入安排的支出。

(4) 国有土地收益基金支出。本科目反映从国有土地收益基金收入中安排用于土地收购储备等支出。

(5) 农业土地开发资金支出。本科目反映从计提的农业土地开发资金中安排用于农业土地开发的支出。

(6) 新增建设用地土地有偿使用费安排的支出。本科目反映用新增建设用地土地有偿使用费收入安排的支出。

(7) 城市基础设施配套费安排的支出。本科目反映用城市基础设施配套费安排的支出。

7) 农林水支出

农林水支出科目反映政府农林水事务支出。该类级科目分设如下款级科目:

(1) 新菜地开发建设基金支出。本科目反映用新菜地开发建设基金安排的支出。

(2) 育林基金支出。本科目反映用育林基金安排的支出。

(3) 森林植被恢复费安排的支出。本科目反映用森林植被恢复费安排的支出。

(4) 中央水利建设基金支出。本科目反映用中央水利建设基金安排的支出。

(5) 地方水利建设基金支出。本科目反映用地方水利建设基金安排的支出。

(6) 中型水库库区基金支出。本科目反映用大中型水库库区基金安排的支出。

(7) 三峡水库库区基金支出。本科目反映用三峡水库库区基金安排的支出。

(8) 南水北调工程基金支出。本科目反映用南水北调工程基金安排的支出。

(9) 国家重大水利工程建设基金支出。本科目反映用国家重大水利工程建设基金安排的支出。

8) 交通运输支出

交通运输支出科目反映交通运输和邮政业方面的支出。该类级科目分设如下款级科目:

(1) 公路水路运输。本科目下设船舶港务费安排的支出、长江口航道维护支出项级科目,分别反映用船舶港务费安排的支出、用交通运输部集中的航道维护收入安排的支出。

(2) 铁路运输。本科目下设铁路资产变现收入安排的支出项级科目,反映用铁路资产变现收入安排的支出。

(3) 海南省高等级公路车辆通行附加费安排的支出。本科目反映用海南省高等级公路车辆通行附加费安排的支出。

(4) 转让政府还贷道路收费权收入安排的支出。本科目反映用转让政府还贷道路收费权收入安排的支出。

(5) 车辆通行费安排的支出。本科目反映用车辆通行费安排的支出。

(6) 港口建设费安排的支出。本科目反映用港口建设费安排的支出。

(7) 铁路建设基金支出。本科目反映用铁路建设基金安排的支出。

(8) 船舶油污损害赔偿基金支出。本科目反映用船舶油污损害赔偿基金收入安排的支出。

(9) 民航发展基金支出。本科目反映用民航发展基金收入安排的支出。

9) 资源勘探电力信息等支出

资源勘探电力信息等支出科目反映资源勘探、制造业、建筑业、电力信息等方面的支出。该类级科目分设如下款级科目:

(1) 工业和信息产业监管。本科目下设无线电频率占用费安排的支出项级科目,反映用无线电频率占用费安排的支出。

(2) 散装水泥专项资金支出。本科目反映用散装水泥专项资金安排的支出。

(3) 新型墙体材料专项基金支出。本科目反映用新型墙体材料专项基金安排用于技术改造和设备更新的贴息和补助支出。

(4) 农网还贷资金支出。本科目反映用农网还贷资金收入安排用于农村电网改造贷款还本付息的支出。

(5) 山西省煤炭可持续发展基金支出。本科目反映用山西省煤炭可持续发展基金安排的支出。

(6) 电力改革预留资产变现收入安排的支出。本科目反映用电力改革预留资产变现收入安排的支出。

10) 商业服务业等支出

商业服务业等支出科目反映商业服务业等方面的支出。本类级科目分设如下款级科目:

旅游发展基金收入。本科目反映用旅游发展基金安排的支出。

11) 金融支出

金融支出科目反映金融方面的支出。该类级科目分设如下款级科目:金融调控支出。该款级科目下设中央特别国债经营基金支出、中央特别国债经营基金财务支出项级科目,分别反映使用中央特别国债经营基金所形成的支出、中央特别国债利息及有关费用支出。

12) 其他支出

其他支出科目反映不能划分到上述功能科目的其他政府支出。该类级科目分设如下款级科目:

(1) 其他政府性基金支出。本科目反映除上述项目以外的其他政府性基金支出。

(2) 彩票公益金安排的支出。本科目反映用彩票公益金安排的支出。

3. 国有资本经营预算本级支出

国有资本经营预算本级支出是指用国有资本经营预算类收入安排的支出。其范围主要包括资本性支出、费用性支出和其他支出等。其中,资本性支出是指根据产业发展规划、国有经济布局和结构调整、国有企业发展要求以及国家战略、安全等需要安排的支出。费用性支出是指用于弥补国有企业改革成本等方面的支出。国有资本经营预算作单独编制，预算支出按照当年预算收入规模安排，不列赤字。

根据现行《政府收支分类科目》，国有资本经营预算本级支出科目设置教育支出、科学技术支出、文化体育与传媒支出、社会保障和就业支出、节能环保支出、城乡社区支出、农林水支出、交通运输支出、资源勘探电力信息等支出、商业服务业等支出和其他支出等类级科目。

4. 专用基金支出

专用基金支出是各级财政用专用基金收入安排的支出，目前主要是用粮食风险基金收入安排的支出。财政总预算会计在安排各项专用基金支出时，应按规定的用途拨付，并做到先收后支，量入为出。同时，财政总预算会计应当在开设的相应财政专户中拨付使用专用基金。

5. 财政专户管理资金支出

财政专户管理资金支出是指用未纳入预算并实行财政专户管理的资金安排的支出。目前主要是各种教育收费安排的支出。除用教育收费安排的支出外，另一项目前纳入财政专户管理的资金支出是用彩票发行机构和彩票销售机构的业务费用安排的支出。

6. 债务还本支出

债务还本支出是指各级财政部门偿还债务本金的支出。由于政府债券的发行存在不同的情况，或者政府债务收入存在不同的来源渠道，如国内借款、国外借款、中央政府发行债券、地方政府发行债券等，因此，偿还债务本金的具体内容也有所不同。

财政总预算会计核算的债务还本支出，应当按照《政府收支分类科目》中一般公共预算支出科目下的债务还本支出科目进行分类。按照现行《政府收支分类科目》，债务还本支出类级科目下设款级、项级科目，各级科目逐级递进，内容也逐级细化。债务还本支出类级科目下设置的涉及的款级科目如下：

(1) 中央政府债务还本支出。本科目反映中央政府用于归还债务本金所发生的支出。

(2) 地方政府债务还本支出。本科目反映地方政府用于归还债务本金所发生的支出。

债务付息支出和债务发行费用支出等款级科目，作为“一般公共预算本级支出”会计科目的核算内容，不作为债务还本支出的核算内容。

与债务收入一样，由于债务还本支出需要安排预算资金予以偿还，因此，从政府财政总预算角度看，它是政府的财政支出，它与支付政府的一般公共服务支出等没有什么不一样。但债务还本支出来源于债务收入，债务收入在取得时除了形成可供使用财政资金即财政资金收入外，也形成政府在以后需要偿还的负债。因此，从政府主体角度看，债务还本支出也是政府负债的减少或偿还，它与支付政府的一般公共服务支出等又很不一样。财政总预算会计应当全面反映债务收入和债务还本支出的相关信息，包括使用会计分录反映和使用文字解释、说明等方式反映。

7. 债务转贷支出

债务转贷支出是本级政府将以信用方式从国内、国外取得的借款，转贷给下级政府形成的支出。该项支出对下级有偿还要求，因此，实质上形成本级政府的债权。

按照《政府收支分类科目》中债务转贷支出科目的核算规定，债务转贷支出包括：地方政府一般债务转贷支出和地方政府专项债务转贷支出。

8. 转移性支出

转移性支出与转移性收入相对应，是指根据财政管理体制规定在各级财政间进行资金转移以及在本级财政各项资金间进行资金调剂所形成的支出。具体包括补助支出、上解支出、调出资金、地区间援助支出等。其中，补助支出是指本级政府财政按财政体制规定或因专项需要补助给下级政府财政的款项，包括对下级的税收返还、转移支付等。上解支出是指按照财政体制规定由本级政府财政上交给上级政府财政的款项。调出资金是指政府财政为平衡预算收支、从某类资金向其他类型预算调出的资金。地区间援助支出是指援助方政府财政安排用于受援方政府财政统筹使用的各类援助、捐赠等资金支出。

补助支出、上解支出和调出资金在一般公共预算和政府性基金预算两个预算中都存在，国有资本经营预算一般只涉及调出资金的核算。

转移性支出与转移性收入相对应，它们的基本管理要求也一样。转移性支出应当纳入政府预算，实行预算管理。无论是政府间的一般性转移支付、专项转移支付还是不同预算性质资金间的相互调出，都应当提交同级人民代表大会审查和批准。且都应当建立起明确的支出责任，以便切实发挥每一笔财政支出应有的经济社会效益。

二、支出的管理原则

(一) 一般公共预算本级支出的管理要求

1. 一般公共预算本级支出管理的基本要求

财政总预算会计在办理一般公共预算支出时应当认真做到以下几点基本要求：

(1) 审核用款单位编制的月份用款计划和拨款申请。用款单位在需要使用财政资金时，应当向财政部门提出拨款申请，财政部门应当根据月份用款计划及其他相关规定对拨款申请进行审核，避免未经审核直接拨款。

(2) 按预算和用款计划拨款。预算拨款要按照经法定程序批准的年度支出预算和季度分月用款计划进行，不能办理无预算、无计划拨款，也不能办理超预算、超计划拨款。如遇特殊情况需要超预算拨款，应当首先办理追加支出预算的手续，经批准后才能办理相应数额的拨款。

(3) 按支出用途分类管理财政资金拨款。财政资金应当做到按支出用途拨款，并保证专款专用。用款单位如果需要调整支出用途，应当报请财政部门批准。

(4) 综合国库存款余额、本期资金需求和上期资金使用等情况安排拨款。财政部门在安排财政资金拨款时，既要考虑国库存款余额和本期资金需求，又要考虑用款单位上期资金使用情况，如上期资金结转和结余情况等。对于有上期资金结转和结余的用款单位，应当首先安排使用上期结转和结余资金。财政部门既要保证资金需要，又要防止资金积压，要做到财政资金的统一安排、灵活调度和有效使用。

(5) 遵循财政直接支付为主、授权用款单位支付为辅原则。在财政直接支付方式下，由财政部门开出支付令，财政资金由国库直接支付到商品或服务供应商。工资支出、大额购买支出通常采用财政直接支付方式。在财政授权支付方式下，由用款单位开出支付令，财政资金由代理银行支付到商品或服务供应商。小额、零星支出通常采用财政授权支付方式。

2. 国库单一账户制度下的支出支付方式和程序

在国库单一账户制度下，财政支出的支付方式分为财政直接支付和财政授权支付两种。

1）财政直接支付

财政直接支付是指由财政部门开具支付令，通过国库单一账户体系，直接将财政资金支付到收款人（即商品和劳务供应者）或用款单位账户的支付方式。实行财政直接支付的支出主要包括工资支出、工程采购支出、物品和劳务采购支出、转移支出等。财政直接支付的具体支出项目，由财政部门在确定部门预算时，或制定财政资金支付管理办法时确定。

在财政直接支付方式下，预算单位按照批复的预算和资金使用计划，向财政国库支付执行机构提出支付申请，经财政国库支付执行机构审核无误后，向代理银行发出支付令，并通知中国人民银行，办理资金清算手续，将资金划给代理银行。也就是通过代理银行进入全国银行清算系统实时清算，财政资金从国库单一账户划拨到收款人的银行账户。

财政总预算会计根据财政国库支付执行机构报来的预算支出结算清单，经与中国人民银行报来的财政直接支付申请划款凭证核对无误后，作出相应的会计处理，确认国库存款的减少，并确认相应的预算支出。

在财政直接支付方式下，财政部门选择有关的商业银行作为代理银行，并在相应的代理银行开设财政零余额账户，用以办理财政直接支付业务。财政零余额账户不是实存财政资金的账户，它只是财政部门与代理银行间的一个临时结算过渡账户。每日终了，该账户的余额为零。

2）财政授权支付

财政授权支付是指预算单位根据财政部门的授权，自行开具支付令，通过国库单一账户体系将资金支付到货品或劳务供应者账户的支付方式。实行财政授权支付的支出主要包括未纳入财政直接支付的购买支出和零星支出。财政授权支付的具体支出项目，由财政部门在确定部门预算时，或制定财政资金支付管理办法时确定。

在财政授权支付方式下，预算单位按照批复的预算和资金使用计划，向财政国库支付执行机构申请授权支付的月度用款限额，财政国库支付执行机构将批准后的限额通知代理银行和预算单位，并通知中国人民银行国库部门。预算单位在月度用款限额内，自行开具支付令，通过财政国库支付执行机构转由代理银行向收款人付款，并与国库单一账户清算。

财政总预算会计根据财政国库支付执行机构报来的预算支出结算清单，经与中国人民银行报来的财政授权支付申请划款凭证及其他有关凭证核对无误后，作出相应的会计处理，确认国库存款的减少，并确认相应的预算支出。

在财政授权支付方式下，财政部门选择有关的商业银行作为代理银行，并在相应的代理银行开设预算单位零余额账户，用以办理财政授权支付业务。预算单位零余额账户也不是实存财政资金的账户，它也只是财政部门与代理银行间的一个临时结算过渡账户。每日终了，该账户的余额也为零。

以上财政直接支付和财政授权支付两种财政资金支付方式为财政国库单一账户制度下的财政资金支付方式。这两种财政资金支付方式可合称为财政资金集中支付方式或财政国库集中支付方式。

与国库集中支付方式相对应的支付方式是财政实拨资金支付方式。财政实拨资金是指财政部门通过国库存款账户将财政资金实际拨付到预算单位在商业银行开设的银行存款账户上，供预算单位使用的财政资金支付方式。这是一种传统的财政资金支付方式。在财政实拨资金支付方式下，预算单位根据单位预算向财政部门提交“预算经费请拨单”，申请拨付预算经费。经财政部门审核批准后，财政总预算会计将财政资金从中国人民银行国库存款账户拨付到预算单位在商业银行开设的基本存款账户。预算单位在使用财政资金时，从其银行存款账户中通过提取现金或者转账的方式，将款项支付给货品或劳务供应商。在财政实拨资金支付方式下，当财政资金从国库存款账户拨付到预算单位的基本存款账户时，财政总预算会计作出相应的会计处理，确认国库存款的减少，并确认相应的预算支出。在财政实拨资金支付方式下，预算单位在商业银行开设的基本存款账户为实存财政资金账户。

3. 一般公共预算本级支出的列报基础

财政总预算会计一般采用收付实现制确认和列报一般公共预算支出，即一般公共预算本级支出通常在财政总预算会计从财政国库拨付财政资金时确认和列报。具体来说，在财政直接支付方式下，财政总预算会计应根据财政国库支付执行机构每日报来的"预算支出结算清单"，在与中国人民银行报来的"财政直接支付申请划款凭证"核对无误后，列报预算支出。在财政授权支付方式下，财政总预算会计应根据财政国库支付执行机构每日报来的"预算支出结算清单"，在与中国人民银行报来的"财政授权支付申请划款凭证"核对无误后，列报预算支出。在财政实拨资金支付方式下，财政总预算会计应根据经审核批准的"预算经费请拨单"，按实际财政拨款数列报预算支出。

(二) 政府性基金预算支出的管理要求

财政总预算会计在管理政府性基金预算支出时，除了需要遵循一般公共预算支出管理的基本要求外，还应遵循如下基本要求：

(1) 先收后支，自求平衡。财政总预算会计应当在已有政府性基金预算收入数额的范围内办理政府性基金预算支出。政府性基金预算收入与政府性基金预算支出应当做到自求平衡。

(2) 专款专用，分类核算。财政总预算会计应当按政府收支分类科目中设置的政府性基金预算收支科目设置相应的明细账，分类分项核算各种政府性基金预算的收入、支出和结余情况，不能相互混淆。同时，财政总预算会计还应当强化预算执行，确保政府性基金专款专用。

政府性基金预算支出的支付方式和程序、列报基础等，均比照一般公共预算支出。

(三) 债务还本支出管理的基本要求

债务还本支出管理的基本要求主要有以下两方面：

(1) 预算管理。各级政府应当将各种债务的还本支出纳入财政预算，报经同级人民代表大会审查批准后，按预算执行。

(2) 地方政府债券还本管理。目前我国地方政府债券的发行有财政部代理发行和地方政府自行发行等方式。财政部代理发行的地方政府债券，由财政部代办还本付息和支付发行费。地方财政要足额安排地方政府债券还本付息所需资金，及时向中央财政上缴地方政府债券本息、发行费等资金。地方财政部门未按时足额向中央财政专户缴纳还本付息资金的，财政部采取中央财政垫付方式代为办理地方债还本付息，确保还本付息资金于还本付息日足额划至各债券持有人账户。目前，地方政府自行发行的债券也由财政部代办还本付息。但须在规定时间将财政部代办债券还本付息资金足额上缴中央财政。

第二节 支出的核算

7.2 本级预算支出的核算

一、一般公共预算本级支出的核算

为核算一般公共预算本级支出业务，财政总预算会计应设置“一般公共预算本级支出”总账科目。本科目核算政府财政管理的由本级政府使用的列入一般公共预算的支出，平时余额在借方，反映一般公共预算本级支出累计数，年终结转后，本科目无余额。本科目应当根据《政府收支分类科目》中支出功能分类科目设置明细科目。同时，根据管理需要，按照支出经济分类科目、部门等进行明细核算。

一般公共预算本级支出的主要账务处理如下：

(1) 实际发生一般公共预算本级支出时，借记“一般公共预算本级支出”科目，贷记“国库存款”“其他财政存款”等科目。

(2) 对于年终国库集中支付结余资金，应当按照规定采用权责发生制处理。借记“一般公共预算本级支出”科目，贷记“应付国库集中支付结余”科目。

(3) 年终转账时，本科目借方余额应全数转入“一般公共预算结转结余”科目，借记“一般公共预算结转结余”科目，贷记本科目。结转后，本科目无余额。

(一) 一般公共预算支出业务

【例7-1】 某市财政总预算会计收到财政国库支付执行机构报来的预算支出结算清单，财政国库支付执行机构以财政直接支付的方式，通过财政零余额账户支付有关预算单位的属于一般公共预算本级支出的款项共计503 400元。具体支付情况为：“一般公共服务支出——发展与改革事务——行政运行”121 000元，“一般公共服务支出——财政事务——行政运行”80 600元，“公共安全支出——公安——行政运行”223 000元，“公共安全支出——法院——行政运行”78 800元。财政总预算会计经与中国人民银行报来的财政直接支付申请划款凭证及其他有关凭证核对无误后，列报一般公共预算本级支出。财政总预算会计应编制如下会计分录：

借：一般公共预算本级支出	503 400	
贷：国库存款		503 400

同时，在“一般公共预算本级支出”总账科目的借方登记明细账如下：

一般公共服务支出——发展与改革事务——行政运行	121 000
一般公共服务支出——财政事务——行政运行	80 600
公共安全支出——公安——行政运行	223 000
公共安全支出——法院——行政运行	78 800

(二) 年终按权责发生制处理的一般公共预算本级支出

【例7-2】 某市财政总预算会计年终核定当年确实无法实现拨款、按规定应留归预算单位在下一年度继续使用的本年国库集中支付结余资金共计33 600元。具体情况为：“国土海洋气象等支出——国土资源事务——行政运行”5 600元，“住房保障支出——保障性安居工程支出——公共租赁住房”28 000 元。财政总预算会计应编制如下会计分录：

借：一般公共预算本级支出　　33 600
　贷：应付国库集中支付结余　　33 600

同时，在“一般公共预算本级支出”总账科目的借方登记明细账如下：

国土海洋气象等支出——国土资源事务——行政运行　　5 600
住房保障支出——保障性安居工程支出——公共租赁住房　　28 000

（三）财政实拨资金支出

在财政实拨资金支付方式下，财政总预算会计以拨作支，即以实际拨付数确认预算支出。预算单位在实际使用了财政资金后，仍然需要向财政部门核销。

【例 7-3】 某市财政对尚未纳入财政国库集中支付制度改革的有关预算单位采用财政实拨资金支付方式，拨付属于一般公共预算本级支出的资金共计 41 000 元。根据经批准的预算经费请拨单及其他相关凭证，具体拨付情况为：“资源勘探信息等支出一安全生产监管——行政运行”16 000 元，“商业服务业等支出——商业流通事务——市场监测及信息管理”25 000 元。财政总预算会计应编制如下会计分录：

借：一般公共预算本级支出　　41 000
　贷：国库存款　　41 000

同时，在“一般公共预算本级支出”总账科目的借方登记明细账如下：

资源勘探电力信息等支出——安全生产监管——行政运行　　16 000
商业服务业等支出——商业流通事务——市场监测及信息管理　　25 000

（四）一般公共预算本级支出的年终结转

【例 7-4】 某市财政年终“一般公共预算本级支出”总账科目借方余额为 1 556 000 元，财政总预算会计将其全数转入“一般公共预算结转结余”总账科目。财政总预算会计应编制如下会计分录：

借：一般公共预算结转结余　　1 556 000
　贷：一般公共预算本级支出　　1 556 000

同时，财政总预算会计应结清所有一般公共预算本级支出明细账的余额。

二、政府性基金预算本级支出的核算

为核算政府性基金预算本级支出业务，总预算会计应设置“政府性基金预算本级支出”科目。本科目核算政府财政管理的由本级政府使用的列入政府性基金预算的支出，平时借方余额反映政府性基金预算本级支出的累计数，年终结转后，本科目无余额。本科目应当按照《政府收支分类科目》中支出功能分类科目设置明细科目。同时，根据管理需要，按照支出经济分类科目、部门等进行明细核算。

政府性基金预算本级支出的主要账务处理如下：

（1）实际发生政府性基金预算本级支出时，借记“政府性基金预算本级支出”科目，贷记“国库存款”科目。

(2) 年度终了，对纳入国库集中支付管理的、当年未支而需结转下一年度支付的款项(国库集中支付结余)，采用权责发生制确认支出时，借记“政府性基金预算本级支出”科目，贷记“应付国库集中支付结余”科目。

(3) 年终转账时，本科目借方余额应全数转入“政府性基金预算结转结余”科目，借记“政府性基金预算结转结余”科目，贷记“政府性基金预算本级支出”科目。

【例7-5】 某市财政总预算会计收到财政国库支付执行机构报来的预算支出结算清单，财政国库支付执行机构以财政直接支付的方式，通过财政零余额账户存款账户支付有关预算单位的属于政府性基金预算支出的款项共计295 000元。具体支付情况为：“教育支出——地方教育附加支出”50 000元，“文化体育与传媒支出——文化事业建设费支出”40 000元，“城乡社区支出——政府住房基金支出——廉租住房支出”50 000元，“农林水支出——地方水利建设基金支出——水利工程建设”30 000元，“社会保障和就业支出——残疾人事业——残疾人就业保障金支出”50 000元，“交通运输支出——车辆通行费安排的支出——公路还贷”45 000元，“资源勘探电力信息等支出——农网还贷资金支出——地方农网还贷资金支出”30 000元。财政总预算会计经与中国人民银行财政直接支付划款凭证核对无误后，列报政府性基金预算支出。其会计分录为：

借：政府性基金预算本级支出	295 000	
贷：国库存款		295 000

同时，在“政府性基金预算本级支出”总账科目的借方登记明细账如下：

教育支出——地方教育附加支出	50 000
文化体育与传媒支出——文化事业建设费支出	40 000
城乡社区支出——政府住房基金支出——廉租住房支出	50 000
农林水支出——地方水利建设基金支出——水利工程建设	30 000
社会保障和就业支出——残疾人就业保障金支出——残疾人就业	50 000
交通运输支出——车辆通行费安排的支出——公路还贷	45 000
资源勘探电力信息等支出——农网还贷资金支出——地方农网还贷资金支出	30 000

【例7-6】 某市财政总预算会计年终核定当年确实无法实现拨款、按规定应留归预算单位在下一年度继续使用的政府性基金预算国库集中支付结余资金共计53 600元。具体情况为：“教育支出——地方教育附加支出”50 000元，“农林水支出——地方水利建设基金支出——水利工程建设”3 600元。财政总预算会计应编制如下会计分录：

借：一般公共预算本级支出	53 600	
贷：应付国库集中支付结余		53 600

同时，在“一般公共预算本级支出”总账科目的借方登记明细账如下：

教育支出——地方教育附加支出	50 000
农林水支出——地方水利建设基金支出——水利工程建设	3 600

年终，财政总预算会计应将“政府性基金预算本级支出”科目的借方余额全数转入“政府性基金预算结转结余”科目。

三、国有资本经营预算本级支出的核算

为核算国有资本经营预算本级支出业务，财政总预算会计应设置"国有资本经营预算本级支出"总账科目。本科目核算政府财政管理的由本级政府使用的列入国有资本经营预算的支出，平时为借方余额，表示国有资本经营预算本级支出累计数。年终结转后，本科目无余额。本科目应当按照《政府收支分类科目》中支出功能分类科目设置明细科目。同时，根据管理需要，按照支出经济分类科目、部门等进行明细核算。

国有资本经营预算本级支出的主要账务处理如下：

(1) 实际发生国有资本经营预算本级支出时，借记"国有资本经营预算本级支出"科目，贷记"国库存款"科目。

(2) 年度终了，对纳入国库集中支付管理的、当年未支而需结转下一年度支付的款项（国库集中支付结余），采用权责发生制确认支出时，借记"国有资本经营预算本级支出"科目，贷记"应付国库集中支付结余"科目。

(3) 年终转账时，本科目借方余额应全数转入"国有资本经营预算结转结余"科目，借记"国有资本经营预算结转结余"科目，贷记"国有资本经营预算本级支出"科目。

【例 7-7】 某市财政总预算会计发生如下业务：

(1) 某市财政总预算会计收到财政国库支付执行机构报来的预算支出结算清单，财政国库支付执行机构以财政直接支付的方式，通过财政零余额账户存款账户交付有关预算单位的属于基金预算支出的款项共计 70 000 元。具体支付情况为："文化体育与传媒支出一产业升级与发展支出"40 000 元，"资源勘探电力信息等支出——产业升级与发展支出"30 000 元。财政总预算会计经与中国人民银行财政直接支付现款凭证核对无误后，列国有资本经营预算本级支出。其会计分录为：

借：国有资本经营预算本级支出——文化体育与传媒支出——文化事业建设费支出　　40 000
——资源勘探电力信息等支出——产业升级与发展支出
30 000
贷：国库存款　　70 000

(2) 年终，将上述"国有资本经营预算本级支出"科目的借方余额 70 000 元全数转入"国有资本经营预算结转结余"科目。其会计分录为：

借：国有资本经营预算结转结余　　70 000
贷：国有资本经营预算本级支出　　70 000

同时，财政总预算会计应结清所有国有资本经营预算本级支出明细账。

四、专用基金支出的核算

为核算专用基金支出业务，总预算会计应设置"专用基金支出"科目，本科目核算政府财政用专用基金收入安排的支出，平时余额在借方，反映专用基金支出累计数。年终结转后，本科目无余额，本科目应当根据专用基金的种类设置明细科目。同时，根据管理需要按部门等进行明细核算。

专用基金支出的主要账务处理如下：

(1) 发生专用基金支出时，借记“专用基金支出”科目，贷记“其他财政存款”等有关科目。退回专用基金支出时，编制相反的会计分录。

(2) 年终转账时，本科目借方余额全数转入“专用基金结余”科目，借记“专用基金结余”科目，贷记“专用基金支出”科目。

【例 7-8】 某市财政发生如下专用基金支出业务：

(1) 用专用基金收入安排粮食风险基金 600 000 元。其会计分录为：

借：专用基金支出——粮食风险基金　　600 000
　贷：其他财政存款——专用基金存款　　600 000

(2) 年终，将“专用基金支出”科目借方余额 1 000 000 元，全数转入“专用基金结余”科目。其会计分录为：

借：专用基金结余　　1 000 000
　贷：专用基金支出　　1 000 000

同时，财政总预算会计应结清所有专用基金支出明细账。

五、财政专户管理资金支出的核算

为核算财政专户管理资金支出业务，财政总预算会计应设置“财政专户管理资金支出”总账科目。本科目核算政府财政用纳入财政专户管理的教育收费等资金安排的支出，平时余额在借方，反映当年财政专户管理资金支出的累计数。年终结账后，本科目无余额。本科目应当按照《政府收支分类科目》中支出功能分类科目设置相应明细科目。同时，根据管理需要，按照支出经济分类科目、部门(单位)等进行明细核算。

财政专户管理资金支出的主要账务处理如下：

(1) 发生财政专户管理的资金支出时，借记“财政专户管理资金支出”科目，贷记“其他财政存款”等科目。

(2) 年终结账时，将本科目借方余额全数转入“财政专户管理资金结余”科目，借记“财政专户管理资金结余”科目，贷记“财政专户管理资金支出”科目。

【例 7-9】 某市财政总预算会计发生如下业务：

(1) 通过财政专户向有关教育单位拨付教育收费共计 275 000 元。具体“教育支出——普通教育——高等教育一某高等学校”275 000 元。其会计分录为：

借：财政专户管理资金支出　　275 000
　贷：其他财政存款　　275 000

同时，在“财政专户管理资金支出”总账科目的借方登记明细账如下：

教育支出——普通教育——高等学校——某高等学校　　275 000

(2) 年终“财政专户管理资金支出”总账科目借方余额为 335 000 元，将其全数转入“财政专户管理资金结余”总账科目。其会计分录为：

借：财政专户管理资金结余　　335 000
　贷：财政专户管理资金支出　　335 000

同时,财政总预算会计应结清所有财政专户管理资金支出明细账的余额。

六、债务还本支出的核算

7.3 债务支出的核算

为核算债务还本支出业务,财政总预算会计应设置"债务还本支出"总账科目。本科目核算政府财政偿还本级政府财政承担的纳入预算管理的债务本金支出。本科目平时为借方余额,反映本级政府财政债务还本支出的累计数。年终结账后,本科目无余额。本科目应当根据《政府收支分类科目》中"债务还本支出"有关规定设置"一般债务还本支出"和"专项债务还本支出"明细科目。

债务还本支出的主要账务处理如下:

(1) 偿还本级政府财政承担的政府债券、主权外债等纳入预算管理的债务本金时,借记"债务还本支出"科目,贷记"国库存款""其他财政存款"等科目;根据债务管理部门转来相关资料,按照实际偿还的本金金额,借记"应付短期政府债券""应付长期政府债券""借入款项""应付地方政府债券转贷款""应付主权外债转贷款"等科目,贷记"待偿债净资产"科目。

(2) 年终转账时,本科目下"专项债务还本支出"明细科目的借方余额应按照对应的政府性基金种类分别转入"政府性基金预算结转结余"相应明细科目,借记"政府性基金预算结转结余"科目,贷记"债务还本支出"科目(专项债务还本支出)。本科目下其他明细科目的借方余额全数转入"一般公共预算结转结余"科目,借记"一般公共预算结转结余"科目,贷记"债务还本支出"科目(其他明细科目)。

【例 7-10】 某省财政总预算会计发生如下业务:

(1) 通过财政国库向中央财政上缴由本级政府承担的 1 年期地方政府债券还本资金共计 450 000 元。其会计分录为:

借:债务还本支出——地方政府债务还本支出——一般债务还本支出　　450 000
　贷:国库存款　　450 000

同时:

借:应付短期政府债券　　450 000
　贷:待偿债净资产　　450 000

(2) 未按时通过财政国库向中央财政上缴应由本级政府承担的地方政府专项债务还本资金 350 000 元,中央财政部门通过年终结算扣缴了相应款项。该省财政部门通过核实,列报相应支出 350 000 元。其会计分录为:

借:债务还本支出——地方政府债务还本交出——专项债务还本支出　　350 000
　贷:与上级往来　　350 000

同时:

借:应付短期政府债券　　350 000
　贷:待偿债净资产　　350 000

(3) 年终,"债务还本支出"总账科目借方余额为 800 000 元,其中,属于一般债务还本支出 450 000 元,属于专项债务还本支出 350 000 元。财政总预算会计将其分别转入"一般公共预算结转结余"和"政府性基金预算结转结余"科目。其会计分录为:

借：一般公共预算结转结余　　450 000
　　政府性基金预算结转结余　　350 000
　贷：债务还本支出　　800 000

同时，财政总预算会计应结清所有债务还本支出明细账的余额。

七、债务转贷支出的核算

为核算债务转贷支出业务，财政总预算会计应设置“债务转贷支出”总账科目。本科目核算本级政府财政向下级政府财政转贷的债务支出。本科目平时借方余额反映债务转贷支出的累计数。年终结转后，本科目无余额。本科目下应当设置“地方政府一般债务转贷支出”“地方政府专项债务转贷支出”明细科目，同时还应当按照转贷地区进行明细核算。

债务转贷支出的主要账务处理如下：

（1）本级政府财政向下级政府财政转贷地方政府债券资金时，借记“债务转贷支出”科目，贷记“国库存款”科目；根据债务管理部门转来的相关资料，按照到期应收回的转贷款本金金额，借记“应收地方政府债券转贷款”科目，贷记“资产基金——应收地方政府债券转贷款”科目。

（2）本级政府财政向下级政府财政转贷主权外债资金，且主权外债最终还款责任由下级政府财政承担的，相关账务处理如下：

当本级政府财政支付转贷资金时，根据转贷资金支付相关资料，借记“债务转贷支出”科目，贷记“其他财政存款”科目；根据债务管理部门转来的相关资料，按照实际持有的债权金额，借记“应收主权外债转贷款”科目，贷记“资产基金——应收主权外债转贷款”科目。

当外方将贷款资金直接支付给用款单位或供应商时，本级政府财政根据转贷资金支付相关资料，借记“债务转贷支出”科目，贷记“债务收入”“债务转贷收入”科目。根据债务管理部门转来的相关资料，按照实际持有的债权金额，借记“应收主权外债转贷款”科目，贷记“资产基金——应收主权外债转贷款”科目；同时，借记“待偿债净资产”科目，贷记“借入款项”“应付主权外债转贷款”等科目。

（3）年终转账时，本科目下“地方政府一般债务转贷支出”明细科目的借方余额全数转入“一般公共预算结转结余”科目，借记“一般公共预算结转结余”科目，贷记“债务转贷支出——地方政府一般债务转贷支出”科目。本科目下“地方政府专项债务转贷支出”明细科目的借方余额全数转入“政府性基金预算结转结余”科目，借记“政府性基金预算结转结余”科目，贷记“债务转贷支出——地方政府专项债务转贷支出”科目。

【例 7-11】 某省财政总预算会计发生如下业务：

（1）通过财政国库向所属某市财政拨付债券转贷资金 90 000 元，用于支持在的该市的公益性建设项目。其会计分录为：

借：债务转贷支出——地方政府一般债务转贷支出——某市财政　　90 000
　贷：国库存款　　90 000

同时：

借：应收地方政府债券转贷款　　90 000

　贷：资产基金——应收地方政府债权转贷款　　90 000

(2) 年终，将“债务转贷支出”科目借方余额350 000元全数转入“一般公共预算结转结余”科目。其会计分录为：

借：一般公共预算结转结余　　350 000

　贷：债务转贷支出　　350 000

同时，财政总预算会计应结清所有债务转贷支出明细账的余额。

八、转移性支出的核算

为核算转移性支出业务，与转移性收入相对应，财政总预算会计应设置“补助支出”“上解支出”“调出资金”“安排预算稳定调节基金”和“地区间援助支出”等总账科目。

7.4　转移性支出的核算

（一）补助支出

为了核算补助支出业务，财政总预算会计设置“补助支出”总账科目。本科目核算本级政府财政按财政体制规定或因专项需要补助给下级政府财政的款项，包括对下级的税收返还、转移支付等，平时余额在借方，反映补助支出的累计数。年末结账以后本科目无余额。本科目下应当按照不同资金性质设置“一般公共预算补助支出”，“政府性基金预算补助支出”等明细科目，同时还应当按照补助地区进行明细核算。

补助支出的主要账务处理如下：

(1) 发生补助支出或从“与下级往来”科目转入时，借记“补助支出”科目，贷记“国库存款”“其他财政存款”“与下级往来”等科目。

(2) 专项转移支付资金实行特设专户管理的，财政总预算会计应当根据本级政府财政下达的预算文件确认补助支出，借记“补助支出”科目，贷记“国库存款”“与下级往往来”等科目。

(3) 有主权外债业务的财政部门，贷款资金由下级政府财政同级部门（单位）使用，且贷款最终还款责任由本级政府财政承担的，本级政府财政部门支付贷款资金时，借记“补助支出”科目，贷记“其他财政存款”科目；外方将贷款资金直接支付给用款单位或供应商时，借记“补助支出”科目，贷记“债务收入”“债务转贷收入”等科目。根据债务管理部门转来的相关外债转贷管理资料，按照实际支付的金额，借记“待偿债净资产”科目，贷记“借入款项”“应付主权外债转贷款”等科目。

(4) 年终与下级政府财政结算时，按照尚未拨付的补助金额，借记“补助支出”科目，贷记“与下级往来”科目。退还或核减补助支出时，借记“国库存款”“与下级往来”等科目，贷记“补助支出”科目。

(5) 年终转账时，本科目借方余额应根据不同资金性质分别转入对应的结转结余科目，借记“一般公共预算结转结余”“政府性基金预算结转结余”等科目，贷记“补助支出”科目。

【例7-12】　某省财政总预算会计发生如下业务：

(1) 年终清理期与其下属某市财政年终进行财政体制结算，经计算，省财政应给予所属市财政一般公共预算体制补助款项150 000元。其会计分录为：

借：补助支出——一般公共预算补助支出——体制补助支出——某市　　150 000
　贷：与下级往来　　150 000

（2）通过财政直接支付的方式，为所属某市财政支付一笔一般公共预算资金450 000元，用于专项补助该市在医疗卫生方面发生的专项采购支出。其会计分录为：

借：补助支出——一般公共预算补助支出——专项转移支付——某市　　450 000
　贷：国库存款　　450 000

（3）从属于政府性基金收入的国有土地使用权出让收入中拨出一笔资金500 000元，专项用于支持下属省管某县生态环境保护建设，款项已从国库拨出，其会计分录为：

借：补助支出——政府性基金预算补助支出——某县　　500 000
　贷：国库存款　　500 000

（4）年终，"补助支出"总账科目借方余额1 100 000元，其中，属于一般公共预算的补助支出60 000元，属于政府性基金预算补助支出为500 000元，分别转入"一般公共预算结转结余"和"政府性基金预算结转结余"科目。其会计分录为：

借：一般公共预算结转结余　　600 000
　　政府性基金预算结转结余　　500 000
　贷：补助支出　　1 100 000

同时，财政总预算会计应结清所有补助支出明细账。

（二）上解支出

为核算上解支出业务，财政总预算会计应设置"上解支出"科目。本科目核算本级政府财政按照财政体制规定上交给上级政府财政的款项，平时余额在借方，反映本级财政上解上级财政支出的累计数。年终结转后，本科目无余额。本科目下应当按照不同资金性质设置"一般公共预算上解支出""政府性基金预算上解支出"等明细科目。

上解支出的主要账务处理如下：

（1）发生上解支出时，借记"上解支出"科目，贷记"国库存款"等科目。

（2）年终与上级政府财政结算时，按照尚未支付的上解金额，借记"上解支出"科目，贷记"与上级往来"科目。退还或核减上解支出时，借记"国库存款""与上级往来"等科目，贷记"上解支出"科目。

（3）年终转账时，本科目借方余额应根据不同资金性质分别转入相应的结转结余科目，借记"一般公共预算结转结余""政府性基金预算结转结余"等科目，贷记"上解支出"科目。

【例7-13】 某市财政总预算会计发生如下业务：

（1）按财政管理体制规定通过财政国库向上级省财政上解属于一般公共预算的体制上解款300 000元。其会计分录为：

借：上解支出——一般公共预算上解支出——体制上解支出　　300 000
　贷：国库存款　　300 000

（2）按财政管理体制规定通过财政国库向上级省财政上解属于一般公共预算的专项上解款项50 000元。其会计分录为：

借：上解支出——一般公共预算上解支出——专项上解支出 50 000
　贷：国库存款 50 000

(3) 通过财政直接支付的方式，为所属某市财政支付一笔政府性基金预算资金500 000元，用于专项补助该市政府在城乡社区建设方面的专项采购。其会计分录为：

借：上解支出——政府性基金预算上解支出——城乡社区建设 500 000
　贷：国库存款 500 000

(4) 年终，"上解支出"科目借方余额230 000元。其中，属于一般公共预算上解支出的借方余额150 000元，属于政府性基金预算上解支出的借方余额80 000元，分别转入"一般公共预算结转结余"和"政府性基金预算结转结余"科目。其会计分录为：

借：一般公共预算结转结余 150 000
　　政府性基金预算结转结余 80 000
　贷：上解支出 230 000

同时，财政总预算会计应结清所有上解支出明细账。

(三) 调出资金

为了核算调出资金业务，财政总预算会计应设置"调出资金"科目。本科目核算政府财政为平衡预算收支、从某类资金向其他类型预算调出的资金，余额平时在借方，反映本级财政调出资金的累计数。年终结转后，本科目无余额。本科目下应当设置"一般公共预算调出资金""政府性基金预算调出资金"和"国有资本经营预算调出资金"等明细科目。

调出资金的主要账务处理如下：

(1) 从一般公共预算调出资金时，按照调出的金额，借记"调出资金"科目(一般公共预算调出资金)，贷记"调入资金"相关明细科目。

(2) 从政府性基金预算调出资金时，按照调出的金额，借记"调出资金"科目(政府性基金预算调出资金)，贷记"调入资金"相关明细科目。

(3) 从国有资本经营预算调出资金时，按照调出的金额，借记"调出资金"科目(国有资本经营预算调出资金)，贷记"调入资金"相关明细科目。

(4) 年终转账时，本科目借方余额分别转入相应的结转结余科目，借记"一般公共预算结转结余""政府性基金预算结转结余"和"国有资本经营预算结转结余"等科目，贷记"调出资金"科目。

【例7-14】 某省财政总预算会计发生如下业务：

(1) 为平衡一般公共预算，从政府性基金预算结余中调出一笔资金600 000元至一般公共预算。其会计分录为：

借：调出资金——政府性基金预算调出资金 600 000
　贷：调入资金——一般公共预算调入资金 600 000

(2) 年终，将"调出资金——政府性基金预算调出资金"科目借方余额600 000元转入"政府性基金预算结转结余"科目。其会计分录为：

借：政府性基金预算结转结余 600 000
　贷：调出资金 600 000

同时，财政总预算会计应结清所有调出资金明细账的余额。

（四）安排预算稳定调节基金

为了安排预算稳定调节基金业务，财政总预算会计应设置“安排预算稳定调节基金”科目。本科目核算政府财政按照有关规定安排的预算稳定调节基金。本科目平时余额在借方，反映安排预算稳定调节基金的累计数。年终结转后，本科目无余额。

安排预算稳定调节基金的主要账务处理如下：

（1）补充预算稳定调节基金时，借记“安排预算稳定调节基金”科目，贷记“预算稳定调节基金”科目。

（2）年终转账时，本科目借方余额全数转入“一般公共预算结转结余”科目，借记“一般公共预算结转结余”科目，贷记“安排预算稳定调节基金”科目。

【例 7-15】 某市财政总预算会计发生如下业务：

（1）某市年终财政超收，决定安排预算稳定调节基金 25 800 元。其会计分录为：

	借方	贷方
借：安排预算稳定调节基金	25 800	
贷：预算稳定调节基金		25 800

（2）年末将本年的安排预算稳定调节基金 25 800 元结转到“一般公共预算结转结余”，其会计分录为：

	借方	贷方
借：一般公共预算结转结余	25 800	
贷：安排预算稳定调节基金		25 800

（五）地区间援助支出

为核算地区间援助支出业务，财政总预算会计应设置“地区间援助支出”总账科目。本科目核算援助方政府财政安排用于受援方政府财政统筹使用的各类援助、捐赠等资金支出，平时为借方余额，反映地区间援助支出的累计数。年终结转后本科目无余额。本科目应当按照受援地区及管理需要进行相应明细核算。

地区间援助支出的主要账务处理如下：

（1）发生地区间援助支出时，借记“地区间援助支出”科目，贷记“国库存款”科目。

（2）年终转账时，本科目借方余额全数转入“一般公共预算结转结余”科目，借记“一般公共预算结转结余”科目，贷记“地区间援助支出”科目。

【例 7-16】 省财政总预算会计发生如下业务：

（1）通过财政国库向乙省财政拨付地区间援助资金 2 500 000 元，供乙省财政统筹安排使用，以缓解其临时财政困难。其会计分录为：

	借方	贷方
借：地区间援助支出——援助其他地区支出——乙省财政	2 500 000	
贷：国库存款		2 500 000

（2）年终“地区间援助支出”总账科目借方余额为 2 500 000 元，将其全数转入“一般公共预算结转结余”科目。其会计分录为：

	借方	贷方
借：一般公共预算结转结余	2 500 000	
贷：地区间援助支出		2 500 000

同时，财政总预算会计应结清所有地区间援助支出明细账的余额。

关键术语

一般公共预算本级支出 政府性基金预算本级支出 国有资本经营预算本级支出 专用基金支出 财政专户管理资金支出 债务还本支出 转移性支出

复习题

1. 什么是财政总预算会计的支出？财政总预算会计的支出包括哪些内容？
2. 什么是一般公共预算本级支出？按照现行《政府收支分类科目》，其可分成哪些主要类别？其管理的基本要求有哪些？
3. 在财政国库集中支付方式下，一般公共预算本级支出的支付方式有哪两种？两种支付方式的概念和支付程序分别是怎样的？
4. 什么是政府性基金预算本级支出？按照现行《政府收支分类科目》，政府性基金预算本级支出可分成哪些主要类别？政府性基金预算支出管理的基本要求有哪些？
5. 什么是国有资本经营预算本级支出？按照现行《政府收支分类科目》，国有资本经营预算支出可分成哪些主要类别？国有资本经营预算支出管理的基本要求有哪些？
6. 一般公共预算本级支出的列报基础是什么？举例说明。
7. 债务还本支出和债务转贷支出两者有何异同？
8. 什么是转移性支出？转移性支出具体包括哪些？

练习题

1. 目的：练习财政总预算会计支出的核算。
2. 要求：根据以下经济业务，编制有关的会计分录。
3. 资料：某市财政 2021 年发生如下经济业务：
   (1) 通过财政直接支付方式，支付一般公共服务支出 55 000 元，教育支出 45 000 元，科学技术支出 25 500 元，节能环保支出 12 000 元，农林水支出 14 500 元，款项已从国库一般公共预算资金支付。
   (2) 通过财政直接支付方式，用政府性基金预算资金支付的节能环保支出 22 000 元，地方水利建设基金支出 58 000 元，款项已从国库政府性基金预算资金支付。
   (3) 国有资本经营预算资金发生交通运输支出 35 000 元，具体为产业升级与发展支出，款项已从国库支付。
   (4) 一般公共预算发生债务还本支出 350 000 元，具体为上缴由本级政府承担的地方政府债券还本资金，款项已从国库支付。
   (5) 一般公共预算发生债务付息支出 21 500 元，具体为地方政府债券付息，款项已从国库支付。
   (6) 用政府性基金预算资金对下属某县发放补助 35 000 元，具体为均衡性转移支付支出，款项已从国库支付。
   (7) 发生财政专户管理资金支出 20 000 元，具体为对某高等职业学校返还教育收费，款项已从财政专户资金支付。

(8) 发生社会保障和就业支出 25 000 元,具体为财政对社会保险基金的补助,款项已从国库一般公共预算资金支付。

(9) 按财政管理体制规定,上解省财政一般公共预算款项 689 000 元。

(10) 为平衡一般公共预算,从政府性基金预算调出资金 21 500 元至一般公共预算。

(11) 年终发生财政超收,决定安排预算稳定调节基金 6 800 元。

第八章　财政总预算会计报表

思维导图

本章中的包括3个知识点。

1. 财政总预算会计报表概述

1）财政总预算会计报表的概念

财政总预算会计报表是反映各级政府财政预算收支执行情况及其结果的定期书面报告，是各级领导机关和上级财政部门了解情况、掌握政策、指导预算执行工作的重要资料，也是编制下年度政府财政预算的基础。

2）财政总预算会计报表的种类

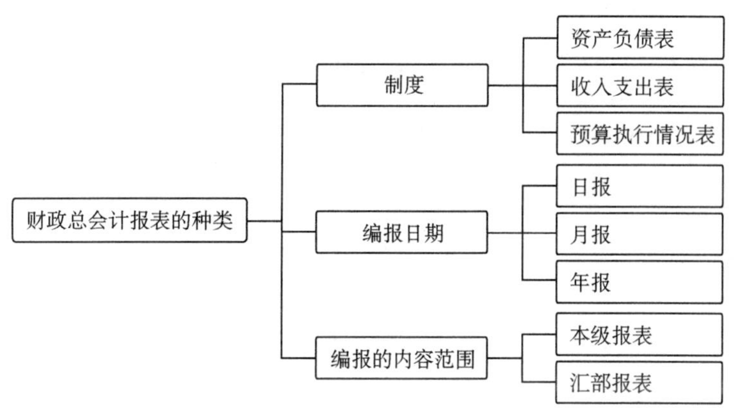

3）财政总会计报表的编制要求

学生通过学习，熟悉财政总会计报表的概念，掌握财政总预算会计报表的分类，了解财政总预算会计报表的编制要求。

2. 财政总会计报表的编制

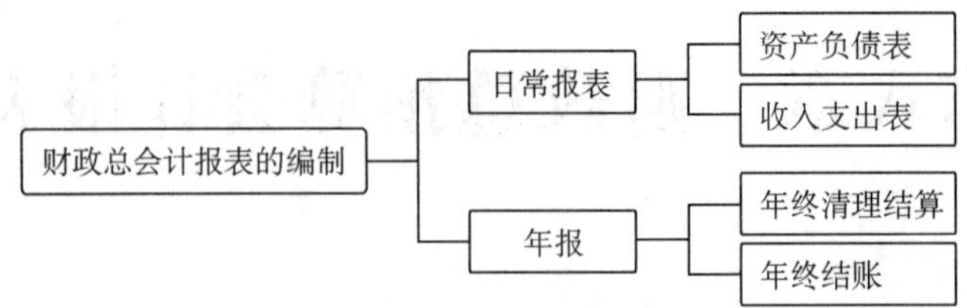

学生通过学习，了解财政总总预算会计日常报表的编制方法，熟悉年终清理结算的内容和年终结账的步骤。

3. 财政总会计报表的审核、汇总和分析

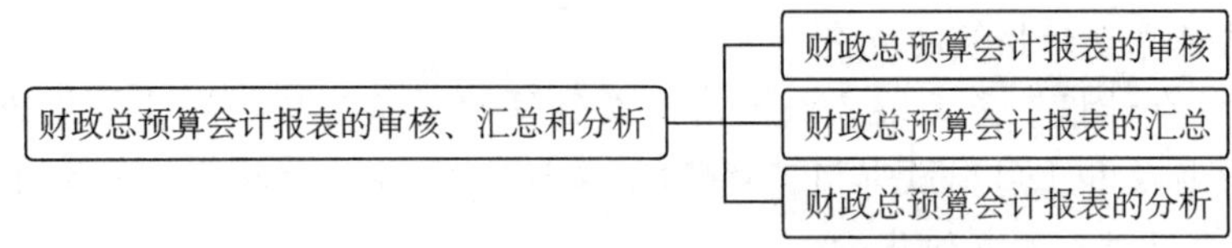

学生通过学习，了解财政总预算会计报表的审核、汇总和分析。

财政总预算会计报表是各级预算收支执行情况及其结果的定期书面报告，是各级领导机关和上级财政部门了解情况、掌握政策、指导预算执行工作的重要资料，也是编制下年度政府财政预算的数据基础。本章主要介绍财政总预算会计报表的含义、种类；年终清理结算和结账以及会计报表的编制、审核、汇总和分析。通过学习本章，学生应掌握财政总预算会计报表的构成及分类、年终清理结算和年终结账工作、资产负债表等会计报表的编制以及财政总预算会计报表的分析。

第一节　财政总预算会计报表概述

一、财政总预算会计报表及其种类

财政总预算会计报表，是反映各级政府财政预算收支执行情况及其结果的定期书面报告，是各级政府、上级财政部门、各级人民代表大会和社会公众了解情况、掌握政策、指导和监督预算执行工作的重要资料，也是编制下年度政府财政预算的基础。

财政总预算会计报表可以划分为不同的种类。按其性质分类，可以分为资产负债表、收入支出表、预算执行情况表等。

财政总预算会计报表还可以按编报的日期分为旬报、月报和年报三种。

财政总预算会计报表按包括的内容范围分为本级报表和汇总报表两种。

二、财政总预算会计报表的编制要求

各级财政总预算会计报表要做到数字正确、内容完整、报送及时。

(一) 数字正确

财政总预算会计报表数字，必须根据核对无误的账户记录和所属单位报表汇总。切实做到账表相符，有根有据。不能估列代编，更不能弄虚作假。

(二) 内容完整

财政总预算会计报表要严格按照统一规定的种类、格式、内容、计算方法和编制口径填制，以保证全国统一汇总和分析。汇总报表的单位，要把所属单位的报表汇集齐全，防止漏报。

(三) 报送及时

各级财政总预算会计要加强日常会计核算工作，督促有关单位及时记账、结账。所有预算会计单位都应在规定的期限内报出报表，以便主管部门和财政部门及时汇总。

三、财政总预算会计报表的编制程序

财政总预算会计报表由乡(镇)、县(市)、市(设区的市)、省(自治区、直辖市)以及计划单列市财政机关，根据统一的总会计账户、统一的编制口径、统一的报送时间，从基层单位开始，逐级汇总编报，不得估列代编。单位预算会计报表是财政总预算会计报表的组成部分，由各级事业行政单位逐级汇总，各主管部门向同级财政机关报送；此外，参与国家预算执行的国家金库和建设银行、农业银行以及办理和监督中央级限额拨款的国家银行也要分别向同级财政机关报送预算收入和预算支出的各种报表，这些报表也是总预算会计报表的组成部分。逐级汇总编成定期的国家预算收支情况报表，由财政部报送国务院。地方各级总预算收支执行情况表，由财政机关同时报送同级人民政府。

第二节　财政总预算会计报表的编制

一、日常报表

(一) 资产负债表

1. 资产负债表及其格式

资产负债表是反映政府财政在某一特定日期财务状况的报表。按照编报的时间，资产负债表可分为月报和年报两种，分别反映月末和年末一级政府财政的实际财力状况。资产负债表至少按年编制。

财政总预算会计编制的资产负债表采用了“资产＝负债＋净资产”的平衡公式。按照资产、负债和净资产分类、分项列示。其格式如表 8-1 所示。

表 8-1　　资产负债表

会财政 01 表

编制单位：　　　　年　　月　　日　　　　单位：元

资　产	年初余额	期末余额	负债和净资产	年初余额	期末余额
流动资产：			流动负债：		
国库存款			应付短期政府债券		
国库现金管理存款			应付利息		
其他财政存款			应付国库集中支付结余		
有价证券			与上级往来		
在途款			其他应付款		
预拨经费			应付代管资金		
借出款项			一年内到期的非流动负债		
应收股利			流动负债合计		
应收利息			非流动负债：		
与下级往来			应付长期政府债券		
其他应收款			借入款项		
流动资产合计			应付地方政府债券转贷款		
非流动资产：			应付主权外债转贷款		
应收地方政府债券转贷款			其他负债		
应收主权外债转贷款			非流动负债合计		
股权投资			负债合计		
待发国债			一般公共预算结转结余		

（续表）

资　产	年初余额	期末余额	负债和净资产	年初余额	期末余额
非流动资产合计			政府性基金预算结转结余		
			国有资本经营预算结转结余		
			财政专户管理资金结余		
			专用基金结余		
			预算稳定调节基金		
			预算周转金		
			资产基金		
			减:待偿债净资产		
			净资产合计		
资产总计			负债和净资产合计		

2. 资产负债表的编制说明

1）本表“年初余额”栏的填列方法

本表“年初余额”栏内各项数字，应当根据上年年末资产负债表“期末余额”栏内数字填列。如果本年度资产负债表规定的各个项目的名称和内容同上年度不相一致.应对上年年末资产负债表各项目的名称和数字按照本年度的规定进行调整，填入本表“年初余额”栏内。

2）本表“期末余额”栏各项目的内容和填列方法

（1）资产类项目。

“国库存款”项目，反映政府财政期末存放在国库单一账户的款项金额。本项目应当根据“国库存款”科目的期末余额填列。

“国库现金管理存款”项目，反映政府财政期末实行国库现金管理业务持有的存款金额。本项目应当根据“国库现金管理存款”科目的期末余额填列。

“其他财政存款”项目，反映政府财政期末持有的其他财政存款金额。本项目应当根据“其他财政存款”科目的期末余额填列。

“有价证券”项目，反映政府财政期末持有的有价证券金额。本项目应当根据“有价证券”科目的期末余额填列。

“在途款”项目，反映政府财政期末持有的在途款金额。本项目应当根据“在途款”科目的期末余额填列。

“预拨经费”项目，反映政府财政期末尚未转列支出或尚待收回的预拨经费金额。本项目应当根据“预拨经费”科目的期末余额填列。

“借出款项”项目，反映政府财政期末借给预算单位尚未收回的款项金额。本项目应当根据“借出款项”科目的期末余额填列。

“应收股利”项目，反映政府期末尚未收回的现金股利或利润金额。本项目应当根据“应收股利”科目的期末余额填列。

“应收利息”项目，反映政府财政期末尚未收回应收利息金额。本项目应当根据“应收地方政府债券转贷款”科目和“应收主权外债转贷款”科目下“应收利息”明细科目的期末余额合计数填列。

“与下级往来”项目，正数反映下级政府财政欠本级政府财政的款项金额；负数反映本级政府财政欠下级政府财政的款项金额。本项目应当根据“与下级往来”科目的期末余额填列，期末余额如为借方则以正数填列；如为贷方则以“－”号填列。

“其他应收款”项目，反映政府财政期末尚未收回的其他应收款的金额。本项目应当根据“其他应收款”科目的期末余额填列。

“应收地方政府债券转贷款”项目，反映政府财政期末尚未收回的地方政府债券转贷款的本金金额。本项目应当根据“应收地方政府债券转贷款”科目下“应收本金”明细科目的期末余额填列。

“应收主权外债转贷款”项目，反映政府财政期末尚未收回的主权外债转贷款的本金余额。本项目应当根据“应收主权外债转贷款”科目下的“应收本金”明细科目的期末余额填列。

“股权投资”项目，反映政府期末持有的股权投资的金额，本项目应当根据“股权投资”科目的期末余额填列。

“待发国债”项目，反映中央政府财政期末尚未使用的国债发行额度。本项目应当根据“待发国债”科目的期末余额填列。

（2）负债类项目。

“应付短期政府债券”项目，反映政府财政期末尚未偿还的发行期限不超过 1 年（含 1 年）的政府债券的本金金额。本项目应当根据“应付短期政府债券”科目下的“应付本金”明细科目的期末余额填列。

“应付利息”项目，反映政府财政期末尚未支付的应付利息金额。本项目应当根据“应付短期政府债券”“借入款项”“应付地方政府债券转贷款”“应付主权外债转贷款”科目下的“应付利息”明细科目期末余额，以及属于分期付息到期还本的“应付长期政府债券”的“应付利息”明细科目期末余额计算填列。

“应付国库集中支付结余”项目，反映政府财政期末尚未支付的国库集中支付结余金额。本项目应当根据“应付国库集中支付结余”科目的期末余额填列。

“与上级往来”项目，正数反映本级政府财政期末欠上级政府财政的款项金额；负数反映上级政府财政欠本级政府财政的款项金额。本项目应当根据“与上级往来”科目的期末余额填列，如为借方余额则以“－”号填列。

“其他应付款”项目，反映政府财政期末尚未支付的其他应付款的金额。本项目应当根据“其他应付款”科目的期末余额填列。

“应付代管资金”项目，反映政府财政期末尚未支付的代管资金金额。本则应当根据“应付代管资金”科目的期末余额填列。

“一年内到期的非流动负债”项目，反映政府财政期末承担的 1 年以内（含 1 年）到偿还期的非流动负债。本项目应当根据“应付长期政府债券”“借入款项”“应付地方政府债券转贷款”“应付主权外债转贷款”“其他负债”等科目的期末余额及债务管理部门提供的资料分析填列。

“应付长期政府债券”项目，反映政府财政期末承担的偿还期限超过 1 年的长期政府债券的本金金额及到期一次还本付息的长期政府债券的应付利息金额。本项目应当根据“应付长期政府债券”科目的期末余额分析填列。

“应付地方政府债券转贷款”项目，反映政府财政期末承担的偿还期限超过 1 年的地方政府债券转贷款的本金金额。本项目应当根据“应付地方政府债券转贷款”科目下“应付本金”明细科目的期末余额分析填列。

“应付主权外债转贷款”项目，反映政府财政期末承担的偿还期限超过 1 年的主权外债转贷款的本金金额。本项目应当根据“应付主权外债转贷款”科目下“应付本金”明细科目的期末余额分析填列。

“借入款项”项目，反映政府财政期末承担的偿还期限超过 1 年的借入款项的本金金额。本项目应当根据“借入款项”科目下“应付本金”明细科目的期末余额分析填列。

“其他负债”项目，反映政府财政期末承担的偿还期限超过 1 年的其他负债金额。

本项目应当根据“其他负债”科目的期末余额分析填列。

(3) 净资产类项目。

“一般公共预算结转结余”项目，反映政府财政期末滚存的一般公共预算结转金额。本项目应当根据“一般公共预算结转结余”科目的期末余额填列。

“政府性基金预算结转结余”项目，反映政府财政期末滚存的政府性基金预算结转结余金额。本项目应当根据“政府性基金预算结转结余”科目的期末余额填列。

“国有资本经营预算结转结余”项目，反映政府财政期末滚存的国有资本经营预算结转结余金额。本项目应当根据“国有资本经营预算结转结余”科目的期末余额填列。

“财政专户管理资金结余”项目，反映政府财政期末滚存的财政专户管理资金结余金额。本项目应当根据“财政专户管理资金结余”科目的期末余额填列。

“专用基金结余”项目，反映政府财政期末滚存的专用基金结余金额。本项目应当根据“专用基金结余”科目的期末余额填列。

“预算稳定调节基金”项目，反映政府财政期末预算稳定调节基金的余额。本项目应当根据“预算稳定调节基金”科目的期末余额填列。

“预算周转金”项目，反映政府财政期末预算周转金的余额。本项目应当根据“预算周转金”科目的期末余额填列。

“资产基金”项目，反映政府财政期末持有的应收地方政府债券转贷款、应收主权外债转贷款、股权投资和应收股利等资产在净资产中占用的金额。本项目应当根据“资产基金”科目的期末余额填列。

“待偿债净资产”项目，反映政府财政期末因承担应付短期政府债券、应付长期政府债券、借入款项、应付地方政府债券转贷款、应付主权外债转贷款、其他负债等负债相应需在净资产中冲减的金额。本项目应当根据“待偿债净资产”科目的期末借方余额以“—”号填列。

(二) 收入支出表

1. 收入支出表及其格式

收入支出表是反映政府财政在某一会计期间各类财政资金收支情况的报表。收入支出表根据资金性质按照收入、支出、结转结余的构成分类、分项列示。收入支出表按月度和年度编制。

收入支出表的一般格式如表 8-2 所示。

表 8-2　　**收入支出表**

会财政 02 表

编制单位：　　年　月　日　　单位：元

项　目	一般公共预算		政府性基金预算		国有资本经营预算		财政专户管理资金		专用基金	
	本月数	本年累计数	本月数	本年累计数	本月数	本年累计数	本月数	本年累计数	本月数	本年累计数
年初结转结余										
收入合计										
本级收入										
其中：来自预算安排的收入	—	—	—	—	—	—	—	—		
补助收入					—	—	—	—	—	—
上解收入					—	—	—	—	—	—
地区间援助收入			—	—	—	—	—	—	—	—
债务收入					—	—	—	—	—	—
债务转贷收入					—	—	—	—	—	—
动用预算稳定调节基金			—	—	—	—	—	—	—	—
调入资金					—	—	—	—	—	—
支出合计										
本级支出										
其中：权责发生制列支							—	—	—	—
预算安排专用基金的支出			—	—	—	—	—	—	—	—
补助支出					—	—	—	—	—	—
上解支出					—	—	—	—	—	—
地区间援助支出			—	—	—	—	—	—	—	—
债务还本支出					—	—	—	—	—	—
债务转贷支出					—	—	—	—	—	—
安排预算稳定调节基金			—	—	—	—	—	—	—	—
调出资金							—	—	—	—
结余转出			—	—	—	—	—	—	—	—
其中：增设预算周转金			—	—	—	—	—	—	—	—
年末结转结余										

注：表中有"—"的部分不必填列。

2. 收入支出表的编制说明

1）本表“本月数”栏反映各项目的本月实际发生数

在编制年度收入支出表时，应将本栏改为“上年数”栏，反映上年度各项目的实际发生数；如果本年度收入支出表规定的各个项目的名称和内容同上年度不一致，应对上年度收入支出表各项目的名称和数字按照本年度的规定进行调整，填入本年度收入支出表的“上年数”栏。

本表“本年累计数”栏反映各项目自年初起至报告期末止的累计实际发生数。编制年度收入支出表时，应当将本栏改为“本年数”。

2）本表“本月数”栏各项目的内容和填列方法

(1)“年初结转结余”项目，反映政府财政本年年初各类资金结转结余金额。其中，一般公共预算的“年初结转结余”应当根据“一般公共预算结转结余”科目的年初余额填列；政府性基金预算的“年初结转结余”应当根据“政府性基金预算结转结余”科目的年初余额填列；国有资本经营预算的“年初结转结余”应当根据“国有资本经营预算结转结余”科目的年初余额填列；财政专户管理资金的“年初结转结余”应当根据“财政专户管理资金结余”科目的年初余额填列；专用基金的“年初结转结余”应当根据“专用基金结余”科目的年初余额填列。

(2)“收入合计”项目，反映政府财政本期取得的各类资金的收入合计金额。其中，一般公共预算的“收入合计”应当根据属于一般公共预算的“本级收入”“补助收入”“上解收入”“地区间援助收入”“债务收入”“债务转贷收入”“动用预算稳定调节基金”和“调入资金”各行项目金额的合计填列；政府性基金预算的“收入合计”应当根据属于政府性基金预算的“本级收入”“补助收入”“上解收入”“债务收入”“债务转贷收入”和“调入资金”各行项目金额的合计填列；国有资本经营预算的“收入合计”应当根据属于国有资本经营预算的“本级收入”项目的金额填列；财政专户管理资金的“收入合计”应当根据属于财政专户管理资金的“本级收入”项目的金额填列；专用基金的“收入合计”应当根据属于专用基金的“本级收入”项目的金额填列。

(3)“本级收入”项目，反映政府财政本期取得的各类资金的本级收入金额。其中，一般公共预算的“本级收入”应当根据“一般公共预算本级收入”科目的本期发生额填列；政府性基金预算的“本级收入”应当根据“政府性基金预算本级收入”科目的本期发生额填列；国有资本经营预算的“本级收入”应当根据“国有资本经营预算本级收入”科目的本期发生额填列；财政专户管理资金的“本级收入”应当根据“财政专户管理资金收入”科目的本期发生额填列；专用基金的“本级收入”应当根据“专用基金收入”科目的本期发生额填列。

(4)“补助收入”项目，反映政府财政本期取得的各类资金的补助收入金额。其中，一般公共预算的“补助收入”应当根据“补助收入”科目下的“一般公共预算补助收入”明细科目的本期发生额填列；政府性基金预算的“补助收入”应当根据“补助收入”科目下的“政府性基金预算补助收入”明细科目的本期发生额填列。

(5)“上解收入”项目，反映政府财政本期取得的各类资金的上解收入金额。其中，一般公共预算的“上解收入”应当根据“上解收入”科目下的“一般公共预算上解收入”明细科目的本期发生额填列；政府性基金预算的“上解收入”应当根据“上解收入”科目下的“政府性基金预算上解收入”明细科目的本期发生额填列。

(6)“地区间援助收入”项目，反映政府财政本期取得的地区间援助收入金额。本项目应当根据“地区间援助收入”科目的本期发生额填列。

（7）“债务收入”项目，反映政府财政本期取得的债务收入金额。其中，一般公共预算的“债务收入”应当根据“债务收入”科目下除“专项债务收入”以外的其他明细科目的本期发生额填列；政府性基金预算的“债务收入”应当根据“债务收入”科目下的“专项债务收入”明细科目的本期发生额填列。

（8）“债务转贷收入”项目，反映政府财政本期取得的债务转贷收入金额。其中，一般公共预算的“债务转贷收入”应当根据“债务转贷收入”科目下“地方政府一般债务转贷收入”明细科目的本期发生额填列；政府性基金预算的“债务转贷收入”应当根据“债务转贷收入”科目下的“地方政府专项债务转贷收入”明细科目的本期发生额填列。

（9）“动用预算稳定调节基金”项目，反映政府财政本期调用的预算稳定调节基金金额。本项目应当根据“动用预算稳定调节基金”科目的本期发生额填列。

（10）“调入资金”项目，反映政府财政本期取得的调入资金金额。其中，一般公共预算的“调入资金”应当根据“调入资金”科目下“一般公共预算调入资金”明细科目的本期发生额填列；政府性基金预算的“调入资金”应当根据“调入资金”科目下“政府性基金预算调入资金”明细科目的本期发生额填列。

（11）“支出合计”项目，反映政府财政本期发生的各类资金的支出合计金额。其中，一般公共预算的“支出合计”应当根据属于一般公共预算的“本级支出”“补助支出”“上解支出”“地区间援助支出”“债务还本支出”“债务转贷支出”“安排预算稳定调节基金”和“调出资金”各行项目金额的合计填列；政府性基金预算的“支出合计”应当根据属于政府性基金预算的“本级支出”“补助支出”“上解支出”“债务还本支出”“债务转贷支出”和“调出资金”各行项目金额的合计填列；国有资本经营预算的“支出合计”应当根据属于国有资本经营预算的“本级支出”和“调出资金”项目金额的合计填列；财政专户管理资金的“支出合计”应当根据属于财政专户管理资金的“本级支出”项目的金额填列；专用基金的“支出合计”应当根据属于专用基金的“本级支出”项目的金额填列。

（12）“补助支出”项目，反映政府财政本期发生的各类资金的补助支出金额。其中，一般公共预算的“补助支出”应当根据“补助支出”科目下的“一般公共预算补助支出”明细科目的本期发生额填列；政府性基金预算的“补助支出”应当根据“补助支出”科目下的“政府性基金预算补助支出”明细科目的本期发生额填列。

（13）“上解支出”项目，反映政府财政本期发生的各类资金的上解支出金额。其中，一般公共预算的“上解支出”应当根据“上解支出”科目下的“一般公共预算上解支出”明细科目的本期发生额填列；政府性基金预算的“上解支出”应当根据“上解支出”科目下的“政府性基金预算上解支出”明细科目的本期发生额填列。

（14）“地区间援助支出”项目，反映政府财政本期发生的地区间援助支出金额。本项目应当根据“地区间援助支出”科目的本期发生额填列。

（15）“债务还本支出”项目，反映政府财政本期发生的债务还本支出金额。其中，一般公共预算的“债务还本支出”应当根据“债务还本支出”科目下除“专项债务还本支出”以外的其他明细科目的本期发生额填列；政府性基金预算的“债务还本支出”应当根据“债务还本支出”科目下的“专项债务还本支出”明细科目的本期发生额填列。

（16）“债务转贷支出”项目，反映政府财政本期发生的债务转贷支出金额。其中，一般公共预算的“债务转贷支出”应当根据“债务转贷支出”科目下“地方政府一般债务转贷支出”明细科目的本期发生额填列；政府性基金预算的“债务转贷支出”应当根据“债务转贷支出”科目下的“地方政府专项债务转贷支出”明细科目的本期发生额填列。

(17)“安排预算稳定调节基金”项目，反映政府财政本期安排的预算稳定调节基金金额。本项目根据“安排预算稳定调节基金”科目的本期发生额填列。

(18)“调出资金”项目，反映政府财政本期发生的各类资金的调出资金金额。其中，一般公共预算的“调出资金”应当根据“调出资金”科目下“一般公共预算调出资金”明细科目的本期发生额填列；政府性基金预算的“调出资金”应当根据“调出资金”科目下“政府性基金预算调出资金”明细科目的本期发生额填列；国有资本经营预算的“调出资金”应当根据“调出资金”科目下“国有资本经营预算调出资金”明细科目的本期发生额填列。

(19)“增设预算周转金”项目，反映政府财政本期设置和补充预算周转金的金额。本项目应当根据“预算周转金”科目的本期贷方发生额填列。

(20)“年末结转结余”项目，反映政府财政本年年末的各类资金的结转结余金额。其中，一般公共预算的“年末结转结余”应当根据“一般公共预算结转结余”科目的年末余额填列；政府性基金预算的“年末结转结余”应当根据“政府性基金预算结转结余”科目的年末余额填列；国有资本经营预算的“年末结转结余”应当根据“国有资本经营预算结转结余”科目的年末余额填列；财政专户管理资金的“年末结转结余”应当根据“财政专户管理资金结余”科目的年末余额填列；专用基金的“年末结转结余”应当根据“专用基金结余”科目的年末余额填列。

(三) 预算执行情况表

财政总预算会计编制的预算执行情况表是反映各级政府财政年度预算收支执行情况的报表。一般由一般公共预算执行情况表、政府性基金预算执行情况表、国有资本经营预算执行情况表、财政专户管理资金收支情况表、专用基金收支情况表等组成。财政总预算会计编制预算执行情况表年报，要求根据财政部届时制定的有关规定办理。

1. 一般公共预算执行情况表

一般公共预算执行情况表是反映政府财政在某一会计期间一般公共预算收支执行结果的报表，按照《政府收支分类科目》中一般公共预算收支科目列示。一般公共预算执行情况表应当按旬、月度和年度编制。旬报、月报的报送期限及编报内容应当根据上级政府财政具体要求和本行政区域预算管理的需要办理。

一般公共预算执行情况表的参考格式如表 8-3 所示。

表 8-3　　一般公共预算执行情况表

会财政 03-1 表

编制单位：　　年　月　旬　　单位：元

项　目	本月(旬)数	本年(月)累计数
一般公共预算本级收入		
101 税收收入		
10101 增值税		
1010101 国内增值税		

（续表）

项　　目	本月(旬)数	本年(月)累计数
……		
一般公共预算本级支出		
201 一般公共服务支出		
20101 人大事务		
2010101 行政运行		
……		

一般公共预算执行情况表的编制说明：

(1)“一般公共预算本级收入”项目及所属各明细项目，应当根据“一般公共预算本级收入”科目及所属各明细科目的本期发生额填列。在该表中，预算科目一般需要填列到“一般公共预算本级收入”科目的“项”级科目，对于诸如“增值税”等科目还需要填列到“目”级科目。

(2)“一般公共预算本级支出”项目及所属各明细项目，应当根据“一般公共预算本级支出”科目及所属各明细科目的本期发生额填列。

2. 政府性基金预算执行情况表

政府性基金预算执行情况表是反映政府财政在某一会计期间政府性基金预算收支执行结果的报表，按照《政府收支分类科目》中政府性基金预算收支科目列示。政府性基金预算执行情况表应当按旬、月度和年度编制。旬报、月报的报送期限及编报内容应当根据上级政府财政具体要求和本行政区域预算管理的需要办理。

政府性基金预算执行情况表的一般格式如表 8-4 所示。

政府性基金预算执行情况表的编制说明：

(1)“政府性基金预算本级收入”项目及所属各明细项目，应当根据“政府性基金预算本级收入”科目及所属各明细科目的本期发生额填列。

(2)“政府性基金预算本级支出”项目及所属各明细项目，应当根据“政府性基金预算本级支出”科目及所属各明细科目的本期发生额填列。

表 8-4　　**政府性基金预算执行情况表**　　会财政 03-2 表

编制单位：　　年　月　旬　　单位：元

项　　目	本月(旬)数	本年(月)累计数
政府性基金预算本级收入		
10301 政府性基金收入		
1030102 农网还贷资金收入		
103010201 中央农网还贷资金收入		
……		

（续表）

项　　目	本月（旬）数	本年（月）累计数
政府性基金预算本级支出		
206 科学技术支出		
20610 核电站乏燃料处理处置基金支出		
2061001 乏燃料运输		
……		

3. 国有资本经营预算执行情况表

国有资本经营预算执行情况表是反映政府财政在某一会计期间国有资本经营预算收支执行结果的报表，按照《政府收支分类科目》中国有资本经营预算收支科目列示。国有资本经营预算执行情况表应当按旬、月度和年度编制。旬报、月报的报送期限及编报内容应当根据上级政府财政具体要求和本行政区域预算管理的需要办理。

国有资本经营预算执行情况表的一般格式如表 8-5 所示。

表 8-5　　国有资本经营预算执行情况表

会财政 03-3 表

编制单位：　　　　年　　月　　旬　　　　单位：元

项　　目	本月（旬）数	本年（月）累计数
国有资本经营预算本级收入		
10306 国有资本经营收入		
1030601 利润收入		
103060103 烟草企业利润收入		
……		
国有资本经营预算本级支出		
208 社会保障和就业支出		
20804 补充全国社会保障基金		
2080451 国有资本经营预算补充社保基金支出		
……		

国有资本经营预算执行情况表的编制说明：

（1）“国有资本经营预算本级收入”项目及所属各明细项目，应当根据“国有资本经营预算本级收入”科目及所属各明细科目的本期发生额填列。

（2）“国有资本经营预算本级支出”项目及所属各明细项目，应当根据“国有资本经营预算本级支出”科目及所属各明细科目的本期发生额填列。

4. 财政专户管理资金收支情况表

财政专户管理资金收支情况表是反映政府财政在某一会计期间纳入财政专户管理的财政专户管理资金全部收支情况的报表，按照相关政府收支分类科目列示。财政专户管理资金收支情况表应当按月度和年度编制。

财政专户管理资金收支情况表的一般格式如表 8-6 所示。

表 8-6　　财政专户管理资金收支情况表

会财政 04 表

编制单位：　　　　年　　月　　　　单位：元

项　　目	本月数	本年累计数
财政专户管理资金收入		
财政专户管理资金支出		

财政专户管理资金收支情况表的编制说明：

(1) "财政专户管理资金收入"项目及所属各明细项目，应当根据"财政专户管理资金收入"科目及所属各明细科目的本期发生额填列。

(2) "财政专户管理资金支出"项目及所属各明细项目，应当根据"财政专户管理资金支出"科目及所属各明细科目的本期发生额填列。

5. 专用基金收支情况表

专用基金收支情况表是反映政府财政在某一会计期间专用基金全部收支情况的报表，按照不同类型的专用基金分别列示。专用基金收支情况表应当按月度和年度编制。

专用基金收支情况表的一般格式如表 8-7 所示。

表 8-7　　专用基金收支情况表

会财政 05 表

编制单位：　　　　年　　月　　　　单位：元

项　　目	本月数	本年累计数
专用基金收入		
粮食风险基金		

（续表）

项　　目	本月数	本年累计数
……		
专用基金支出		
粮食风险基金		
……		

专用基金收支情况表的编制说明：

(1)“专用基金收入”项目及所属各明细项目，应当根据“专用基金收入”科目及所属各明细科目的本期发生额填列。

(2)“专用基金支出”项目及所属各明细项目，应当根据“专用基金支出”科目及所属各明细科目的本期发生额填列。

6. 附注

附注是指对在会计报表中列示项目的文字描述或明细资料，以及对未能在会计报表中列示项目的说明。附注应当至少按年度编制。

财政总预算会计报表附注应当至少披露下列内容：

(1) 遵循《财政总预算会计制度》的声明。

(2) 本级政府财政预算执行情况和财务状况的说明。

(3) 会计报表中列示的重要项目的进一步说明，包括其主要构成、增减变动情况等。

(4) 或有负债情况的说明。

(5) 有助于理解和分析会计报表的其他需要说明的事项。

二、年报

(一) 年终清理结算

政府财政部门应当及时进行年终清理结算。年终清理结算的主要事项如下所述。

1. 核对年度预算

预算是预算执行和办理会计结算的依据。年终前，财政总预算会计应配合预算管理部门将本级政府财政全年预算指标与上、下级政府财政总预算和本级各部门预算进行核对，及时办理预算调整和转移支付事项。本年预算调整和对下转移支付一般截至 11 月月底；各项预算拨款，一般截至 12 月 25 日。

2. 清理本年预算收支

认真清理本年预算收入，督促征收部门和国家金库年终前如数缴库。应在本年预算支领列报的款项，非特殊原因，应在年终前办理完毕。

清理财政专户管理资金和专用基金收支。凡属应列入本年的收入，应及时催收，并缴入国库或指定财政专户。

3. 进行年度对账

组织征收部门和国家金库进行年度对账。

4. 清理核对当年拨款支出

总预算会计对本级各单位的拨款支出应与单位的拨款收入核对无误。属于应收回的拨款,应及时收回,并按收回数相应冲减预算支出。属于预拨下年度的经费,不得列入当年预算支出。

5. 核实股权、债权和债务

财政部门内部相关资产、债务管理部门应于12月20日前向总会计提供与股权、债权投资、债务等核算和反映相关的资料。总预算会计对股权投资、借出款项、应收股利、应收地方政府债券转贷款、应收主权外债转贷款、借入款项、应付短期政府债券、应付长期政府债券、应付地方政府转贷款、应付主权外债转贷款、其他负债等余额应与相关管理部门进行核对,记录不一致的要及时查明原因,按规定调整账务,做到账实相符,账账相符。

6. 清理往来款项

政府财政要认真清理其他应收款、其他应付款等各种往来款项,在年度终了前予以收回或归还。应转作收入或支出的各项款项,要及时转入本年有关收支账。

7. 进行年终财政结算

财政预算管理部门要在年终清理的基础上,于次年元月底前结清上下级政府财政的转移支付收支和往来款项。总预算会计要按照财政管理体制的规定,根据预算结算单,与年度预算执行过程中已补助和已上解数额进行比较,结合往来款和借垫款情况,计算出全年最后应补或应退数额,填制"年终财政决算结算单",经核对无误后,作为年终财政结算凭证,据以入账。

总预算会计对年终决算清理期内发生的会计事项,应当划清会计年度。属于清理上年度的会计事项,记入上年度会计账;属于新年度的会计事项,记入新年度会计账,防止错记漏记。

(二) 年终结账

经过年终清理和结算,把各项结算收支入账后,即可办理年终结账。年终结账工作一般分为年终转账、结清旧账和记入新账三个步骤,依次做账。

1. 年终转账

计算出各科目12月份合计数和全年累计数,结出12月末余额,编制结账前的"资产负债表",再根据收支余额填制记账凭证,将收支分别转入"一般公共预算结转结余""政府性基金预算结转结余""国有资本经营预算结转结余""专用基金结余""财政专户管理资金结余"等科目冲销。

2. 结清旧账

将各个收入和支出科目的借方、贷方结出全年总计数。对年终有余额的科目,在"摘要"栏内注明"结转下年"字样,表示转入新账。

3. 记入新账

根据年终转账后的总账和明细账余额编制年终"资产负债表"和有关明细表(不需填制记账凭证),将表列各科目余额直接记入新年度有关总账和明细账年初余额栏内,并在"摘要”栏注明“上年结转”字样，以区别新年度发生数。

决算经本级人民代表大会常务委员会（或人民代表大会）审查批准后，如需更正原报决算草案收入、支出时，则要相应调整有关账目，重新办理结账事项。

第三节 财政总预算会计报表的审核、汇总和分析

为了保证财政总预算会计报表能准确地反映本年度预算执行情况，各级财政总预算会计必须认真组织对本级财政及各主管单位和所属下级财政部门会计报表的审核工作，努力做到数字准确、真实可靠、内容完整，并逐级按时汇总上报。

一、财政总预算会计报表的审核

会计报表的审核是一项复杂、细致、政策性和技术性都很强的工作。财政总预算会计报表的审核，主要包括政策性审核和技术性审核两方面。

（一）政策性审核

政策性审核的依据是国家有关财经方针政策和各项财务制度规定。在审核时，可分为财政收入审查和财政支出审查两方面。在财政收入方面，着重审查各项收入是否符合政策规定；是否应缴库的各项财政收入及时足额缴库，有无缴款单位拖欠或截留国家预算收入，或将预算内资金转作预算外资金的行为；要严格审查财政收入退库是否符合有关政策规定，有无乱开口子的退库行为。在支出方面，应着重审查各项财政性支出是否按批复的预算和计划以及规定的开支范围和开支标准执行；是否符合勤俭节约的原则；有无擅自提高开支标准，扩大支出范围和违反财经纪律的开支；有无将预算外支出挤入预算内支出的行为；各项非包干预算经费和专项经费是否按规定要求使用，有无不符合规定的开支等。

（二）技术性审核

技术性审核主要检查预算会计报表中各栏目数字是否填列齐全，所填数字之间的相互关系是否正确；各项目的合计或总计数与所含各子项目明细数之和是否相等；报表中的纵向与横向合计数字是否相符；有无数据计算错误或漏填、错填现象；相关各表格之间的相关数据是否衔接一致，表与表之间项目及数据的勾稽关系是否对应一致。

财政总决算审核工作一般可采取三种形式，即本单位自审、有关部门或地区互审、上级派员审查及送审。为了提高财政总决算的编审质量，必须在基层预算单位自审的基础上，要求主管部门组织联审或集中互审。

各级财政部门和预算单位应按照“财政决算编审工作通知”的要求，对决算审查中发现的问题，根据不同情况，依据有关政策法规严肃处理。

二、财政总预算会计报表的汇总

县及县以上各级财政总预算会计应在编制本级财政总决算报表的同时，将所属各级财政总决算报表与本级财政总决算报表合并编制本行政区域财政总决算报表，并按时报送上级财政部门。

各级财政总预算会计应首先编制本级的财政总决算有关报表，并与所属地区的财政总决算报表汇总编制本地区的财政总决算报表。在汇编过程中，应注意将本地区有关上缴或

下拨的科目相互冲销，例如，将“补助支出”与下级财政汇总的“补助收入”冲销，将“与下级往来”与下级财政的“与上级往来”冲销，将“上解收入”与下级财政的“上解支出”冲销等，以免报表数字重复计算。

对由于财政体制等原因产生的结算项目及差额，应在本级财政总决算有关报表中相应做出调整。

县及县以上各级财政部门在汇总编制好本地区财政总决算有关报表的同时，还应认真编写预算执行情况说明书和财政总决算工作总结，以总结和改进财政总决算编审工作。

三、财政总预算会计报表的分析

财政总预算会计报表分析是以总预算会计报表为依据，以预算执行情况为核心，结合调查研究和有关资料，剖析总预算执行情况，它是预算工作的一项重要内容。

（一）分析目的

及时、准确和全面地做好会计报表的分析，掌握预算执行中的情况和问题，提供给领导进行科学决策，是各级财政总预算会计的基本任务。通过会计报表的分析，可以进一步了解收入、支出、平衡情况，进而找出收支执行情况的规律，总结和发现预算管理工作中的经验和问题，肯定成绩，揭露矛盾，改进工作。

（二）分析方法

财政总预算会计报表的分析方法，一般有对比分析法、综合分析法、专题分析法。

1. 对比分析法

对比分析法，又称指标分析法，就是将两个或两个以上有关的可比数字进行比较，得出差额数值，以提示矛盾的分析方法。这是会计报表中最基本的一种分析方法。对比分析，一般有以下三种。

(1) 本期实际数与预算数比较。通过本期实际数与预算数比较，计算出增减差额，以检查各项预算执行的进度和完成全年预算收支任务的可能性。

(2) 本期实际执行数与上期实际执行数比较，或与历史同期最好水平实际执行数、相近几年同期实际执行数相比较，可以观察某些预算收支和经济活动的变化规律和发展趋势，便于进一步研究预算收支增减原因，以便采取措施，改进工作。

(3) 以性质相同的指标，在不同地区、不同部门、不同行业、不同单位之间进行比较，可以观察分析预算执行中的差距，可以集中分析预算收支的原因。

在对比分析中，特别要注意的是指标的口径、计算方法、单位的一致性，否则，不能进行对比分析。

2. 综合分析法

综合分析法就是从全局总体出发进行概括分析，对预算执行中的发展趋势、成绩和问题、重点与一般、个别和普遍、经验与教训等，总结其具有规律性的东西，借以指导工作。

3. 专题分析法

专题分析法是对具有代表性的局部现象作针对性的解剖分析。通过专题分析，发现问题，解决矛盾，用于指导全局工作。

(三) 预算收支执行情况分析

预算收支执行情况分析是国家预算执行的重要环节，它是指在各级政府预算执行过程中，结合事业、经济发展的状况以及国民经济和社会发展计划执行情况，对预算收入超收或短收、支出超支或节支，以及预算执行平衡情况进行的分析。为此财政总预算会计需根据预算会计报表，以及上年同期的发生数、累计数和全年预算数整理成分析表进行分析。同时应搜集同期的影响预算执行的国家宏观经济政策、经济发展速度及其他特殊因素。对影响预算执行较大的因素，还应进行专题分析，情况不明确的，必要时可进行专题调查分析。

1. 预算收入执行情况的分析

对预算收入执行情况进行分析，应着重分析主要收入项目完成情况，通过当期和累计完成与上年同期、全年预算的比较，综合社会、经济、政策等因素，分析、预计全年财政收入完成情况。

1）税收收入完成情况的分析

在分析税收收入完成的情况时，应根据主要税收收入完成情况，分析影响这些收入的因素，一般可从以下几方面考虑：

(1) 国民经济和社会发展计划的执行情况对税收收入完成情况的影响。在分析时，应注意国内生产总值、销售收入、社会商品流转额、运输周转量等经济指标对国家税收收入的影响。

(2) 税制本身和征管办法等对税收任务完成的影响。在分析时，应注意年度预算执行中是否增设或减少了税种，税率是调高还是调低了，征收范围是扩大还是减少了，纳税环节是否变化了，征收手段是否加强了等。

(3) 国家出台的物价和宏观调控政策对税收的影响。通常，税收政策是根据期初的物价水平制定的，作为计税依据的产品销售价格的涨落会影响到增值税等许多许多税种；政府宏观调控政策将对经济发展产生很大影响，在分析时应多加注意。

2）企业收入的分析

企业税收的增减变化情况与国有大中型企业的效益有着重要的关系。在分析时，应考虑以下因素：

(1) 大中型和重点企业生产经营状况及实现利润情况。

(2) 应缴预算收入压库和企业欠缴利润的情况、数额和原因。

(3) 财政亏损补贴、应退未退数额及其原因。

3）各项非税收入分析

各项非税收入分析应着重分析政策性因素和其他一次性因素对非税收入的影响。

2. 预算支出执行情况的分析

对预算支出执行情况进行分析，应着重分析支出主要项目完成情况及其原因，对科技、教育、文化、农业投入要做重点分析，对支农资金、专项资金使用情况要进行较详细的调查和分析。

3. 预算收支完成总情况的分析

预算收支完成总情况的分析，主要是从总体上分析预算收入和支出的完成情况，预计全年的趋势和财政收支平衡情况。

关键术语

会计报表　资产负债表　收入支出表　预算执行情况表　年终清理　年终结账　会计报表审核　会计报表分析

复习题

1. 什么是财政总预算会计报表？财政总预算会计报表主要包括哪些种类？
2. 什么是财政总预算会计的资产负债表？
3. 什么是预算执行情况表？预算执行情况表包括哪些？
4. 什么是一般公共预算执行情况表？如何编制一般公共预算执行情况表？
5. 什么是政府性基金预算执行情况表？如何编制政府性基金预算执行情况表？
6. 什么是国有资本经营预算执行情况表？如何编制国有资本经营预算执行情况表？
7. 什么是财政专户管理资金收支何况表？如何编制财政专户管理资金收支情况表？
8. 什么是专用基金收支情况表？如何编制专用基金收支情况表？

练习题

1. 目的：练习财政总预算会计报表的编制。
2. 要求：根据以下资料编制年终资产负债表。
3. 资料：某市财政 2021 年年终转账后有关总账科目的余额如下：

   (1) 资产类科目的借方余额：国库存款 750 万元，其他财政存款 140 万元，国库管理现金存款 90 万元，有价证券 200 万元，与下级往来 80 万元，借出款项 90 万元，其他应收款 200 万元。

   (2) 负债类科目的贷方余额：其他应付款 20 万元，与上级往来 40 万元，借入款项 80 万元。

   (3) 净资产类科目的贷方余额：一般公共预算结转结余 600 万元，政府性基金预算结转结余 200 万元，国有资本经营预算结转结余 50 万元，专用基金结余 110 万元，财政专户管理资金结余 50 万元，预算周转金 300 万元，预算稳定调节基金 100 万元。

第三篇　行政事业单位会计

第九章　行政事业单位会计概述

思维导图

本章重点包括5个知识点。

1. 行政事业单位会计的概念和特点

1）行政事业单位会计的概念

行政事业单位会计是以货币为主要计量单位，对各级行政事业单位的经济活动或会计事项进行记录、核算、反映和监督的一种专门技术方法和管理活动，它是政府会计体系的重要组成内容。

2）行政事业单位会计的特点

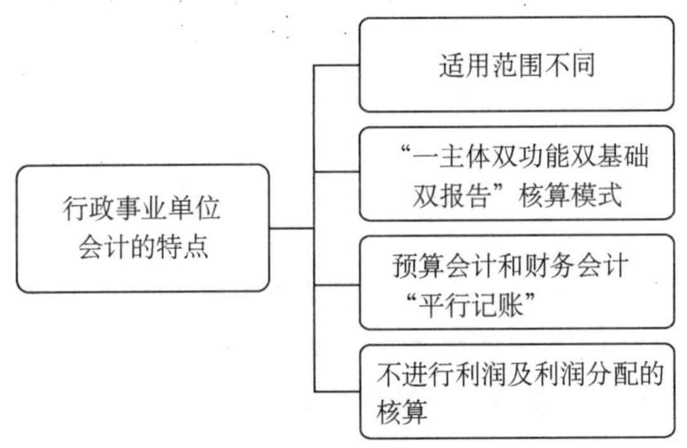

学生通过学习，熟悉行政事业单位会计的概念，理解4个特点。

2. 行政事业单位会计的基本任务

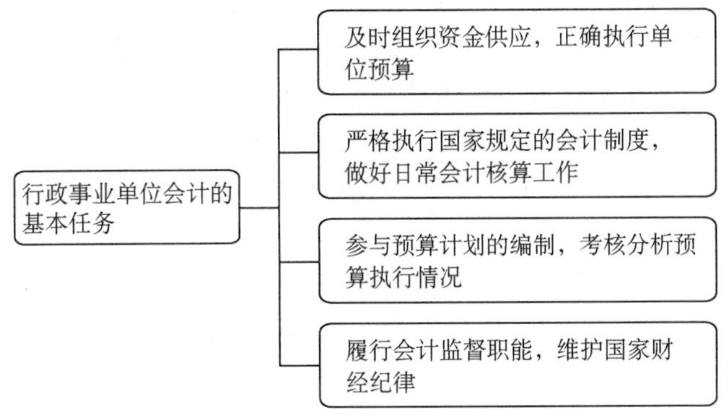

重点：了解行政事业单位会计的基本任务。

3. 行政事业单位会计的核算对象

核算对象是行政事业单位在预算执行过程中的各项资金收支及其结余，以及各项资金运动过程中所形成的资产、负债和净资产。（理解）

4. 行政事业单位会计要素和会计等式

1）会计要素

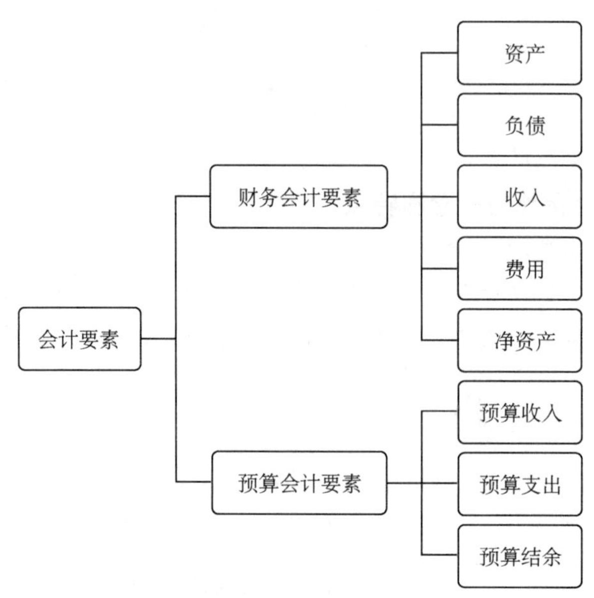

2）会计等式

财务会计等式　　资产＋费用＝负债＋净资产＋收入

预算会计等式　　预算收入－预算支出＝预算结余

学生通过学习，熟练掌握财务会计和预算会计的会计要素和会计等式。

5. 行政事业单位会计科目

《政府会计制度》列出了行政事业单位财务会计和预算会计两类科目表，共计 103 个总账会计科目，其中，财务会计的资产、负债、净资产、收入和费用五个会计要素共 77 个总账科目，预算会计的预算收入、预算支出和预算结余三个会计要素共 26 个总账科目。

学生通过学习，初步了解行政事业单位会计科目的设置情况。

行政事业单位会计是政府会计体系的重要组成内容，是以货币为主要计量单位，对各级行政事业单位的经济活动或会计事项进行记录、核算、反映和监督的一种专门技术方法和管理活动。本章主要介绍行政事业单位会计的概念、特点、任务和账务组织等基本知识，是进一步学习行政事业单位会计的前提和基础。通过学习本章，学生应重点了解行政事业单位会计的特点和任务，掌握行政事业单位会计科目的设置和会计凭证、账簿的运用。

8.1　行政事业单位会计的概念和特点

第一节　行政事业单位会计的基本概念

一、行政事业单位会计的概念和特点

(一) 行政事业单位会计的概念

行政事业单位会计是以货币为主要计量单位，对各级行政事业单位的经济活动或会计事项进行记录、核算、反映和监督的一种专门技术方法和管理活动，它是政府会计体系的重要组成内容。

行政事业单位，是行政单位和事业单位的统称。其中，行政单位是指进行国家行政管理、组织经济建设和文化建设、维护社会公共秩序的各级行政机关以及实行行政财务管理的其他机关、政党组织等。具体包括：

行政机关，包括中央和地方各级人民政府。

立法机关，包括全国和地方各级人民代表大会。

司法机关，包括最高和地方各级人民法院和人民检察院。

政党组织，包括中央和地方各级中国共产党、各民主党派、全国和地方各级人们政治协商会议等。

社会团体包括工会、共青团、妇联等。

事业单位包括科学、教育、文化、卫生、信息服务、广播电视、体育等科学文化事业单位，水利、环保、地震、气象、计划生育等公益事业单位，养老院、孤儿院等社会福利救济事业单位。

现行政府会计制度的适用主体不包括军队、已纳入企业财务管理体系的单位和执行《民间非营利组织会计制度》的社会团体。

(二) 行政事业单位会计的特点

政府会计和企业会计同属于专业会计的范畴，因此，它们所应用的会计理论和会计核算的基本方法大致相同。作为政府会计的重要组成部分，行政事业单位会计由于其在核算对象、任务及业务性质等方面的不同，与企业会计相比，行政事业单位会计有以下特点。

1. 适用范围不同

行政事业单位会计适用于各级各类行政事业单位，适用对象具有明显的非营利性。而企业会计适用于以营利为目的的从事生产经营活动的各类企业。

2. “一主体双功能双基础双报告”核算模式

为了兼顾现行预算会计部门决算报告制度的需要，又能满足部门编制权责发生制财务报告的要求，避免部门和单位采用两套会计信息系统进行核算的复杂性，财政部进行了政府会计规则的重大改革，出台了《权责发生制政府综合财务报告制度改革方案》，创新性地提出了包含政府预算会计和财务会计的“一主体双功能”核算模式。

(1) 双功能。即在同一会计核算系统中实现财务会计和预算会计双重功能。其中，财务会计是指以权责发生制为基础对政府会计主体发生的各项经济业务或者事项进行会计核算，主要反映和监督政府会计主体财务状况、运行情况和现金流量等的会计；预算会计是指以收付实现制为基础对政府会计主体预算执行过程中发生的全部收入和全部支出进行会计核算，主要反映和监督预算收支执行情况的会计。

在同一会计核算系统中实现双重功能，即通过资产、负债、净资产、收入、费用五个要素进行财务会计核算；通过预算收入、预算支出和预算结余三个要素进行预算会计核算。

(2) 双基础。即财务会计采用权责发生制，预算会计采用收付实现制。

(3) 双报告。即通过财务会计核算形成财务报告，通过预算会计核算形成决算报告。在同一会计核算系统中政府预算会计要素和财务会计要素相互协调，决算报告和财务报告相互补充，共同反映政府会计主体的预算执行信息和财务信息。

3. 预算会计和财务会计"平行记账"

为了满足单位在一个会计信息系统中同时进行财务会计和预算会计核算的需要，政府会计制度要求各会计单位进行"平行记账"，即对于纳入预算管理的现金收支，在采用财务会计核算的同时进行预算会计核算。对于不属于预算收支的现金收支，如应当上缴国库或财政专户的款项、应当转拨其他单位的款项、受托代理的款项等，收到或支付时仅作财务会计核算，不需要进行预算会计核算。"平行记账"相对于原来行政事业单位会计制度中"双分录"核算模式，更能全面准确反映行政事业单位的财务信息和预算执行信息。

4. 不进行利润及利润分配的核算

政府会计没有利润和所有者权益的概念，政府组织的活动不以营利为目的，政府组织在开展各项活动在增加的净资产也不需要向出资者分配。政府会计虽然也进行收入和费用核算，但是各个政府会计主体的收入减去费用的差额(盈余)，与企业会计的经营成果(利润)不同，并不是越大越好。

(三) 行政事业单位会计组织系统

根据国家机构建制和经费领报关系，行政事业单位会计组织系统可分为主管会计单位、二级会计单位和基层会计单位三级。

向行政部门或同级财政部门领报经费，并发生预算管理关系的，为主管会计单位；向主管会计单位或上级会计单位领报经费，并发生预算管理关系，下面有所属会计单位的，为二级会计单位；向上级单位领报经费，并发生预算管理关系，下面没有所属会计单位的，为基层会计单位。向同级财政部门领报经费，没有下级会计单位的，视同基层会计单位。

主管会计单位、二级会计单位和基层会计单位实行独立会计核算，负责组织管理本部门、本单位的全部会计工作。不具备独立核算条件的事业单位，实行单据报账制度，作为"报销单位"管理。行政事业单位应当根据本单位的业务规模、人员编制以及负担的会计工作任务，设置相应的会计工作机构，配备会计人员，并应建立岗位责任制度和内部稽核制度。

8.2 行政事业单位会计核算基本任务和核算对象以及会计要素

二、行政事业单位会计的基本任务

根据《中华人民共和国会计法》规定，会计具有核算和监督两大基本职能，行政事业单位会计作为反映和监督中央与地方各级行政事业单位预算执行情况的专业会计，其主要职责是进行会计核算，实行会计监督，参与经济事业计划实施的管理。行政事业单位会计的任务，具体包括如下几个方面：

(一) 及时组织资金供应，正确执行单位预算

行政单位的基本资金来源是国家预算拨款，事业单位预算资金的供应也受财政收入的制约，因而行政事业单位会计应按批准的核定经费总额，及时从国家财政部门取得资金，以满足执行各项行政任务的需要。同时，要贯彻厉行节约的方针，合理、节约地使用资金，充分发挥预算资金的经济效益和社会效益。

(二) 严格执行国家规定的会计制度，做好日常会计核算工作

行政事业单位会计应根据会计制度和财务制度的规定，认真做好各项资金的记账、算账、对账、报账等日常会计核算工作，做到凭证合法、手续完备、账目清楚、数字准确，为国家预算管理和行政事业单位财务管理提供准确的核算资料。

(三) 参与预算计划的编制，考核分析预算执行情况

行政事业单位预算是各级财政总预算的重要组成部分，行政事业单位会计不仅要发挥反映和监督经济业务的职能，而且应承当会计工作的预测决策职能，主动参与行政业务计划和预算计划的编制工作，并定期检查和分析预算执行情况，当好领导的参谋和助手。

(四) 履行会计监督职能，维护国家财经纪律

在正确做好会计核算的基础上，认真进行会计监督是行政事业单位会计的又一项重要任务。行政事业单位会计应严格执行各项财政、财务制度，防范一切铺张浪费、弄虚作假、贪污盗窃等违法犯罪行为，保护国家资金、财产和物资的安全与完整，维护国家财经纪律。

三、行政事业单位会计的核算对象

按照财务管理要求，行政事业单位的会计核算不仅要反映预算执行过程中的公共资金的取得、使用及其结果，还要反映受托责任的履行情况和政府活动的绩效要求，因此，行政事业单位会计的核算对象，就是行政事业单位在预算执行过程中的各项资金收支及其结余，以及各项资金运动过程中所形成的资产、负债和净资产。

行政事业单位会计核算应当具备财务会计与预算会计双重功能，实现财务会计与预算会计适度分离并相互衔接，全面、清晰反映单位财务信息和预算执行信息。因此，行政事业单位会计要素包括财务会计要素和预算会计要素。其中，财务会计要素包括资产、负债、净资产、收入和费用；预算会计要素包括预算收入、预算支出和预算结余。

所以，行政事业单位会计核算的内容包括财务会计和预算会计两个方面，财务会计的核算内容具体包括资产、负债、净资产、收入、费用等五个会计要素，预算会计的核算内容具体包括预算收入、预算支出和预算结余三个会计要素。

资产是指行政事业单位过去的经济业务或者事项形成的，由行政事业单位控制的，预期能够产生服务潜力或者带来经济利益流入的经济资源。资产分为流动资产和非流动资产两大类。流动资产是指可以在一年内变现或者耗用的资产。包括货币资金、短期投资、应收及预付款项、存货等。非流动资产是指流动资产以外的资产，包括固定资产、在建工程、无形资产、长期投资、公共基础设施、政府储备资产、文物文化资产、保障性住房和自然资源资产等。

负债是指行政事业单位过去的经济业务或者事项形成的，预期会导致经济资源流出行政事业单位的现时义务。行政事业单位的负债包括借入款项、应交税费、应付及预收款项、应缴财政款等。

净资产是指行政事业单位资产扣除负债后的净额。它反映了行政事业单位的资产所有权。资产、负债和净资产三要素之间的关系是：

资产＝负债＋净资产

收入是指报告期内导致行政事业单位净资产增加的、含有服务潜力或者经济利益的经济资源的流入。行政事业单位的收入包括财政拨款收入、事业收入、经营收入、非同级财政拨款收入、投资收益、捐赠收入、租金收入和其他收入等。

费用是指报告期内导致行政事业单位净资产减少的、含有服务潜力或者经济利益的经济资源的流出。行政事业单位费用的内容包括业务活动费用、经营费用、资产处置费用、上缴上级费用、所得税费用、其他费用等。

财务会计五个会计要素之间的关系是：

资产＝负债＋净资产＋收入－费用

或者表示为：

资产＋费用＝负债＋净资产＋收入

预算收入是指行政事业单位在预算年度内依法取得的并纳入预算管理的现金流入。行政事业单位的预算收入包括财政拨款预算收入、事业预算收入、经营预算收入、债务预算收入、非同级财政拨款预算收入、投资预算收益和其他预算收入等。

预算支出是指行政事业单位在预算年度内依法发生并纳入预算管理的现金流出。包括行政支出、事业支出、经营支出、对附属单位补助支出、投资支出、债务还本支出和其他支出等。

预算结余是行政事业单位预算年度内预算收入扣除预算支出后的资金余额，以及历年滚存的资金余额。包括资金结余、财政拨款结转、财政拨款结余、非财政拨款结余、专用结余和其他结余等。

预算收入、预算支出和预算结余三要素之间的恒等关系为：

预算收入＝预算支出＋预算结余

或者表示为：

预算收入－预算支出＝预算结余

8.3　行政事业单位会计等式与会计科目

第二节　行政事业单位会计科目

一、行政事业单位会计要素

会计要素又叫会计对象要素，是指按照交易或事项的经济特征所作的基本分类，也是指对会计对象按经济性质所作的基本分类。《政府会计制度》规定行政事业单位会计要素包括财务会计要素和预算会计要素。其中，财务会计要素包括资产、负债、收入、费用和净资产，预算会计要素包括预算收入、预算支出和预算结余。

二、行政事业单位会计科目

会计科目是对会计核算对象按其经济内容或用途所作的科学分类，是设置账户和核算、归集各项经济业务的依据。科学地设置会计科目，正确地使用会计科目，是做好会计核算工作的重要条件。

(一) 行政事业单位会计总账科目设置和编号

1. 总账科目的设置

行政事业单位会计的会计科目按核算层次不同可分为总账科目和明细科目两大类。总账科目是对核算对象的总分类,是设置总账的依据;明细科目是对某总账科目核算内容的进一步分类的科目,是设置明细账的依据。

《政府会计制度》列出了行政事业单位财务会计和预算会计两类科目表,共计 103 个总账会计科目,其中,财务会计的资产、负债、净资产、收入和费用五个会计要素共 77 个总账科目,预算会计的预算收入、预算支出和预算结余三个会计要素共 26 个总账科目。科目设置的依据是遵循重要性原则,重要的项目需要多级、多维度明细核算,不重要的项目可汇总核算(会计科目表附后)。

2. 总账科目的编号

政府会计制度中对行政事业单位所使用的总账科目规定了统一的科目编号。各个会计科目都采用四位数码编号,其编排规则如下:

千位数编号表示总账科目的不同类别,即:1×××为资产类科目,2×××为负债类科目,3×××为净资产类科目,4×××为收入类科目,5×××为费用类科目,6×××为预算收入类科目,7×××为预算支出类科目,8×××为预算结余类科目。百位数编号表示具体业务类别。十位数和个位数编号表示总账科目的名称。

在实际操作时,一般应同时使用科目编号和科目名称,也可以只用总账科目名称,不用科目编号;但不得只填科目编号,不写会计科目名称。

(二) 行政事业单位会计明细科目设置

明细科目是总账科目的具体说明,对总账科目起补充和分析作用。明细科目分别按以下要求设置。

事业支出和经营支出的明细科目,按政府收支分类科目中的支出经济分类科目的"款"级科目设置;往来款项和存款的明细科目,按结算单位和个人名称设置,或按经济事项分别设置明细科目。结转下年度的其他应收款余额应逐笔列出所借款项的时间、凭证编号、摘要和借据号,以便核对和清理,不得笼统地只按部门和个人结转一个总数;财产物资的明细科目,按实物类别、品名设置。如财产物资管理部门的固定资产,既要按其类别又要按其名称设置明细科目,同时还要按存放地点设置明细账。

(三) 行政事业单位会计科目表

根据《政府会计制度》,行政事业单位的会计科目,如表 9-1 所示。

表 9-1　　行政事业单位会计科目表

编　号	会计科目名称	编　号	会计科目名称
一、财务会计科目			
	(一) 资产类	1021	其他货币资金
1001	库存现金	1101	短期投资
1002	银行存款	1201	财政应返还额度
1011	零余额账户用款额度	1211	应收票据

（续表）

编　号	会计科目名称	编　号	会计科目名称
1212	应收账款	2102	其他应交税费
1214	预付账款	2103	应缴财政款
1215	应收股利	2201	应付职工薪酬
1216	应收利息	2301	应付票据
1218	其他应收款	2302	应付账款
1219	坏账准备	2303	应付政府补贴款
1301	在途物品	2304	应付利息
1302	库存物品	2305	预收账款
1303	加工物品	2307	其他应付款
1401	待摊费用	2401	预提费用
1501	长期股权投资	2501	长期借款
1502	长期债券投资	2502	长期应付款
1601	固定资产	2601	预计负债
1602	固定资产累计折旧	2901	受托代理负债
1611	工程物资		（三）净资产类
1613	在建工程	3001	累计盈余
1701	无形资产	3101	专用基金
1702	无形资产累计摊销	3201	权益法调整
1703	研发支出	3301	本期盈余
1801	公共基础设施	3302	本年盈余分配
1802	公共基础设施累计折旧(摊销)	3401	无偿调拨净资产
1811	政府储备物资	3501	以前年度盈余调整
1821	文物文化资产		（四）收入类
1831	保障性住房	4001	财政拨款收入
1832	保障性住房累计折旧	4101	事业收入
1891	受托代理资产	4201	上级补助收入
1901	长期待摊费用	4301	附属单位上缴收入
1902	待处理财产损溢	4401	经营收入
	（二）负债类	4601	非同级财政拨款收入
2001	短期借款	4602	投资收益
2101	应交增值税	4603	捐赠收入

（续表）

编　号	会计科目名称	编　号	会计科目名称
4604	利息收入	5201	经营费用
4605	租金收入	5301	资产处置费用
4609	其他收入	5401	上缴上级费用
	（五）费用类	5501	对附属单位补助费用
5001	业务活动费用	5801	所得税费用
5101	单位管理费用	5901	其他费用
二、预算会计科目			
	（一）预算收入类	7501	对附属单位补助支出
6001	财政拨款预算收入	7601	投资支出
6101	事业预算收入	7701	债务还本支出
6201	上级补助预算收入	7901	其他支出
6301	附属单位上缴预算收入		（三）预算结余类
6401	经营预算收入	8001	资金结存
6501	债务预算收入	8101	财政拨款结转
6601	非同级财政拨款预算收入	8102	财政拨款结余
6602	投资预算收益	8201	非财政拨款结转
6609	其他预算收入	8202	非财政拨款结余
	（二）预算支出类	8301	专用结余
7101	行政支出	8401	经营结余
7201	事业支出	8501	其他结余
7301	经营支出	8701	非财政拨款结余分配
7401	上缴上级支出		

关键术语

行政事业单位会计　行政单位会计科目

复习题

1. 简述行政事业单位的概念及特点。
2. 行政事业单位会计组织系统分为几级？各指什么？
3. 行政事业单位会计的任务有哪些？
4. 行政事业单位会计科目的设置原则及主要内容是什么？

练习题

一、单选题

1. 下列不适用政府会计制度的单位是(　　)。
A. 公办医院　B. 税务局　C. 民间非营利组织　D. 公办学校
2. 下列不适用政府会计制度的单位是(　　)。
A. 行政机关　B. 立法机关　C. 事业单位　D. 企业单位
3. 按照行政隶属关系,行政事业单位可分为主管会计单位、二级会计单位和(　　)。
A. 一级会计单位　B. 基层会计单位　C. 报账会计单位　D. 企业会计单位
4. 行政事业单位会计制度适用于各级各类行政事业单位,适用对象具有明显的(　　)。
A. 公共性　B. 公益性　C. 营利性　D. 非营利性
5. 行政事业单位既能以收付实现制会计基础编制决算报告,又能以权责发生制会计基础编制财务报告,具有预算会计和(　　)双功能。
A. 财务会计　B. 成本会计　C. 管理会计　D. 企业会计
6. 行政事业单位会计中的预算会计以(　　)为会计基础。
A. 收付实现制　B. 权责发生制　C. 应收应付制　D. 实地盘存制
7. 行政事业单位会计中的财务会计以(　　)为会计基础。
A. 收付实现制　B. 权责发生制　C. 现收现付制　D. 永续盘存制
8. 行政事业单位通过财务会计核算形成财务报告,通过预算会计核算形成(　　)。
A. 财务会计报表　B. 财务报告　C. 决算报告　D. 预算报告
9. 行政事业单位通过财务会计核算形成(　　),通过预算会计核算形成决算报告。
A. 预算会计报表　B. 财务报告　C. 决算报告　D. 预算报告
10. 行政事业单位通过资产、负债、净资产、收入、费用五个要素进行(　　)核算。
A. 财务会计　B. 成本会计　C. 管理会计　D. 预算会计
11. 行政事业单位通过预算收入、预算支出和预算结余三个要素进行(　　)核算。
A. 财务会计　B. 成本会计　C. 管理会计　D. 预算会计
12. 行政事业单位对于纳入预算管理的现金收支,在采用财务会计核算的同时进行(　　)核算。
A. 基础会计　B. 预算会计　C. 管理会计　D. 成本会计
13. 行政事业单位对于没有纳入预算管理的现金收支,仅作(　　)核算,不需要进行预算会计核算。
A. 财务会计　B. 基础会计　C. 管理会计　D. 成本会计
14. 行政事业单位会计要素包括财务会计要素和(　　)要素。
A. 基础会计　B. 预算会计　C. 管理会计　D. 成本会计
15. 行政事业单位的财务会计要素包括资产、负债、净资产、收入和(　　)。
A. 预算收入　B. 预算支出　C. 预算结余　D. 费用
16. 行政事业单位的预算会计要素包括预算收入、预算支出和(　　)。
A. 资产　B. 预算结余　C. 负债　D. 净资产
17. 下列属于行政事业单位财务会计资产类的科目是(　　)。

A. 应付账款　B. 应收账款　C. 事业收入　D. 业务活动费用

18. 下列属于行政事业单位财务会计费用类的科目是(　　)。

A. 应付账款　B. 应收账款　C. 事业收入　D. 业务活动费用

19. 下列属于行政事业单位财务会计收入类的科目是(　　)。

A. 财政拨款预算收入　B. 经营预算收入

C. 事业收入　D. 事业预算收入

20. 下列属于行政事业单位财务会计负债类的科目是(　　)。

A. 应付账款　B. 应收账款　C. 事业收入　D. 业务活动费用

21. 下列属于行政事业单位预算会计的科目是(　　)。

A. 资金结存　B. 应收账款　C. 事业收入　D. 资产处置费用

22. 下列属于行政事业单位预算收入类的科目是(　　)。

A. 财政拨款收入　B. 经营收入　C. 事业收入　D. 事业预算收入

23. 下列属于行政事业单位预算结余类的科目是(　　)。

A. 资金结存　B. 经营费用　C. 事业支出　D. 应缴财政款

24. 下列属于行政事业单位预算支出类的科目是(　　)。

A. 资金结存　B. 经营费用　C. 事业支出　D. 应缴财政款

25. 行政事业单位预算会计科目不包括(　　)。

A. 事业预算收入　B. 事业支出　C. 资金结存　D. 资产处置费用

26. 行政事业单位财务会计科目不包括(　　)。

A. 事业收入　B. 银行存款　C. 资金结存　D. 资产处置费用

27. 行政事业单位财务会计的资产类科目不包括(　　)。

A. 库存物品　B. 资金结存　C. 银行存款　D. 待处理财产损溢

28. 行政事业单位财务会计的净资产类科目不包括(　　)。

A. 本期盈余　B. 专用基金

C. 资金结存　D. 以前年度盈余调整

29. 行政事业单位预算会计的预算结余科目不包括(　　)。

A. 本期盈余　B. 财政拨款结余　C. 资金结存　D. 专用结余

30. 行政事业单位财务会计的费用类科目不包括(　　)。

A. 待摊费用　B. 经营费用　C. 资产处置费用　D. 其他费用

二、多选题

1. 下列适用政府会计制度的单位是(　　)。

A. 公办医院　B. 税务局　C. 民间非营利组织　D. 公办学校

E. 卫健委

2. 下列适用政府会计制度的单位是(　　)。

A. 行政机关　B. 立法机关　C. 事业单位　D. 企业单位

E. 司法机关

3. 按照行政隶属关系,行政事业单位可分为(　　)。

A. 一级会计单位　B. 基层会计单位　C. 报账会计单位　D. 企业会计单位

E. 二级会计单位

4. 行政事业单位既能以收付实现制会计基础编制决算报告，又能以权责发生制会计基础编制财务报告，具有（　　）双功能。
   A. 财务会计　B. 成本会计　C. 管理会计　D. 企业会计
   E. 预算会计
5. 行政事业单位会计具有财务会计和预算会计双功能，其会计报告包括（　　）。
   A. 财务会计报表　B. 财务报告　C. 决算报告　D. 预算报告
   E. 成本会计报表
6. 行政事业单位财务会计的会计要素包括（　　）。
   A. 资产　B. 负债　C. 净资产　D. 收入
   E. 费用
7. 行政事业单位预算会计的会计要素包括（　　）。
   A. 资金结存　B. 净资产　C. 预算收入　D. 预算支出
   E. 预算结余
8. 下列属于行政事业单位财务会计的科目有（　　）。
   A. 累计盈余　B. 投资收益　C. 应缴增值税　D. 其他费用
   E. 研发支出
9. 行政事业单位会计要素包括（　　）。
   A. 基础会计要素　B. 预算会计要素　C. 管理会计要素　D. 财务会计要素
   E. 资金结存
10. 行政事业单位的财务会计要素不包括（　　）。
   A. 预算收入　B. 预算支出　C. 预算结余　D. 费用
   E. 收入
11. 行政事业单位的预算会计要素不包括（　　）。
   A. 资产　B. 预算结余　C. 负债　D. 净资产
   E. 费用
12. 下列属于行政事业单位财务会计资产类的科目有（　　）。
   A. 银行存款　B. 应收账款　C. 待摊费用　D. 业务活动费用
   E. 资金结存
13. 下列属于行政事业单位财务会计费用类的科目有（　　）。
   A. 待摊费用　B. 单位管理费用　C. 资产处置费用　D. 业务活动费用
   E. 其他费用
14. 下列属于行政事业单位财务会计收入类的科目有（　　）。
   A. 财政拨款收入　B. 经营预算收入　C. 事业收入　D. 事业预算收入
   E. 其他收入
15. 下列属于行政事业单位财务会计负债类的科目有（　　）。
   A. 应付账款　B. 短期借款　C. 应付职工薪酬　D. 预提费用
   E. 应付票据
16. 下列属于行政事业单位预算会计的科目有（　　）。
   A. 资金结存　B. 经营结余　C. 事业预算收入　D. 资产处置费用

E. 行政支出

17. 下列属于行政事业单位预算收入类的科目有(　　)。

A. 财政拨款预算收入　　B. 经营预算收入

C. 事业预算收入　　D. 其他预算收入

E. 债务预算收入

18. 下列属于行政事业单位预算结余类的科目有(　　)。

A. 资金结存　　B. 经营结余　　C. 财政拨款结转　　D. 本期盈余分配

E. 其他结余

19. 下列属于行政事业单位预算支出类的科目有(　　)。

A. 事业支出　　B. 经营支出　　C. 投资支出　　D. 所得税费用

E. 权益法调整

20. 行政事业单位预算会计科目不包括(　　)。

A. 投资收益　　B. 事业支出　　C. 专用基金　　D. 资产处置费用

E. 资金结存

21. 行政事业单位财务会计科目不包括(　　)。

A. 事业预算收入　B. 银行存款　　C. 资金结存　　D. 投资支出

E. 专用结余

22. 行政事业单位财务会计的资产类科目不包括(　　)。

A. 资产处置费用　B. 资金结存　　C. 银行存款　　D. 待处理财产损溢

E. 本期盈余

23. 行政事业单位财务会计的净资产类科目不包括(　　)。

A. 本期盈余　　B. 专用结余

C. 资金结存　　D. 以前年度盈余调整

E. 研发支出

24. 行政事业单位预算会计的预算结余科目不包括(　　)。

A. 本期盈余　　B. 财政拨款结余　　C. 资金结存　　D. 专用基金

E. 以前年度盈余调整

25. 行政事业单位财务会计的费用类科目不包括(　　)。

A. 待摊费用　　B. 经营支出　　C. 研发支出　　D. 其他费用

E. 预提费用

三、判断题

1. 行政事业单位会计是政府会计体系的重要组成内容。(　　)
2. 现行政府会计制度的适用主体不包括军队和已纳入企业财务管理体系的单位。(　　)
3. 按规定工会、共青团、妇联等社会团体也适用行政事业单位会计制度。(　　)
4. 政党组织和司法机关不属于事业单位,不适用行政事业单位会计制度。(　　)
5. 政府会计单位以收付实现制为会计基础,企业会计以权责发生制为基础。(　　)
6. 政府会计单位要么以收付实现制为基础,要么以权责发生制为基础,一个单位不可能既有收付实现制,又有权责发生制。(　　)
7. 新的政府会计制度规定,在一个单位会计核算系统中必须具备财务会计和预算会计双

重功能。 (　　)

8. 行政事业单位的预算会计以权责发生制为基础进行日常核算,编制决算报告。 (　　)
9. 行政事业单位的财务会计以收付实现制为基础进行日常核算,编制财务报告。 (　　)
10. 对于行政事业单位纳入预算管理的现金收支,既要进行财务会计核算,也要进行预算会计核算。 (　　)
11. 行政事业单位会计制度规定,对于没有纳入预算管理的现金收支,既要进行财务会计核算,也要进行预算会计核算。 (　　)
12. 行政事业单位会计制度规定,一般情况下,对于没有纳入预算管理的现金收支,只进行财务会计核算,不进行预算会计核算。 (　　)
13. 行政事业单位会计制度规定,一般情况下,不涉及现金收支的业务,只进行财务会计核算,不进行预算会计核算。 (　　)
14. 行政事业单位财务会计的核算内容具体包括资产、负债、净资产、预算收入、预算支出等五个会计要素。 (　　)
15. 政事业单位预算会计的核算内容具体包括预算收入、预算支出和资金结存等三个会计要素。 (　　)
16. 行政事业单位财务会计的流动资产包括货币资金、资金结存、短期投资、应收及预付款项、存货等。 (　　)
17. 行政事业单位财务会计的净资产是指行政事业单位资产扣除负债后的净额,具体包括:累计盈余、财政拨款结转结余、资金结存等核算内容。 (　　)
18. 费用是指报告期内导致行政事业单位净资产增加的、含有服务潜力或者经济利益的经济资源的流出。 (　　)
19. 收入是指报告期内导致行政事业单位净资产增加的、含有服务潜力或者经济利益的经济资源的流入。 (　　)
20. 预算支出是指行政事业单位在预算年度内依法发生并纳入预算管理的现金流出。 (　　)

第十章　行政事业单位资产的核算

思维导图

本章重点包括 4 个知识点。

1. 资产的概念和内容

1）资产的概念

行政单位资产（以下简称资产）是指行政事业单位过去的经济业务或者事项形成的，由行政事业单位控制的，预期能够产生服务潜力或者带来经济利益流入的经济资源。

2）资产的内容

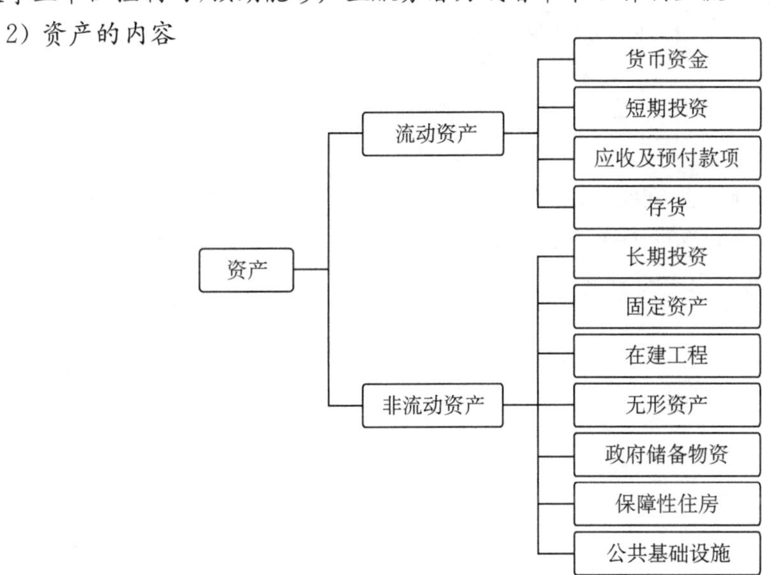

要求：理解资产的概念，掌握资产的内容。

2. 资产的管理

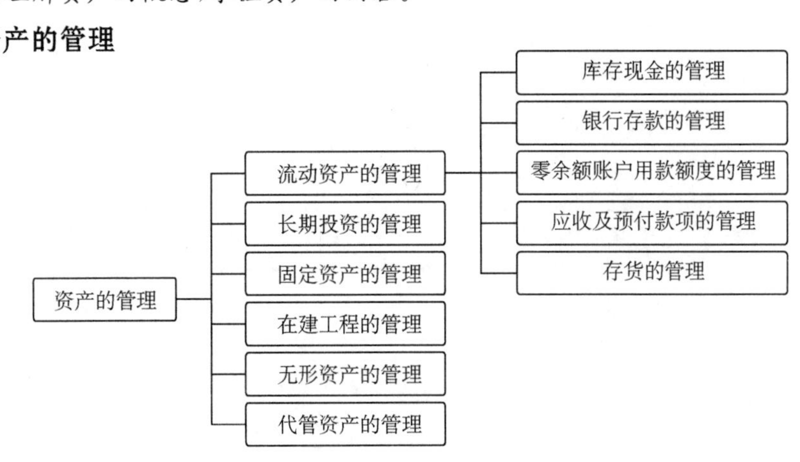

要求：了解各项资产的管理规定。

重点：流动资产管理、固定资产管理。

3. 资产的确认与计量

1）资产的确认

2）资产的计量

要求：熟悉资产的确认与计量。

4. 资产的核算

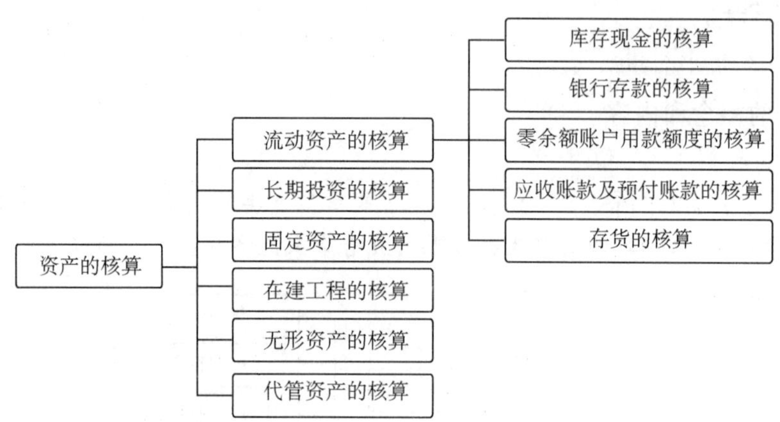

要求：熟练掌握各项资产的核算，尤其是货币性资产、存货、固定资产等的核算。

学习本章内容，学生以掌握财务会计核算原理为主，较少涉及预算会计核算。在实际单位的相关业务核算中需要财务会计与预算会计平行记账。

本章主要介绍行政事业单位资产的管理与核算。行政事业单位资产是指行政事业单位过去的经济业务或者事项形成的，由行政事业单位控制的，预期能够产生服务潜力或者带来经济利益流入的经济资源，包括各种财产物资、债权和其他权利等。通过学习本章，学生应该掌握行政事业单位资产的内容、资产管理的原则以及各项资产的账务处理要求和核算方法，重点掌握会计制度改革后对行政事业单位会计核算中资产管理和核算方面新的规定和要求。

第一节　资 产 概 述

一、资产的概念与内容

（一）资产的概念

行政事业单位资产是指行政事业单位过去的经济业务或者事项形成的，由行政事业单位控制的，预期能够产生服务潜力或者带来经济利益流入的经济资源。服务潜力是指行政事业单位利用资产提供公共产品和服务以履行社会事务职能的潜在能力；经济利益流入表现为现金及现金等价物的流入，或者现金及现金等价物流出的减少。

符合资产定义的经济资源，在同时满足以下条件时，确认为资产：

（1）与该经济资源相关的服务潜力很可能实现或者经济利益很可能流入行政事业单位；

（2）该经济资源的成本或者价值能够可靠地计量。

（二）资产的内容

行政事业单位的资产按其流动性，分为流动资产与非流动资产。流动资产是指预计在1年内（含1年）耗用或者可以变现的资产，具体包括货币资金、短期投资、应收及预付款项、存货等。

非流动资产是指流动资产以外的资产，包括长期投资、固定资产、在建工程、无形资产以及行政事业单位代管资产的政府储备物资、保障性住房和公共基础设施等。

行政事业单位资产在核算上还包括待摊费用、受托代理资产、待处理财产损溢等。

二、资产的管理要求

（一）流动资产的管理

行政事业单位流动资产包括库存现金、银行存款、零余额账户用款额度、财政应返还额度、应收及预付款项、存货等。

1. 库存现金的管理

现金是一种流动性最强的流动资产，它具有普遍的可接受性。现金可以随时用来购买货品、支付费用或偿还债务，也可以随时存入银行，留待以后使用。行政事业单位的现金指的是库存现金，即行政事业单位在预算执行过程中为保证日常开支需要而存放在财务部门的货币资金。由于现金具有普遍的可接受性和最强的流动性的特点，因此，行政事业单位必须加强对现金的管理。现金管理的要求如下。

1）严格遵守银行核定的库存现金限额

库存现金限额是指银行根据规定，对行政事业单位核定的一个单位可以保留库存现金的最高限额，原则上以三至五天的日常开支量为准。行政事业单位现金的数额，必须严格控制在银行核定的库存现金限额之内，超过限额的部分，必须及时存入银行。

2）不得坐支现金

坐支是指本单位收入的现金直接支付本单位的支出。行政事业单位每天收入的现金，必须当天送存银行，不能直接支用。因特殊原因需要坐支现金的，应事先报经开户银行审查批准，由开户银行核定坐支范围和限额。

3）明确规定现金的使用范围

按照国家有关规定，现金可以在以下范围内使用：职工的工资、奖金、津贴；个人的劳务报酬；根据国家规定颁发给个人的科学技术、文化艺术、体育等各种奖金；各种劳保、福利费用以及国家规定的对个人的其他支出；向个人收购农副产品和其他物资的价款；出差人员必须随时携带的差旅费；银行结算起点以下的零星开支；银行确定需要支付现金的其他支出。行政单位和其他单位的经济往来，除按规定范围可以使用的现金外，均应通过开户银行办理转账结算。

4）严格现金的收付手续

行政事业单位向银行提取现金必须如实写明提取现金的用途，将现金存入银行必须写明存入现金的来源。收入现金必须开给交款人正式的收据，支付现金应在付款的原始凭证上加盖“现金付讫”戳记。

5）钱账分管，相互牵制

钱账分管是一种内部牵制制度。行政事业单位的会计人员和出纳人员应当有明确分工，会计人员管账不管钱，出纳人员管钱不管账（除现金日记账和银行存款明细账外）。会计人员与出纳人员的工作相互牵制。

2. 银行存款账户的开立与管理要求

1）银行存款账户的开立

行政事业单位对于来自财政预算经费拨款的银行存款，应由财务部门统一在同级财政部门或上级主管部门指定的国家银行开户，国家规定凡独立编报预、决算的行政事业单位，都必须在国家核定设立的银行或其他金融机构开立存款户。行政事业单位的货币资金，除保留限额内的库存现金外，其余都必须存入开户银行，用于办理转账结算。在银行或其他金融机构的账户必须由单位财务部门统一开立和管理，避免多头开户。在办理银行存款开户时，应按照银行规定填列“开户申请表”，报经上级主管部门和财政部门同意后，连同盖有有权签发支票人的名章及单位财务公章的印鉴卡片，交开户银行办理开户手续。

2）银行存款账户的管理要求

行政事业单位在银行开户后，必须严格遵守银行以下的管理规定：

（1）严格遵守银行的各项结算制度和现金管理制度，接受银行的监督和管理。

（2）银行存款账户只能供本单位使用，不准出租、出借或转让银行存款账户。

（3）各种收付款凭证必须如实填明款项的来源或用途，不得巧立名目，弄虚作假，严禁利用银行存款账户搞非法活动。

（4）银行存款账户必须有足额的资金以供支付，不准签发空头支票和其他远期支付凭证。

3）银行结算方式

根据银行结算制度的规定，银行结算方式主要包括银行汇票、银行本票、商业汇票、汇兑、支票、委托收款、异地托收承付等。对于行政事业单位涉及的由预算资金的领拨和经费的支用引起的银行结算业务，通常的结算方式是支票、汇兑以及办理预算拨款的预算拨款凭证等。而对于事业单位的自筹资金收入、以前年度结余和各项往来款项，财政部门则需在商业银行为事业预算单位开设零余额账户，简称预算单位零余额账户，一个基层预算单位开设一个预算单位零余额账户。事业单位使用财政资金，应当按照规定的程序和要求，向财政部门提出设立零余额账户申请，财政部门审核同意后，书面通知代理银行，为事业单位开设预算单位零余额账户。

3. 零余额账户用款额度的概念和管理

纳入财政国库单一账户制度改革的行政事业单位，财政部门需为单位在商业银行开设零余额账户。该账户用于财政部门对行政事业单位的授权支付。单位根据经批准的单位预算和用款计划，自行向零余额账户的代理银行开具支付令，从零余额账户向收款人支付款项。代理银行再将单位开具的支付令与单位预算和用款计划进行核对，并向收款人支付款项后，于当日通过零余额账户与财政国库单一账户进行资金核算。资金核算后，单位零余额账户的余额为零。因此，行政事业单位的零余额账户是一个过渡账户，它在财政国库单一账户与收款人之间起一个过渡作用。每日终了，当代理银行与财政部门进行资金清算后，单位的零余额账户的余额就为零。零余额账户并不实存财政资金，它只是一个授权支付额度。在财政国库单一账户制度下，财政预算资金全部存放在国库单一账户。尽管如此，由于单位可以随时自行开具支付令使用零余额账户中的用款额度实现支付，因此，零余额账户用款额度是行政事业单位的一项特殊的流动资产。

零余额账户可以办理转账、提取现金等结算业务，可以向本单位按账户管理规定保留的相应账户划拨工会经费、住房公积金及提租补贴，以及经财政部门批准的特殊款项，不得违反规定向本单位其他账户和上级主管单位、所属下级单位账户划拨资金。

4. 财政应返还额度的概念

在财政国库单一账户制度下，行政事业单位的年度支出预算经批准后，分别构成行政事业单位的财政直接支付用款额度或预算指标和财政授权支付用款额度或预算指标。年度终了，当行政事业单位通过财政零余额账户发生的实际财政直接支付数小于财政直接支付用款额度数，行政事业单位就存在尚未使用的财政直接支付用款额度。同样，当行政事业单位通过事业单位零余额账户发生的实际财政授权支付数小于财政授权支付额度数，行政事业单位也就存在尚未使用的财政授权支付用款额度。财政部门对行政事业单位尚未使用的财政直接支付用款额度和财政授权支付用款额度，采用先注销后恢复的管理办法。即年度终了，财政部门对行政事业单位尚未使用的用款额度先进行注销，次年年初，财政部门再对行政事业单位尚未使用的用款额度予以恢复，供行政事业单位使用。如此，行政事业单位在年终尚未使用的当年财政直接支付用款额度和当年财政授权支付用款额度，在次年可以继续按计划使用。由此，当年尚未使用的用款额度，即构成行政事业单位的财政应返还额度。财政应返还额度只有在已经纳入财政国库单一账户制度改革的行政事业单位才存在，尚未纳入财政国库单一账户制度改革的行政单位，没有财政应返还额度的业务内容。

5. 应收及预付款项的内容和管理

1）应收及预付款项的内容

（1）应收票据。应收票据是指事业单位因开展经营活动销售产品、提供有偿服务等而收到的商业汇票,包括银行承兑汇票和商业承兑汇票。

(2) 应收账款。应收账款是指行政事业单位出租资产、出售物资提供服务应当收取的款项。

(3) 预付账款。预付账款是指行政事业单位按照购货、服务合同规定预付给供应单位(或个人)的款项,以及按照合同规定向承包工程的施工企业预付的备料款和工程款。单位依据合同规定支付的定金,也通过该科目核算。单位支付可以收回的订金,不通过该科目核算,应当通过“其他应收款”科目核算。

(4) 应收股利。应收股利是指事业单位持有长期股权投资应当收取的现金股利或应当分得的利润。

(5) 应收利息。应收利息是指事业单位长期债券投资应当收取的利息。

(6) 其他应收款。其他应收款是指行政事业单位除财政应返还额度、应收票据、应收账款、预付账款、应收股利、应收利息以外的其他各项应收及暂付款项,如职工预借的差旅费、已经偿还银行尚未报销的本单位公务卡欠款、拨付给内部有关部门的备用金、应向职工收取的各种垫付款项、支付的可以收回的订金或押金、应收的上级补助和附属单位上缴款项等。

2) 应收及预付款项的管理

应收及预付款项的管理要求主要是:

(1) 严格控制,及时结算。应收款项是待结算资金。为了避免国家资金的积压和保证其安全,各单位要严格控制,及时清理结算。各种暂付款项要按核定的预算或计划,按照规定的审批程序,并取得合法凭证,经过认真核算后支付。对于不合规定,超过预算或计划,超过需要借款,会计人员应当在耐心解释、讲清道理后,拒付或少付。

个人因公借款,借款人应在规定日期内(按单位拟定的具体办法办理)报销,余款应同时收回。如有需要应另行办理借款。前借未清的,原则上不得办理第二次预借。对少数长期无故拖欠不结者,可按规定由人事部门通知扣发工资,年终除出差未归人员借支的差旅费和预付下年度设备款等可以隔年结算外,其他借款原则上就应全部结清,不能跨年度挂账。

(2) 公款不得私借。为了加强结算资金管理,维护财经纪律,政府预算资金和其他资金等所有公款都不准用于职工借支。职工生活发生困难,而本人确实无力解决或短时间无力解决的,应当按照国家规定的困难补助标准和实际情况及经费可能,实事求是地经过批准从职工福利费或福利补助金中予以解决。职工因为遭受意外灾害或家属病丧等特殊原因,发生生活上的临时困难,而本人的经济能力能够逐步解决的,为了解决一时的用款问题,可以在各级工会领导下建立的职工互助储金会的职工互助基金中临时借支,按计划在工资中扣还。

各级领导要带头遵守财经纪律,模范执行各项规章制度,不得任意批准借用公款,更不能带头借用公款。如有发生以上拖欠和无故长期占用国家资金情况,要同时追究批准人的责任。

6. 存货的内容和管理

1) 存货的内容

存货是行政事业单位在开展业务活动及其他活动中为耗用或出售而储存的资产。包括材料、产品、包装物和低值易耗品,以及未达到固定资产标准的家具、用具、装具等。行政事业单位的存货具体可以分为在途物品、库存物品和加工物品等。

(1) 在途物品。在途物品是指单位采购材料等物资时货款已付或已开出商业汇票但尚未验收入库的在途物品的采购成本。

(2) 库存物品。库存物品是指单位在开展业务活动及其他活动中为耗用或出售而储存的各种材料、产品、包装物、低值易耗品，以及达不到固定资产标准的用具、装具、动植物等的成本。已完成的测绘、地质勘查、设计成果等的成本，也通过本科目核算。

(3) 加工物品。加工物品是指单位自制或委托外单位加工的各种物品的实际成本。未完成的测绘、地质勘查、设计成果的实际成本，也通过本科目核算。

单位随买随用的零星办公用品，可以在购进时直接列作费用，不通过本科目核算。单位控制的政府储备物资，应当通过“政府储备物资”科目核算。单位受托存储保管的物资和受托转赠的物资，应当通过“受托代理资产”科目核算。单位为在建工程购买和使用的材料物资，应当通过“工程物资”科目核算。

2) 存货的管理

单位从以下几个方面加强对存货的管理：

(1) 应当建立、健全存货的购买、验收、入库、保管和领用等一系列管理制度，明确管理责任，保证库存材料的安全和完整。

(2) 应当加强对存货的清查盘点工作。存货应至少每年盘点一次，对于盘盈和盘亏的存货，应及时查明原因，分清责任，并作出相应的处理。

(3) 存货的盘点数与账面数在盘点时应及时进行核对，对于盘点数与账面数的差额应及时进行调整，以保证存货账实相符。

(二) 长期投资的管理

长期投资是指事业单位按照规定取得的，持有时间超过 1 年(不含 1 年)的投资。事业单位的长期投资包括长期股权投资和长期债券投资。

行政单位不涉及长期投资核算业务。事业单位长期投资业务的开展应当严格遵守国家法律、行政法规以及财政部门、主管部门的有关规定。

事业单位进行长期投资，应进行可行性论证，对投资项目所需资金、预期现金流量、投资收益以及投资的安全性等进行测算和分析，重大投资项目决策实行集体审议，应当按照国家有关规定报经主管部门和财政部门批准或者备案。以实物、无形资产对外投资的，应当按照有关规定进行资产评估。事业单位的长期投资在取得时，应当按照实际支付的款项或者所转让非现金资产的评估确认价值作为入账价值。

(三) 固定资产的管理

固定资产，是指行政事业单位为满足自身开展业务活动或其他活动需要而控制的，使用年限超过 1 年(不含 1 年)、单位价值在规定标准以上，并在使用过程中基本保持原有物质形态的资产，一般包括房屋及构筑物、专用设备、通用设备等。

1. 固定资产的核算范围

要作为行政事业单位的固定资产进行核算，必须同时满足两个基本标准：

(1) 使用期限标准。按现行制度规定，固定资产的使用年限在一年以上。

(2) 单位价值标准。根据现行制度规定，一般设备单位价值在 1 000 元以上，专用设备单位价值在 1 500 元以上，应该作为固定资产进行会计核算和管理。

对于行政事业单位使用年限在一年以上、单位价值达不到规定标准的大量同类物资，如图书、家具、用具、装具等，也应作为固定资产进行核算管理。固定资产的具体划分标准，由各级主管部门根据本系统的具体情况，在上述规定范围内决定。

公共基础设施、政府储备物资、保障性住房、自然资源资产行政事业单位代管资产，非行政事业单位为满足自身开展业务活动或其他活动需要而控制的，不属于行政事业单位自有固定资产核算范围，适用其他相关政府会计准则。

2. 固定资产的分类

行政事业单位的固定资产通常分为如下六类：

第一类：房屋和构筑物。包括办公用房、职工生活用房、仓库等。

第二类：专用设备。包括各种仪器和机械设备，医疗器械，交通运输工具，文体事业单位的文体设备等。

第三类：通用设备。包括被服装具，办公与事务用的家具设备，一般文体设备等。

第四类：文物和陈列品。包括博物馆、展览馆、陈列馆和文化馆等中的文物和陈列品。

第五类：图书、档案。包括专业图书馆的图书和事业单位的技术图书、档案等。

第六类：家具、用具、装具及动植物。

3. 固定资产折旧管理

折旧是指在固定资产使用寿命内，按照确定的方法对应折旧金额进行系统分摊。行政事业单位应当对符合规定的固定资产计提折旧。具体规定如下。

1）折旧年限

行政事业单位计提固定资产折旧的行政事业单位应当根据固定资产的性质和实际使用情况，合理确定其折旧年限。省级以上财政部门、主管部门对行政事业单位固定资产折旧年限作出规定的，从其规定。

2）折旧方法

一般应当采用年限平均法或工作量法计提固定资产折旧。固定资产的应折旧金额为其成本，计提固定资产折旧不考虑预计净残值。

3）计提折旧时间

一般应当按月计提固定资产折旧。当月增加的固定资产，当月不提折旧，从下月起计提折旧；当月减少的固定资产，当月照提折旧，从下月起不提折旧。固定资产提足折旧后，无论能否继续使用，均不再计提折旧；提前报废的固定资产，也不再补提折旧。已提足折旧的固定资产，可以继续使用的，应当继续使用，规范管理。

4）融资租入固定资产计提折旧的规定

计提融资租入固定资产折旧时，应当采用与自有固定资产相一致的折旧政策。能够合理确定租赁期届满时将会取得租入固定资产所有权的，应当在租入固定资产尚可使用年限内计提折旧；无法合理确定租赁期届满时能够取得租入固定资产所有权的，应当在租赁期与租入固定资产尚可使用年限两者中较短的期间内计提折旧。

5）改、扩建固定资产计提折旧的规定

固定资产因改建、扩建或修缮等原因而延长其使用年限的，应当按照重新确定的固定资产的成本以及重新确定的折旧年限，重新计算折旧额。

6）不计提折旧的资产

（1）文物和陈列品。

（2）动植物。

（3）图书、档案。

(4) 以名义金额计量的固定资产。

(四) 在建工程的管理

在建工程用于核算行政单位已经发生必要支出，但尚未完工交付使用的各种建筑(包括新建、改建、扩建、修缮等)、设备安装工程和信息系统建设工程的实际成本。不能够增加固定资产、公共基础设施使用效能或延长其使用寿命的修缮、维护等，不通过本科目核算。

(五) 无形资产的管理

无形资产是指行政事业单位控制的没有实物形态的可辨认非货币性资产，如著作权、土地使用权、专利权、非专利技术等。单位购入的不构成相关硬件不可缺少组成部分的软件，应当作为无形资产核算。非大批量购入、单价小于 1 000 元的无形资产，可以于购买的当期将其成本直接计入当期费用。

1. 无形资产的标准

资产满足下列条件之一的，符合无形资产定义中的可辨认性标准：

(1) 能够从行政事业单位主体中分离或者划分出来，并能单独或者与相关合同、资产或负债一起，用于出售、转移、授予许可、租赁或者交换。

(2) 源自合同性权利或其他法定权利，无论这些权利是否可以从行政事业单位主体或其他权利和义务中转移或者分离。

2. 无形资产的摊销

单位应当于取得或形成无形资产时合理确定其使用年限。

无形资产的使用年限为有限的，应当估计该使用年限。无法预见无形资产为单位提供服务潜力或者带来经济利益期限的，应当视为使用年限不确定的无形资产。

单位应当对使用年限有限的无形资产进行摊销，但已摊销完毕仍继续使用的无形资产和以名义金额计量的无形资产除外。对于使用年限有限的无形资产，单位应当按照以下原则确定无形资产的摊销年限：

(1) 法律规定了有效年限的，按照法律规定的有效年限作为摊销年限。

(2) 法律没有规定有效年限的，按照相关合同或单位申请书中的受益年限作为摊销年限。

(3) 法律没有规定有效年限、相关合同或单位申请书也没有规定受益年限的，应当根据无形资产为政府会计主体带来服务潜力或者经济利益的实际情况，预计其使用年限。

(4) 非大批量购入、单价小于 1 000 元的无形资产，可以于购买的当期将其成本一次性全部转销。

(5) 应当按月对使用年限有限的无形资产进行摊销。

(6) 应当采用年限平均法或工作量法对无形资产进行摊销。

(7) 因发生后续支出而增加无形资产成本的，对于使用年限有限的无形资产，应当按照重新确定的无形资产成本以及重新确定的摊销年限计算摊销额。使用年限不确定的无形资产不应摊销。

(六) 行政事业单位代管资产的管理

1. 行政事业单位代管资产的内容

代管资产是行政事业单位为特定公共需求而控制的，能够行使一定的业主职能或者维护管理职能的公共资产，包括：公共基础设施、政府储备物资、文物文化资产、保障性住房等。

1）公共基础设施

（1）公共基础设施的概念。公共基础设施是指行政事业单位为满足社会公共需求而控制的，同时具有以下特征的有形资产：

第一，是一个有形资产系统或网络的组成部分。

第二，具有特定用途。

第三，一般不可移动。

（2）公共基础设施的范围。公共基础设施主要包括市政基础设施（如城市道路、桥梁、隧道、公交场站、路灯、广场、公园绿地、室外公共健身器材，以及环卫、排水、供水、供电、供气、供热、污水处理、垃圾处理系统等）、交通基础设施（如公路、航道、港口等）、水利基础设施（如大坝、堤防、水闸、泵站、渠道等）和其他公共基础设施。

需要注意的是以下不属于公共基础设施的范围：

第一，独立于公共基础设施、不构成公共基础设施使用不可缺少组成部分的管理维护用房屋建筑物、设备、车辆等，适用《政府会计准则第 3 号——固定资产》。

第二，属于文物文化资产的公共基础设施，适用于其他相关政府会计准则。

（3）公共基础设施折旧或摊销。一般应当采用年限平均法或工作量法计提固定资产折旧。折旧方法一经确定，不得随意变更。一般应当按月计提公共基础设施折旧。当月增加的公共基础设施，当月不提折旧，从下月起计提折旧；当月减少的公共基础设施，当月照提折旧，从下月起不提折旧。公共基础设施提足折旧后，无论能否继续使用，均不再计提折旧；提前报废的公共基础设施，也不再补提折旧。已提足折旧的公共基础设施，可以继续使用的，应当继续使用，规范管理。公共基础设施因改建、扩建或修缮等原因而延长其使用年限的，应当按照重新确定的固定资产的成本以及重新确定的折旧年限，重新计算折旧额。

2）政府储备物资

政府储备物资是指为满足实施国家安全与发展战略、进行抗灾救灾、应对公共突发事件等特定公共需求而控制的，同时具有下列特征的有形资产：

（1）在应对可能发生的特定事件或情形时动用。

（2）其购入、存储保管、更新（轮换）、动用等由政府及相关部门发布的专门管理制度规范。

政府储备物资包括战略及能源物资、抢险抗灾救灾物资、农产品、医药物资和其他重要商品物资，通常情况下由政府会计主体委托承储单位存储。

3）文物文化资产

文物文化资产是指用于展览、教育或研究等目的的历史文物、艺术品以及其他具有文化或者历史价值并作长期或者永久保存的典藏等。

4）保障性住房

保障性住房是政府为中低收入住房困难家庭所提供的限定供应对象、建设标准、销售价格或租金标准，具有社会保障性质的住房，包括经济适用房、政策性租赁住房、定向安置房及廉租房等。

2. 行政事业单位代管资产的管理要求

代管资产虽然不属于行政事业单位为履行提供公共服务职能自用的资产，但是这些代管资产是行政事业单位为了特定公共需求而控制的，行政事业单位负有一定的业主职能或者维护管理职能，在这些资产的日常管理中需要与具体使用单位协调管理，在保障资产安全完整的同时，充分发挥代管资产的使用效益，服务社会。

三、资产的确认与计量

(一) 资产的确认

行政事业单位的各项资产，在同时满足以下两个条件时，确认为行政事业单位的资产：

(1) 与该经济资源相关的服务潜力很可能实现或者经济利益很可能流入政府会计主体。

(2) 该经济资源的成本或者价值能够可靠地计量。

(二) 资产的计量

资产的计量属性主要包括历史成本、重置成本、现值、公允价值和名义金额等。行政事业单位在对资产进行计量时，一般应当采用历史成本。采用重置成本、现值、公允价值计量的，应当保证所确定的资产金额能够持续、可靠计量。

(三) 具体资产的计价规定

1. 存货的计价

单位的存货一般按实际价格计价。

(1) 购入的存货，其成本包括购买价款、相关税费、运输费、装卸费、保险费以及其他使得存货达到目前状态所发生的支出。

(2) 自行加工的存货，其成本包括耗用的直接材料费用、发生的直接人工费用和按照一定方法分配的与存货加工有关的间接费用。

(3) 委托加工的存货，其成本包括委托加工前存货成本、委托加工的成本(如委托加工费以及按规定应计入委托加工存货成本的相关税费等)以及使存货达到目前场所和状态所发生的归属于存货成本的其他支出。

下列各项应当在发生时确认为当期费用，不计入存货成本：

第一，非正常消耗的直接材料、直接人工和间接费用。

第二，仓储费用(不包括在加工过程中为达到下一个加工阶段所必需的费用)。

第三，不能归属于使存货达到目前场所和状态所发生的其他支出。

(4) 置换换入的存货，其成本按照换出资产的评估价值，加上支付的补价或减去收到的补价，加上为换入存货支付的其他费用(运输费等)确定。

(5) 接受捐赠的存货，其成本按照有关凭据注明的金额加上相关税费、运输费等确定；没有相关凭据可供取得，但依法经过资产评估的，其成本应当按照评估价值加上相关税费、运输费等确定；没有相关凭据可供取得、也未经评估的，其成本比照同类或类似存货的市场价格加上相关税费、运输费等确定；没有相关凭据也未经评估，其同类或类似存货的市场价格无法可靠取得，该存货按照名义金额入账。

(6) 无偿调入的存货，其成本按照调出方账面价值加上相关税费运输费等确定。

(7) 盘盈的存货，按规定经过资产评估的，其成本按照评估价值确定；未经资产评估的，其成本按照重置成本确定。

对于发出、领用的存货，应当根据实际情况采用先进先出法、加权平均法或者个别计价法确定发出存货的实际成本。计价方法一经确定,不得随意变更。

2. 固定资产的计价

(1) 购入的固定资产,其成本包括实际支付的购买价款、相关税费、使固定资产交付使用前所发生的可归属于该项资产的运输费、装卸费、安装费和专业人员服务费等。

(2) 自行建造的固定资产,其成本包括建造该项资产至交付使用前所发生的全部必要支出。

(3) 自行繁育的动植物,其成本包括在达到可使用状态前所发生的全部必要支出。

(4) 在原有固定资产基础上进行改建、扩建、修缮的固定资产,其成本按照原固定资产的账面价值加上改建、扩建、修缮发生的支出,再扣除固定资产拆除部分账面价值后的金额确定。

为建造固定资产借入的专门借款的利息,属于建设期间发生的,计入在建工程成本;不属于建设期间发生的,计入当期费用。

已交付使用但尚未办理竣工决算手续的固定资产,应当按照估计价值入账,待办理竣工决算后再按实际成本调整原来的暂估价值。

(5) 置换取得的固定资产,其成本按照换出资产的评估价值加上支付的补价或减去收到的补价,加上为换入固定资产支付的其他费用(运输费等)确定。

(6) 接受捐赠的固定资产,其成本按照有关凭据注明的金额加上相关税费、运输费等确定;没有相关凭据可供取得,但依法经过资产评估的,其成本应当按照评估价值加上相关税费、运输费等确定;没有相关凭据可供取得、也未经评估的,其成本比照同类或类似固定资产的市场价格加上相关税费、运输费等确定;没有相关凭据也未经评估,其同类或类似固定资产的市场价格无法可靠取得,所取得的固定资产应当按照名义金额(人民币 1 元)入账。

如受赠的系旧的固定资产,在确定其初始入账成本时应当考虑该项资产的新旧程度。

(7) 无偿调入的固定资产,其成本按照调出方账面价值加上相关税费运输费等确定。

(8) 盘盈的固定资产,按规定经过资产评估的,其成本按照评估价值确定;未经资产评估的,其成本按照重置成本确定。

(9) 融资租赁取得的固定资产,其成本按照其他相关政府会计准则确定。

3. 无形资产的计价

无形资产在取得时应当按照成本进行初始计量。

(1) 外购的无形资产,其成本包括购买价款、相关税费以及可归属于该项资产达到预定用途前所发生的其他支出。单位委托软件公司开发的软件,视同外购无形资产确定其成本。

(2) 自行开发的无形资产,其成本包括自该项目进入开发阶段后至达到预定用途前所发生的支出总额。自行研究开发项目研究阶段的支出,应当于发生时计入当期费用。开发阶段的支出,先按合理方法进行归集,如果最终形成无形资产的,应当确认为无形资产;如果最终未形成无形资产的,应当计入当期费用。自行研究开发项目尚未进入开发阶段,或者确实无法区分研究阶段支出和开发阶段支出,但按法律程序已申请取得无形资产的,应当将依法取得时发生的注册费、聘请律师费等费用确认为无形资产。自创商誉及内部产生的品牌、报刊名等不应确认为无形资产。

(3) 置换取得的无形资产,其成本按照换出资产的评估价值加上支付的补价或减去收到的补价,加上为换入无形资产支付的其他费用(运输费等)确定。

(4) 接受捐赠的无形资产,其成本按照有关凭据注明的金额加上相关税费、运输费等确定;没有相关凭据可供取得,但依法经过资产评估的,其成本应当按照评估价值加上相关税费、运输费等确定;没有相关凭据可供取得、也未经评估的,其成本比照同类或类似无形资产的市场价格加上相关税费、运输费等确定。没有相关凭据且未经资产评估、同类或类似资产的市场价格也无法可靠取得的,按照名义金额入账,相关税费计入当期费用。

(5) 无偿调入的无形资产,其成本按照调出方账面价值加上相关税费确定。

4. 代管资产的计价

1) 公共基础设施的计价

公共基础设施在取得时应当按照成本进行初始计量。

(1) 自行建造公共基础设施,其成本包括完成批准的建设内容所发生的全部必要支出。它包括建筑安装工程投资支出、设备投资支出、待摊投资支出和其他投资支出。

在原有公共基础设施基础上进行改建、扩建等建造活动后的公共基础设施,其成本按照原公共基础设施的账面价值加上改建、扩建等建造活动发生的支出,再扣除公共基础设施被替换部分账面价值后的金额确定。

为建造公共基础设施借入的专门借款的利息,属于建设期间发生的,计入该公共基础设施在建工程成本;不属于建设期间发生的,计入当期费用。

已交付使用但尚未办理竣工决算手续的公共基础设施,应当按照估计价值入账,待办理竣工决算后再按实际成本调整原来的暂估价值。

(2) 接受捐赠的公共基础设施,其成本按照有关凭据注明的金额加上相关费用确定;没有相关凭据可供取得,但依法经过资产评估的,其成本应当按照评估价值加上相关费用确定;没有相关凭据可供取得、也未经评估的,其成本比照同类或类似固定资产的市场价格加上相关费用确定。

如受赠的系旧的公共基础设施,在确定其初始入账成本时应当考虑该项资产的新旧程度。

(3) 购入的公共基础设施,其成本包括购买价款、相关税费以及公共基础设施交付使用前所发生的可归属于该项资产的运输费、装卸费、安装费和专业人员服务费等。

对于包括不同组成部分的公共基础设施,其只有总成本、没有单项组成部分成本的,单位可以按照各单项组成部分同类或类似资产的成本或市场价格比例对总成本进行分配,分别确定公共基础设施中各单项组成部分的成本。

2) 政府储备物资的计价

政府储备物资在取得时应当按照成本进行初始计量。

(1) 购入政府储备物资,其成本包括购买价款和单位承担的相关税费、运输费、装卸费、保险费、检测费以及其他使得政府储备物资达到目前状态所发生的支出。

(2) 委托加工政府储备物资,其成本包括委托加工前物料成本、委托加工的成本(如委托加工费以及按规定应计入委托加工政府储备物资成本的相关税费等)以及单位承担的使政府储备物资达到目前场所和状态所发生的归属于政府储备物资成本的其他支出。

下列各项应当在发生时确认为当期费用,不计入政府储备物资成本:

第一,仓储费用。

第二,日常维护费用。

第三,不能归属于使政府储备物资达到目前场所和状态所发生的其他支出。

（3）接受捐赠的政府储备物资，其成本按照有关凭据注明的金额加上相关税费、运输费等确定；没有相关凭据可供取得，但依法经过资产评估的，其成本应当按照评估价值加上相关税费、运输费等确定；没有相关凭据可供取得、也未经评估的，其成本比照同类或类似存货的市场价格加上相关税费、运输费等确定；没有相关凭据也未经评估，其同类或类似存货的市场价格无法可靠取得，该存货按照名义金额入账。

（4）无偿调入的政府储备物资，其成本按照调出方账面价值加上相关税费、运输费等确定。

（5）盘盈的政府储备物资，其成本按照有关凭据注明的金额确定；没有相关凭据，但按规定经过资产评估的，其成本按照评估价值确定；未经资产评估的，其成本按照重置成本确定。

单位应当根据实际情况采用先进先出法、加权平均法或者个别计价法确定发出政府储备物资发出的实际成本。计价方法一经确定，不得随意变更。

第二节　流动资产的核算

10.1　库存现金与银行存款的核算

一、货币资金的核算

（一）库存现金的核算

1. 库存现金核算的科目设置

为核算行政事业单位的库存现金，应设置“库存现金”总账科目。本科目借方反映库存现金的增加，贷方反映库存现金的减少，期末余额在借方，反映单位实际持有的库存现金。单位应当设置“库存现金日记账”，由出纳人员根据收付款凭证，按照业务发生顺序逐笔登记。每日终了，应当计算当日的现金收入合计数、现金支出合计数和结余数，并将结余数与实际库存数相核对，做到账款相符。本科目应当设置“受托代理资产”明细科目，核算单位受托代理、代管的现金。

单位有外币现金的，应当分别按照人民币、外币种类设置“库存现金日记账”进行明细核算。有关外币现金业务的账务处理参见“银行存款”科目的相关规定。

2. 库存现金的主要账务处理规定

（1）从银行等金融机构提取现金，按照实际提取的金额，借记本科目，贷记“银行存款”科目；将现金存入银行等金融机构，按照实际存入金额，借记“银行存款”科目，贷记本科目。根据规定从单位零余额账户提取现金，按照实际提取的金额，借记本科目，贷记“零余额账户用款额度”科目。将现金退回单位零余额账户，按照实际退回的金额，借记“零余额账户用款额度”科目，贷记本科目。

（2）因内部职工出差等原因借出的现金，按照实际借出的现金金额，借记“其他应收款”科目，贷记本科目。出差人员报销差旅费时，按照实际报销的金额，借记“业务活动费用”“单位管理费用”等科目，按照实际借出的现金金额，贷记“其他应收款”科目，按照其差额，借记或贷记本科目。

（3）因提供服务、物品或者其他事项收到现金，按照实际收到的金额，借记本科目，贷记“事业收入”“应收账款”等相关科目。涉及增值税业务的，相关账务处理参见“应交增值税”科目。因购买服务、物品或者其他事项支付现金，按照实际支付的金额，借记“业务活动费用”“单位管理费用”“库存物品”等相关科目，贷记本科目。涉及增值税业务的，相关账务处理参见“应交增值税”科目。

（4）以库存现金对外捐赠，按照实际捐出的金额，借记“其他费用”科目，贷记本科目。

（5）收到受托代理、代管的现金，按照实际收到的金额，借记本科目（受托代理资产），贷记“受托代理负债”科目；支付受托代理、代管的现金，按照实际支付的金额，借记“受托代理负债”科目，贷记本科目（受托代理资产）。

（6）库存现金溢余和短缺的处理。每日账款核对中发现有待查明原因的现金短缺或溢余的，应当通过“待处理财产损溢”科目核算。属于现金溢余，应当按照实际溢余的金额，借记本科目，贷记“待处理财产损溢”科目；属于现金短缺，应当按照实际短缺的金额，借记“待处理财产损溢”科目，贷记本科目。待查明原因后及时进行账务处理，具体内容参见“待处理财产损溢”科目。

对于纳入部门预算管理的现金收支业务，在采用财务会计核算的同时应当进行预算会计核算。本章对于相关预算会计核算从略。

3. 库存现金的核算举例

【例10-1】 资料：某事业单位发生以下业务。要求：编制对下述业务进行账务处理的会计分录。

（1）从零余额账户提取现金4 500元。

	借方	贷方
借：库存现金	4 500	
贷：零余额账户用款额度		4 500

（2）用现金500元购买本单位办公用品。

	借方	贷方
借：单位管理费用	500	
贷：库存现金		500

（3）职工王强因公出差，预借差旅费现金4 000元。会计分录如下：

	借方	贷方
借：其他应收款——王强	4 000	
贷：库存现金		4 000

（4）王强出差回来报销差旅费3 800元，余款退回单位。会计分录如下：

	借方	贷方
借：业务活动费用	3 800	
库存现金	200	
贷：其他应收款——王强		4 000

（5）期末盘点库存现金并对账，发现现金溢余8.19元，尚未查明原因。

	借方	贷方
借：库存现金	8.19	
贷：待处理财产损溢——库存现金		8.19

（二）银行存款的核算

1. 银行存款核算的科目设置

为核算行政事业单位存入银行或者其他金融机构的各种存款，应设置“银行存款”总账科目。本科目借方反映银行存款的增加，贷方反映银行存款的减少，期末余额在借方，反映单位实际存放在银行或其他金融机构的款项。单位应当按照开户银行或其他金融机构、存款种类及币种等，分别设置“银行存款日记账”，由出纳人员根据收付款凭证，按照业务的发生顺序逐笔登记，每日终了应结出余额。“银行存款日记账”应定期与“银行对账单”核对，至少每月核对一次。月度终了，单位银行存款日记账账面余额与银行对账单余额之间如有差额，应当逐笔查明原因并进行处理，按月编制“银行存款余额调节表”，调节相符。本科目应当设置“受托代理资产”明细科目，核算单位受托代理、代管的银行存款。

2. 银行存款的主要账务处理规定

(1) 将款项存入银行或者其他金融机构，按照实际存入的金额，借记本科目，贷记“库存现金”“应收账款”“事业收入”“经营收入”“其他收入”等相关科目。涉及增值税业务的，相关账务处理参见“应交增值税”科目。收到银行存款利息，按照实际收到的金额，借记本科目，贷记“利息收入”科目。

(2) 从银行等金融机构提取现金，按照实际提取的金额，借记“库存现金”科目，贷记本科目。以银行存款支付相关费用，按照实际支付的金额，借记“业务活动费用”“单位管理费用”“其他费用”等相关科目，贷记本科目。涉及增值税业务的，相关账务处理参见“应交增值税”科目。

(3) 以银行存款对外捐赠，按照实际捐出的金额，借记“其他费用”科目，贷记本科目。

(4) 收到受托代理、代管的银行存款，按照实际收到的金额，借记本科目(受托代理资产)，贷记“受托代理负债”科目；支付受托代理、代管的银行存款，按照实际支付的金额，借记“受托代理负债”科目，贷记本科目(受托代理资产)。

(5) 单位发生外币业务的，应当按照业务发生当日的即期汇率，将外币金额折算为人民币金额记账，并登记外币金额和汇率。期末，各种外币账户的期末余额，应当按照期末的即期汇率折算为人民币，作为外币账户期末人民币余额。调整后的各种外币账户人民币余额与原账面余额的差额，作为汇兑损益计入当期费用。具体账务处理如下：

第一，以外币购买物资、设备等，按照购入当日的即期汇率将支付的外币或应支付的外币折算为人民币金额，借记“库存物品”等科目，贷记本科目、“应付账款”等科目的外币账户。涉及增值税业务的，相关账务处理参见“应交增值税”科目。

第二，销售物品、提供服务以外币收取相关款项等，按照收入确认当日的即期汇率将收取的外币或应收取的外币折算为人民币金额，借记本科目、“应收账款”等科目的外币账户，贷记“事业收入”等相关科目。

第三，期末，根据各外币银行存款账户按照期末汇率调整后的人民币余额与原账面人民币余额的差额，作为汇兑损益，借记或贷记本科目，贷记或借记“业务活动费用”“单位管理费用”等科目。“应收账款”“应付账款”等科目有关外币账户期末汇率调整业务的账务处理参照本科目。

对于纳入部门预算管理的银行存款收支业务，在采用财务会计核算的同时应当进行预算会计核算。本章对于相关预算会计核算从略。

3. 银行存款的核算举例

【例10-2】 资料：某行政单位发生以下与银行存款有关的业务。要求：编制对下述业务进行账务处理的会计分录。

(1) 划拨方式下收到上级拨入经费 210 000 元,存入银行。

借:银行存款　　210 000
　贷:财政拨款收入　　210 000

(2) 收到银行存款利息 4 500 元;支付银行手续费 300 元。

借:银行存款　　4 500
　贷:利息收入　　4 500
借:业务活动费用　　300
　贷:银行存款　　300

【例 10-3】 资料:某事业单位发生以下与银行存款有关的业务。要求:编制对下述业务进行账务处理的会计分录。

(1) 划拨方式下收到财政部门拨入的经费补助 140 000 元。

借:银行存款　　140 000
　贷:财政拨款收入　　140 000

(2) 购买办公用品 1 200 元,以银行存款支付。

借:单位管理费用　　1 200
　贷:银行存款　　1 200

(3) 收到一笔技术转让款 \$10 000,当日汇率为 6.80。

借:银行存款——美元户　　68 000
　贷:事业收入　　68 000

(4) 月末该单位美元户存款余额为 68 000 元,\$10 000,当月月末汇率为 6.90。

汇兑损益:\$10 000×6.90−68 000=1 000(元)

借:银行存款——美元户——汇兑损益　　1 000
　贷:单位管理费用　　1 000

(三) 零余额账户用款额度的核算

10.2　零余额科目用款额度与财政应返还额度的核算

1. 零余额账户用款额度核算的科目设置

为了核算实行国库集中支付的行政事业单位根据财政部门批复的用款计划收到和支用的零余额账户用款额度,应设置"零余额账户用款额度"总账科目。本科目借方反映收到的财政授权支付额度,贷方反映财政授权支付额度的使用数,本科目期末借方余额,反映单位尚未支用的零余额账户用款额度。年末注销单位零余额账户用款额度后,本科目应无余额。

2. 零余额账户用款额度的主要账务处理规定

(1) 收到额度。单位收到"财政授权支付到账通知书"时,根据通知书所列金额,借记本科目,贷记"财政拨款收入"科目。

(2) 支用额度。动用财政授权支付额度支付各种款项时,具体按照如下进行账务处理:

第一,支付日常活动费用时,按照支付的金额,借记"业务活动费用""单位管理费用"等科目,贷记本科目。

第二，购买库存物品或购建固定资产，按照实际发生的成本，借记“库存物品”“固定资产”“在建工程”等科目，按照实际支付或应付的金额，贷记本科目、“应付账款”等科目。涉及增值税业务的，相关账务处理参见“应交增值税”科目。

第三，从零余额账户提取现金时，按照实际提取的金额，借记“库存现金”科目，贷记本科目。

(3) 因购货退回等发生财政授权支付额度退回的，按照退回的金额，借记本科目，贷记“库存物品”等科目。

(4) 年末，根据代理银行提供的对账单作注销额度的相关账务处理，借记“财政应返还额度——财政授权支付”科目，贷记本科目。

年末，单位本年度财政授权支付预算指标数大于零余额账户用款额度下达数的，根据未下达的用款额度，借记“财政应返还额度——财政授权支付”科目，贷记“财政拨款收入”科目。下年年初，单位根据代理银行提供的上年度注销额度恢复到账通知书作恢复额度的相关账务处理，借记本科目，贷记“财政应返还额度——财政授权支付”科目。单位收到财政部门批复的上年末下达零余额账户用款额度，借记本科目，贷记“财政应返还额度——财政授权支付”科目。

3. 零余额账户用款额度的核算举例

【例 10-4】 某行政单位发生以下与零余额账户用款额度有关的业务。要求：编制对下述业务进行账务处理的会计分录。

(1) 取得代理银行送来的财政授权支付额度到账通知书，本月获得财政授权额度 60 000 元。

借：零余额账户用款额度	60 000	
贷：财政拨款收入		60 000

(2) 使用零余额账户用款额度购买开展业务所需要的材料，支付价款 3 000 元。

借：库存物品——材料	3 000	
贷：零余额账户用款额度		3 000

(3) 年末，注销尚未用完的零余额账户用款额度 4 200 元。同时，该单位尚有未下达的财政授权支付额度 15 000 元。

借：财政应返还额度——财政授权支付	19 200	
贷：零余额账户用款额度		4 200
财政拨款收入		15 000

(四) 财政应返还额度的核算

1. 财政应返还额度核算的科目设置

为核算实行国库集中支付的行政事业单位应收财政返还的资金额度，包括可以使用的以前年度财政直接支付资金额度和财政应返还的财政授权支付资金额度，应设置“财政应返还额度”总账科目。本科目借方反映年末转入的应收财政返还的财政直接支付和财政授权支付的资金额度，贷方反映应收财政返还的财政直接支付和财政授权支付的资金额度的使用数或者收回数。本科目期末借方余额，反映单位应收财政返还的资金额度。本科目应当设置"财政直接支付""财政授权支付"两个明细科目进行明细核算。

2. 财政应返还额度的主要账务处理规定

(1) 财政直接支付。年末，单位根据本年度财政直接支付预算指标数大于当年财政直接支付实际发生数的差额，借记本科目(财政直接支付)，贷记"财政拨款收入"科目。

单位使用以前年度财政直接支付额度支付款项时，借记"业务活动费用""单位管理费用"等科目，贷记本科目(财政直接支付)。

(2) 财政授权支付。年末，根据代理银行提供的对账单作注销额度的相关账务处理，借记本科目(财政授权支付)，贷记"零余额账户用款额度"科目。

年末，单位本年度财政授权支付预算指标数大于零余额账户用款额度下达数的，根据未下达的用款额度，借记本科目(财政授权支付)，贷记"财政拨款收入"科目，根据已经下达尚未使用的用款额度，借记本科目(财政授权支付)，贷记"零余额账户用款额度"科目。

下年年初，单位根据代理银行提供的上年度注销额度恢复到账通知书作恢复额度的相关账务处理，借记"零余额账户用款额度"科目，贷记本科目(财政授权支付)。单位收到财政部门批复的上年未下达零余额账户用款额度，借记"零余额账户用款额度"科目，贷记本科目(财政授权支付)。

3. 财政应返还额度的核算举例

【例 10-5】 某行政单位本年度财政直接支付预算指标数为 300 000 元，财政直接支付实际支出数为 280 000 元。会计分录如下：

借：财政应返还额度——财政直接支付　　20 000
　贷：财政拨款收入　　20 000

【例 10-6】 2021 年 12 月 31 日，某行政单位与代理银行提供的对账单核对无误后，将 150 000 元零余额账户用款额度予以注销。另外，本年度财政授权支付预算指标数大于零余额账户用款额度下达数，未下达的用款额度为 200 000 元，一并予以注销。会计分录如下：

(1) 注销已下达尚未使用额度

借：财政应返还额度——财政授权支付　　150 000
　贷：零余额账户用款额度　　150 000

(2) 注销财政部门未下达的额度

借：财政应返还额度——财政授权支付　　200 000
　贷：财政拨款收入　　200 000

(3) 2022 年年初，该单位根据代理银行提供的额度恢复到账通知书及财政部门批复的上年年末未下达零余额账户用款额度恢复额度。

借：零余额账户用款额度　　350 000
　贷：财政应返还额度——财政授权支付　　350 000

(五) 其他货币资金的核算

1. 其他货币资金核算的科目设置

为了核算行政事业单位的外埠存款、银行本票存款、银行汇票存款、信用卡存款等各种其他货币资金，应当设置“其他货币资金”总账科目。本科目借方反映其他货币资金的增加数，贷方反映其他货币资金的减少数。本科目期末借方余额，反映单位实际持有的其他货币资金。本科目应设置“外埠存款”“银行本票存款”“银行汇票存款”“信用卡存款”等明细科目，进行明细核算。

2. 其他货币资金的主要账务处理规定

(1) 单位按照有关规定需要在异地开立银行账户，将款项委托本地银行汇往异地开立账户时，借记本科目，贷记“银行存款”科目。收到采购员交来供应单位发票账单等报销凭证时，借记“库存物品”等科目，贷记本科目。将多余的外埠存款转回本地银行时，根据银行的收账通知，借记“银行存款”科目，贷记本科目。

(2) 将款项交存银行取得银行本票、银行汇票，按照取得的银行本票、银行汇票金额，借记本科目，贷记“银行存款”科目。使用银行本票、银行汇票购买库存物品等资产时，按照实际支付金额，借记“库存物品”等科目，贷记本科目。如有余款或因本票、汇票超过付款期等原因而退回款项，按照退款金额，借记“银行存款”科目，贷记本科目。

(3) 将款项交存银行取得信用卡，按照交存金额，借记本科目，贷记“银行存款”科目。用信用卡购物或支付有关费用，按照实际支付金额，借记“单位管理费用”“库存物品”等科目，贷记本科目。单位信用卡在使用过程中，需向其账户续存资金的，按照续存金额，借记本科目，贷记“银行存款”科目。

单位应当加强对其他货币资金的管理，及时办理结算，对于逾期尚未办理结算的银行汇票、银行本票等，应当按照规定及时转回，并按照上述规定进行相应账务处理。

3. 其他货币资金的核算举例：

【例 10-7】 某事业单位委托某证券公司从上海证券交易所购入深发展的股票，开立证券资金账户并存入资金 450 000 元。会计分录如下：

借：其他货币资金——存出投资款　　450 000
　贷：银行存款　　450 000

购入深发展股票时：

借：长期股权投资　　450 000
　贷：其他货币资金——存出投资款　　450 000

二、短期投资的核算

(一) 短期投资核算的科目设置

为核算事业单位取得的持有时间不超过 1 年(含 1 年)的投资，应当设置“短期投资”总账科目。本科目借方反映事业单位开展短期投资而增加的短期投资成本，贷方反映转让或者到期兑付而减少的短期投资成本。本科目期末借方余额，反映事业单位持有短期投资的成本。本科目应当按照投资的种类等进行明细核算。

(二) 短期投资的主要账务处理规定

(1) 取得短期投资时，按照确定的投资成本，借记本科目，贷记“银行存款”等科目。收到取得投资时实际支付价款中包含的已到付息期但尚未领取的利息，按照实际收到的金额，借记“银行存款”科目，贷记本科目。

(2) 收到短期投资持有期间的利息，按照实际收到的金额，借记“银行存款”科目，贷记“投资收益”科目。

(3) 出售短期投资或到期收回短期投资本息，按照实际收到的金额，借记“银行存款”科目，按照出售或收回短期投资的账面余额，贷记本科目，按照其差额，借记或贷记“投资收益”科目。涉及增值税业务的，相关账务处理参见“应交增值税”科目。

(三) 短期投资的核算举例

【例10-8】 某体育馆中心使用闲置的事业基金(专用基金)购买国债进行短期投资，发生以下业务。要求：编制该单位对下述业务进行账务处理的会计分录。

(1) 购买国债50 000元。

借：短期投资	50 000	
贷：银行存款		50 000

(2) 出售该批国债取得净金额50 200元。

借：银行存款	50 200	
贷：短期投资		50 000
投资收益		200

三、应收及预付款项的核算

(一) 应收票据的核算

1. 应收票据核算的科目设置

为核算事业单位因开展经营活动销售产品、提供有偿服务等而收到的商业汇票，包括银行承兑汇票和商业承兑汇票，应设置“应收票据”总账科目。本科目借方反映收到的商业汇票金额，贷方反映到期兑付的商业汇票金额。本科目期末借方余额，反映事业单位持有的商业汇票票面金额。本科目应按照开出、承兑商业汇票的单位等进行明细核算。事业单位应当设置“应收票据备查簿”，逐笔登记每一应收票据的种类、号数、出票日期、到期日、票面金额、交易合同号和付款人、承兑人、背书人姓名或单位名称、背书转让日、贴现日期、贴现率和贴现净额、收款日期、收回金额和退票情况等。应收票据到期结清票款或退票后，应当在备查簿内逐笔注销。

2. 应收票据的主要账务处理规定

(1) 因销售产品、提供服务等收到商业汇票，按照商业汇票的票面金额，借记本科目，按照确认的收入金额，贷记“经营收入”等科目。涉及增值税业务的，相关账务处理参见“应交增值税”科目。

(2) 持未到期的商业汇票向银行贴现，按照实际收到的金额(即扣除贴现息后的净额)，借记“银行存款”科目，按照贴现息金额，借记“经营费用”等科目，按照商业汇票的票面金额，贷记本科目(无追索权)或“短期借款”科目(有追索权)。附追索权的商业汇票到期未发生追索事项的，按照商业汇票的票面金额，借记“短期借款”科目，贷记本科目。

(3) 将持有的商业汇票背书转让以取得所需物资时，按照取得物资的成本，借记“库存物品”等科目，按照商业汇票的票面金额，贷记本科目，如有差额，借记或贷记“银行存款”等科目。涉及增值税业务的，相关账务处理参见“应交增值税”科目。

(4) 商业汇票到期时，应当分别以下情况处理：

第一，收回票款时，按照实际收到的商业汇票票面金额，借记“银行存款”科目，贷记本科目。

第二，因付款人无力支付票款，收到银行退回的商业承兑汇票、委托收款凭证、未付票款通知书或拒付款证明等，按照商业汇票的票面金额，借记“应收账款”科目，贷记本科目。

3. 应收票据的核算举例

【例 10-9】 某单位销售产品一批，价款 10 000 元，增值税额 1 300 元，款项尚未收到，收到对方开出商业承兑汇票一张，期限 3 个月。汇票到期后，承兑单位如期付款。若上述汇票到期后，承兑单位无力付款。会计分录如下：

借：应收票据　　11 300
　贷：经营收入　　10 000
　　　应交增值税——应交税费(销项税额)　　1 300

汇票到期后，承兑单位如期付款：

借：银行存款　　11 600
　贷：应收票据　　11 600

若汇票到期后，承兑单位无力付款：

借：应收账款　　11 600
　贷：应收票据　　11 600

【例 10-10】 某单位因资金周转需要，持未到期的不带息商业承兑汇票到银行贴现(假设不附追索权)。票据面值 20 000 元，期限 3 个月，单位已持有 1 个月，银行的贴现率为年率 6%。会计分录如下：

贴现实收金额＝20 000－20 000×6%×2÷12＝19 800(元)

借：银行存款　　19 800
　　其他费用　　200
　贷：应收票据　　20 000

(二) 应收账款的核算

1. 应收账款核算的科目设置

为核算事业单位提供服务、销售产品等应收取的款项，以及单位因出租资产、出售物资等应收取的款项，应设置“应收账款”总账科目。本科目借方反映应收账款的增加数，贷方反映应收账款的收回数。本科目期末借方余额，反映单位尚未收回的应收账款。本科目应当按照债务单位(或个人)进行明细核算。

2. 应收账款的主要账务处理规定

(1) 不需上缴财政的应收账款。单位发生应收账款时，按照应收未收金额，借记本科目，贷记“事业收入”“经营收入”“租金收入”“其他收入”等科目。涉及增值税业务的，相关账务处理参见“应交增值税”科目。收回应收账款时，按照实际收到的金额，借记“银行存款”等科目，贷记本科目。

（2）需上缴财政的应收账款。单位出租资产或出售物资发生应收未收款项时，按照应收未收金额，借记本科目，贷记“应缴财政款”科目。收回应收账款时，按照实际收到的金额，借记“银行存款”等科目，贷记本科目。涉及增值税业务的，相关账务处理参见“应交增值税”科目。

（3）不需上缴财政的应收账款的核销。事业单位应当于每年年末，对收回后不需上缴财政的应收账款进行全面检查，如发生不能收回的迹象，应当计提坏账准备。对于账龄超过规定年限、确认无法收回的应收账款，按照规定报经批准后予以核销。按照核销金额，借记“坏账准备”科目，贷记本科目。核销的应收账款应在备查簿中保留登记。已核销的应收账款在以后期间又收回的，按照实际收回金额，借记本科目，贷记“坏账准备”科目；同时，借记“银行存款”等科目，贷记本科目。

（4）需上缴财政的应收账款的核销。单位应当于每年年末，对收回后应当上缴财政的应收账款进行全面检查。对于账龄超过规定年限、确认无法收回的应收账款，按照规定报经批准后予以核销。按照核销金额，借记“应缴财政款”科目，贷记本科目。核销的应收账款应当在备查簿中保留登记。已核销的应收账款在以后期间又收回的，按照实际收回金额，借记“银行存款”等科目，贷记“应缴财政款”科目。

3. 应收账款的核算举例

【例 10-11】 某事业单位发生以下与应收账款有关的业务核算。要求：编制下述业务进行账务处理的会计分录。

（1）采用委托收款结算方式销售产品一批，产品售价 20 000 元，增值税 2 600 元，发运时以银行存款代垫运杂费 600 元，产品已发运，并向银行办妥委托收款手续。

借：应收账款	23 200	
贷：经营收入		20 000
应交增值税——应交税费（销项税额）		2 600
银行存款		600

（2）收到开户行转来的收款通知，前述委托收取的账款 24 000 元，全部收回并存入单位的存款户内。

借：银行存款	24 000	
贷：应收账款		24 000

（3）收到甲公司签发商品汇票一张，面值 5 000 元，用以抵付前欠的账款。

借：应收票据	5 000	
贷：应收账款		5 000

（三）预付账款的核算

1. 应付账款核算的科目设置

为核算单位按照购货、服务合同或协议规定预付给供应单位（或个人）的款项，以及按照合同规定向承包工程的施工企业预付的备料款和工程款，应设置“预付账款”总账科目。本科目借方反映预付账款的增加数，贷方反映预付账款的结算数或者收回数。本科目期末借方余额，反映单位实际预付但尚未结算的款项。本科目应当按照供应单位（或个人）及具体项目进行明细核算。对于基本建设项目发生的预付账款，还应当在本科目所属基建项目明细科目下设置“预付备料款”“预付工程款”“其他预付款”等明细科目，进行明细核算。

2. 预付账款的主要账务处理规定

（1）根据购货、服务合同或协议规定预付款项时，按照预付金额，借记本科目，贷记“财政拨款收入”“零余额账户用款额度”“银行存款”等科目。

（2）收到所购资产或服务时，按照购入资产或服务的成本，借记“库存物品”“固定资产”“无形资产”“业务活动费用”等相关科目，按照相关预付账款的账面余额，贷记本科目，按照实际补付的金额，贷记“财政拨款收入”“零余额账户用款额度”“银行存款”等科目。涉及增值税业务的，相关账务处理参见“应交增值税”科目。

（3）根据工程进度结算工程价款及备料款时，按照结算金额，借记“在建工程”科目，按照相关预付账款的账面余额，贷记本科目，按照实际补付的金额，贷记“财政拨款收入”“零余额账户用款额度”“银行存款”等科目。

（4）发生预付账款退回的，按照实际退回金额，借记“财政拨款收入”（本年直接支付）、“财政应返还额度”（以前年度直接支付）、“零余额账户用款额度”“银行存款”等科目，贷记本科目。

（5）预付账款年末处理。单位应当于每年年末，对预付账款进行全面检查。如果有确凿证据表明预付账款不再符合预付款项性质，或者因供应单位破产、撤销等原因可能无法收到所购货物、服务的，应当先将其转入其他应收款，再按照规定进行处理。将预付账款账面余额转入其他应收款时，借记“其他应收款”科目，贷记本科目。

3. 预付账款的核算举例

【例10-12】 某单位发生以下与预付账款有关的业务。要求：编制该单位会计下述业务进行账务处理的会计分录。

（1）向A公司订购甲材料一批，按合同规定，预付该公司材料款50 000元，以银行存款支付。

	借方	贷方
借：预付账款——A公司	50 000	
贷：银行存款		50 000

（2）单位在合同收货期收到A公司运达的甲材料，A公司开出的增值税专用发票列示：材料价款100 000元，增值税额13 000元。按合同规定，将预付材料款抵作应付账款，余款63 000元以银行存款补付。会计分录如下：

	借方	贷方
借：库存物品	100 000	
应交增值税——应交税费（进项税额）	13 000	
贷：预付账款——A公司		50 000
银行存款		63 000

（四）应收股利的核算

1. 应收股利核算的科目设置

为核算事业单位持有长期股权投资收取的现金股利或应当分得的利润，应当设置“应收股利”总账科目。本科目借方反映应收现金股利或应当分得的利润的增加数，贷方反映应收现金股利或应当分得的利润的收回数。本科目期末借方余额，反映事业单位应当收取但尚未收到的现金股利或利润。本科目应当按照被投资单位等进行明细核算。

2. 应收股利的主要账务处理规定

（1）取得长期股权投资时，按照支付的价款中所包含的已宣告但尚未发放的现金股利，借记本科目，按照确定的长期股权投资成本，借记“长期股权投资”科目，按照实际支付的金额，贷记“银行存款”等科目。收到取得投资时实际支付价款中所包含的已宣告但尚未发放的现金股利时，按照收到的金额，借记“银行存款”科目，贷记本科目。

（2）长期股权投资持有期间，被投资单位宣告发放现金股利或利润的，按照应享有的份额，借记本科目，贷记“投资收益”（成本法下）或“长期股权投资”（权益法下）科目。

（3）实际收到现金股利或利润时，按照收到的金额，借记“银行存款”等科目，贷记本科目。

3. 应收股利的核算举例

【例 10-13】 某事业单位以银行存款购买甲股份有限公司的股票 2 000 股作为长期投资，每股买入价为 15 元，每股价格中包含有 0.1 元的已宣告分派的现金股利，另支付相关税费 800 元。会计分录如下：

（1）购入股票时：

现金股利＝2 000×0.1＝200（元）

借：长期股权投资	30 600	
应收股利	200	
贷：银行存款		30 800

（2）收到股利时：

借：银行存款	200	
贷：应收股利		200

（五）应收利息的核算

1. 应收利息核算的科目设置

为核算事业单位长期债券投资应当收取的利息，应当设置“应收利息”总账科目。事业单位购入的到期一次还本付息的长期债券投资持有期间的利息，应当通过“长期债券投资——应计利息”科目核算，不通过本科目核算。本科目借方反映事业单位开展长期债券投资应收的利息，贷方反映收到的长期债券利息。本科目期末借方余额，反映事业单位应收未收的长期债券投资利息。本科目应当按照被投资单位等进行明细核算。

2. 应收利息的主要账务处理规定

（1）取得长期债券投资，按照确定的投资成本，借记“长期债券投资”科目，按照支付的价款中包含的已到付息期但尚未领取的利息，借记本科目，按照实际支付的金额，贷记“银行存款”等科目。收到取得投资时实际支付价款中所包含的已到付息期但尚未领取的利息时，按照收到的金额，借记“银行存款”等科目，贷记本科目。

（2）按期计算确认长期债券投资利息收入时，对于分期付息、一次还本的长期债券投资，按照以票面金额和票面利率计算确定的应收未收利息金额，借记本科目，贷记“投资收益”科目。

(3) 实际收到应收利息时，按照收到的金额，借记“银行存款”等科目，贷记本科目。

3. 应收利息的核算举例

【例10-14】 2021年1月1日，某行政单位购入3209号国库券，总额为290 000元，利率为5%，每年付息一次。会计分录如下：

(1) 2021年12月31日，计提利息：

290 000×5%=14 500(元)

借：应收利息　　14 500
　贷：投资收益　　14 500

(2) 实际收到时：

借：银行存款　　14 500
　贷：应收利息　　14 500

(六) 其他应收款的核算

1. 其他应收款核算的科目设置

为了核算单位除财政应返还额度、应收票据、应收账款、预付账款、应收股利、应收利息以外的其他各项应收及暂付款项。具体包括职工预借的差旅费、已经偿还银行尚未报销的本单位公务卡欠款、拨付给内部有关部门的备用金、应向职工收取的各种垫付款项、支付的可以收回的订金或押金、应收的上级补助和附属单位上缴款项等，单位设置“其他应收款”总账科目。本科目借方反映其他应收款的增加数，贷方反映其他应收款的收回数或者减少数。本科目期末借方余额，反映单位尚未收回的其他应收款。本科目应当按照其他应收款的类别以及债务单位(或个人)进行明细核算。

2. 其他应收款的主要账务处理规定

(1) 发生其他各种应收及暂付款项时，按照实际发生金额，借记本科目，贷记“零余额账户用款额度”“银行存款”“库存现金”“上级补助收入”“附属单位上缴收入”等科目。涉及增值税业务的，相关账务处理参见“应交增值税”科目。收回其他各种应收及暂付款项时，按照收回的金额，借记“库存现金”“银行存款”等科目，贷记本科目。

(2) 单位内部实行备用金制度的，有关部门使用备用金以后应当及时到财务部门报销并补足备用金。财务部门核定并发放备用金时，按照实际发放金额，借记本科目，贷记“库存现金”等科目。根据报销金额用现金补足备用金定额时，借记“业务活动费用”“单位管理费用”等科目，贷记“库存现金”等科目，报销数和拨补数都不再通过本科目核算。

(3) 偿还尚未报销的本单位公务卡欠款时，按照偿还的款项，借记本科目，贷记“零余额账户用款额度”“银行存款”等科目；持卡人报销时，按照报销金额，借记“业务活动费用”“单位管理费用”等科目，贷记本科目。

(4) 将预付账款账面余额转入其他应收款时，借记本科目，贷记“预付账款”科目。具体说明参见“预付账款”科目。

(5) 事业单位其他应收款的核销。事业单位应当于每年年末，对其他应收款进行全面检查，如发生不能收回的迹象，应当计提坏账准备。对于账龄超过规定年限、确认无法收回的其他应收款，按照规定报经批准后予以核销。按照核销金额，借记“坏账准备”科目，贷记本科目。核销的其他应收款应当在备查簿中保留登记。已核销的其他应收款在以后期间又收回的，按照实际收回金额，借记本科目，贷记“坏账准备”科目；同时，借记“银行存款”等科目，贷记本科目。

(6) 行政单位其他应收款的核销。行政单位应当于每年年末，对其他应收款进行全面检查。对于超过规定年限、确认无法收回的其他应收款，应当按照有关规定报经批准后予以核销。核销的其他应收款应在备查簿中保留登记。经批准核销其他应收款时，按照核销金额，借记“资产处置费用”科目，贷记本科目。已核销的其他应收款在以后期间又收回的，按照收回金额，借记“银行存款”等科目，贷记“其他收入”科目。

3. 其他应收款的核算举例

【例 10-15】 某事业单位发生以下与其他应收款有关的业务。要求：编制下述业务进行账务处理的会计分录。

(1) 向 A 公司购进材料一批，价值 18 000 元，但是因部分材料不合格，向 A 公司索赔，经协商 A 公司赔款 1 000 元，款项已经收到。

同意赔款时：

借：其他应收款　　1 000

　贷：其他收入　　1 000

收到赔款时：

借：库存现金　　1 000

　贷：其他应收款　　1 000

(2) 业务部门张三预借 8 000 元差旅费，款项以现金支付。

借：其他应收款——差旅费——张三　　8 000

　贷：库存现金　　8 000

(3) 张三报销 7 600 元差旅费，同时归还 400 元预借款。

借：库存现金　　400

　　单位管理费用　　7 600

　贷：其他应收款——差旅费——张三　　8 000

(七) 坏账准备的核算

1. 坏账准备核算的科目设置

为准确反映事业单位不需上缴财政的应收账款和其他应收款的状态，需要对不需上缴财政的应收账款和其他应收款提取的坏账准备。事业单位设置“坏账准备”总账科目，本科目借方反映由于核销坏账损失而减少的坏账准备，贷方反映坏账准备的计提数。本科目期末贷方余额，反映事业单位提取的坏账准备金额。本科目应当分别应收账款和其他应收款进行明细核算。

2. 坏账准备的计提方法及其计算

事业单位应当于每年年末，对收回后不需上缴财政的应收账款和其他应收款进行全面检查，分析其可收回性，对预计可能产生的坏账损失计提坏账准备、确认坏账损失。事业单位可以采用应收款项余额百分比法、账龄分析法、个别认定法等方法计提坏账准备。坏账准备计提方法一经确定，不得随意变更。如需变更，应当按照规定报经批准，并在财务报表附注中予以说明。

当期应补提或冲减的坏账准备金额的计算公式如下：

$$\frac{\text{当期应补提或}}{\text{冲减的坏账准备}}=\frac{\text{按照期末应收账款和其他应收}}{\text{款计算应计提的坏账准备余额}}-\frac{\text{本科目期末}}{\text{贷方余额}}\text{（或＋本科目期末借方余额）}$$

3. 坏账准备的主要账务处理规定

(1) 提取坏账准备时，借记“其他费用”科目，贷记本科目；冲减坏账准备时，借记本科目，贷记“其他费用”科目。

(2) 对于账龄超过规定年限并确认无法收回的应收账款、其他应收款，应当按照有关规定报经批准后，按照无法收回的金额，借记本科目，贷记“应收账款”“其他应收款”科目。已核销的应收账款、其他应收款在以后期间又收回的，按照实际收回金额，借记“应收账款”“其他应收款”科目，贷记本科目；同时，借记“银行存款”等科目，贷记“应收账款”“其他应收款”科目。

4. 坏账准备的核算举例

【例 10-16】 某事业单位 2020 年年末应收账款的余额为 1 200 000 元，提取坏账准备的比例为 5‰；2021 年发生坏账损失 7 000 元，期末应收账款余额为 1 500 000 元；2022 年，已冲销的上年坏账又收回，期末应收账款余额为 1 800 000 元。会计分录如下：

(1) 2020 年提取坏账准备。

1 200 000×5‰＝6 000(元)

借：其他费用　　6 000
　贷：坏账准备　　6 000

(2) 2021 年发生坏账时。

借：坏账准备　　7 000
　贷：应收账款　　7 000

(3) 2021 年年末按应收账款的余额计提坏账准备。

“坏账准备”科目余额＝6 000－7 000＝－1 000(元)
当年应计提的坏账准备＝1 500 000×5‰＋1 000＝8 500(元)

借：其他费用　　8 500
　贷：坏账准备　　8 500

(4) 2022 年收回上年已冲销的坏账 5 000 元。

借：应收账款　　5 000
　贷：坏账准备　　5 000
借：银行存款　　5 000
　贷：应收账款　　5 000

(5) 2022 年年末计提坏账准备。

“坏账准备”科目余额＝7 500＋5 000＝12 500(元)
当年应计提的坏账准备＝1 800 000×5‰－12 500＝－3 500(元)

借：坏账准备　　3 500
　贷：其他费用　　3 500

四、存货的核算

(一) 在途物品的核算

1. 在途物品核算的科目设置

为核算单位采购材料等物资时货款已付或已开出商业汇票但尚未验收入库的在途物品的采购成本,需要设置"在途物品"总账科目。本科目借方反映货款已付或已开出商业汇票但尚未验收入库的在途物品的采购成本,贷方反映验收入库的在途物品的采购成本。本科目期末借方余额,反映单位在途存货的采购成本。本科目可按照供应单位和存货种类进行明细核算。

2. 在途物品的主要账务处理规定

(1) 单位购入材料等存货,按照确定的存货采购成本的金额,借记本科目,按照实际支付的金额,贷记"财政拨款收入""零余额账户用款额度""银行存款"等科目。涉及增值税业务的,相关账务处理参见"应交增值税"科目。

(2) 所购材料等存货到达验收入库,按照确定的库存存货成本金额,借记"库存物品"科目,按照存货采购成本金额,贷记本科目,按照使得入库存货达到目前场所和状态所发生的其他支出,贷记"银行存款"等科目。

3. 在途物品的核算举例

【例10-17】 某事业单位以政府集中采购的方式采购自用材料一批,价款、相关税费、运输费、装卸费、保险费以及使得存货达到目前场所和状态所发生的归属于存货成本的其他支出总计19 430元。款项已通过财政直接支付方式支付,材料尚未运达。会计分录如下:

借:在途物品　　19 430
　贷:财政拨款收入　　19 430

(二) 库存物品的核算

10.3 库存物品的核算

1. 库存物品核算的科目设置

为了核算单位在开展业务活动及其他活动中为耗用或出售而储存的各种材料、产品、包装物、低值易耗品,以及达不到固定资产标准的用具、装具、动植物等的成本,应设置"库存物品"总账科目。本科目借方反映入库的各项库存物品的成本,贷方反映出库的各项库存物品的成本。本科目期末借方余额,反映单位库存物品的实际成本。本科目应当按照库存物品的种类、规格、保管地点等进行明细核算。单位储存的低值易耗品、包装物较多的,可以在本科目(低值易耗品、包装物)下按照"在库""在用"和"摊销"等进行明细核算。

已完成的测绘、地质勘查、设计成果等的成本,也通过本科目核算。

单位随买随用的零星办公用品,可以在购进时直接列作费用,不通过本科目核算。

单位控制的政府储备物资,应当通过"政府储备物资"科目核算,不通过本科目核算。

受托存储保管的物资和受托转赠的物资,应当通过"受托代理资产"科目核算,不通过本科目核算。

单位为在建工程购买和使用的材料物资，应当通过“工程物资”科目核算，不通过本科目核算。

2. 库存物品的主要账务处理规定

1）取得库存物品

取得的库存物品，应当按照其取得时的成本入账。具体核算如下：

（1）外购的库存物品验收入库，按照确定的成本，借记本科目，贷记“财政拨款收入”“零余额账户用款额度”“银行存款”“应付账款”“在途物品”等科目。涉及增值税业务的，相关账务处理参见“应交增值税”科目。

（2）自制的库存物品加工完成并验收入库，按照确定的成本，借记本科目，贷记“加工物品——自制物品”科目。

（3）委托外单位加工收回的库存物品验收入库，按照确定的成本，借记本科目，贷记“加工物品——委托加工物品”等科目。

（4）接受捐赠的库存物品验收入库，按照确定的成本，借记本科目，按照发生的相关税费、运输费等，贷记“银行存款”等科目，按照其差额，贷记“捐赠收入”科目。接受捐赠的库存物品按照名义金额入账的，按照名义金额，借记本科目，贷记“捐赠收入”科目；同时，按照发生的相关税费、运输费等，借记“其他费用”科目，贷记“银行存款”等科目。

（5）无偿调入的库存物品验收入库，按照确定的成本，借记本科目，按照发生的相关税费、运输费等，贷记“银行存款”等科目，按照其差额，贷记“无偿调拨净资产”科目。

（6）置换换入的库存物品验收入库，按照确定的成本，借记本科目，按照换出资产的账面余额，贷记相关资产科目（换出资产为固定资产、无形资产的，还应当借记“固定资产累计折旧”“无形资产累计摊销”科目），按照置换过程中发生的其他相关支出，贷记“银行存款”等科目，按照借贷方差额，借记“资产处置费用”科目或贷记“其他收入”科目。涉及补价的，分别以下情况处理：

第一，支付补价的，按照确定的成本，借记本科目，按照换出资产的账面余额，贷记相关资产科目（换出资产为固定资产、无形资产的，还应当借记“固定资产累计折旧”“无形资产累计摊销”科目），按照支付的补价和置换过程中发生的其他相关支出，贷记“银行存款”等科目，按照借贷方差额，借记“资产处置费用”科目或贷记“其他收入”科目。

第二，收到补价的，按照确定的成本，借记本科目，按照收到的补价，借记“银行存款”等科目，按照换出资产的账面余额，贷记相关资产科目（换出资产为固定资产、无形资产的，还应当借记“固定资产累计折旧”“无形资产累计摊销”科目），按照置换过程中发生的其他相关支出，贷记“银行存款”等科目，按照补价扣减其他相关支出后的净收入，贷记“应缴财政款”科目，按照借贷方差额，借记“资产处置费用”科目或贷记“其他收入”科目。

2）发出库存物品

库存物品在发出时，分别以下情况处理：

（1）单位开展业务活动等领用、按照规定自主出售发出或加工发出库存物品，按照领用、出售等发出物品的实际成本，借记“业务活动费用”“单位管理费用”“经营费用”“加工物品”等科目，贷记本科目。

采用一次转销法摊销低值易耗品、包装物的，在首次领用时将其账面余额一次性摊销计入有关成本费用，借记有关科目，贷记本科目。

采用五五摊销法摊销低值易耗品、包装物的,首次领用时,将其账面余额的50%摊销计入有关成本费用,借记有关科目,贷记本科目;使用完时,将剩余的账面余额转销计入有关成本费用,借记有关科目,贷记本科目。

(2) 经批准对外出售的库存物品(不含可自主出售的库存物品)发出时,按照库存物品的账面余额,借记"资产处置费用"科目,贷记本科目;同时,按照收到的价款,借记"银行存款"等科目,按照处置过程中发生的相关费用,贷记"银行存款"等科目,按照其差额,贷记"应缴财政款"科目。

(3) 经批准对外捐赠的库存物品发出时,按照库存物品的账面余额和对外捐赠过程中发生的归属于捐出方的相关费用合计数,借记"资产处置费用"科目,按照库存物品账面余额,贷记本科目,按照对外捐赠过程中发生的归属于捐出方的相关费用,贷记"银行存款"等科目。

(4) 经批准无偿调出的库存物品发出时,按照库存物品的账面余额,借记"无偿调拨净资产"科目,贷记本科目;同时,按照无偿调出过程中发生的归属于调出方的相关费用,借记"资产处置费用"科目,贷记"银行存款"等科目。

(5) 经批准置换换出的库存物品,参照本科目有关置换换入库存物品的规定进行账务处理。

3) 库存物品清查盘点

单位应当定期对库存物品进行清查盘点,每年至少盘点一次。对于发生的库存物品盘盈、盘亏或者报废、毁损,应当先计入"待处理财产损溢"科目,按照规定报经批准后及时进行后续账务处理。

(1) 盘盈的库存物品,其成本按照有关凭据注明的金额确定;没有相关凭据、但按照规定经过资产评估的,其成本按照评估价值确定;没有相关凭据、也未经过评估的,其成本按照重置成本确定。如无法采用上述方法确定盘盈的库存物品成本的,按照名义金额入账。盘盈的库存物品,按照确定的入账成本,借记本科目,贷记"待处理财产损溢"科目。

(2) 盘亏或者毁损、报废的库存物品,按照待处理库存物品的账面余额,借记"待处理财产损溢"科目,贷记本科目。属于增值税一般纳税人的单位,若因非正常原因导致的库存物品盘亏或毁损,还应当将与该库存物品相关的增值税进项税额转出,按照其增值税进项税额,借记"待处理财产损溢"科目,贷记"应交增值税——应交税费(进项税额转出)"科目。

3. 库存物品的核算举例

【例10-18】 承接[例10-17],材料运抵该单位经验收入库。会计分录如下:

借:库存物品　　19 430
　贷:在途物品　　19 430

【例10-19】 某行政单位与某单位通过置换,换入一批办公用品。换出资产账面价值5 400元,评估价为5 900元,零余额账户支付补价700元,另零余额账户支付运杂费400元,办公用品已入库。会计分录如下:

借:库存物品　　7 000
　贷:待处理财产损溢　　5 400
　　其他收入　　500
　　零余额账户用款额度(700+400)　　1 100

【例 10-20】 某事业单位接受社会捐赠一批材料，没有附相关凭据。此材料在市场中并无销售，无法可靠取得其评估价值和市场价格，经批准以名义金额入账。接收材料捐赠时，发生税费支出 100 元，通过转账支付。会计分录如下：

借：库存物品　　1
　贷：捐赠收入　　1
借：其他费用　　100
　贷：银行存款　　100

【例 10-21】 某事业单位从其他单位无偿调入一台专用工具。该设备账面价值为 1 980 元。设备调入时发生运费 50 元，以现金支付。会计分录如下：

借：库存物品　　2 030
　贷：库存现金　　50
　　无偿调拨净资产　　1 980

【例 10-22】 某事业单位月末盘盈一批存货，该存货共计 12 000 元。会计分录如下：

(1) 盘盈转入待处理财产损溢时。

借：库存物品　　12 000
　贷：待处理财产损溢　　12 000

(2) 报经批准后。

借：待处理财产损溢　　12 000
　贷：单位管理费用　　12 000

【例 10-23】 某事业单位出售一批存货，成本共计 42 300 元，取得价款 57 500 元。处置净收入作应缴款项。会计分录如下：

借：资产处置费用　　42 300
　贷：库存物品　　42 300
借：银行存款　　57 500
　贷：应缴财政款　　57 500

【例 10-24】 某行政单位捐赠一批生活物资存货给山区贫困家庭，共计 25 800 元；无偿调出存货，账面价值 17 200 元。会计分录如下：

(1) 对外捐赠。

借：资产处置费用　　25 800
　贷：库存物品　　25 800

(2) 无偿调拨。

借：无偿调拨净资产　　17 200
　贷：库存物品　　17 200

【例 10-25】 某行政单位一批物资存货发生毁损报废，账面余额 320 000 元，经批准予以核销。获得保险公司赔偿 21 000 元，作为应缴财政款，上缴财政。会计分录如下：

(1) 转入待处理资产时。

借：待处理财产损溢——待处理财产价值　　320 000
　贷：库存物品　　320 000

（2）经批准予以核销时。

借：资产处置费用　　320 000
　贷：待处理财产损溢——待处理财产价值　　320 000

（3）收到保险公司理赔。

借：银行存款　　21 000
　贷：待处理财产损溢——待处理净收入　　21 000

（4）结转保险公司理赔净收入。

借：待处理财产损溢——待处理净收入　　21 000
　贷：应缴财政款　　21 000

（三）加工物品的核算

1. 加工物品核算的科目设置

为核算单位自制或委托外单位加工的各种物品的实际成本，设置“加工物品”总账科目。本科目借方反映发出加工的物品在加工过程中发生的各项材料费、加工费、运输费等各项成本，贷方反映完工入库的加工物品成本。本科目期末借方余额，反映单位自制或委托外单位加工但尚未完工的各种物品的实际成本。本科目应当设置“自制物品”“委托加工物品”两个一级明细科目，并按照物品类别、品种、项目等设置明细账，进行明细核算。本科目“自制物品”一级明细科目下应当设置“直接材料”“直接人工”“其他直接费用”等二级明细科目归集自制物品发生的直接材料、直接人工（专门从事物品制造人员的人工费）等直接费用；对于自制物品发生的间接费用，应当在本科目“自制物品”一级明细科目下单独设置“间接费用”二级明细科目予以归集，期末再按照一定的分配标准和方法，分配计入有关物品的成本。

未完成的测绘、地质勘查、设计成果的实际成本，也通过本科目核算。

2. 加工物品的主要账务处理规定

1）自制物品

（1）为自制物品领用材料等，按照材料成本，借记本科目（自制物品——直接材料），贷记“库存物品”科目。

（2）专门从事物品制造的人员发生的直接人工费用，按照实际发生的金额，借记本科目（自制物品——直接人工），贷记“应付职工薪酬”科目。

（3）为自制物品发生的其他直接费用，按照实际发生的金额，借记本科目（自制物品——其他直接费用），贷记“零余额账户用款额度”“银行存款”等科目。

（4）为自制物品发生的间接费用，按照实际发生的金额，借记本科目（自制物品——间接费用），贷记“零余额账户用款额度”“银行存款”“应付职工薪酬”“固定资产累计折旧”“无形资产累计摊销”等科目。间接费用一般按照生产人员工资、生产人员工时、机器工时、耗用材料的数量或成本、直接费用（直接材料和直接人工）或产品产量等进行分配。单位可根据具体情况自行选择间接费用的分配方法。分配方法一经确定，不得随意变更。

（5）已经制造完成并验收入库的物品，按照所发生的实际成本（包括耗用的直接材料费用、直接人工费用、其他直接费用和分配的间接费用），借记“库存物品”科目，贷记本科目（自制物品)。

2) 委托加工物品

(1) 发给外单位加工的材料等,按照其实际成本,借记本科目(委托加工物品),贷记"库存物品"科目。

(2) 支付加工费、运输费等费用,按照实际支付的金额,借记本科目(委托加工物品),贷记"零余额账户用款额度""银行存款"等科目。涉及增值税业务的,相关账务处理参见"应交增值税"科目。

(3) 委托加工完成的材料等验收入库,按照加工前发出材料的成本和加工、运输成本等,借记"库存物品"等科目,贷记本科目(委托加工物品)。

3. 加工物品的核算举例

【例10-26】 某事业单位自行生产加工一种自用甲产品,现领用A材料一批,采用加权平均法计算出其价值为8 900元。会计分录如下:

借:加工物品——自制物品——直接材料	8 900	
贷:库存物品——A材料		8 900

【例10-27】 甲产品加工完成验收入库,共500件,经计算其加工成本总计49 000元。会计分录如下:

借:库存物品——甲产品	49 000	
贷:加工物品——自制物品——直接材料		49 000

【例10-28】 某事业单位发生如下委托加工的存货业务。要求:编制账务处理的会计分录。

(1) 委托方与受托方签订委托加工合同后,按合同向受托方发出委托加工物资20 000元。

借:加工物品——委托加工物品	20 000	
贷:库存物品		20 000

(2) 受托方加工完成时,委托方向受托方支付加工费、运杂费500元。

借:加工物品——委托加工物品	500	
贷:银行存款		500

(3) 委托加工物资运抵仓库,办理入库,成本总计20 500元。

借:库存物品	20 500	
贷:加工物品——委托加工物品		20 500

五、待摊费用的核算

(一) 待摊费用核算的科目设置

为核算单位已经支付,但应当由本期和以后各期分别负担的分摊期在1年以内(含1年)的各项费用,需要设置"待摊费用"总账科目。本科目核算内容包括预付航空保险费、预付租金等。本科目借方反映单位发生的需要在一年内摊销的各项费用,贷方反映摊销额。

本科目期末借方余额，反映单位各种已支付但尚未摊销的分摊期在1年以内(含1年)的费用。本科目应当按照待摊费用种类进行明细核算。

摊销期限在1年以上的租入固定资产改良支出和其他费用，应当通过“长期待摊费用”科目核算，不通过本科目核算。

待摊费用应当在其受益期限内分期平均摊销，如预付航空保险费应在保险期的有效期内、预付租金应在租赁期内分期平均摊销，计入当期费用。

(二) 待摊费用的主要账务处理规定

(1) 发生待摊费用时，按照实际预付的金额，借记本科目，贷记“财政拨款收入”“零余额账户用款额度”“银行存款”等科目。

(2) 按照受益期限分期平均摊销时，按照摊销金额，借记“业务活动费用”“单位管理费用”“经营费用”等科目，贷记本科目。

(3) 如果某项待摊费用已经不能使单位受益，应当将其摊余金额一次全部转入当期费用。按照摊销金额，借记“业务活动费用”“单位管理费用”“经营费用”等科目，贷记本科目。

(三) 待摊费用的核算举例

【例10-29】 某事业单位年初支付全年订报费1 200元。订报费按月摊销。会计分录如下：

(1) 支付订报费时：

借：待摊费用　　1 200
　贷：库存现金　　1 200

(2) 每月摊销时：

借：单位管理费用　　100
　贷：待摊费用　　100

第三节　长期投资的核算

一、长期股权投资的核算

(一) 长期股权投资核算的科目设置

为了核算事业单位按照规定取得的，持有时间超过1年(不含1年)的股权性质的投资，应当设置“长期股权投资”总账科目。本科目借方反映取得的长期股权投资成本，贷方反映转让或者到期收回的长期股权投资成本。本科目期末借方余额，反映事业单位持有的长期股权投资的价值。本科目应当按照被投资单位和长期股权投资取得方式等进行明细核算。长期股权投资采用权益法核算的，还应当按照“成本”“损益调整”“其他权益变动”设置明细科目，进行明细核算。

(二) 长期股权投资的账务处理规定

1. 取得长期股权投资的核算

长期股权投资在取得时，应当按照其实际成本作为初始投资成本。

(1) 以现金取得的长期股权投资,按照确定的投资成本,借记本科目或本科目(成本),按照支付的价款中包含的已宣告但尚未发放的现金股利,借记"应收股利"科目,按照实际支付的全部价款,贷记"银行存款"等科目。实际收到取得投资时所支付价款中包含的已宣告但尚未发放的现金股利时,借记"银行存款"科目,贷记"应收股利"科目。

(2) 以现金以外的其他资产置换取得的长期股权投资,参照"库存物品"科目中置换取得库存物品的相关规定进行账务处理。

(3) 以未入账的无形资产取得的长期股权投资,按照评估价值加相关税费作为投资成本,借记本科目,按照发生的相关税费,贷记"银行存款""其他应交税费"等科目,按其差额,贷记"其他收入"科目。

(4) 接受捐赠的长期股权投资,按照确定的投资成本,借记本科目或本科目(成本),按照发生的相关税费,贷记"银行存款"等科目,按照其差额,贷记"捐赠收入"科目。

(5) 无偿调入的长期股权投资,按照确定的投资成本,借记本科目或本科目(成本),按照发生的相关税费,贷记"银行存款"等科目,按照其差额,贷记"无偿调拨净资产"科目。

2. 长期股权投资在持有期间的核算

长期股权投资在持有期间通常应当采用权益法进行核算。事业单位无权决定被投资单位的财务和经营政策或无权参与被投资单位的财务和经营政策决策的,应当采用成本法进行核算。

1) 采用成本法核算

成本法,是指投资按照投资成本计量的方法。成本法下,长期股权投资的账面余额通常保持不变,但追加或收回投资时,应当相应调整其账面余额。长期股权投资持有期间,被投资单位宣告分配现金股利或利润,事业单位应该按照宣告分派的现金股利或利润中属于本单位应享有的份额确认为投资收益。

按成本法核算时,被投资单位宣告发放现金股利或利润时,按照应收的金额,借记"应收股利"科目,贷记"投资收益"科目。收到现金股利或利润时,按照实际收到的金额,借记"银行存款"等科目,贷记"应收股利"科目。

2) 采用权益法核算

权益法,是指投资最初以投资成本计量,以后根据单位在被投资单位所享有的所有者权益份额的变动对投资的账面余额进行调整的方法。按权益法核算时:

(1) 被投资单位实现净利润的,按照应享有的份额,借记本科目(损益调整),贷记"投资收益"科目。被投资单位发生净亏损的,按照应分担的份额,借记"投资收益"科目,贷记本科目(损益调整),但以本科目的账面余额减记至零为限。发生亏损的被投资单位以后年度又实现净利润的,按照收益分享额弥补未确认的亏损分担额等后的金额,借记本科目(损益调整),贷记"投资收益"科目。

(2) 被投资单位宣告分派现金股利或利润的,按照应享有的份额,借记"应收股利"科目,贷记本科目(损益调整)。

(3) 被投资单位发生除净损益和利润分配以外的所有者权益变动的,按照应享有或应分担的份额,借记或贷记"权益法调整"科目,贷记或借记本科目(其他权益变动)。

(4) 确认被投资单位发生的净亏损,应当以长期股权投资账面余额减记至零为限,但单位负有承担额外损失义务的除外。

被投资单位发生净亏损，但以后年度又实现净利润的，应当在其收益分享额弥补未确认的亏损分担额等后，恢复确认投资收益。

3）成本法与权益法的转换

单位因处置部分长期股权投资等原因而对处置后的剩余股权投资由权益法改按成本法核算的，应当按照权益法下本科目账面余额作为成本法下本科目账面余额(成本)。其后，被投资单位宣告分派现金股利或利润时，属于单位已计入投资账面余额的部分，按照应分得的现金股利或利润份额，借记“应收股利”科目，贷记本科目。

单位因追加投资等原因对长期股权投资的核算从成本法改为权益法的，应当按照成本法下本科目账面余额与追加投资成本的合计金额，借记本科目(成本)，按照成本法下本科目账面余额，贷记本科目，按照追加投资的成本，贷记“银行存款”等科目。

3. 长期股权投资处置的核算

(1) 按照规定报经批准出售(转让)长期股权投资时，应当区分长期股权投资取得方式分别进行处理。

处置以现金取得的长期股权投资，按照实际取得的价款，借记“银行存款”等科目，按照被处置长期股权投资的账面余额，贷记本科目，按照尚未领取的现金股利或利润，贷记“应收股利”科目，按照发生的相关税费等支出，贷记“银行存款”等科目，按照借贷方差额，借记或贷记“投资收益”科目。

处置以现金以外的其他资产取得的长期股权投资，按照被处置长期股权投资的账面余额，借记“资产处置费用”科目，贷记本科目；同时，按照实际取得的价款，借记“银行存款”等科目，按照尚未领取的现金股利或利润，贷记“应收股利”科目，按照发生的相关税费等支出，贷记“银行存款”等科目，按照贷方差额，贷记“应缴财政款”科目。按照规定将处置时取得的投资收益纳入本单位预算管理的，应当按照所取得价款大于被处置长期股权投资账面余额、应收股利账面余额和相关税费支出合计的差额，贷记“投资收益”科目。

(2) 因被投资单位破产清算等原因，有确凿证据表明长期股权投资发生损失，按照规定报经批准后予以核销时，按照予以核销的长期股权投资的账面余额，借记“资产处置费用”科目，贷记本科目。

(3) 报经批准置换转出长期股权投资时，参照“库存物品”科目中置换换入库存物品的规定进行账务处理。

(4) 采用权益法核算的长期股权投资的处置，除进行上述账务处理外，还应结转原直接计入净资产的相关金额，借记或贷记“权益法调整”科目，贷记或借记“投资收益”科目。

(三) 长期股权投资核算举例

1. 长期股权投资的初始计量

1）以货币取得长期股权投资

【例10-30】 某事业单位以银行存款132 000元进行一项长期股权投资，但是无权决定被投资单位的财务和经营决策。会计分录如下：

借：长期股权投资　　132 000

　贷：银行存款　　132 000

2）以其他资产取得长期股权投资

【例10-31】 某事业单位以固定资产进行一项长期股权投资，固定资产的账面余额为140 000元，已计提折旧20 000元。按评估确定的固定资产价值为160 000元。收到补价10 000元。会计分录如下：

借：长期股权投资　　150 000
　　固定资产累计折旧　　20 000
　　银行存款　　10 000
　贷：固定资产　　140 000
　　　其他收入　　40 000

3）以未入账无形资产取得长期股权投资

【例10-32】 某事业单位研发无形资产，研究阶段该项技术前期发生支出94 000元，其中财政拨款55 000元，应付职工薪酬21 000元，存货18 000元，暂时未形成无形资产。单位决定将该无形资产对外投资，形成长期股权投资，评估价值99 000元。会计分录如下：

（1）自行开发：

借：研发支出　　94 000
　贷：财政拨款收入　　55 000
　　　应付职工薪酬　　21 000
　　　库存物品　　18 000

（2）以未入账无形资产取得长期股权投资：

借：长期股权投资　　99 000
　贷：研发支出　　94 000
　　　其他收入　　5 000

【例10-33】 某事业单位接受一项无偿调入的长期股权投资，该投资在调出方的账面价值为240 000元。会计分录如下：

借：长期股权投资　　240 000
　贷：无偿调拨净资产　　240 000

2. 长期股权投资的后续计量

1）成本法核算

【例10-34】 某事业单位以银行存款890 000元进行一项长期股权投资，拥有被投资单位10%的份额，有权决定其财务状况和经营成果，后续计量采用成本法，被投资单位宣告发放现金股利200 000元，本单位应获得股利20 000元，一个月后收到被投资单位发放的现金股利。会计分录如下：

（1）被投资单位宣告发放现金股利。

借：应收股利　　20 000
　贷：投资收益　　20 000

（2）收到被投资单位发放的现金股利。

借：银行存款　　20 000
　贷：应收股利　　20 000

2）权益法核算

【例10-35】 某事业单位以银行存款900 000元进行一项长期股权投资，取得被投资单位60%的份额，能够影响其财务状况和经营成果，后续计量采用权益法。会计分录如下：

（1）被投资单位本年实现净利润4 200 000元。

借：长期股权投资——损益调整（4 200 000×60%）　　2 520 000
　贷：投资收益　　2 520 000

（2）被投资单位宣告发放现金股利300 000元。

借：应收股利（300 000×60%）　　180 000
　贷：长期股权投资——损益调整　　180 000

（3）被投资单位除净损益和利润分配以外的所有者权益变动的金额（增加）为260 000元。

借：长期股权投资——其他权益变动（260 000×60%）　　156 000
　贷：权益法调整　　156 000

3. 成本法和权益法的转换

1）权益法转成本法

【例10-36】 某事业单位的一项长期股权投资（表10-1），拥有被投资方60%的份额，能够决定其财务状况和经营成果，后续计量采用权益法，后转让出售一半的份额，无法决定被投资单位的财务状况和经营成果，长期股权投资改用成本法。

表10-1　长期股权投资明细表

单位：元

长期股权投资——成本	350 000
长期股权投资——损益调整	118 000
长期股权投资——其他权益变动	12 680

会计分录如下：

借：长期股权投资　　480 680
　贷：长期股权投资——成本　　350 000
　　　　　　　　——损益调整　　118 000
　　　　　　　　——其他权益变动　　12 680

2）成本法转权益法

【例10-37】 某事业单位以银行存款760 000元进行一项长期股权投资，但是无权决定被投资单位的财务状况和经营成果，后追加投资800 000元，从而拥有被投资单位70%的份额，能够决定其财务状况和经营成果，改用权益法。会计分录如下：

（1）以货币资金取得长期股权投资。

借：长期股权投资　　760 000
　贷：银行存款　　760 000

（2）追加投资改为权益法。

借：长期股权投资——成本　　1 560 000
　贷：长期股权投资　　760 000
　　　银行存款　　800 000

4. 长期股权投资的处置

【例10-38】 某事业单位以银行存款200 000元进行一项长期股权投资，但是无权决定被投资单位的财务状况和经营成果，采用成本法核算。现不再继续投资，将拥有的全部股份转让，获得转让价款350 000元，存入银行。会计分录如下：

（1）以货币资金取得长期股权投资。

借：长期股权投资　　200 000
　贷：银行存款　　200 000

（2）处置长期股权投资。

借：银行存款　　350 000
　贷：长期股权投资　　200 000
　　　投资收益　　150 000

二、长期债券投资的核算

（一）长期债权投资科目设置

为了核算事业单位按照规定取得的，持有时间超过1年（不含1年）的债券投资，应设置"长期债券投资"总账科目。本科目借方反映取得的长期债权投资成本，贷方反映转让或者到期收回的长期债权投资成本。本科目期末借方余额，反映事业单位持有的长期债券投资的价值。本科目应当设置"成本"和"应计利息"明细科目，并按照债券投资的种类进行明细核算。

（二）长期债券投资的账务处理规定

（1）长期债券投资在取得时，应当按照其实际成本作为投资成本。事业单位取得的长期债券投资，按照确定的投资成本，借记本科目（成本），按照支付的价款中包含的已到付息期但尚未领取的利息，借记"应收利息"科目，按照实际支付的金额，贷记"银行存款"等科目。实际收到取得债券时所支付价款中包含的已到付息期但尚未领取的利息时，借"银行存款"科目，贷记"应收利息"科目。

（2）长期债券投资持有期间，按期以债券票面金额与票面利率计算确认利息收入时，如为到期一次还本付息的债券投资，借记本科目（应计利息），贷记"投资收益"科目；如为分期付息、到期一次还本的债券投资，借记"应收利息"科目，贷记"投资收益"科目。收到分期支付的利息时，按照实收的金额，借记"银行存款"等科目，贷记"应收利息"科目。

（3）到期收回长期债券投资，按照实际收到的金额，借记“银行存款”科目，按照长期债券投资的账面余额，贷记本科目，按照相关应收利息金额，贷记“应收利息”科目，按照其差额，贷记“投资收益”科目。

（4）对外出售长期债券投资，按照实际收到的金额，借记“银行存款”科目，按照长期债券投资的账面余额，贷记本科目，按照已记入“应收利息”科目但尚未收取的金额，贷记“应收利息”科目，按照其差额，贷记或借记“投资收益”科目。涉及增值税业务的，相关账务处理参见“应交增值税”科目。

（三）长期债券投资的核算举例

1. 长期债券投资的初始计量

【例10-39】 某事业单位购入国债50 000元，3年前，票面年利率为3%。以银行存款支付购入国债的款项，无相关税费。假设支付508 000元，其中800元已到付息期但尚未领取的利息。会计分录如下：

借：长期债券投资	50 000	
应收利息	800	
贷：银行存款		508 000

2. 长期债券投资的后续计量

【例10-40】 某事业单位购入2243期国债3 800份，面值100元，2年期，票面年利率为5%，债券到期一次还本付息。

（1）款项共计380 000元，以银行存款支付。

（2）资产负债表日按票面价值与票面利率计提利息。

（3）上述2243期国债到期兑付，其账面余额为380 000元，利息收入为38 000元，实际收到的金额为418 000元。款项已经收到并存入银行。

会计分录如下：

（1）取得长期债券投资。

借：长期债券投资——成本	380 000	
贷：银行存款		380 000

（2）资产负债表日，按票面价值与票面利率计提利息。

借：长期债券投资——应计利息	19 000	
贷：投资收益		19 000

（3）到期收回长期债券投资本息。

借：银行存款	418 000	
贷：长期债券投资——成本		380 000
——应计利息		19 000
投资收益		19 000

第四节　固定资产和固定资产累计折旧的核算

10.4　固定资产的核算

一、固定资产的核算

(一) 固定资产核算的科目设置

为核算单位固定资产的增减变动情况，需要设置“固定资产”总账科目。本科目借方反映固定资产的增加，贷方反映固定资产的减少。本科目期末借方余额，反映单位固定资产的原值。本科目应当按照固定资产类别和项目进行明细核算。

购入需要安装的固定资产，应当先通过“在建工程”科目核算，安装完毕交付使用时再转入本科目核算；采用融资租入方式取得的固定资产，通过本科目核算，并在本科目下设置“融资租入固定资产”明细科目；经批准在境外购买具有所有权的土地，作为固定资产，通过本科目核算；单位应当在本科目下设置“境外土地”明细科目，进行相应明细核算。

(二) 固定资产的主要账务处理规定

1. 取得固定资产的核算

固定资产在取得时，应当按照成本进行初始计量。

(1) 购入不需安装的固定资产验收合格时，按照确定的固定资产成本，借记本科目，贷记“财政拨款收入”“零余额账户用款额度”“应付账款”“银行存款”等科目。

购入需要安装的固定资产，在安装完毕交付使用前通过“在建工程”科目核算，安装完毕交付使用时再转入本科目。

购入固定资产扣留质量保证金的，应当在取得固定资产时，按照确定的固定资产成本，借记本科目(不需安装)或“在建工程”科目(需要安装)，按照实际支付或应付的金额，贷记“财政拨款收入”“零余额账户用款额度”“应付账款”(不含质量保证金)、“银行存款”等科目，按照扣留的质量保证金数额，贷记“其他应付款”[扣留期在1年以内(含1年)]或“长期应付款”(扣留期超过1年)科目。

质保期满支付质量保证金时，借记“其他应付款”“长期应付款”科目，贷记“财政拨款收入”“零余额账户用款额度”“银行存款”等科目。

(2) 自行建造的固定资产交付使用时，按照在建工程成本，借记本科目，贷记“在建工程”科目。

已交付使用但尚未办理竣工决算手续的固定资产，按照估计价值入账，待办理竣工决算后再按照实际成本调整原来的暂估价值。

(3) 融资租赁取得的固定资产，其成本按照租赁协议或者合同确定的租赁价款、相关税费以及固定资产交付使用前所发生的可归属于该项资产的运输费、途中保险费、安装调试费等确定。

融资租入的固定资产，按照确定的成本，借记本科目(不需安装)或“在建工程”科目(需安装)，按照租赁协议或者合同确定的租赁付款额，贷记“长期应付款”科目，按照支付的运输费、途中保险费、安装调试费等金额，贷记“财政拨款收入”“零余额账户用款额度”“银行存款”等科目。

定期支付租金时，按照实际支付金额，借记“长期应付款”科目，贷记“财政拨款收入”“零余额账户用款额度”“银行存款”等科目。

(4) 按照规定跨年度分期付款购入固定资产的账务处理,参照融资租入固定资产。

(5) 接受捐赠的固定资产,按照确定的固定资产成本,借记本科目(不需安装)或“在建工程”科目(需安装),按照发生的相关税费、运输费等,贷记“零余额账户用款额度”“银行存款”等科目,按照其差额,贷记“捐赠收入”科目。

接受捐赠的固定资产按照名义金额入账的,按照名义金额,借记本科目,贷记“捐赠收入”科目;按照发生的相关税费、运输费等,借记“其他费用”科目,贷记“零余额账户用款额度”“银行存款”等科目。

(6) 无偿调入的固定资产,按照确定的固定资产成本,借记本科目(不需安装)或“在建工程”科目(需安装),按照发生的相关税费、运输费等,贷记“零余额账户用款额度”“银行存款”等科目,按照其差额,贷记“无偿调拨净资产”科目。

(7) 置换取得的固定资产,参照“库存物品”科目中置换取得库存物品的相关规定进行账务处理。

固定资产取得时涉及增值税业务的,相关账务处理参见“应交增值税”科目。

2. 固定资产后续支出的核算

固定资产使用过程中,涉及改建、扩建及日常维修等业务,需要按如下规定处理:

1) 符合固定资产确认条件的后续支出

通常情况下,将固定资产转入改建、扩建时,按照固定资产的账面价值,借记“在建工程”科目,按照固定资产已计提折旧,借记“固定资产累计折旧”科目,按照固定资产的账面余额,贷记本科目。

为增加固定资产使用效能或延长其使用年限而发生的改建、扩建等后续支出,借记“在建工程”科目,贷记“财政拨款收入”“零余额账户用款额度”“银行存款”等科目。

固定资产改建、扩建等完成交付使用时,按照在建工程成本,借记本科目,贷记“在建工程”科目。

2) 不符合固定资产确认条件的后续支出

为保证固定资产正常使用发生的日常维修等支出,借记“业务活动费用”“单位管理费用”等科目,贷记“财政拨款收入”“零余额账户用款额度”“银行存款”等科目。

3. 固定资产处置的核算

按照规定报经批准处置固定资产,应当分别以下情况处理:

(1) 报经批准出售、转让固定资产,按照被出售、转让固定资产的账面价值,借记“资产处置费用”科目,按照固定资产已计提的折旧,借记“固定资产累计折旧”科目,按照固定资产账面余额,贷记本科目;同时,按照收到的价款,借记“银行存款”等科目,按照处置过程中发生的相关费用,贷记“银行存款”等科目,按照其差额,贷记“应缴财政款”科目。

(2) 报经批准对外捐赠固定资产,按照固定资产已计提的折旧,借记“固定资产累计折旧”科目,按照被处置固定资产账面余额,贷记本科目,按照捐赠过程中发生的归属于捐出方的相关费用,贷记“银行存款”等科目,按照其差额,借记“资产处置费用”科目。

(3) 报经批准无偿调出固定资产,按照固定资产已计提的折旧,借记“固定资产累计折旧”科目,按照被处置固定资产账面余额,贷记本科目,按照其差额,借记“无偿调拨净资产”科目;同时,按照无偿调出过程中发生的归属于调出方的相关费用,借记“资产处置费用”科目，贷记“银行存款”等科目。

(4) 报经批准置换换出固定资产，参照“库存物品”中置换换入库存物品的规定进行账务处理。

固定资产处置时涉及增值税业务的，相关账务处理参见“应交增值税”科目。

4. 固定资产的清查盘点处理

单位应当定期对固定资产进行清查盘点，每年至少盘点一次。对于发生的固定资产盘盈、盘亏或毁损、报废，应当先记入“待处理财产损溢”科目，按照规定报经批准后及时进行后续账务处理。

(1) 盘盈的固定资产，其成本按照有关凭据注明的金额确定；没有相关凭据、但按照规定经过资产评估的，其成本按照评估价值确定；没有相关凭据、也未经过评估的，其成本按照重置成本确定。如无法采用上述方法确定盘盈固定资产成本的，按照名义金额(人民币1元)入账。盘盈的固定资产，按照确定的入账成本，借记本科目，贷记“待处理财产损溢”科目。

(2) 盘亏、毁损或报废的固定资产，按照待处理固定资产的账面价值，借记“待处理财产损溢”科目，按照已计提折旧，借记“固定资产累计折旧”科目，按照固定资产的账面余额，贷记本科目。

(三) 固定资产的核算举例

1. 固定资产的初始计量

【例10-41】 某行政单位通过政府采购购置5台扫描仪，价款共计19 730元，验收合格，交付使用。会计分录如下：

借：固定资产	19 730	
贷：财政拨款收入		19 730

【例10-42】 某事业单位通过非基建项目取得的固定资产建造完成交付使用。自行建造的固定资产交付使用前所发生的全部必要支出共计2 650 000元。会计分录如下：

借：固定资产	2 650 000	
贷：在建工程		2 650 000

【例10-43】 某行政单位与某单位通过置换换入一批设备，换出库存物资账面价值15 400元，评估价为20 000元，银行授权支付补价2 890元，另授权支付运杂费500元，固定资产验收合格交付使用。会计分录如下：

借：固定资产	23 390	
贷：库存物品		15 400
其他收入		4 600
零余额账户用款额度(2 890+500)		3 390

【例10-44】 某事业单位接受一批图书捐赠，所附发票表明其价值为48 790元；无偿调入图书一批，调出方账面价值10 900元。会计分录如下：

借：固定资产	59 690	
贷：捐赠收入		48 790
无偿调拨净资产		10 900

2. 固定资产清查盘点的核算

【例10-45】 某事业单位年终进行固定资产清查，盘盈复印设备一台，未经资产评估的，按照重置成本为78 200元。会计分录如下：

(1) 盘盈转入待处理财产损溢。

借：固定资产　78 200
　贷：待处理财产损溢　78 200

(2) 报经批准后。

借：待处理财产损溢　78 200
　贷：以前年度盈余调整　78 200

【例10-46】 某事业单位年终进行固定资产清查，盘亏一台检测设备。其账面余额为12 540元，已计提折旧8 300元。会计分录如下：

(1) 盘亏转入待处理财产损溢。

借：待处理财产损溢　4 240
　　固定资产累计折旧　8 300
　贷：固定资产　12 540

(2) 经批准予以核销。

借：资产处置费用　4 240
　贷：待处理财产损溢　4 240

3. 固定资产处置的核算

【例10-47】 某行政单位经批准，将一台六成新的设备出售，该设备原价68 900元，已提折旧28 900元，收到出售价款58 120元。会计分录如下：

借：资产处置费用　40 000
　　固定资产累计折旧　28 900
　贷：固定资产　68 900
借：银行存款　58 120
　贷：应缴财政款　58 120

【例10-48】 某行政单位经批准调出一台录像仪，原价54 252元，累计折旧36 780元。会计分录如下：

借：无偿调拨净资产　17 472
　　固定资产累计折旧　36 780
　贷：固定资产　54 252

二、固定资产累计折旧的核算

(一) 固定资产累计折旧核算的科目设置

为完整准确地反映单位固定资产价值的变动和单位提供公共产品和服务的成本，需要设置“固定资产累计折旧”总账科目，反映单位固定资产计提折旧情况。本科目借方反映由于转让出售等原因减少固定资产而转出的累计折旧，贷方反映计提的累计折旧。本科目期末贷方余额，反映单位计提的固定资产折旧累计数。本科目应当按照所对应固定资产的明细分类进行明细核算。

公共基础设施和保障性住房计提的累计折旧，应当分别通过“公共基础设施累计折旧（摊销）”科目和“保障性住房累计折旧”科目核算，不通过本科目核算。

（二）固定资产累计折旧计提的规定

1. 折旧年限的确定

行政事业单位应在遵循《政府会计准则第 3 号——固定资产》应用指南和主管部门有关折旧年限规定的情况下，根据固定资产的性质和实际使用情况，合理确定其折旧年限。

具体确定固定资产的折旧年限时，应当考虑下列因素：

（1）固定资产预计实现服务潜力或提供经济利益的期限。

（2）固定资产预计有形损耗和无形损耗。

（3）法律或者类似规定对固定资产使用的限制。

固定资产的折旧年限一经确定，不得随意变更。因改建、扩建等原因而延长固定资产使用年限的，应当重新确定固定资产的折旧年限。

单位盘盈、无偿调入、接受捐赠以及置换的固定资产，应当考虑该项资产的新旧程度，按照其尚可使用的年限计提折旧。

2. 折旧方法的确定

单位一般应当采用年限平均法或工作量法计提固定资产折旧。

3. 预计净残值的确定

单位固定资产的应折旧金额为其成本，计提固定资产折旧不考虑预计净残值。

4. 固定资产累计折旧计提的例外规定

需注意的是，单位对下列固定资产不计提折旧：

（1）文物及陈列品。

（2）图书、档案。

（3）动植物。

（4）单独计价入账的土地。

（5）以名义金额计量的固定资产。

5. 固定资产折旧计提时点的确定

单位一般应当按月计提固定资产折旧。当月增加的固定资产，从当月起计提折旧；当月减少的固定资产，当月不提折旧。

固定资产提足折旧后，无论能否继续使用，均不再计提折旧；提前报废的固定资产，也不再补提折旧；已提足折旧的固定资产，可以继续使用的，应当继续使用，规范管理。固定资产因扩建或修缮等原因而提高使用效能或延长使用年限的，应当按照重新确定的固定资产成本以及重新确定的折旧年限，重新计算折旧额。

单位计提融资租入固定资产折旧时，应当采用与自有固定资产相一致的折旧政策。能够合理确定租赁期届满时将会取得租入固定资产所有权的，应当在租入固定资产尚可使用年限内计提折旧;无法合理确定租赁期届满时能够取得租入固定资产所有权的,应当在租赁期与租入固定资产尚可使用年限两者中较短的期间内计提折旧。

(三) 固定资产累计折旧的主要账务处理规定

(1) 按月计提固定资产折旧时,按照应计提折旧金额,借记“业务活动费用”“单位管理费用”“经营费用”“加工物品”“在建工程”等科目,贷记本科目。

(2) 经批准处置或处理固定资产时,按照所处置或处理固定资产的账面价值,借记“资产处置费用”“无偿调拨净资产”“待处理财产损溢”等科目,按照已计提折旧,借记本科目,按照固定资产的账面余额,贷记“固定资产”科目。

(四) 固定资产累计折旧的核算举例

【例 10-49】 某事业单位某项经营用固定资产原价为 3 420 000 元,预计使用 20 年,采用年限平均法计提折旧。

每月折旧额＝3 420 000÷240＝14 250(元)

会计分录如下:

借:经营活动费用　　14 250
　贷:固定资产累计折旧　　14 250

第五节　工程物资和在建工程的核算

一、工程物资的核算

(一) 工程物资核算的科目设置

为了核算单位为在建工程准备的各种材料、设备等的成本,需要设置“工程物资”总账科目。本科目借方反映各项工程物资的增加,贷方反映工程物资的减少。本科目期末借方余额,反映单位为在建工程准备的各种工程物资的成本。本科目可按照“库存材料”“库存设备”等工程物资类别进行明细核算。

(二) 工程物资的主要账务处理规定

(1) 购入为工程准备的物资,按照确定的物资成本,借记本科目,贷记“财政拨款收入”“零余额账户用款额度”“银行存款”“应付账款”等科目。

(2) 领用工程物资,按照物资成本,借记“在建工程”科目,贷记本科目。工程完工后将领出的剩余物资退库时做相反的会计分录。

(3) 工程完工后将剩余的工程物资转作本单位存货等的,按照物资成本,借记“库存物品”等科目,贷记本科目。

涉及增值税业务的,相关账务处理参见“应交增值税”科目。

(三) 工程物资的核算举例

【例 10-50】 某行政单位领用一批物资材料用于安装设备,价款 20 000 元。会计分录如下:

借:在建工程　　20 000
　贷:工程物资——库存材料　　20 000

二、在建工程的核算

（一）在建工程核算的总账科目设置

为了核算单位各项在建项目工程的实际成本，需要设置“在建工程”总账科目。本科目借方反映各项在建工程建设成本的增加，贷方反映完工项目结转的建设工程成本。本科目期末借方余额，反映单位尚未完工的建设项目工程发生的实际成本。单位在建的信息系统项目工程、公共基础设施项目工程、保障性住房项目工程的实际成本，也通过本科目核算。本科目应当设置“建筑安装工程投资”“设备投资”“待摊投资”“其他投资”“待核销基建支出”“基建转出投资”等明细科目，并按照具体项目进行明细核算。

（二）在建工程核算的明细科目设置

1. 建筑安装工程投资

“建筑安装工程投资”明细科目，核算单位发生的构成建设项目实际支出的建筑工程和安装工程的实际成本，不包括被安装设备本身的价值以及按照合同规定支付给施工单位的预付备料款和预付工程款。本明细科目应当设置“建筑工程”和“安装工程”两个明细科目进行明细核算。

2. 设备投资

“设备投资”明细科目，核算单位发生的构成建设项目实际支出的各种设备的实际成本。

3. 待摊投资

“待摊投资”明细科目，核算单位发生的构成建设项目实际支出的、按照规定应当分摊计入有关工程成本和设备成本的各项间接费用和税费支出。本明细科目的具体核算内容包括以下方面：

（1）勘察费、设计费、研究试验费、可行性研究费及项目其他前期费用。

（2）土地征用及迁移补偿费、土地复垦及补偿费、森林植被恢复费及其他为取得土地使用权、租用权而发生的费用。

（3）土地使用税、耕地占用税、契税、车船税、印花税及按照规定缴纳的其他税费。

（4）项目建设管理费、代建管理费、临时设施费、监理费、招投标费、社会中介审计（审查）费及其他管理性质的费用。

项目建设管理费是指项目建设单位从项目筹建之日起至办理竣工财务决算之日止发生的管理性质的支出，包括不在原单位发工资的工作人员工资及相关费用、办公费、办公场地租用费、差旅交通费、劳动保护费、工具用具使用费、固定资产使用费、招募生产工人费、技术图书资料费（含软件）、业务招待费、施工现场津贴、竣工验收费等。

（5）项目建设期间发生的各类专门借款利息支出或融资费用。

（6）工程检测费、设备检验费、负荷联合试车费及其他检验检测类费用。

（7）固定资产损失、器材处理亏损、设备盘亏及毁损、单项工程或单位工程报废、毁损净损失及其他损失。

（8）系统集成等信息工程的费用支出。

（9）其他待摊性质支出。

本明细科目应当按照上述费用项目进行明细核算，其中有些费用（如项目建设管理费等），还应当按照更为具体的费用项目进行明细核算。

4. 其他投资

“其他投资”明细科目，核算单位发生的构成建设项目实际支出的房屋购置支出，基本畜禽、林木等购置、饲养、培育支出，办公生活用家具、器具购置支出，软件研发和不能计入设备投资的软件购置等支出。单位为进行可行性研究而购置的固定资产，以及取得土地使用权支付的土地出让金，也通过本明细科目核算。本明细科目应当设置“房屋购置”“基本畜禽支出”“林木支出”“办公生活用家具、器具购置”“可行性研究固定资产购置”“无形资产”等明细科目。

5. 待核销基建支出

“待核销基建支出”明细科目，核算建设项目发生的江河清障、航道清淤、飞播造林、补助群众造林、水土保持、城市绿化、取消项目的可行性研究费以及项目整体报废等不能形成资产部分的基建投资支出。本明细科目应按照待核销基建支出的类别进行明细核算。

6. 基建转出投资

“基建转出投资”明细科目，核算为建设项目配套而建成的、产权不归属本单位的专用设施的实际成本。本明细科目应按照转出投资的类别进行明细核算。

（三）在建工程的主要账务处理规定

1. 建筑安装工程投资

（1）将固定资产等资产转入改建、扩建等时，按照固定资产等资产的账面价值，借记本科目（建筑安装工程投资），按照已计提的折旧或摊销，借记“固定资产累计折旧”等科目，按照固定资产等资产的原值，贷记“固定资产”等科目。

固定资产等资产改建、扩建过程中涉及替换（或拆除）原资产的某些组成部分的，按照被替换（或拆除）部分的账面价值，借记“待处理财产损溢”科目，贷记本科目（建筑安装工程投资）。

（2）单位对于发包建筑安装工程，根据建筑安装工程价款结算账单与施工企业结算工程价款时，按照应承付的工程价款，借记本科目（建筑安装工程投资），按照预付工程款余额，贷记“预付账款”科目，按照其差额，贷记“财政拨款收入”“零余额账户用款额度”“银行存款”“应付账款”等科目。

（3）单位自行施工的小型建筑安装工程，按照发生的各项支出金额，借记本科目（建筑安装工程投资），贷记“工程物资”“零余额账户用款额度”“银行存款”“应付职工薪酬”等科目。

（4）工程竣工，办妥竣工验收交接手续交付使用时，按照建筑安装工程成本（含应分摊的待摊投资），借记“固定资产”等科目，贷记本科目（建筑安装工程投资）。

2. 设备投资

（1）购入设备时，按照购入成本，借记本科目（设备投资），贷记“财政拨款收入”“零余额账户用款额度”“银行存款”等科目；采用预付款方式购入设备的，有关预付款的账务处理参照本科目有关“建筑安装工程投资”明细科目的规定。

（2）设备安装完毕，办妥竣工验收交接手续交付使用时，按照设备投资成本（含设备安装工程成本和分摊的待摊投资），借记“固定资产”等科目，贷记本科目（设备投资、建筑安装工程投资——安装工程)。

将不需要安装的设备和达不到固定资产标准的工具、器具交付使用时,按照相关设备、工具、器具的实际成本,借记"固定资产""库存物品"科目,贷记本科目(设备投资)。

3. 待摊投资

建设工程发生的构成建设项目实际支出的、按照规定应当分摊计入有关工程成本和设备成本的各项间接费用和税费支出,先在本明细科目中归集;建设工程办妥竣工验收手续交付使用时,按照合理的分配方法,摊入相关工程成本、在安装设备成本等。

(1) 单位发生的构成待摊投资的各类费用,按照实际发生金额,借记本科目(待摊投资),贷记"财政拨款收入""零余额账户用款额度""银行存款""应付利息""长期借款""其他应交税费""固定资产累计折旧""无形资产累计摊销"等科目。

(2) 对于建设过程中试生产、设备调试等产生的收入,按照取得的收入金额,借记"银行存款"等科目,按照依据有关规定应当冲减建设工程成本的部分,贷记本科目(待摊投资),按照其差额贷记"应缴财政款"或"其他收入"科目。

(3) 由于自然灾害、管理不善等原因造成的单项工程或单位工程报废或毁损,扣除残料价值和过失人或保险公司等赔款后的净损失,报经批准后计入继续施工的工程成本的,按照工程成本扣除残料价值和过失人或保险公司等赔款后的净损失,借记本科目(待摊投资),按照残料变价收入、过失人或保险公司赔款等,借记"银行存款""其他应收款"等科目,按照报废或毁损的工程成本,贷记本科目(建筑安装工程投资)。

(4) 工程交付使用时,按照合理的分配方法分配待摊投资,借记本科目(建筑安装工程投资、设备投资),贷记本科目(待摊投资)。

待摊投资的分配方法,可按照下列公式计算:

(1) 按照实际分配率分配。适用于建设工期较短、整个项目的所有单项工程一次竣工的建设项目。

$$\begin{matrix}\text{实际}\\\text{分配率}\end{matrix}=\begin{matrix}\text{待摊投资明}\\\text{细科目余额}\end{matrix}\div\left(\begin{matrix}\text{建筑工程明}\\\text{细科目余额}\end{matrix}+\begin{matrix}\text{安装工程明}\\\text{细科目余额}\end{matrix}+\begin{matrix}\text{设备投资明}\\\text{细科目余额}\end{matrix}\right)\times100\%$$

(2) 按照概算分配率分配。适用于建设工期长、单项工程分期分批建成投入使用的建设项目。

$$\begin{matrix}\text{概算}\\\text{分配率}\end{matrix}=\left(\begin{matrix}\text{概算中各待摊投}\\\text{资项目的合计数}\end{matrix}-\begin{matrix}\text{其中可直接}\\\text{分配部分}\end{matrix}\right)\div\left(\begin{matrix}\text{概算中建筑工程、安装}\\\text{工程和设备投资合计}\end{matrix}\right)\times100\%$$

(3) 某项固定资产应分配的待摊投资=该项固定资产的建筑工程成本或该项固定资产(设备)的采购成本和安装成本合计×分配率

4. 其他投资

(1) 单位为建设工程发生的房屋购置支出,基本畜禽、林木等的购置、饲养、培育支出,办公生活用家具、器具购置支出,软件研发和不能计入设备投资的软件购置等支出,按照实际发生金额,借记本科目(其他投资),贷记"财政拨款收入""零余额账户用款额度""银行存款"等科目。

(2) 工程完成将形成的房屋、基本畜禽、林木等各种财产以及无形资产交付使用时,按照其实际成本,借记"固定资产""无形资产"等科目,贷记本科目(其他投资)。

5. 待核销基建支出

(1) 建设项目发生的江河清障、航道清淤、飞播造林、补助群众造林、水土保持、城市绿化等不能形成资产的各类待核销基建支出，按照实际发生金额，借记本科目(待核销基建支出)，贷记“财政拨款收入”“零余额账户用款额度”“银行存款”等科目。

(2) 取消的建设项目发生的可行性研究费，按照实际发生金额，借记本科目(待核销基建支出)，贷记本科目(待摊投资)。

(3) 由于自然灾害等原因发生的建设项目整体报废所形成的净损失，报经批准后转入待核销基建支出，按照项目整体报废所形成的净损失，借记本科目(待核销基建支出)，按照报废工程回收的残料变价收入、保险公司赔款等，借记“银行存款”“其他应收款”等科目，按照报废的工程成本，贷记本科目(建筑安装工程投资等)。

(4) 建设项目竣工验收交付使用时，对发生的待核销基建支出进行冲销，借记“资产处置费用”科目，贷记本科目(待核销基建支出)。

6. 基建转出投资

为建设项目配套而建成的、产权不归属本单位的专用设施，在项目竣工验收交付使用时，按照转出的专用设施的成本，借记本科目(基建转出投资)，贷记本科目(建筑安装工程投资)；同时，借记“无偿调拨净资产”科目，贷记本科目(基建转出投资)。

(四) 在建工程核算举例

【例 10-51】 某高校原有图书馆，建造成本为 8 000 000 元，采用年限平均法计提折旧，预计图书馆的使用寿命为 40 年，已计提折旧 2 000 000 元，假设不考虑残值。2021 年 7 月 1 日，对图书馆进行改扩建，增加图书阅览室。会计分录如下：

(1) 将图书馆转入在建工程。

借：在建工程	6 000 000	
固定资产累计折旧	2 000 000	
贷：固定资产		8 000 000

(2) 用财政补助收入支付工程款 1 500 000 元。

借：在建工程	1 500 000	
贷：财政拨款收入		1 500 000

(3) 因改建领用经营用材料，价款 60 000 元，转出增值税进项税额 7 800 元。

借：在建工程	67 800	
贷：库存物品		60 000
应交增值税——应交税费(进项税额转出)		7 800

(4) 用零余额账户用款额度支付劳务费 50 000 元。

借：在建工程	50 000	
贷：零余额账户用款额度		50 000

(5) 2021 年 12 月 31 日改扩建工程完工，结转完工成本。

完工工程成本＝6 000 000＋1 500 000＋70 200＋50 000＝7 620 200(元)

借：固定资产　　7 620 200
　贷：在建工程　　7 620 200

【例10-52】 2021年3月1日，某事业单位以自有资金购入一台需要安装的设备，价款350 000元，增值税45 500元，支付运费8 000元，款项通过银行付讫，设备交付安装。安装时，以银行存款支付安装单位材料费15 000元、安装人员报酬5 000元。4月末安装完毕交付使用(运费增值税率为10%)。会计分录如下：

在建工程成本＝350 000＋8 000×(1－10%)＝357 200(元)
应交增值税＝45 500＋8 000×10%＝46 300(元)

(1) 交付设备款。

借：在建工程——设备安装　　357 200
　　应交增值税——应交税费(进项税额)　　46 300
　贷：银行存款　　403 500

(2) 支付安装材料费、安装人员报酬。

借：在建工程　　20 000
　贷：库存物品　　15 000
　　　应付职工薪酬　　5 000

(3) 设备安装完毕交付使用。

借：固定资产(357 200＋20 000)　　377 200
　贷：在建工程　　377 200

第六节　无形资产和研发支出的核算

一、无形资产的核算

(一) 无形资产核算的科目设置

为了核算单位各项无形资产的实际成本，需要设置“无形资产”总账科目。本科目借方反映取得各项无形资产增加的无形资产的原值，贷方反映无形资产摊销等原因减少的无形资产，本科目期末借方余额，反映单位无形资产的成本。本科目应当按照无形资产类别和项目进行明细核算。

行政事业单位非大批量购入、单价小于1 000元的无形资产，可以于购买的当期将其成本直接计入当期费用，不计入本科目核算。

(二) 无形资产的主要账务处理规定

1. 无形资产初始计量

(1) 外购的无形资产，按照确定的成本，借记本科目，贷记“财政拨款收入”“零余额账户用款额度”“应付账款”“银行存款”等科目。

(2) 委托软件公司开发软件，视同外购无形资产进行处理。

合同中约定预付开发费用的，按照预付金额，借记“预付账款”科目，贷记“财政拨款收入”“零余额账户用款额度”“银行存款”等科目。

软件开发完成交付使用并支付剩余或全部软件开发费用时，按照软件开发费用总额，借记本科目，按照相关预付账款金额，贷记“预付账款”科目，按照支付的剩余金额，贷记“财政拨款收入”“零余额账户用款额度”“银行存款”等科目。

（3）自行研究开发形成的无形资产，按照研究开发项目进入开发阶段后至达到预定用途前所发生的支出总额，借记本科目，贷记“研发支出——开发支出”科目。

自行研究开发项目尚未进入开发阶段，或者确实无法区分研究阶段支出和开发阶段支出，但按照法律程序已申请取得无形资产的，按照依法取得时发生的注册费、聘请律师费等费用，借记本科目，贷记“财政拨款收入”“零余额账户用款额度”“银行存款”等科目；按照依法取得前所发生的研究开发支出，借记“业务活动费用”等科目，贷记“研发支出”科目。

（4）接受捐赠的无形资产，按照确定的无形资产成本，借记本科目，按照发生的相关税费等，贷记“零余额账户用款额度”“银行存款”等科目，按照其差额，贷记“捐赠收入”科目。

接受捐赠的无形资产按照名义金额入账的，按照名义金额，借记本科目，贷记“捐赠收入”科目；同时，按照发生的相关税费等，借记“其他费用”科目，贷记“零余额账户用款额度”“银行存款”等科目。

（5）无偿调入的无形资产，按照确定的无形资产成本，借记本科目，按照发生的相关税费等，贷记“零余额账户用款额度”“银行存款”等科目，按照其差额，贷记“无偿调拨净资产”科目。

（6）置换取得的无形资产，参照“库存物品”科目中置换取得库存物品的相关规定进行账务处理。

无形资产取得时涉及增值税业务的，相关账务处理参见“应交增值税”科目。

2. 无形资产后续计量

1）符合无形资产确认条件的后续支出

为增加无形资产的使用效能对其进行升级改造或扩展其功能时，如需暂停对无形资产进行摊销的，按照无形资产的账面价值，借记“在建工程”科目，按照无形资产已摊销金额，借记“无形资产累计摊销”科目，按照无形资产的账面余额，贷记本科目。

无形资产后续支出符合无形资产确认条件的，按照支出的金额，借记本科目（无需暂停摊销的）或“在建工程”科目（需暂停摊销的），贷记“财政拨款收入”“零余额账户用款额度”“银行存款”等科目。

暂停摊销的无形资产升级改造或扩展功能等完成交付使用时，按照在建工程成本，借记本科目，贷记“在建工程”科目。

2）不符合无形资产确认条件的后续支出

为保证无形资产正常使用发生的日常维护等支出，借记“业务活动费用”“单位管理费用”等科目，贷记“财政拨款收入”“零余额账户用款额度”“银行存款”等科目。

3. 处置无形资产

（1）报经批准出售、转让无形资产，按照被出售、转让无形资产的账面价值，借记“资产处置费用”科目，按照无形资产已计提的摊销，借记“无形资产累计摊销”科目，按照无形资产账面余额，贷记本科目；同时，按照收到的价款，借记“银行存款”等科目，按照处置过程中发生的相关费用，贷记“银行存款”等科目，按照其差额，贷记“应缴财政款”（按照规定应上缴无形资产转让净收入的)或"其他收入"(按照规定将无形资产转让收入纳入本单位预算管理的)科目。

(2) 报经批准对外捐赠无形资产,按照无形资产已计提的摊销,借记"无形资产累计摊销"科目,按照被处置无形资产账面余额,贷记本科目,按照捐赠过程中发生的归属于捐出方的相关费用,贷记"银行存款"等科目,按照其差额,借记"资产处置费用"科目。

(3) 报经批准无偿调出无形资产,按照无形资产已计提的摊销,借记"无形资产累计摊销"科目,按照被处置无形资产账面余额,贷记本科目,按照其差额,借记"无偿调拨净资产"科目;同时,按照无偿调出过程中发生的归属于调出方的相关费用,借记"资产处置费用"科目,贷记"银行存款"等科目。

(4) 报经批准置换换出无形资产,参照"库存物品"科目中置换换入库存物品的规定进行账务处理。

(5) 无形资产预期不能为单位带来服务潜力或经济利益,按照规定报经批准核销时,按照待核销无形资产的账面价值,借记"资产处置费用"科目,按照已计提摊销,借记"无形资产累计摊销"科目,按照无形资产的账面余额,贷记本科目。

无形资产处置时涉及增值税业务的,相关账务处理参见"应交增值税"科目。

4. 无形资产清查盘点

单位应当定期对无形资产进行清查盘点,每年至少盘点一次。单位资产清查盘点过程中发现的无形资产盘盈、盘亏等,参照"固定资产"科目相关规定进行账务处理。

(三) 无形资产的核算举例

1. 无形资产的初始计量

1) 外购的无形资产

【例 10-53】 某事业单位用财政直接支付方式外购一项专利权,价款 100 000 元。会计分录如下:

借:无形资产	100 000	
贷:财政拨款收入		100 000

2) 自行开发的无形资产

【例 10-54】 某医疗机构自行开发一项干细胞技术,研究阶段该项技术前期发生支出共计 94 830 元,其中实验检验费 61 200 元,财政直接支付;研究人员薪酬 23 630 元,消耗材料 10 000 元。会计分录如下:

(1) 自行开发、研究阶段。

借:研发支出——研究阶段	94 830	
贷:财政拨款收入		61 200
应付职工薪酬		23 630
库存物品		10 000

(2) 期末,转入当期费用。

借:业务活动费用	94 830	
贷:研发支出——研究阶段		94 830

【例10-55】 接上例，假设上述该项技术前期发生支出94 830元，无法区分是研究阶段还是开发阶段的支出，但按法律程序申请取得无形资产的，可以按照申请专利时，支付专利注册费、律师聘请费共计7 340元确定无形资产的成本。会计分录如下：

借：无形资产　　7 340
　贷：零余额账户用款额度　　7 340

3）通过置换取得无形资产

【例10-56】 某国土资源管理局以一批工程物资与某单位置换换入一项专利，工程物资价值94 500元，评估价115 000元，银行授权支付补价23 800元，另授权支付运杂费400元，无形资产交付使用。会计分录如下：

借：无形资产　　139 200
　贷：工程物资　　94 500
　　其他收入　　20 500
　　零余额账户用款额度(23 800+400)　　24 200

4）接受捐赠、无偿调入的无形资产

【例10-57】 某事业单位接受捐赠一项专利，所附发票表明其价值为93 400元；无偿调入一项专利，调出方账面价值26 500元。会计分录如下：

借：无形资产　　119 900
　贷：捐赠收入　　93 400
　　无偿调拨净资产　　26 500

2. 无形资产的处置核算

1）出售无形资产的核算

【例10-58】 某行政单位经批准，将一项专利出售，该无形资产原价128 900元，累计摊销73 420元，收到出售价款54 970元。会计分录如下：

(1) 转入待处置资产。

借：资产处置费用　　55 480
　　无形资产累计摊销　　73 420
　贷：无形资产　　128 900

(2) 收到出售价款。

借：银行存款　　54 970
　贷：应缴财政款　　54 970

2）无偿调出无形资产

【例10-59】 某高校经批准将其拥有的一项软件技术无偿调拨给其他单位使用。该无形资产的账面余额为198 700元，已计提摊销127 000元，调出时，无相关税费发生。会计分录如下：

借：无偿调拨净资产　　71 700
　　无形资产累计摊销　　127 000
　贷：无形资产　　198 700

3）无形资产的核销

【例 10-60】 某事业单位一项软件技术已经落后于目前的新型技术，不能再为单位带来经济利益，经批准予以核销。该软件技术的账面余额为 183 400 元，累计摊销 145 000 元。会计分录如下：

借：资产处置费用　　38 400
　　无形资产累计摊销　　145 000
　贷：无形资产　　183 400

二、无形资产累计摊销的核算

（一）无形资产累计摊销核算的科目设置

为了核算单位使用年限有限的无形资产计提的累计摊销，需要设置"无形资产累计摊销"总账科目。本科目借方反映由于转让出售等原因减少无形资产而转出的累计摊销，贷方反映计提的累计摊销。本科目期末贷方余额，反映单位计提的无形资产摊销累计数。本科目应当按照所对应无形资产的明细分类进行明细核算。

（二）无形资产累计摊销计提的规定

1. 摊销年限的确定

单位应当按照以下原则确定无形资产的摊销年限：

（1）法律规定了有效年限的，按照法律规定的有效年限作为摊销年限。

（2）法律没有规定有效年限的，按照相关合同或单位申请书中的受益年限作为摊销年限。

（3）法律没有规定有效年限、相关合同或单位申请书也没有规定受益年限的，按照不少于 10 年的期限摊销。

2. 摊销方法及摊销金额的确定

单位应当采用年限平均法或工作量法计提无形资产摊销。

应摊销金额为该无形资产成本，不考虑预计残值。

因发生后续支出而增加无形资产成本的，对于使用年限有限的无形资产，应当按照重新确定的无形资产成本以及重新确定的摊销年限计算摊销额。

（三）无形资产累计摊销的主要账务处理规定

（1）按月对无形资产进行摊销时，按照应摊销金额，借记"业务活动费用""单位管理费用""加工物品""在建工程"等科目，贷记本科目。

（2）经批准处置无形资产时，按照所处置无形资产的账面价值，借记"资产处置费用""无偿调拨净资产""待处理财产损溢"等科目，按照已计提摊销，借记本科目，按照无形资产的账面余额，贷记"无形资产"科目。

（四）无形资产累计摊销的核算举例

【例 10-61】 某医院 X 软件经过计算，本月应计提无形资产摊销 7 650 元。会计分录如下：

借：业务活动费用/单位管理费用/经营费用等　　7 650
　贷：无形资产累计摊销　　7 650

三、研发支出的核算

（一）研发支出核算的科目设置

为了核算单位自行研究开发项目研究阶段和开发阶段发生的各项支出，需要设置"研发支出"总账科目。本科目借方反映自行研究开发项目研究阶段和开发阶段发生的各项支出，贷方反映自行研究开发项目研究开发结束结转的研发支出，本科目期末借方余额，反映单位发生的尚未结转的研发支出累计数。月末将本科目归集的研究阶段的支出金额转入当期费用后，余额反映单位预计能达到预定用途的研究开发项目在开发阶段发生的累计支出数。本科目应当按照自行研究开发项目，分别设置"研究支出""开发支出"进行明细核算。

建设项目中的软件研发支出，应当通过"在建工程"科目核算，不通过本科目核算。

（二）研发支出的主要账务处理规定

（1）自行研究开发项目研究阶段的支出，应当先在本科目归集。按照从事研究及其辅助活动人员计提的薪酬，研究活动领用的库存物品，发生的与研究活动相关的管理费、间接费和其他各项费用，借记本科目（研究支出），贷记"应付职工薪酬""库存物品""财政拨款收入""零余额账户用款额度""固定资产累计折旧""银行存款"等科目。

期（月）末，应当将本科目归集的研究阶段的支出金额转入当期费用，借记"业务活动费用"等科目，贷记本科目（研究支出）。

（2）自行研究开发项目开发阶段的支出，先通过本科目进行归集。按照从事开发及其辅助活动人员计提的薪酬，开发活动领用的库存物品，发生的与开发活动相关的管理费、间接费和其他各项费用，借记本科目（开发支出），贷记"应付职工薪酬""库存物品""财政拨款收入""零余额账户用款额度""固定资产累计折旧""银行存款"等科目。自行研究开发项目完成，达到预定用途形成无形资产的，按照本科目归集的开发阶段的支出金额，借记"无形资产"科目，贷记本科目（开发支出）。

单位应于每年年度终了评估研究开发项目是否能达到预定用途，如预计不能达到预定用途（如无法最终完成开发项目并形成无形资产的），应当将已发生的开发支出金额全部转入当期费用，借记"业务活动费用"等科目，贷记本科目（开发支出）。

自行研究开发项目时涉及增值税业务的，相关账务处理参见"应交增值税"科目。

（三）研发支出的核算举例

【例 10-62】 某医疗机构自行研发一种新药，在研发过程中发生材料费 200 000 元、职工薪酬 500 000 元，以及以财政补助款项支付的其他费用 150 000 元，总计 850 000 元，其中，符合资本化条件的支出为 600 000 元，期末，该新药品已经达到预定用途。会计分录如下：

借：研发支出——研究支出　　250 000
　　　　　　——开发支出　　600 000
　贷：库存物品　　200 000
　　　应付职工薪酬　　500 000
　　　财政拨款收入　　150 000

期末结转：

借：业务活动费用　　250 000
　　无形资产　　600 000
　贷：研发支出——研究支出　　250 000
　　　　　　　——开发支出　　600 000

第七节　代管资产的核算

代管资产是行政事业单位特定公共需求而控制的，能够行使一定的业主职能或者维护管理职能的公共资产。其内容包括：公共基础设施、政府储备物资、文物文化资产、保障性住房等。

一、公共基础设施及公共基础设施累计折旧(摊销)的核算

(一) 公共基础设施的核算

1. 公共基础设施核算的科目设置

为核算单位代管的公共基础设施的增减变动情况，需要设置“公共基础设施”总账科目。本科目借方反映公共基础设施的增加，贷方反映公共基础设施的减少。本科目期末借方余额，反映单位代管的公共基础设施的原值。本科目应当按照公共基础设施类别和项目进行明细核算。

单位应当根据行业主管部门对公共基础设施的分类规定，制定适合于本单位管理的公共基础设施目录、分类方法，作为进行公共基础设施核算的依据。

2. 公共基础设施的主要账务处理规定

1) 公共基础设施初始计量

公共基础设施在取得时，应当按照其成本入账。

(1) 自行建造的公共基础设施完工交付使用时，按照在建工程的成本，借记本科目，贷记“在建工程”科目。

已交付使用但尚未办理竣工决算手续的公共基础设施，按照估计价值入账，待办理竣工决算后再按照实际成本调整原来的暂估价值。

(2) 接受其他单位无偿调入的公共基础设施，按照确定的成本，借记本科目，按照发生的归属于调入方的相关费用，贷记“财政拨款收入”“零余额账户用款额度”“银行存款”等科目，按照其差额，贷记“无偿调拨净资产”科目。

无偿调入的公共基础设施成本无法可靠取得的，按照发生的相关税费、运输费等金额，借记“其他费用”科目，贷记“财政拨款收入”“零余额账户用款额度”“银行存款”等科目。

(3) 接受捐赠的公共基础设施，按照确定的成本，借记本科目，按照发生的相关费用，贷记“财政拨款收入”“零余额账户用款额度”“银行存款”等科目，按照其差额，贷记“捐赠收入”科目。接受捐赠的公共基础设施成本无法可靠取得的，按照发生的相关税费等金额，借记“其他费用”科目，贷记“财政拨款收入”“零余额账户用款额度”“银行存款”等科目。

(4) 外购的公共基础设施，按照确定的成本，借记本科目，贷记“财政拨款收入”“零余额

账户用款额度”“银行存款”等科目。

(5) 对于成本无法可靠取得的公共基础设施，单位应当设置备查簿进行登记，待成本能够可靠确定后按照规定及时入账。

2) 公共基础设施的后续支出计量

将公共基础设施转入改建、扩建时，按照公共基础设施的账面价值，借记“在建工程”科目，按照公共基础设施已计提折旧，借记“公共基础设施累计折旧(摊销)”科目，按照公共基础设施的账面余额，贷记本科目。

为增加公共基础设施使用效能或延长其使用年限而发生的改建、扩建等后续支出，借记“在建工程”科目，贷记“财政拨款收入”“零余额账户用款额度”“银行存款”等科目。公共基础设施改建、扩建完成，竣工验收交付使用时，按照在建工程成本，借记本科目，贷记“在建工程”科目。

为保证公共基础设施正常使用发生的日常维修等支出，借记“业务活动费用”“单位管理费用”等科目，贷记“财政拨款收入”“零余额账户用款额度”“银行存款”等科目。

3) 公共基础设施的处置

按照规定报经批准处置公共基础设施，分别以下情况处理：

(1) 报经批准对外捐赠公共基础设施，按照公共基础设施已计提的折旧或摊销，借记“公共基础设施累计折旧(摊销)”科目，按照被处置公共基础设施账面余额，贷记本科目，按照捐赠过程中发生的归属于捐出方的相关费用，贷记“银行存款”等科目，按照其差额，借记“资产处置费用”科目。

(2) 报经批准无偿调出公共基础设施，按照公共基础设施已计提的折旧或摊销，借记“公共基础设施累计折旧(摊销)”科目，按照被处置公共基础设施账面余额，贷记本科目，按照其差额，借记“无偿调拨净资产”科目；同时，按照无偿调出过程中发生的归属于调出方的相关费用，借记“资产处置费用”科目，贷记“银行存款”等科目。

4) 公共基础设施清查盘点

单位应当定期对公共基础设施进行清查盘点。对于发生的公共基础设施盘盈、盘亏、毁损或报废，应当先记入“待处理财产损溢”科目，按照规定报经批准后及时进行后续账务处理。

(1) 盘盈的公共基础设施，其成本按照有关凭据注明的金额确定；没有相关凭据、但按照规定经过资产评估的，其成本按照评估价值确定；没有相关凭据、也未经过评估的，其成本按照重置成本确定。盘盈的公共基础设施成本无法可靠取得的，单位应当设置备查簿进行登记，待成本确定后按照规定及时入账。

盘盈的公共基础设施，按照确定的入账成本，借记本科目，贷记“待处理财产损溢”科目。

(2) 盘亏、毁损或报废的公共基础设施，按照待处置公共基础设施的账面价值，借记“待处理财产损溢”科目，按照已计提折旧或摊销，借记“公共基础设施累计折旧(摊销)”科目，按照公共基础设施的账面余额，贷记本科目。

3. 公共基础设施的核算举例

【例10-63】 2017年8月1日，某行政单位建造一批公路护栏，该批公路护栏完工成本为320 000元，以财政拨款支付。会计分录如下：

借：在建工程　　320 000

　贷：财政拨款收入　　320 000

2017 年 10 月 1 日完工，交付使用。

借：公共基础设施　　320 000
　贷：在建工程　　320 000

(二) 公共基础设施累计折旧(摊销)的核算

1. 公共基础设施累计折旧(摊销)核算的科目设置

为完整准确地反映单位公共基础设施价值的变动和计提折旧情况，需要设置“公共基础设施累计折旧(摊销)”总账科目。本科目借方反映由于转让出售等原因减少公共基础设施而转出的累计折旧(摊销)，贷方反映计提的累计折旧(摊销)。本科目期末贷方余额，反映单位计提的公共基础设施折旧(摊销)累计数。本科目应当按照所对应公共基础设施的明细分类进行明细核算。

2. 公共基础设施累计折旧(摊销)计提的规定

1) 折旧(摊销)年限的确定

在确定公共基础设施的折旧年限时，应当考虑下列因素：

(1) 设计使用年限或设计基准期。

(2) 预计实现服务潜力或提供经济利益的期限。

(3) 预计有形损耗和无形损耗。

(4) 法律或者类似规定对资产使用的限制。

公共基础设施的折旧年限一经确定，不得随意变更。因改建、扩建等原因而延长使用年限的，应当重新确定公共基础设施的折旧年限。

单位盘盈、无偿调入、接受捐赠以及置换的公共基础设施，应当考虑该项资产的新旧程度，按照其尚可使用的年限计提折旧。

2) 折旧方法的确定

一般应当采用年限平均法或工作量法计提公共基础设施折旧。

3) 预计净残值的确定

公共基础设施的应折旧金额为其成本，计提公共基础设施折旧不考虑预计净残值。

3. 公共基础设施累计折旧(摊销)的主要账务处理规定

(1) 按月计提公共基础设施折旧时，按照应计提的折旧额，借记“业务活动费用”科目，贷记本科目。

(2) 按月对确认为公共基础设施的单独计价入账的土地使用权进行摊销时，按照应计提的摊销额，借记“业务活动费用”科目，贷记本科目。

(3) 处置公共基础设施时，按照所处置公共基础设施的账面价值，借记“资产处置费用”“无偿调拨净资产”“待处理财产损溢”等科目，按照已提取的折旧和摊销，借记本科目，按照公共基础设施账面余额，贷记“公共基础设施”科目。

本科目的核算参见“固定资产累计折旧”和“无形资产累计摊销”科目。

二、政府储备物资的核算

(一) 政府储备物资核算的科目设置

为了核算单位控制的战略及能源物资、抢险抗灾救灾物资、农产品、医药物资和其他重要商品物资等政府储备物资的增减变动情况，需要设置“政府储备物资”总账科目。本科目借方反映政府储备物资的增加，贷方反映政府储备物资的减少。本科目期末借方余额，反映政府储备物资的成本。本科目应当按照政府储备物资的种类、品种、存放地点等进行明细核算。单位根据需要，可在本科目下设置“在库”“发出”等明细科目进行明细核算。

对政府储备物资不负有行政管理职责但接受委托具体负责执行其存储保管等工作的单位，其受托代储的政府储备物资应当通过“受托代理资产”科目核算，不通过本科目核算。

(二) 政府储备物资的主要账务处理规定

1. 政府储备物资取得的核算

政府储备物资取得时，应当按照其成本入账，具体包括以下内容：

(1) 购入的政府储备物资验收入库，按照确定的成本，借记本科目，贷记“财政拨款收入”“零余额账户用款额度”“银行存款”等科目。

(2) 涉及委托加工政府储备物资业务的，相关账务处理参照“加工物品”科目。

(3) 接受捐赠的政府储备物资验收入库，按照确定的成本，借记本科目，按照单位承担的相关税费、运输费等，贷记“零余额账户用款额度”“银行存款”等科目，按照其差额，贷记“捐赠收入”科目。

(4) 接受无偿调入的政府储备物资验收入库，按照确定的成本，借记本科目，按照单位承担的相关税费、运输费等，贷记“零余额账户用款额度”“银行存款”等科目，按照其差额，贷记“无偿调拨净资产”科目。

2. 政府储备物资发出的核算

政府储备物资发出时，分别以下情况处理：

(1) 因动用而发出无需收回的政府储备物资的，按照发出物资的账面余额，借记“业务活动费用”科目，贷记本科目。

(2) 因动用而发出需要收回或者预期可能收回的政府储备物资的，在发出物资时，按照发出物资的账面余额，借记本科目(发出)，贷记本科目(在库)；按照规定的质量验收标准收回物资时，按照收回物资原账面余额，借记本科目(在库)，按照未收回物资的原账面余额，借记“业务活动费用”科目，按照物资发出时登记在本科目所属“发出”明细科目中的余额，贷记本科目(发出)。

(3) 因行政管理主体变动等原因而将政府储备物资调拨给其他主体的，按照无偿调出政府储备物资的账面余额，借记“无偿调拨净资产”科目，贷记本科目。

(4) 对外销售政府储备物资并将销售收入纳入单位预算统一管理的，发出物资时，按照发出物资的账面余额，借记“业务活动费用”科目，贷记本科目；实现销售收入时，按照确认的收入金额，借记“银行存款”“应收账款”等科目，贷记“事业收入”等科目。

对外销售政府储备物资并按照规定将销售净收入上缴财政的，发出物资时，按照发出物资的账面余额，借记“资产处置费用”科目，贷记本科目；取得销售价款时，按照实际收到的款项金额，借记“银行存款”等科目，按照发生的相关税费，贷记“银行存款”等科目，按照销售价款大于所承担的相关税费后的差额，贷记“应缴财政款”科目。

3. 政府储备物资的清查盘点

单位应当定期对政府储备物资进行清查盘点，每年至少盘点一次。对于发生的政府储备物资盘盈、盘亏或者报废、毁损，应当先记入“待处理财产损溢”科目，按照规定报经批准后及时进行后续账务处理。

（1）盘盈的政府储备物资，按照确定的入账成本，借记本科目，贷记“待处理财产损溢”科目。

（2）盘亏或者毁损、报废的政府储备物资，按照待处理政府储备物资的账面余额，借记“待处理财产损溢”科目，贷记本科目。

（三）政府储备物资的核算举例

【例 10-64】 某行政单位取得一批卫生用品，价款共计 52 000 元，运输费 400 元，装卸费 260 元，用财政拨款支付。

结转政府储备物资成本＝52 000＋400＋260＝52 660（元），会计分录如下：

借：政府储备物资　　52 660

　贷：财政拨款收入　　52 660

三、文物文化资产的核算

（一）文物文化资产核算的科目设置

为了核算单位为满足社会公共需求而控制的文物文化资产的增减变动情况，需要设置“文物文化资产”总账科目，本科目借方反映文物文化资产的增加，贷方反映政府文物文化资产的减少。本科目期末借方余额，反映文物文化资产的成本。本科目应当按照文物文化资产的类别、项目等进行明细核算。

单位为满足自身开展业务活动或其他活动需要而控制的文物和陈列品，应当通过“固定资产”科目核算，不通过本科目核算。

（二）文物文化资产的主要账务处理规定

1. 文物文化资产取得的核算

文物文化资产在取得时，应当按照其成本入账。

（1）外购的文物文化资产，其成本包括购买价款、相关税费以及可归属于该项资产达到预定用途前所发生的其他支出（如运输费、安装费、装卸费等）。外购的文物文化资产，按照确定的成本，借记本科目，贷记“财政拨款收入”“零余额账户用款额度”“银行存款”等科目。

（2）接受其他单位无偿调入的文物文化资产，其成本按照该项资产在调出方的账面价值加上归属于调入方的相关费用确定。

调入的文物文化资产，按照确定的成本，借记本科目，按照发生的归属于调入方的相关费用，贷记“零余额账户用款额度”“银行存款”等科目，按照其差额，贷记“无偿调拨净资产”科目。

无偿调入的文物文化资产成本无法可靠取得的，按照发生的归属于调入方的相关费用，借记“其他费用”科目，贷记“零余额账户用款额度”“银行存款”等科目。

（3）接受捐赠的文物文化资产，其成本按照有关凭据注明的金额加上相关费用确定；没有相关凭据可供取得，但按照规定经过资产评估的，其成本按照评估价值加上相关费用确定；没有相关凭据可供取得、也未经评估的，其成本比照同类或类似资产的市场价格加上相关费用确定。

接受捐赠的文物文化资产，按照确定的成本，借记本科目，按照发生的相关税费、运输费等金额，贷记“零余额账户用款额度”“银行存款”等科目，按照其差额，贷记“捐赠收入”科目。

接受捐赠的文物文化资产成本无法可靠取得的，按照发生的相关税费、运输费等金额，借记“其他费用”科目，贷记“零余额账户用款额度”“银行存款”等科目。

(4) 对于成本无法可靠取得的文物文化资产，单位应当设置备查簿进行登记，待成本能够可靠确定后按照规定及时入账。

2. 文化文物资产后续支出的核算

与文物文化资产有关的后续支出，参照“公共基础设施”科目相关规定进行处理。

3. 文化文物资产处置的核算

按照规定报经批准处置文物文化资产，应当分别以下情况处理：

(1) 报经批准对外捐赠文物文化资产，按照被处置文物文化资产账面余额和捐赠过程中发生的归属于捐出方的相关费用合计数，借记“资产处置费用”科目，按照被处置文物文化资产账面余额，贷记本科目，按照捐赠过程中发生的归属于捐出方的相关费用，贷记“银行存款”等科目。

(2) 报经批准无偿调出文物文化资产，按照被处置文物文化资产账面余额，借记“无偿调拨净资产”科目，贷记本科目；同时，按照无偿调出过程中发生的归属于调出方的相关费用，借记“资产处置费用”科目，贷记“银行存款”等科目。

4. 文化文物资产的清查盘点

单位应当定期对文物文化资产进行清查盘点，每年至少盘点一次。对于发生的文物文化资产盘盈、盘亏、毁损或报废等，参照“公共基础设施”科目相关规定进行账务处理。

(三) 文物文化资产的核算举例

【例 10-65】 某文化局接受公民张某捐赠的一批明代书画，市场估价 29 800 000 元，相关税费 1 320 000 元。税费以零余额账户用款额度账户支付。会计分录如下：

借：文物文化资产　　31 120 000
　贷：其他应交税费　　1 320 000
　　　捐赠收入　　29 800 000

借：其他应交税费　　1 320 000
　贷：零余额账户用款额度　　1 320 000

四、保障性住房及保障性住房累计折旧的核算

(一) 保障性住房的核算

1. 保障性住房核算的科目设置

为了核算单位为满足社会公共需求而控制的保障性住房原值的增减变动情况，需要设置“保障性住房”总账科目，本科目借方反映保障性住房的增加，贷方反映保障性住房的减少。本科目期末借方余额，反映保障性住房的原值。本科目应当按照保障性住房的类别、项目等进行明细核算。

2. 保障性住房的主要账务处理规定

1) 保障性住房取得的核算

保障性住房在取得时，应当按其成本入账。

(1) 外购的保障性住房,其成本包括购买价款、相关税费以及可归属于该项资产达到预定用途前所发生的其他支出。外购的保障性住房,按照确定的成本,借记本科目,贷记"财政拨款收入""零余额账户用款额度""银行存款"等科目。

(2) 自行建造的保障性住房交付使用时,按照在建工程成本,借记本科目,贷记"在建工程"科目。

已交付使用但尚未办理竣工决算手续的保障性住房,按照估计价值入账,待办理竣工决算后再按照实际成本调整原来的暂估价值。

(3) 接受其他单位无偿调入的保障性住房,其成本按照该项资产在调出方的账面价值加上归属于调入方的相关费用确定。无偿调入的保障性住房,按照确定的成本,借记本科目,按照发生的归属于调入方的相关费用,贷记"零余额账户用款额度""银行存款"等科目,按照其差额,贷记"无偿调拨净资产"科目。

(4) 接受捐赠、融资租赁取得的保障性住房,参照"固定资产"科目相关规定进行处理。

2) 保障性住房后续支出的核算

与保障性住房有关的后续支出,参照"固定资产"科目相关规定进行处理。

3) 保障性住房租金的核算

按照规定出租保障性住房并将出租收入上缴同级财政,按照收取的租金金额,借"银行存款"等科目,贷记"应缴财政款"科目。

4) 保障性住房处置的核算

按照规定报经批准处置保障性住房,应当分别以下情况处理:

(1) 报经批准无偿调出保障性住房,按照保障性住房已计提的折旧,借记"保障性住房累计折旧"科目,按照被处置保障性住房账面余额,贷记本科目,按照其差额,借记"无偿调拨净资产"科目;同时,按照无偿调出过程中发生的归属于调出方的相关费用,借记"资产处置费用"科目,贷记"银行存款"等科目。

(2) 报经批准出售保障性住房,按照被出售保障性住房的账面价值,借记"资产处置费用"科目,按照保障性住房已计提的折旧,借记"保障性住房累计折旧"科目,按照保障性住房账面余额,贷记本科目;同时,按照收到的价款,借记"银行存款"等科目,按照出售过程中发生的相关费用,贷记"银行存款"等科目,按照其差额,贷记"应缴财政款"科目。

5) 保障性住房的清查盘点

单位应当定期对保障性住房进行清查盘点。对于发生的保障性住房盘盈、盘亏、毁损或报废等,参照"固定资产"科目相关规定进行账务处理。

3. 保障性住房的核算举例

【例 10-66】 某住房保障局主要负责保障房建设,修建廉租房和公租房为政府全额拨款。2021 年投资修建 A 项目。

(1) 2021 年 1 月,收到财政拨来廉租房建设款 7 000 000 元。会计分录如下:

借:银行存款	7 000 000	
贷:财政拨款收入		7 000 000

(2) 2021 年 6 月、9 月、12 月分别支付工程款 2 000 000 元、2 000 000 元、3 000 000 元。6 月、9 月的会计分录均为:

借：在建工程　　2 000 000
　贷：银行存款　　2 000 000

12月的会计分录为：

借：在建工程　　3 000 000
　贷：银行存款　　3 000 000

(3) 2022年2月，工程竣工。会计分录如下：

借：保障性住房　　7 000 000
　贷：在建工程　　7 000 000

(二) 保障性住房累计折旧的核算

1. 保障性住房累计折旧核算的科目设置

为完整准确地反映单位代管的保障性住房价值的变动和计提折旧情况，需要设置“保障性住房累计折旧”总账科目，本科目借方反映由于转让出售等原因减少保障性住房而转出的累计折旧，贷方反映计提的累计折旧。本科目期末贷方余额，反映单位计提的保障性住房折旧累计数。本科目应当按照所对应保障性住房的类别进行明细核算。

2. 保障性住房累计折旧计提的规定

单位应当参照《政府会计准则第3号——固定资产》及其应用指南的相关规定，按月对其控制的保障性住房计提折旧。

3. 保障性住房累计折旧的主要账务处理规定

(1) 按月计提保障性住房折旧时，按照应计提的折旧额，借记“业务活动费用”科目，贷记本科目。

(2) 报经批准处置保障性住房时，按照所处置保障性住房的账面价值，借记“资产处置费用”“无偿调拨净资产”“待处理财产损溢”等科目，按照已计提折旧，借记本科目，按照保障性住房的账面余额，贷记“保障性住房”科目。

保障性住房累计折旧的核算参见“固定资产累计折旧”科目。

第八节　其他长期资产的核算

一、受托代理资产的核算

(一) 受托代理资产核算的科目设置

为了核算单位接受委托方委托管理的受托指定转赠的物资、受托存储保管物资等受托代理资产的增减变动，需要设置“受托代理资产”总账科目。本科目借方反映受托代理资产的增加，贷方反映受托代理资产的减少。本科目期末借方余额，反映单位受托代理实物资产的成本。本科目应当按照资产的种类和委托人进行明细核算；属于转赠资产的，还应当按照受赠人进行明细核算。

单位管理的罚没物资也应当通过本科目核算。单位收到的受托代理资产为现金和银行存款的，不通过本科目核算，应当通过“库存现金”“银行存款”科目进行核算。

(二) 受托代理资产的主要账务处理规定

1. 受托转赠物资

(1) 接受委托人委托需要转赠给受赠人的物资,其成本按照有关凭据注明的金额确定。接受委托转赠的物资验收入库,按照确定的成本,借记本科目,贷记“受托代理负债”科目。

受托协议约定由受托方承担相关税费、运输费等的,还应当按照实际支付的相关税费、运输费等金额,借记“其他费用”科目,贷记“银行存款”等科目。

(2) 将受托转赠物资交付受赠人时,按照转赠物资的成本,借记“受托代理负债”科目,贷记本科目。

(3) 转赠物资的委托人取消了对捐赠物资的转赠要求,且不再收回捐赠物资的,应当将转赠物资转为单位的存货、固定资产等。按照转赠物资的成本,借记“受托代理负债”科目,贷记本科目;同时,借记“库存物品”“固定资产”等科目,贷记“其他收入”科目。

2. 受托存储保管物资

(1) 接受委托人委托存储保管的物资,其成本按照有关凭据注明的金额确定。接受委托储存的物资验收入库,按照确定的成本,借记本科目,贷记“受托代理负债”科目。

(2) 发生由受托单位承担的与受托存储保管的物资相关的运输费、保管费等费用时,按照实际发生的费用金额,借记“其他费用”等科目,贷记“银行存款”等科目。

(3) 根据委托人要求交付或发出受托存储保管的物资时,按照发出物资的成本,借记“受托代理负债”科目,贷记本科目。

3. 罚没物资

(1) 取得罚没物资时,其成本按照有关凭据注明的金额确定。罚没物资验收(入库),按照确定的成本,借记本科目,贷记“受托代理负债”科目。罚没物资成本无法可靠确定的,单位应当设置备查簿进行登记。

(2) 按照规定处置或移交罚没物资时,按照罚没物资的成本,借记“受托代理负债”科目,贷记本科目。处置时取得款项的,按照实际取得的款项金额,借记“银行存款”等科目,贷记“应缴财政款”等科目。

单位受托代理的其他实物资产,参照本科目有关受托转赠物资、受托存储保管物资的规定进行账务处理。

(三) 受托代理资产的核算举例

【例 10-67】 某行政单位接受受托人委托转增的 10 台计算机赠给养老院,这批计算机成本为 6 943 元,运费 1 500 元由行政单位承担,通过财政直接支付方式支付。会计分录如下:

借:受托代理资产　　6 943
　贷:受托代理负债　　6 943

支付运费时:

借:单位管理费用　　1 500
　贷:财政拨款收入　　1 500

二、长期待摊费用的核算

（一）长期待摊费用核算的科目设置

为了核算单位已经支出，但应由本期和以后各期负担的分摊期限在 1 年以上（不含 1 年）的各项费用，如以经营租赁方式租入的固定资产发生的改良支出等，需要设置“长期待摊费用”总账科目。本科目借方反映长期待摊费用的增加数，贷方反映长期待摊费用的摊销数，本科目期末借方余额，反映单位尚未摊销完毕的长期待摊费用。本科目应当按照费用项目进行明细核算。

（二）长期待摊费用的主要账务处理规定

（1）发生长期待摊费用时，按照支出金额，借记本科目，贷记“财政拨款收入”“零余额账户用款额度”“银行存款”等科目。

（2）按照受益期间摊销长期待摊费用时，按照摊销金额，借记“业务活动费用”“单位管理费用”“经营费用”等科目，贷记本科目。

（3）如果某项长期待摊费用已经不能使单位受益，应当将其摊余金额一次全部转入当期费用。按照摊销金额，借记“业务活动费用”“单位管理费用”“经营费用”等科目，贷记本科目。

（三）长期待摊费用的核算举例

【例 10-68】 某事业单位对经营租入的发电设备进行大修理，经核算共发生大修理支出 24 000 元，修理间隔期为 4 年。会计分录如下：

（1）支付修理费。

借：长期待摊费用——大修理支出	24 000	
贷：银行存款		24 000

（2）对大修理支出进行摊销，每月摊销额＝24 000÷48＝500（元）。

借：单位管理费用	500	
贷：长期待摊费用——大修理支出		500

三、待处理财产损溢的核算

（一）待处理财产损溢核算的科目设置

为了核算单位在资产清查过程中查明的各种资产盘盈、盘亏和报废、毁损的情况，需要设置“待处理财产损溢”总账科目。本科目借方反映各种资产盘亏和报废、毁损的金额以及批准的盘盈资产转出数，贷方反映各种资产的盘盈数以及批准的盘亏和报废、毁损资产的转出数，本科目期末如为借方余额，反映尚未处理完毕的各种资产的净损失；期末如为贷方余额，反映尚未处理完毕的各种资产净溢余。年末，经批准处理后，本科目一般应无余额。本科目应当按照待处理的资产项目进行明细核算；对于在资产处理过程中取得收入或发生相关费用的项目，还应当设置“待处理财产价值”“处理净收入”明细科目，进行明细核算。

单位资产清查中查明的资产盘盈、盘亏、报废和毁损，一般应当先记入本科目，按照规定报经批准后及时进行账务处理。年末结账前一般应处理完毕。

(二)待处理财产损溢的主要账务处理规定

1. 库存现金短缺或溢余的处理

(1)每日账款核对中发现现金短缺或溢余,属于现金短缺,按照实际短缺的金额,借记本科目,贷记“库存现金”科目;属于现金溢余,按照实际溢余的金额,借记“库存现金”科目,贷记本科目。

(2)如为现金短缺,属于应由责任人赔偿或向有关人员追回的,借记“其他应收款”科目,贷记本科目;属于无法查明原因的,报经批准核销时,借记“资产处置费用”科目,贷记本科目。

(3)如为现金溢余,属于应支付给有关人员或单位的,借记本科目,贷记“其他应付款”科目;属于无法查明原因的,报经批准后,借记本科目,贷记“其他收入”科目。

2. 资产清查过程中发现的非现金资产盘盈、盘亏或报废、毁损的处理

1)盘盈的各类资产

(1)转入待处理资产时,按照确定的成本,借记“库存物品”“固定资产”“无形资产”“公共基础设施”“政府储备物资”“文物文化资产”“保障性住房”等科目,贷记本科目。

(2)按照规定报经批准后处理时,对于盘盈的流动资产,借记本科目,贷记“单位管理费用”(事业单位)或“业务活动费用”(行政单位)科目。对于盘盈的非流动资产,如属于本年度取得的,按照当年新取得相关资产进行账务处理;如属于以前年度取得的,按照前期差错处理,借记本科目,贷记“以前年度盈余调整”科目。

2)盘亏或者毁损、报废的各类资产

(1)转入待处理资产时,借记本科目(待处理财产价值)[盘亏、毁损、报废固定资产、无形资产、公共基础设施、保障性住房的,还应借记“固定资产累计折旧”“无形资产累计摊销”“公共基础设施累计折旧(摊销)”“保障性住房累计折旧”科目],贷记“库存物品”“固定资产”“无形资产”“公共基础设施”“政府储备物资”“文物文化资产”“保障性住房”“在建工程”等科目。

涉及增值税业务的,相关账务处理参见“应交增值税”科目。

报经批准处理时,借记“资产处置费用”科目,贷记本科目(待处理财产价值)。

(2)处理毁损、报废实物资产过程中取得的残值或残值变价收入、保险理赔和过失人赔偿等,借记“库存现金”“银行存款”“库存物品”“其他应收款”等科目,贷记本科目(处理净收入);处理毁损、报废实物资产过程中发生的相关费用,借记本科目(处理净收入),贷记“库存现金”“银行存款”等科目。

处理收支结清,如果处理收入大于相关费用的,按照处理收入减去相关费用后的净收入,借记本科目(处理净收入),贷记“应缴财政款”等科目;如果处理收入小于相关费用的,按照相关费用减去处理收入后的净支出,借记“资产处置费用”科目,贷记本科目(处理净收入)。

本科目核算参见前述其他资产类科目相关举例。

关键术语

零余额账户用款额度　财政应返还额度　应收票据　应收账款　应收股利　应收利息　在途物品　库存物品　加工物品　待摊费用　长期投资　固定资产　工程物资　在建工

程 无形资产 研发支出 公共基础设施 政府储备物资 文物文化资产 保障性住房 受托代理资产 长期待摊费用 待处理财产损溢

复习题

1. 什么是行政事业单位的资产？包括哪些内容？
2. 行政事业单位库存现金管理的基本要求有什么？
3. 行政事业单位零余额账户用款额度是否是单位的一项流动资产？为什么？
4. 行政事业单位的财政应返还额度如何进行会计核算？
5. 行政事业单位的应收及预付款项包括哪些内容？如何核算？
6. 行政事业单位存货的核算有哪些要求？
7. 行政事业单位长期股权投资和长期债券投资有什么区别？各应如何核算？
8. 什么是行政事业单位固定资产？有哪些种类？如何核算？
9. 行政事业单位公共基础设施包括哪些？如何核算？
10. 什么是行政事业单位政府储备物资？如何核算？
11. 行政单位受托代理资产的核算与其他资产的核算有什么区别？为什么存在这些区别？
12. 行政事业单位待处理财产损溢如何核算？

练习题

一、单选题

1. 行政事业单位的资产按其流动性，分为流动资产和(　　)。

A. 实物资产　　B. 货币资产　　C. 非流动资产　　D. 无形资产

2. 流动资产是指预计在(　　)耗用或者可以变现的资产。

A. 半年内　　B. 1年内　　C. 2年内　　D. 不确定

3. 非流动资产是指(　　)以外的资产。

A. 实物资产　　B. 货币资产　　C. 流动资产　　D. 无形资产

4. 行政事业单位的库存现金限额是(　　)。

A. 5 000元　　B. 原则上以3至5天的日常开支量为准

C. 50 000元　　D. 不确定

5. 为了满足财政授权支付的需要，财政部门在代理银行为行政事业单位开设(　　)账户。

A. 银行存款　　B. 零余额账户用款额度

C. 临时结算　　D. 专用存款

6. 行政事业单位的存货具体可以分为在途物品、库存物品和(　　)等。

A. 代管物资　　B. 加工物品　　C. 原材料　　D. 库存商品

7. 行政事业单位出租资产、出售物资以及提供服务等应当收取的款项，属于(　　)。

A. 应收票据　　B. 预收账款　　C. 应收账款　　D. 其他应收款

8. 行政事业单位职工预借的差旅费在会计核算上属于(　　)。

A. 应收票据　　B. 预收账款　　C. 应收账款　　D. 其他应收款

9. 行政事业单位随买随用的零星办公用品，可以在购进时(　　)。

A. 直接作为费用核算　　B. 作为库存物品核算

C. 作为待摊费用核算　　D. 必须验收入库

10. 行政事业单位固定资产的使用年限一般在(　　)。
A. 1 年以上　　B. 2 年以上　　C. 没有具体规定　　D. 不定期

11. 行政事业单位作为固定资产核算的一般设备的单位价值在(　　)以上。
A. 1 500 元　　B. 2 000 元　　C. 1 000 元　　D. 不确定

12. 行政事业单位作为固定资产核算的专用设备的单位价值在(　　)以上。
A. 1 500 元　　B. 2 000 元　　C. 1 000 元　　D. 不确定

13. 行政事业单位的下列固定资产不计提折旧(　　)。
A. 房屋建筑物　　B. 一般设备　　C. 图书、档案　　D. 专用设备

14. 行政事业单位的下列固定资产应该计提折旧(　　)。
A. 融资租入固定资产　　B. 文物及陈列品
C. 动植物　　D. 以名义金额计量的固定资产

15. 代管资产是行政事业单位特定公共需求而控制的,能够行使一定的业主职能或者维护管理职能的公共资产。下列属于代管资产的是(　　)。
A. 公共基础设施　　B. 一般设备　　C. 图书、档案　　D. 专用设备

16. 下列不属于行政事业单位代管资产的是(　　)。
A. 公共基础设施　　B. 政府储备物资　　C. 保障性住房　　D. 自用的办公设备

17. 行政事业单位无偿调入的资产,其入账价值依据(　　)确定。
A. 实际成本　　B. 市场价值
C. 现值　　D. 调出单位账面价值

18. 行政事业单位在对资产进行计量时,一般应当采用(　　)。
A. 历史成本　　B. 市场价值　　C. 现值　　D. 重置价值

19. 如果在每日账款核对中发现有待查明原因的现金短缺,财务会计正确的账务处理应该是(　　)。
A. 借记:库存现金　　B. 借记:待处理财产损溢
C. 贷记:待处理财产损溢　　D. 贷记:银行存款

20. 如果在每日账款核对中发现有待查明原因的现金溢余,财务会计正确的账务处理应该是(　　)。
A. 借记:库存现金　　B. 借记:待处理财产损溢
C. 贷记:库存现金　　D. 贷记:银行存款

21. 如果在每日账款核对中发现有待查明原因的现金短缺,预算会计正确的账务处理应该是(　　)。
A. 借记:资金结存——货币资金　　B. 借记:待处理财产损溢
C. 贷记:资金结存——货币资金　　D. 贷记:其他预算收入

22. 如果在每日账款核对中发现有待查明原因的现金溢余,预算会计正确的账务处理应该是(　　)。
A. 借记:资金结存——货币资金　　B. 借记:待处理财产损溢
C. 贷记:资金结存——货币资金　　D. 贷记:其他预算收入

23. 收到代理银行通知,财政授权支付额度已经到账,财务会计正确的账务处理应该

是(　　)。

A. 借记:库存现金　　B. 借记:零余额账户用款额度
C. 贷记:银行存款　　D. 贷记:零余额账户用款额度

24. 收到代理银行通知,提出的财政直接支付申请已经支付给供应商,财务会计正确的账务处理应该是(　　)。

A. 借记:库存现金　　B. 借记:零余额账户用款额度
C. 贷记:银行存款　　D. 贷记:财政拨款收入

25. 收到代理银行通知,财政授权支付额度已经到账,预算会计正确的账务处理应该是(　　)。

A. 借记:库存现金　　B. 借记:资金结存——零余额账户用款额度
C. 贷记:银行存款　　D. 贷记:零余额账户用款额度

26. 收到代理银行通知,提出的财政直接支付申请已经支付给供应商,预算会计正确的账务处理应该是(　　)。

A. 借记:库存现金　　B. 借记:零余额账户用款额度
C. 贷记:银行存款　　D. 贷记:财政拨款预算收入

27. 通过财政直接支付方式购买办公设备1套,已经验收入库,财务会计正确的账务处理应该是(　　)。

A. 借记:库存物品　　B. 借记:零余额账户用款额度
C. 借记:固定资产　　D. 贷记:财政拨款预算收入

28. 通过财政直接支付方式购买办公设备1套,已经验收入库,预算会计正确的账务处理应该是(　　)。

A. 借记:固定资产
B. 借记:资金结存——零余额账户用款额度
C. 贷记:资金结存——零余额账户用款额度
D. 贷记:财政拨款预算收入

29. 通过财政授权支付方式购买办公设备1套,已经验收入库,财务会计正确的账务处理应该是(　　)。

A. 借记:库存物品　　B. 借记:零余额账户用款额度
C. 借记:固定资产　　D. 贷记:财政拨款收入

30. 通过财政授权支付方式购买办公设备1套,已经验收入库,预算会计正确的账务处理应该是(　　)。

A. 借记:固定资产
B. 借记:资金结存——零余额账户用款额度
C. 贷记:资金结存——零余额账户用款额度
D. 贷记:财政拨款收入

31. 通过财政直接支付方式购买一批存货,已经验收入库,财务会计正确的账务处理应该是(　　)。

A. 借记:库存物品　　B. 借记:零余额账户用款额度
C. 贷记:零余额账户用款额度　　D. 贷记:财政拨款预算收入

32. 通过财政直接支付方式购买一批存货,已经验收入库,预算会计正确的账务处理应该是(　　)。
A. 借记:库存物品
B. 借记:资金结存——零余额账户用款额度
C. 贷记:资金结存——零余额账户用款额度
D. 贷记:财政拨款预算收入
33. 通过财政授权支付方式购买一批存货,已经验收入库,财务会计正确的账务处理应该是(　　)。
A. 借记:库存物品　　B. 借记:零余额账户用款额度
C. 借记:固定资产　　D. 贷记:财政拨款收入
34. 通过财政授权支付方式购买一批存货,已经验收入库,预算会计正确的账务处理应该是(　　)。
A. 借记:库存物品
B. 借记:资金结存——零余额账户用款额度
C. 贷记:资金结存——零余额账户用款额度
D. 贷记:财政拨款收入
35. 收到无偿调入的无形资产,财务会计正确的账务处理应该是(　　)。
A. 贷记:无偿调拨净资产　　B. 借记:待处理财产损益
C. 贷记:其他收入　　D. 贷记:财政拨款收入
36. 收到无偿调入的无形资产,预算会计正确的账务处理应该是(　　)。
A. 借记:无形资产　　B. 贷记:无偿调拨净资产
C. 贷记:其他预算收入　　D. 不做账

二、多选题

1. 下列属于行政事业单位流动资产的有(　　)。
A. 库存物品　　B. 货币资产　　C. 应收账款　　D. 无形资产
E. 研发支出
2. 行政事业单位的非流动资产一般有(　　)。
A. 长期投资　　B. 固定资产　　C. 库存物品　　D. 无形资产
E. 待处理财产损益
3. 行政事业单位的存货一般包括(　　)。
A. 代管物资　　B. 加工物品　　C. 在途物品　　D. 库存商品
E. 库存物品
4. 行政事业单位应收及预付款项一般包括(　　)。
A. 应收票据　　B. 预收账款　　C. 应收账款　　D. 其他应收款
E. 应付账款
5. 行政事业单位职工预借的差旅费,财务会计正确的账务处理有(　　)。
A. 借记:应收票据　　B. 贷记:银行存款
C. 贷记:零余额账户用款额度　　D. 借记:其他应收款
E. 贷记:库存现金

6. 行政事业单位购入随买随用的零星办公用品，财务会计正确的账务处理有(　　)。
   A. 借记：业务活动费用　　B. 借记：单位管理费用
   C. 贷记：零余额账户用款额度　　D. 借记：库存物品
   E. 贷记：库存现金
7. 行政事业单位固定资产核算的一般标准包括(　　)。
   A. 使用期限 1 年以上　　B. 单位价值在规定标准以上
   C. 一般设备单位价值 1 000 元　　D. 专用设备单位价值 1 500 元
   E. 以上都是
8. 下列行政事业单位的固定资产，不计提折旧的有(　　)。
   A. 图书、档案　　B. 文物及陈列品
   C. 动植物　　D. 以名义金额计量的固定资产
   E. 单独计价入账的土地
9. 下列行政事业单位的固定资产，应该计提折旧的有(　　)。
   A. 房屋建筑物　　B. 通用设备
   C. 专用设备　　D. 融资租入固定资产
   E. 临时租入的固定资产
10. 代管资产是行政事业单位特定公共需求而控制的，能够行使一定的业主职能或者维护管理职能的公共资产。下列属于代管资产的有(　　)。
    A. 公共基础设施　B. 政府储备物资　C. 文化文物资产　D. 保障性住房
    E. 融资租入固定资产
11. 下列不属于行政事业单位代管资产的有(　　)。
    A. 公共基础设施　B. 政府储备物资　C. 单位自用的办公楼　D. 自用的办公设备
    E. 融资租入固定资产
12. 行政事业单位在对资产进行计量时，计量属性主要包括(　　)。
    A. 历史成本　B. 公允价值　C. 现值　D. 重置成本
    E. 名义金额
13. 如果在每日账款核对中发现有待查明原因的现金短缺，财务会计正确的账务处理应该有(　　)。
    A. 借记：库存现金　　B. 借记：待处理财产损溢
    C. 贷记：待处理财产损溢　　D. 贷记：银行存款
    E. 贷记：库存现金
14. 如果在每日账款核对中发现有待查明原因的现金溢余，财务会计正确的账务处理应该有(　　)。
    A. 借记：库存现金　　B. 借记：待处理财产损溢
    C. 贷记：库存现金　　D. 贷记：银行存款
    E. 贷记：待处理财产损溢
15. 如果在每日账款核对中发现有待查明原因的现金短缺，预算会计正确的账务处理应该有(　　)。
    A. 借记：资金结存——货币资金　　B. 借记：其他支出

C. 贷记:资金结存——货币资金　　D. 贷记:其他预算收入

E. 贷记:其他支出

16. 如果在每日账款核对中发现有待查明原因的现金溢余,预算会计正确的账务处理应该有(　　)。

A. 借记:资金结存——货币资金　　B. 借记:待处理财产损溢

C. 贷记:资金结存——货币资金　　D. 贷记:其他预算收入

E. 贷记:其他支出

17. 收到代理银行通知,财政授权支付额度已经到账,财务会计正确的账务处理应该有(　　)。

A. 借记:库存现金　　B. 借记:零余额账户用款额度

C. 贷记:银行存款　　D. 贷记:零余额账户用款额度

E. 贷记:财政拨款收入

18. 收到代理银行通知,提出的财政直接支付申请已经支付给供应商,财务会计正确的账务处理应该有(　　)。

A. 借记:业务活动费用　　B. 借记:零余额账户用款额度

C. 借记:单位管理费用　　D. 贷记:财政拨款收入

E. 贷记:零余额账户用款额度

19. 收到代理银行通知,财政授权支付额度已经到账,预算会计正确的账务处理应该有(　　)。

A. 借记:库存现金　　B. 借记:资金结存——零余额账户用款额度

C. 贷记:银行存款　　D. 贷记:零余额账户用款额度

E. 贷记:财政拨款预算收入

20. 收到代理银行通知,提出的财政直接支付申请已经支付给供应商,预算会计正确的账务处理应该有(　　)。

A. 借记:行政支出　　B. 借记:事业支出

C. 贷记:银行存款　　D. 贷记:财政拨款预算收入

E. 贷记:零余额账户用款额度

21. 通过财政直接支付方式购买办公设备1套,已经验收入库,财务会计正确的账务处理应该有(　　)。

A. 借记:库存物品　　B. 借记:零余额账户用款额度

C. 借记:固定资产　　D. 贷记:财政拨款收入

E. 贷记:零余额账户用款额度

22. 通过财政直接支付方式购买办公设备1套,已经验收入库,预算会计正确的账务处理应该有(　　)。

A. 借记:固定资产　　B. 借记:行政支出

C. 借记:事业支出　　D. 贷记:财政拨款预算收入

E. 贷记:资金结存——零余额账户用款额度

23. 通过财政授权支付方式购买办公设备1套,已经验收入库,预算会计正确的账务处理应该有(　　)。

A. 借记:行政支出　　B. 借记:事业支出
C. 借记:固定资产　　D. 贷记:财政拨款收入
E. 贷记:资金结存——零余额账户用款额度

24. 通过财政授权支付方式购买办公设备1套,已经验收入库,财务会计正确的账务处理应该有(　　)。
A. 借记:固定资产
B. 借记:资金结存——零余额账户用款额度
C. 贷记:资金结存——零余额账户用款额度
D. 贷记:财政拨款收入
E. 贷记:零余额账户用款额度

25. 通过财政直接支付方式购买一批存货,已经验收入库,财务会计正确的账务处理应该有(　　)。
A. 借记:库存物品　　B. 借记:在途物品
C. 贷记:零余额账户用款额度　　D. 贷记:财政拨款预算收入
E. 贷记:财政拨款收入

26. 通过财政直接支付方式购买一批存货,已经验收入库,预算会计正确的账务处理应该有(　　)。
A. 借记:库存物品　　B. 借记:行政支出
C. 借记:事业支出　　D. 贷记:财政拨款预算收入
E. 贷记:财政拨款收入

27. 通过财政授权支付方式购买一批存货,已经验收入库,财务会计正确的账务处理应该有(　　)。
A. 借记:库存物品　　B. 借记:在途物品
C. 贷记:银行存款　　D. 贷记:财政拨款收入
E. 贷记:零余额账户用款额度

28. 通过财政授权支付方式购买一批存货,已经验收入库,预算会计正确的账务处理应该有(　　)。
A. 借记:行政支出
B. 借记:事业支出
C. 贷记:资金结存——零余额账户用款额度
D. 贷记:财政拨款预算收入
E. 贷记:零余额账户用款额度

29. 收到无偿调入的无形资产,财务会计正确的账务处理应该有(　　)。
A. 借记:无形资产　　B. 借记:资产处置费用
C. 贷记:其他收入　　D. 贷记:财政拨款收入
E. 贷记:无偿调拨净资产

30. 行政事业单位购入随买随用的零星办公用品,预算会计正确的账务处理有(　　)。
A. 借记:行政支出
B. 借记:事业支出

C. 贷记:资金结存——零余额账户用款额度

D. 贷记:库存现金

E. 贷记:资金结存——货币资金

三、实操练习

1. 目的:练习行政事业单位资产的核算。
2. 要求:根据下列资料编制会计分录。
3. 资料:行政事业单位2021年发生的部分经济业务如下:

(1) 2月7日,某事业单位财务部门开具现金支票,从银行提取现金15 000元作为备用金;2月12日,用现金500元购买本单位办公用品;2月14日,职工张帅出差预借2 300元,回来报销差旅费2 000元,并且退回预支的现金300元。

(2) 某事业单位收到财政部门拨入的经费补助100 000元,已经通过银行存款账户划拨;本月销售商品收到对方支付的款项,价款23 400元(含税),该款项已经通过银行存款收讫。

(3) 某事业单位根据相关协议,对下属单位拨款1 000 000元,通过银行存款账户划拨;支付施工单位的工程款100 000元,通过银行转账支票结算。

(4) 某行政单位收到财政授权支付额度到账通知书,通知书所列数额为50 000元;按规定支用额度1 800元购买打印纸。

(5) 某事业单位向开户银行申请办理银行汇票,开出汇票委托书并将款项9 500元交存银行取得银行汇票;该事业单位用银行汇票办理采购货物的结算,其中货款8 000元,增值税1 280元,材料已验收入库。

(6) 某事业单位销售一批产品给A公司,货物已发出,价税合计45 200元,其中增值税5 200元。双方约定,3个月后付款。A公司给事业单位开具了一张不带息的3个月到期的银行承兑汇票,票面金额45 200元。3个月后,该事业单位委托开户行收回货款。

(7) 某事业单位向B公司提供服务,应收取服务费30 000元,税费1 800元,款项尚未收到。

(8) 某科研所向C公司订购研究用材料,不含税价款65 000元。双方约定预付定金40 000元,通过零余额账户用款额度转账支付。3天后,收到C公司发来材料及发票,增值税8 450元。该科研所验收材料入库,通过零余额账户用款额度支付,补足货款33 450元。

(9) 某事业单位支付某企业包装物押金300元,款项通过现金支付。

(10) 某事业单位8月3日从证券市场购买了3 000股D公司股票,每股14元,该公司已于7月25日宣告按每股0.2元发放2017年上半年的利润。事业单位于8月25日收到股利600元。

(11) 某事业单位2019年应收账款余额为2 000 000元;2016年确认坏账损失30 000元,年末应收账款余额为4 000 000元;2017年收回已转销的坏账20 000元,年末应收账款余额为3 500 000元。该事业单位从2015年起计提坏账准备,采用应收账款余额百分比法,计提比例为0.5%。

(12) 某财政局所属招待所购入自用甲种材料200公斤,单价50元,共计10 000元,同时支付增值税款 1 300 元,用现金 100 元支付材料运杂费。

(13) 某行政单位以账面价值 200 000 元(评估价 220 000 元)的材料与甲事业单位价值 90 000 元的办公用品进行置换,银行账户收到补价 10 000 元,该置换事项应缴税款 4 000 元暂未付清,置换换入的办公用品已验收入库。假设补价 10 000 元留归本单位。

(14) 某事业单位年终进行存货的清查盘点,盘盈甲材料账面价值 12 000 元。盘亏乙材料,价值 9 024 元。将盘亏乙材料转入待处置资产损溢,同时上报同级财政部门。上述待核销资产经财政部门同意,予以核销。

(15) 某事业单位购入国家重点建设债券 78 000 元,另支付经纪人佣金 120 元,款项以银行存款支付。

(16) 2019 年 1 月 1 日,某事业单位购入国债 250 000 元,2 年期,票面利率为 4%,以银行存款支付款项 260 000 元,支付其中包含已到付息期但尚未领取的债券利息 10 000 元。1 月 8 日,收到该笔利息。2 年期至,事业单位兑付国债,实际收到金额为 336 000 元,款项存入银行账户。

(17) 某事业单位以一项专利技术进行长期股权投资,无形资产账面余额为 400 000 元,已计提摊销 120 000 元。按评估确定的无形资产价值为 300 000 元。

(18) 某事业单位以银行存款 520 000 元进行一项长期股权投资,但无权决定被投资单位的财务状况和经营成果,后追加投资 660 000 元,从而拥有被投资单位 80%的份额,能够决定其财务状况和经营成果。

(19) 某事业单位以银行存款 1 000 000 元进行一项长期股权投资,取得被投资单位 60%的股权,能够决定其财务状况和经营成果,采用权益法核算。在持有期间,被投资单位累计宣告发放现金股利 2 000 000 元,分配利润 300 000 元。现不再继续投资,将拥有的全部股份转让,获得转让价款 3 000 000 元,存入银行。

(20) 某事业单位决定对一栋旧办公楼进行改建,该旧楼原价 1 500 000 元,累计折旧 1 000 000 元。通过零余额账户购进各种材料,共计 360 000 元,支付人工费用共计 40 000 元。办公楼改造完成,并交付使用。

(21) 某事业单位接受一台机器设备捐赠,所附发票表明其价值为 230 000 元;无偿调入图书一批,调出方账面价值 36 500 元。

(22) 某行政单位与某单位通过置换换入一批设备,换出材料账面价值 30 4200 元,评估价为 320 000 元,收到补价 4 000 元存入银行。固定资产验收合格交付使用。

(23) 某事业单位年终进行固定资产清查,盘盈一批图书,未经资产评估的,按照重置成本为 20 500 元;盘亏一台打印机,其账面余额为 2 000 元,已提折旧 700 元。

(24) 某事业单位从技术市场购入 W 专项技术一项,价款 60 000 元,款项由财政零余额账户直接支付。购入的 W 技术法定使用年限 10 年,按月摊销价值 500 元。

(25) 某行政单位接受友好人士捐赠的应用软件一项,按照同类资产市场价格 40 000 元入账。

(26) 某行政单位以财政直接支付 400 000 元购买应急储备物资,存放在某企业的仓库;用零余额账户支付仓库保管费 10 000 元;一批过期的应急物资账面价值 20 000 元,经批准予以变卖处理。

(27) 某博物馆以零余额账户用款额度购置一批文物，价款 54 000 000 元，以银行存款支付相关税费、运输费共计 2 130 000 元。

(28) 某行政单位建造一批市内报刊亭，以财政拨款支付建造成本 830 000 元。

(29) 开发商将某居民小区配套的一条市政道路交付某行政单位管理，账面成本 10 000 000 元。

第十一章　行政事业单位负债的核算

思维导图

本章重点包括4个知识点。

1. 负债的概念和内容

1）负债的概念

负债是指行政事业单位过去的经济业务或者事项形成的，预期会导致经济资源流出行政事业单位的现时义务。

2）负债的内容

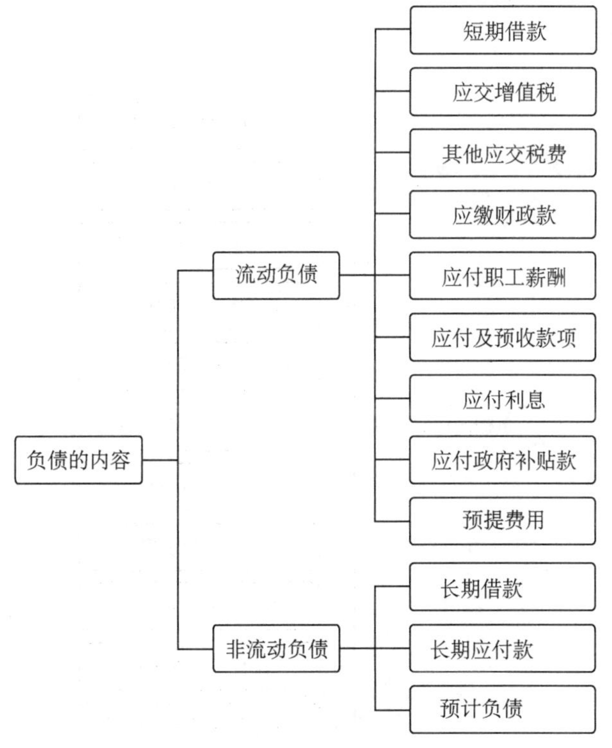

财政部发布的《政府会计准则——负债》第五条：

政府会计主体的负债包括偿还时间与金额基本确定的负债和由或有事项形成的预计负债。

偿还时间与金额基本确定的负债按政府会计主体的业务性质及风险程度，分为融资活动形成的举借债务及其应付利息、运营活动形成的应付及预收款项和暂收性负债。

要求：理解负债的概念，掌握负债的内容。

2. 负债的确认与计量

1）负债的确认

2）负债的计量

要求：熟悉负债的确认与计量。

3. 负债的管理

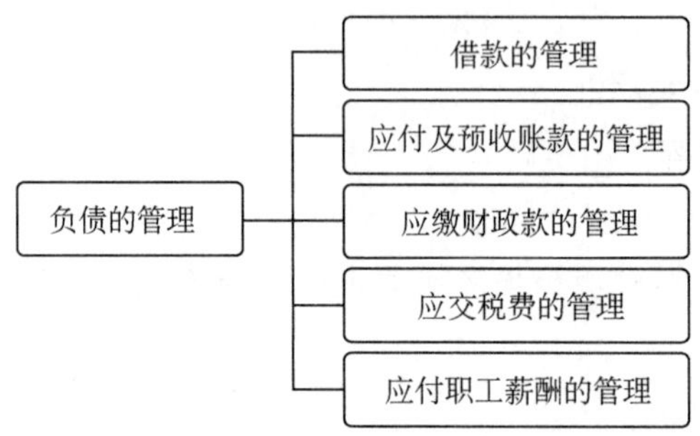

要求：了解相关负债的管理规定。

4. 负债的核算

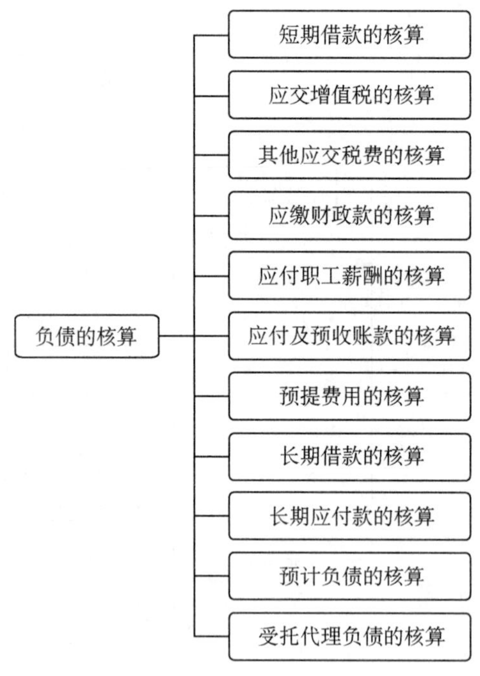

要求：熟练掌握各项负债的核算。

重点：短期借款的核算、应缴财政款的核算、应付职工薪酬的核算、应付及预收账款的核算。

本章主要介绍行政事业单位负债的核算。负债是指行政事业单位过去的经济业务或者事项形成的，预期会导致经济资源流出政府会计主体的现时义务，包括各类借入款项、应交税费、应付及预收款项、应缴财政款等。通过学习本章，学生应掌握行政事业单位负债的内容、管理原则以及各项负债的账务处理要求和核算方法，重点掌握单位会计制度改革后，对行政事业单位会计核算中负债管理以及核算方面的新规定、新要求。

第一节　负债概述

一、负债的概念与内容

（一）负债的概念

负债是指行政事业单位过去的经济业务或者事项形成的，预期会导致经济资源流出行政事业单位的现时义务。现时义务是指行政事业单位在现行条件下已承担的义务。未来发生的经济业务或者事项形成的义务不属于现时义务，不应当确认为负债。

（二）负债的内容

行政事业单位的负债按照流动性，分为流动负债和非流动负债。流动负债是指预计在1年内（含1年）偿还的负债，包括短期借款、应交税费、应付及预收款项、应缴财政款、应付职工薪酬等。

非流动负债是指流动负债以外的负债，包括长期借款、长期应付款、预计负债等。

二、负债的确认与计量

（一）负债的确认

单位的各项符合负债定义的义务，在同时满足以下条件时，确认为负债：

（1）履行该义务很可能导致含有服务潜力或者经济利益的经济资源流出行政事业单位。

（2）该义务的金额能够可靠地计量。

（二）负债的计量

（1）负债的计量属性。负债的计量属性主要包括历史成本、现值和公允价值。

在历史成本计量下，负债按照因承担现时义务而实际收到的款项或者资产的金额，或者承担现时义务的合同金额，或者按照为偿还负债预期需要支付的现金计量。

在现值计量下，负债按照预计期限内需要偿还的未来净现金流出量的折现金额计量。

在公允价值计量下，负债按照市场参与者在计量日发生的有序交易中，转移负债所需支付的价格计量。

（2）负债计量的一般规定。单位在对负债进行计量时，一般应当采用历史成本。采用现值、公允价值计量的，应当保证所确定的负债金额能够持续、可靠计量。

三、负债的管理

（一）借款的管理

事业单位的各项借款包括短期借款和长期借款，主要用于事业单位特殊性和临时性的资金需求，在借款管理方面要考虑自身的偿还能力，要符合政策、遵守信用，同时还要考虑资金的经济效益要求。期末尚未归还的借款，应反映在“资产负债表”的流动负债或非流动负债有关项目内。

（二）应付及预收账款的管理

应付票据是由出票人出票，由承兑人允诺在一定时期内支付一定款额的书面证明。在会计核算中，购买商品在采用商业汇票结算方式下，如果开出的是商业承兑汇票，必须由付款方（购买单位）承兑；由银行承兑的汇票，必须经银行承兑。在商业汇票尚未到期前，视为一笔负债，期末反映在资产负债表上的应付票据项目内。付款单位应在商业汇票到期前，及时将款项足额交存其开户银行，可使银行在到期日凭票将款项划转给收款人、被背书人或贴现银行。单位在收到银行的付款通知时，据以编制付款凭证。

应付账款是指行政事业单位因购买材料、商品或接受劳务供应等而发生的债务，是买卖双方在购销活动中由于取得物资与支付货款在时间上不一致而产生的负债。应付账款入账时间的确定，应区别情况处理：在货物和发票账单同时到达的情况下，一般待货物验收入库后，才按发票账单登记应付账款；在物资和发票账单不是同时到达的情况下，在实际中采用在月份终了将所购物资和应付债务估价入账的办法。

（三）应缴财政款的管理

1. 应缴财政款的概念和内容

应缴财政款是单位取得或应收的按照规定应当上缴财政的款项，包括应缴国库的款项和应缴财政专户的款项。

应缴国库的款项主要包括单位代收的纳入预算管理的基金、行政性收费收入、无主财物变价收入、罚没收入和其他按预算管理规定应上缴的预算款项等。

应缴财政专户的款项主要包括单位收取的实行财政专户管理的各种基金、行政事业性收费、以政府信誉取得的集资、募捐的社会保障基金收入，事业单位主管部门集中的收入等。

2. 应缴财政款的管理要求

各单位办理应缴财政款缴库手续时，应分清科目、分清级次、准确上缴。各主管单位办理应缴财政款缴库手续，填制“一般缴款书”时，“预算级次”栏应当按照财政管理体制规定的收入划分范围，分别填列中央级、省级、地市级或县级。“预算科目”栏中的“款”“项”“目”各栏，必须按照政府预算收入科目的具体规定，填列齐全，不得省略，也不得以科目代号代替科目全称。

（四）应交税费的管理

应交税费包括应交增值税和其他应交税费。应交增值税核算单位按照税法规定计算应交纳的增值税。其他应交税费核算单位按照税法等规定计算应交纳的除增值税以外的各种税费，包括城市维护建设税、教育费附加、地方教育费附加、车船税、房产税、城镇土地使用税和企业所得税等。

单位从事专业业务活动及辅助活动，开展非独立经营活动中，应当依法纳税。单位依法交纳的税费，有些与销售产品或提供劳务有关，如增值税；有些与经营结余有关，如所得税；有些与使用某项资产有关，如房产税、车船使用税、土地使用税等。单位从事专业业务活动、非独立经营活动等所依法交纳的各种税费，在尚未交纳前形成单位的一项负债。各项税金的核算是会计核算的重要组成部分。

单位各项应交税费均需按照税务部门规定及时足额缴纳。

(五) 应付职工薪酬的管理

应付职工薪酬包括应付工资和应付津贴补贴。应付工资是指单位按照国家统一规定发放给在职人员的职务工资、级别工资、年终一次性奖金等。单位按国家规定发放给离退休人员的离休、退休费及经国务院或人事部、财政部批准设立的津贴补贴,属于单位的应付离退休费。

应付津贴补贴是指单位按照地方或部门、单位出台的规定应发放给失业单位职工的地方或部门津贴补贴。

除以上应付工资及应付津贴补贴外,单位按照国家规定发给个人的其他收入,包括误餐费、夜餐费、出差人员伙食补助费、市内交通费,出国人员伙食费、公杂费、个人国外零用费等是单位的应付其他个人收入。

单位应当按照规定将发放工资(离退休费)、地方(部门)津贴补贴和其他个人收入的情况,在部门决算中单独反映。

第二节 负债的核算

11.1 短期借款、应缴财政款以及应付职工薪酬的核算

一、短期借款的核算

(一) 短期借款核算的科目设置

为了核算事业单位经批准向银行或其他金融机构等借入的期限在 1 年内(含 1 年)的各种借款,应设置"短期借款"总账科目。本科目借方反映偿还的短期借款本金,贷方反映借入的短期借款本金,本科目期末贷方余额,反映事业单位尚未偿还的短期借款本金。本科目应当按照债权人和借款种类进行明细核算。

(二) 短期借款核算的主要账务处理规定

借入各种短期借款时,按照实际借入的金额,借记"银行存款"科目,贷记本科目;归还短期借款时,借记本科目,贷记"银行存款"科目;计算短期借款利息时,借记"其他费用"科目,贷记"应付利息"科目;支付利息时,借记"应付利息"科目,贷记"银行存款"科目;

(三) 短期借款的核算举例

【例 11-1】 某事业单位为开展经营活动,从银行借入三个月的借款 50 000 元,借款年利率为 5%。会计分录如下:

(1) 借入款项时。

借:银行存款	50 000	
贷:短期借款		50 000

(2) 支付 3 个月的利息 625 元(50 000×5%×3÷12)时。

借:应付利息	625	
贷:银行存款		625

(3) 归还借入本金时。

借:短期借款	50 000	
贷:银行存款		50 000

二、应交增值税的核算

(一) 应交增值税核算的科目设置

为核算单位按照税法规定计算应交纳的增值税，应设置“应交增值税”总账科目。本科目借方反映单位购进商品服务已交、尚未抵扣或多交的增值税，贷方反映单位销售商品服务应交未交的增值税，本科目期末贷方余额，反映单位应交未交的增值税；期末如为借方余额，反映单位尚未抵扣或多交的增值税。

属于增值税一般纳税人的单位，应当在本科目下设置“应交税费”“未交税金”“预交税金”“待抵扣进项税额”“待认证进项税额”“待转销项税额”“简易计税”“转让金融商品应交增值税”“代扣代交增值税”等明细科目。

1. 应交税费

“应交税费”明细账内应当设置“进项税额”“已交税金”“转出未交增值税”“减免税款”“销项税额”“进项税额转出”“转出多交增值税”等专栏。其中：

(1)“进项税额”专栏，记录单位购进货物、加工修理修配劳务、服务、无形资产或不动产而支付或负担的、准予从当期销项税额中抵扣的增值税额。

(2)“已交税金”专栏，记录单位当月已交纳的应交增值税额。

(3)“转出未交增值税”和“转出多交增值税”专栏，分别记录一般纳税人月度终了转出当月应交未交或多交的增值税额。

(4)“减免税款”专栏，记录单位按照现行增值税制度规定准予减免的增值税额。

(5)“销项税额”专栏，记录单位销售货物、加工修理修配劳务、服务、无形资产或不动产应收取的增值税额。

(6)“进项税额转出”专栏，记录单位购进货物、加工修理修配劳务、服务、无形资产或不动产等发生非正常损失以及其他原因而不应从销项税额中抵扣、按照规定转出的进项税额。

2. 未交税金

“未交税金”明细科目，核算单位月度终了从“应交税费”或“预交税金”明细科目转入当月应交未交、多交或预缴的增值税额，以及当月交纳以前期间未交的增值税额。

3. 预交税金

“预交税金”明细科目，核算单位转让不动产、提供不动产经营租赁服务等，以及其他按照现行增值税制度规定应预缴的增值税额。

4. 待抵扣进项税额

“待抵扣进项税额”明细科目，核算单位已取得增值税扣税凭证并经税务机关认证，按照现行增值税制度规定准予以后期间从销项税额中抵扣的进项税额。

5. 待认证进项税额

“待认证进项税额”明细科目，核算单位由于未经税务机关认证而不得从当期销项税额中抵扣的进项税额。包括：一般纳税人已取得增值税扣税凭证并按规定准予从销项税额中抵扣，但尚未经税务机关认证的进项税额；一般纳税人已申请稽核但尚未取得稽核相符结果的海关缴款书进项税额。

6. 待转销项税额

"待转销项税额"明细科目,核算单位销售货物、加工修理修配劳务、服务、无形资产或不动产,已确认相关收入(或利得)但尚未发生增值税纳税义务而需于以后期间确认为销项税额的增值税额。

7. 简易计税

"简易计税"明细科目,核算单位采用简易计税方法发生的增值税计提、扣减、预缴、缴纳等业务。

8. 转让金融商品应交增值税

"转让金融商品应交增值税"明细科目,核算单位转让金融商品发生的增值税额。

9. 代扣代交增值税

"代扣代交增值税"明细科目,核算单位购进在境内未设经营机构的境外单位或个人在境内的应税行为代扣代缴的增值税。

属于增值税小规模纳税人的单位只需在本科目下设置"转让金融商品应交增值税""代扣代交增值税"明细科目。

(二) 应交增值税的主要账务处理规定

1. 单位取得资产或接受劳务等业务

1) 采购等业务进项税额允许抵扣

单位购买用于增值税应税项目的资产或服务等时,按照应计入相关成本费用或资产的金额,借记"业务活动费用""在途物品""库存物品""工程物资""在建工程""固定资产""无形资产"等科目,按照当月已认证的可抵扣增值税额,借记本科目(应交税费——进项税额),按照当月未认证的可抵扣增值税额,借记本科目(待认证进项税额),按照应付或实际支付的金额,贷记"应付账款""应付票据""银行存款""零余额账户用款额度"等科目。发生退货的,如原增值税专用发票已做认证,应根据税务机关开具的红字增值税专用发票做相反的会计分录;如原增值税专用发票未做认证,应将发票退回并做相反的会计分录。小规模纳税人购买资产或服务等时不能抵扣增值税,发生的增值税计入资产成本或相关成本费用。

2) 采购等业务进项税额不得抵扣

单位购进资产或服务等,用于简易计税方法计税项目、免征增值税项目、集体福利或个人消费等,其进项税额按照现行增值税制度规定不得从销项税额中抵扣的,取得增值税专用发票时,应按照增值税发票注明的金额,借记相关成本费用或资产科目,按照待认证的增值税进项税额,借记本科目(待认证进项税额),按照实际支付或应付的金额,贷记"银行存款""应付账款""零余额账户用款额度"等科目。经税务机关认证为不可抵扣进项税时,借记本科目(应交税费——进项税额)科目,贷记本科目(待认证进项税额),同时,将进项税额转出,借记相关成本费用科目,贷记本科目(应交税费——进项税额转出)。

3) 购进不动产或不动产在建工程按照规定进项税额分年抵扣

单位取得应税项目为不动产或者不动产在建工程,其进项税额按照现行增值税制度规定自取得之日起分 2 年从销项税额中抵扣的,应当按照取得成本,借记"固定资产""在建工程"等科目,按照当期可抵扣的增值税额,借记本科目(应交税费——进项税额),按照以后期间可抵扣的增值税额，借记本科目(待抵扣进项税额)，按照应付或实际支付的金额，贷记“应付账款”“应付票据”“银行存款”“零余额账户用款额度”等科目。尚未抵扣的进项税额待以后期间允许抵扣时，按照允许抵扣的金额，借记本科目(应交税费——进项税额)，贷记本科目(待抵扣进项税额)。

4）进项税额抵扣情况发生改变

单位因发生非正常损失或改变用途等，原已计入进项税额、待抵扣进项税额或待认证进项税额，但按照现行增值税制度规定不得从销项税额中抵扣的，借记“待处理财产损溢”“固定资产”“无形资产”等科目，贷记本科目(应交税费——进项税额转出)、本科目(待抵扣进项税额)或本科目(待认证进项税额)；原不得抵扣且未抵扣进项税额的固定资产、无形资产等，因改变用途等用于允许抵扣进项税额的应税项目的，应按照允许抵扣的进项税额，借记本科目(应交税费——进项税额)，贷记“固定资产”“无形资产”等科目。固定资产、无形资产等经上述调整后，应按照调整后的账面价值在剩余尚可使用年限内计提折旧或摊销。

单位购进时已全额计入进项税额的货物或服务等转用于不动产在建工程的，对于结转以后期间的进项税额，应借记本科目(待抵扣进项税额)，贷记本科目(应交税费——进项税额转出)。

5）购买方作为扣缴义务人

按照现行增值税制度规定，境外单位或个人在境内发生应税行为，在境内未设有经营机构的，以购买方为增值税扣缴义务人。境内一般纳税人购进服务或资产时，按照应计入相关成本费用或资产的金额，借记“业务活动费用”“在途物品”“库存物品”“工程物资”“在建工程”“固定资产”“无形资产”等科目，按照可抵扣的增值税额，借记本科目(即应交税费——进项税额，小规模纳税人应借记相关成本费用或资产科目)，按照应付或实际支付的金额，贷记“银行存款”“应付账款”等科目，按照应代扣代缴的增值税额，贷记本科目(代扣代交增值税)。实际缴纳代扣代缴增值税时，按照代扣代缴的增值税额，借记本科目(代扣代交增值税)，贷记“银行存款”“零余额账户用款额度”等科目。

2. 单位销售资产或提供服务等业务

1）销售资产或提供服务业务

单位销售货物或提供服务，应当按照应收或已收的金额，借记“应收账款”“应收票据”“银行存款”等科目，按照确认的收入金额，贷记“经营收入”“事业收入”等科目，按照现行增值税制度规定计算的销项税额(或采用简易计税方法计算的应纳增值税额)，贷记本科目(应交税费——销项税额)或本科目(即简易计税，小规模纳税人应贷记本科目)。发生销售退回的，应根据按照规定开具的红字增值税专用发票做相反的会计分录。

按照本制度及相关政府会计准则确认收入的时点早于按照增值税制度确认增值税纳税义务发生时点的，应将相关销项税额计入本科目(待转销项税额)，待实际发生纳税义务时再转入本科目(应交税费——销项税额)或本科目(简易计税)。

按照增值税制度确认增值税纳税义务发生时点早于按照本制度及相关政府会计准则确认收入的时点的，应按照应纳增值税额，借记“应收账款”科目，贷记本科目(应交税费——销项税额)或本科目(简易计税)。

2）金融商品转让按照规定以盈亏相抵后的余额作为销售额

金融商品实际转让月末，如产生转让收益，则按照应纳税额，借记“投资收益”科目，贷记本科目(转让金融商品应交增值税);如产生转让损失,则按照可结转下月抵扣税额,借记本科目(转让金融商品应交增值税),贷记"投资收益"科目。交纳增值税时,应借记本科目(转让金融商品应交增值税),贷记"银行存款"等科目。年末,本科目(转让金融商品应交增值税)如有借方余额,则借记"投资收益"科目,贷记本科目(转让金融商品应交增值税)。

3. 月末转出多交增值税和未交增值税

月度终了,单位应当将当月应交未交或多交的增值税自"应交税费"明细科目转入"未交税金"明细科目。对于当月应交未交的增值税,借记本科目(应交税费——转出未交增值税),贷记本科目(未交税金);对于当月多交的增值税,借记本科目(未交税金),贷记本科目(应交税费——转出多交增值税)。

4. 交纳增值税

1) 交纳当月应交增值税

单位交纳当月应交的增值税,借记本科目(即应交税费——已交税金,小规模纳税人借记本科目),贷记"银行存款"等科目。

2) 交纳以前期间未交增值税

单位交纳以前期间未交的增值税,借记本科目(即未交税金,小规模纳税人借记本科目),贷记"银行存款"等科目。

3) 预交增值税

单位预交增值税时,借记本科目(预交税金),贷记"银行存款"等科目。月末,单位应将"预交税金"明细科目余额转入"未交税金"明细科目,借记本科目(未交税金),贷记本科目(预交税金)。

4) 减免增值税

对于当期直接减免的增值税,借记本科目(应交税费——减免税款),贷记"业务活动费用""经营费用"等科目。

按照现行增值税制度规定,单位初次购买增值税税控系统专用设备支付的费用以及缴纳的技术维护费允许在增值税应纳税额中全额抵减的,按照规定抵减的增值税应纳税额,借记本科目(即应交税费——减免税款,小规模纳税人借记本科目),贷记"业务活动费用""经营费用"等科目。

(三) 应交增值税的核算举例

【例 11-2】 某事业单位购入一批材料,增值税专用发票上注明的原材料价款 6 000 000 元,增值税额为 960 000 元。款项已通过银行存款方式支付,材料到达并验收入库。该单位当期销售产品收入为 12 000 000 元(不含应向购买者收取的增值税),货款尚未收到。假如该产品的增值税税率为 13%。会计分录如下:

(1) 材料入库。

借:库存物品	6 000 000	
应交增值税——应交税费(进项税额)	780 000	
贷:银行存款		678 000

(2) 实现销售。

销项税额＝12 000 000×13％＝1 560 000(元)

借：应收账款　　13 560 000
　贷：经营收入　　12 000 000
　　应交增值税——应交税费(销项税额)　　1 560 000

【例 11-3】 承接[例 11-2]，计算本月应交增值税额。

当期应纳税额＝当期销项税额－进项税额＝1 560 000－780 000＝960 000(元)

缴纳本月增值税，会计分录如下：

借：应交增值税——应交税费(已交税金)　　780 000
　贷：银行存款　　780 000

【例 11-4】 某事业单位为小规模纳税单位，本期购入材料，按照增值税专用发票上记载的材料成本为 1 000 000 元，支付的增值税额为 130 000 元，事业单位开出承兑的商业汇票，材料尚未到达。该单位本期销售产品，含税价格为 900 000 元，货款尚未收到。会计分录如下：

(1) 购进货物。

借：在途物品　　1 130 000
　贷：应付票据　　1 130 000

(2) 销售货物。

不含税价格＝900 000÷(1＋3％)＝873 786.4(元)
应缴增值税＝873 786×3％＝26 213.6(元)

借：应收账款　　900 000.0
　贷：经营收入　　873 786.4
　　应交增值税　　26 213.6

三、其他应交税费的核算

(一) 其他应交税费核算的科目设置

为核算单位按照税法等规定计算应交纳的除增值税以外的城市维护建设税、教育费附加、地方教育费附加、车船税、房产税、城镇土地使用税和企业所得税等各种税费，应设置“其他应交税费”总账科目。本科目借方反映实际缴纳的其他各项税费，贷方反映计提的其他各项税费，本科目期末贷方余额，反映单位应交未交的除增值税以外的税费金额；期末如为借方余额，反映单位多交纳的除增值税以外的税费金额。本科目应当按照应交纳的税费种类进行明细核算。

单位代扣代缴的个人所得税，也通过本科目核算。单位应交纳的印花税不需要预提应交税费，直接通过“业务活动费用”“单位管理费用”“经营费用”等科目核算，不通过本科目核算。

(二) 其他应交税费的主要账务处理规定

(1) 发生城市维护建设税、教育费附加、地方教育费附加、车船税、房产税、城镇土地使用税等纳税义务的，按照税法规定计算的应缴税费金额，借记“业务活动费用”“单位管理费用”“经营费用”等科目，贷记本科目（应交城市维护建设税、应交教育费附加、应交地方教育费附加、应交车船税、应交房产税、应交城镇土地使用税等）。

（2）按照税法规定计算应代扣代缴职工（含长期聘用人员）的个人所得税，借记“应付职工薪酬”科目，贷记本科目（应交个人所得税）。

按照税法规定计算应代扣代缴支付给职工（含长期聘用人员）以外人员劳务费的个人所得税，借记“业务活动费用”“单位管理费用”等科目，贷记本科目（应交个人所得税）。

（3）发生企业所得税纳税义务的，按照税法规定计算的应交所得税额，借记“所得税费用”科目，贷记本科目（单位应交所得税）。

（4）单位实际缴纳上述各种税费时，借记本科目（应交城市维护建设税、应交教育费附加、应交地方教育费附加、应交车船税、应交房产税、应交城镇土地使用税、应交个人所得税、单位应交所得税等），贷记“财政拨款收入”“零余额账户用款额度”“银行存款”等科目。

（三）其他应交税费的核算举例

【例11-5】 某事业单位（小规模纳税人）对外单位开展非独立核算经营活动，取得劳务收入30 000元，经计算城市维护建设税额为63元，教育费附加27元，会计分录如下：

借：业务活动费用　　90
　贷：其他应交税费——应交城市建设维护建设税　　63
　　　　　　　　——应交教育费附加　　27

【例11-6】 某事业单位发生以下应交所得税的相关业务。

（1）年末计算本年应交的企业所得税为23 780元。会计分录如下：

借：所得税费用　　23 780
　贷：其他应交税费——单位应交所得税　　23 780

（2）用银行存款缴纳企业所得税23 780元。会计分录如下：

借：其他应交税费——单位应交所得税　　23 780
　贷：银行存款　　23 780

四、应缴财政款的核算

（一）应交财政款核算的科目设置

为核算单位取得或应收的按照规定应当上缴财政的款项，应设置“应缴财政款”总账科目。应缴财政款包括应缴国库的款项和应缴财政专户的款项。本科目借方反映上缴的各项应缴财政款，贷方反映取得的各项应缴财政款，本科目期末贷方余额，反映单位应当上缴财政但尚未缴纳的款项；年终清缴后，本科目一般应无余额。本科目应当按照应缴财政款项的类别进行明细核算。

单位在取得各项应缴财政款过程中按照国家税法等有关规定应当缴纳的各种税费，通过“应交增值税”“其他应交税费”科目核算，不通过本科目核算。

（二）应缴财政款的主要账务处理规定

单位取得或应收按照规定应缴财政的款项时，借记“银行存款”“应收账款”等科目，贷记本科目；单位处置资产取得的应上缴财政的处置净收入的账务处理，参见“待处理财产损溢”

等科目；单位上缴应缴财政的款项时，按照实际上缴的金额，借记本科目，贷记“银行存款”科目。

（三）应缴财政款的核算举例

【例 11-7】 某事业单位尚未实行国库集中支付，收到农业发展基金收入 9 000 元。会计分录如下：

（1）收到政府性基金时。

	借方	贷方
借：银行存款	9 000	
贷：应缴财政款——政府性基金收入——农业发展基金收入		9 000

（2）上缴财政时。

	借方	贷方
借：应缴财政款——政府性基金收入——农业发展基金收入	9 000	
贷：银行存款		9 000

五、应付职工薪酬的核算

（一）应付职工薪酬核算的科目设置

为了核算单位按照有关规定应付给职工（含长期聘用人员）及为职工支付的各种薪酬，应设置“应付职工薪酬”总账科目。应付职工薪酬包括基本工资、国家统一规定的津贴补贴、规范津贴补贴（绩效工资）、改革性补贴、社会保险费（如职工基本养老保险费、职业年金、基本医疗保险费等）、住房公积金等。本科目借方反映发放的职工薪酬，贷方反映计提的职工薪酬，本科目期末贷方余额，反映单位应付未付的职工薪酬。

本科目应当根据国家有关规定按照“基本工资”（含离退休费）、“国家统一规定的津贴补贴”“规范津贴补贴（绩效工资）”“改革性补贴”“社会保险费”“住房公积金”“其他个人收入”等进行明细核算。其中，“社会保险费”“住房公积金”明细科目核算内容包括单位从职工工资中代扣代缴的社会保险费、住房公积金，以及单位为职工计算缴纳的社会保险费、住房公积金。

（二）应付职工薪酬的主要账务处理规定

（1）计算确认当期应付职工薪酬（含单位为职工计算缴纳的社会保险费、住房公积金）

第一，计提从事专业及其辅助活动人员的职工薪酬，借记“业务活动费用”“单位管理费用”科目，贷记本科目。

第二，计提应由在建工程、加工物品、自行研发无形资产负担的职工薪酬，借记“在建工程”“加工物品”“研发支出”等科目，贷记本科目。

第三，计提从事专业及其辅助活动之外的经营活动人员的职工薪酬，借记“经营费用”科目，贷记本科目。

第四，因解除与职工的劳动关系而给予的补偿，借记“单位管理费用”等科目，贷记本科目。

（2）向职工支付工资、津贴补贴等薪酬时，按照实际支付的金额，借记本科目，贷记“财政拨款收入”“零余额账户用款额度”“银行存款”等科目。

（3）按照税法规定代扣职工个人所得税时，借记本科目（基本工资），贷记“其他应交税费——应交个人所得税”科目。

从应付职工薪酬中代扣为职工垫付的水电费、房租等费用时，按照实际扣除的金额，借记本科目（基本工资），贷记“其他应收款”等科目。

从应付职工薪酬中代扣社会保险费和住房公积金，按照代扣的金额，借记本科目（基本工资），贷记本科目（社会保险费、住房公积金）。

（4）按照国家有关规定缴纳职工社会保险费和住房公积金时，按照实际支付的金额，借记本科目（社会保险费、住房公积金），贷记“财政拨款收入”“零余额账户用款额度”“银行存款”等科目。

（5）从应付职工薪酬中支付的其他款项，借记本科目，贷记“零余额账户用款额度”“银行存款”等科目。

（三）应付职工薪酬的核算举例

【例 11-8】 某行政单位计提本月在职人员工资 90 000 元，岗位津贴 60 000 元，共计 150 000 元。工资通过财政直接支付发放，岗位津贴采用财政授权支付方式通过单位零余额账户发放。从工资中代扣代缴个人所得税 2 000 元。会计分录如下：

（1）计提工资、津贴补贴时。

	借方	贷方
借：业务活动费用	150 000	
贷：应付职工薪酬——基本工资		90 000
——国家统一规定的津贴补贴		60 000

（2）代扣个人所得税。

	借方	贷方
借：应付职工薪酬——基本工资	2 000	
贷：其他应交税费——应交个人所得税		2 000

（3）发放工资、津贴时。

	借方	贷方
借：应付职工薪酬——基本工资	88 000	
贷：财政拨款收入		88 000
借：应付职工薪酬——国家统一规定的津贴补贴	60 000	
贷：零余额账户用款额度		60 000

（4）代缴个人所得税时。

	借方	贷方
借：其他应交税费——应交个人所得税	2 000	
贷：财政拨款收入		2 000

六、应付及预收款项的核算

11.2　应付票据、应付账款、应付政府补贴款以及应付利息的核算

（一）应付票据的核算

1. 应付票据核算的科目设置

为了核算事业单位由于购买材料、物资等商品交易而开出、承兑的商业汇票的实际情况，包括银行承兑汇票和商业承兑汇票，应设置“应付票据”总账科目。本科目借方反映到期偿付的票据，贷方反映开出、承兑的票据，本科目期末贷方余额，反映事业单位开出、承兑的尚未到期的应付票据金额。本科目应当按照债权单位

进行明细核算。事业单位应当设置“应付票据备查簿”，详细登记每一应付票据的种类、号数、出票日期、到期日、票面金额、交易合同号、收款人姓名或单位名称，以及付款日期和金额等资料。应付票据到期结清票款后，应当在备查簿内逐笔注销。

2. 应付票据的主要账务处理规定

（1）开出、承兑商业汇票时，借记“库存物品”“固定资产”等科目，贷记本科目。涉及增值税业务的，相关账务处理参见“应交增值税”科目。以商业汇票抵付应付账款时，借记“应付账款”科目，贷记本科目。

（2）支付银行承兑汇票的手续费时，借记“业务活动费用”“经营费用”等科目，贷记“银行存款”“零余额账户用款额度”等科目。

（3）商业汇票到期时，应当分别以下情况处理：

第一，收到银行支付到期票据的付款通知时，借记本科目，贷记“银行存款”科目。

第二，银行承兑汇票到期，单位无力支付票款的，按照应付票据账面余额，借记本科目，贷记“短期借款”科目。

第三，商业承兑汇票到期，单位无力支付票款的，按照应付票据账面余额，借记本科目，贷记“应付账款”科目。

3. 应付票据的核算举例

【例 11-9】 某事业单位采用商业承兑汇票结算方式购入一批材料，根据发票账单，购入材料的价款为 10 000 元，增值税款为 1 300 元，材料已验收入库。单位开出两个月到期的商业承兑汇票。会计分录如下：

（1）开出、承兑的商业汇票时。

	借方	贷方
借：库存物品	10 000	
应交增值税——应交税费（进项税额）	1 300	
贷：应付票据——商业承兑汇票		11 300

（2）票据到期还款时。

	借方	贷方
借：应付票据——商业承兑汇票	11 300	
贷：银行存款		11 300

（二）应付账款的核算

1. 应付账款核算的科目设置

为核算单位因购买物资、接受服务、开展工程建设等而应付的偿还期限在 1 年以内（含 1 年）的款项，应设置“应付账款”总账科目。本科目借方反映偿付的应付账款，贷方反映因购买物资、接受服务等应付的款项，本科目期末贷方余额，反映单位尚未支付的应付账款金额。本科目应当按照债权人进行明细核算。对于建设项目，还应设置“应付器材款”“应付工程款”等明细科目，并按照具体项目进行明细核算。

2. 应付账款的主要账务处理规定

（1）收到所购材料、物资、设备或服务以及确认完成工程进度但尚未付款时，根据发票及账单等有关凭证，按照应付未付款项的金额，借记“库存物品”“固定资产”“在建工程”等科目，贷记本科目。涉及增值税业务的，相关账务处理参见“应交增值税”科目。

(2) 偿付应付账款时，按照实际支付的金额，借记本科目，贷记“财政拨款收入”“零余额账户用款额度”“银行存款”等科目。

(3) 开出、承兑商业汇票抵付应付账款时，借记本科目，贷记“应付票据”科目。

(4) 无法偿付或债权人豁免偿还的应付账款，应当按照规定报经批准后进行账务处理。经批准核销时，借记本科目，贷记“其他收入”科目。核销的应付账款应在备查簿中保留登记。

3. 应付账款的核算举例

【例 11-10】 某行政单位从某公司购入办公用品一批，价款 1 000 元，办公用品已验收入库，款项尚未支付。会计分录如下：

借：库存物品	1 000	
贷：应付账款		1 000

【例 11-11】 通过单位零余额账户偿付向某公司购买办公用品的款项 1 000 元。会计分录如下：

借：应付账款	1 000	
贷：零余额账户用款额度		1 000

(三) 应付政府补贴款的核算

1. 应付政府补贴款核算的科目设置

为了核算负责发放政府补贴的行政单位，按照规定应当支付给政府补贴接受者的各种政府补贴款，应设置“应付政府补贴款”总账科目。本科目借方反映偿付的应付政府补贴款，贷方计提的应付政府补贴款，本科目期末贷方余额，反映行政单位应付未付的政府补贴金额。本科目应当按照应支付的政府补贴种类进行明细核算。单位还应当根据需要按照补贴接受者进行明细核算，或者建立备查簿对补贴接受者予以登记。

2. 应付政府补贴款的主要账务处理规定

发生应付政府补贴时，按照依规定计算确定的应付政府补贴金额，借记“业务活动费用”科目，贷记本科目。支付应付政府补贴款时，按照支付金额，借记本科目，贷记“零余额账户用款额度”“银行存款”等科目。

3. 应付政府补贴款的核算举例

【例 11-12】 资料：某行政单位发生以下应付政府补贴款相关业务，要求编制该单位会计对下述业务进行账务处理的会计分录。

(1) 经计算，本月应发放各类政府补贴 266 500 元，其中：困难家庭补助 125 000 元，失独家庭补贴 10 500 元，高龄老人补贴 131 000 元。

借：业务活动经费	266 500	
贷：应付政府补贴款——困难家庭补助		125 000
——失独家庭补贴		10 500
——高龄老人补贴		131 000

(2) 通过零余额账户将应发放的政府补贴 266 500 元转入被补贴人的储蓄存款账户。

借：应付政府补贴款——困难家庭补助　125 000
　　　　　　　　——失独家庭补贴　10 500
　　　　　　　　——高龄老人补贴　131 000
　贷：零余额账户用款额度　266 500

(四) 应付利息的核算

1. 应付利息核算的科目设置

为核算事业单位按照合同约定应支付短期借款、分期付息到期还本的长期借款等应支付的借款利息，应设置"应付利息"总账科目。本科目借方反映应付利息的支付数，贷方反映应付利息的计提数，本科目期末贷方余额，反映事业单位应付未付的利息金额。本科目应当按照债权人等进行明细核算。

2. 应付利息的主要账务处理规定

为建造固定资产、公共基础设施等借入的专门借款的利息，属于建设期间发生的，按期计提利息费用时，按照计算确定的金额，借记"在建工程"科目，贷记本科目；不属于建设期间发生的，按期计提利息费用时，按照计算确定的金额，借记"其他费用"科目，贷记本科目。对于其他借款，按期计提利息费用时，按照计算确定的金额，借记"其他费用"科目，贷记本科目。实际支付应付利息时，按照支付的金额，借记本科目，贷记"银行存款"等科目。

3. 应付利息的核算举例

【例 11-13】 2021 年 1 月 1 日，某交通管理局改建一条道路，向银行贷款 300 000 元，期限为 2 年，年利率为 7%。

(1) 2021 年 12 月 31 日，计提利息费用时。

应付利息＝300 000×7%＝21 000(元)

借：在建工程　21 000
　贷：应付利息　21 000

(2) 实际支付利息时。

借：应付利息　21 000
　贷：银行存款　21 000

(五) 预收账款的核算

1. 预收账款核算的科目设置

为核算事业单位预先收取但尚未结算的款项，应设置"预收账款"总账科目。本科目借方反映预收账款的结算数，贷方反映预收账款的收取数，本科目期末贷方余额，反映事业单位预收但尚未结算的款项金额。本科目应当按照债权人进行明细核算。

2. 预收账款的主要账务处理规定

(1) 从付款方预收款项时，按照实际预收的金额，借记"银行存款"等科目，贷记本科目。

(2) 确认有关收入时，按照预收账款账面余额，借记本科目，按照应确认的收入金额，贷记"事业收入""经营收入"等科目，按照付款方补付或退回付款方的金额，借记或贷记"银行存款"等科目。涉及增值税业务的，相关账务处理参见"应交增值税"科目。

(3) 无法偿付或债权人豁免偿还的预收账款，应当按照规定报经批准后进行账务处理。经批准核销时，借记本科目，贷记“其他收入”科目。核销的预收账款应在备查簿中保留登记。

3. 预收账款的核算举例

【例 11-14】 某事业单位开展专业业务活动接受一批订货合同，按合同规定，货款总额为 15 000 元，预计 3 个月完成。订货方预付货款 50%，另 50%待产品完工发出后再支付(假设该产品为免税产品)。会计分录如下：

(1) 收到预付的货款。

借：银行存款	7 500	
贷：预收账款		7 500

(2) 3 个月后产品发出：

借：预收账款	15 000	
贷：经营收入		15 000

(3) 订货单位补付货款。

借：银行存款	7 500	
贷：预收账款		7 500

(六) 其他应付款的核算

1. 其他应付款核算的科目设置

为核算单位除应交增值税、其他应交税费、应缴财政款、应付职工薪酬、应付票据、应付账款、应付政府补贴款、应付利息、预收账款以外，其他各项偿还期限在 1 年内(含 1 年)的应付及暂收款项，如收取的押金、存入保证金、已经报销但尚未偿还银行的本单位公务卡欠款等，应设置“其他应付款”总账科目。本科目借方反映结算的其他应付款，贷方反映收到的其他应付款，本科目期末贷方余额，反映单位尚未支付的其他应付款金额。本科目应当按照其他应付款的类别以及债权人等进行明细核算。

同级政府财政部门预拨的下期预算款和没有纳入预算的暂付款项，以及采用实拨资金方式通过本单位转拨给下属单位的财政拨款，也通过本科目核算。

2. 其他应付款的主要账务处理规定

(1) 发生其他应付及暂收款项时，借记“银行存款”等科目，贷记本科目。支付(或退回)其他应付及暂收款项时，借记本科目，贷记“银行存款”等科目。将暂收款项转为收入时，借记本科目，贷记“事业收入”等科目。

(2) 收到同级政府财政部门预拨的下期预算款和没有纳入预算的暂付款项，按照实际收到的金额，借记“银行存款”等科目，贷记本科目；待到下一预算期或批准纳入预算时，借记本科目，贷记“财政拨款收入”科目。

采用实拨资金方式通过本单位转拨给下属单位的财政拨款，按照实际收到的金额，借记“银行存款”科目，贷记本科目；向下属单位转拨财政拨款时，按照转拨的金额，借记本科目，贷记“银行存款”科目。

(3) 本单位公务卡持卡人报销时，按照审核报销的金额，借记“业务活动费用”“单位管理费用”等科目，贷记本科目；偿还公务卡欠款时，借记本科目，贷记“零余额账户用款额度”等科目。

(4) 涉及质保金形成其他应付款的，相关账务处理参见“固定资产”科目。

(5) 无法偿付或债权人豁免偿还的其他应付款项，应当按照规定报经批准后进行账务处理。经批准核销时，借记本科目，贷记“其他收入”科目。核销的其他应付款应在备查簿中保留登记。

3. 其他应付款的核算举例

【例 11-15】 某事业单位收到某企业包装物押金 300 元，款项已存入银行。会计分录如下：

借：银行存款	300	
贷：其他应付款		300

【例 11-16】 某行政单位开出授权支付凭证，支付职工个人交纳的养老金保险 12 000 元，医疗保险 4 800 元，失业保险 12 000 元，住房公积金 24 000 元，个人所得税 3 000 元。会计分录如下：

借：其他应付款——养老保险	12 000	
——医疗保险	4 800	
——失业保险	12 000	
——住房公积金	24 000	
其他应交税费——应交个人所得税	3 000	
贷：零余额账户用款额度		55 800

七、预提费用的核算

11.3 预提费用、长期借款以及委托代理负债的核算

(一) 预提费用核算的科目设置

为核算单位预先提取的已经发生但尚未支付的费用，如预提租金费用等，应设置“预提费用”总账科目。本科目借方反映支付的预提费用，贷方反映提取的预提费用，本科目期末贷方余额，反映单位已预提但尚未支付的各项费用。本科目应当按照预提费用的种类进行明细核算。

事业单位按规定从科研项目收入中提取的项目间接费用或管理费，也通过本科目核算。对于提取的项目间接费用或管理费，应当在本科目下设置“项目间接费用或管理费”明细科目，并按项目进行明细核算。

事业单位计提的借款利息费用，通过“应付利息”“长期借款”科目核算，不通过本科目核算。

(二) 预提费用的主要账务处理规定

1. 项目间接费用或管理费

按规定从科研项目收入中提取项目间接费用或管理费时，按照提取的金额，借记“单位管理费用”科目，贷记本科目(项目间接费用或管理费)。

实际使用计提的项目间接费用或管理费时，按照实际支付的金额，借本科目(项目间接费用或管理费)，贷记“银行存款”“库存现金”等科目。

2. 其他预提费用

按期预提租金等费用时，按照预提的金额，借记“业务活动费用”“单位管理费用”“经营费用”等科目，贷记本科目。

实际支付款项时，按照支付金额，借记本科目，贷记“零余额账户用款额度”“银行存款”等科目。

(三) 预提费用的核算举例

【例11-17】 某行政单位租用一台精密仪器，租用时间为1年，每月租金3 000元，每季度支付一次。会计分录如下：

(1) 每月计提租金时。

借：业务活动费用	3 000	
贷：预提费用		3 000

(2) 每季度支付时。

借：预提费用	9 000	
贷：银行存款		9 000

八、长期借款的核算

(一) 长期借款核算的科目设置

为核算事业单位经批准向银行或其他金融机构等借入的期限超过1年(不含1年)的各种借款本息，应设置“长期借款”科目。本科目借方反映偿还的长期借款本金和利息，贷方反映借入的长期借款本金及计提的利息，本科目期末贷方余额，反映事业单位尚未偿还的长期借款本息金额。本科目应当设置“本金”和“应计利息”明细科目，并按照贷款单位和贷款种类进行明细核算。对于建设项目借款，还应按照具体项目进行明细核算。

(二) 长期借款的主要账务处理规定

(1) 借入各项长期借款时，按照实际借入的金额，借记“银行存款”科目，贷记本科目(本金)。

(2) 为建造固定资产、公共基础设施等应支付的专门借款利息，按期计提利息时，分别以下情况处理：

第一，属于工程项目建设期间发生的利息，计入工程成本，按照计算确定的应支付的利息金额，借记“在建工程”科目，贷记“应付利息”科目。

第二，属于工程项目完工交付使用后发生的利息，计入当期费用，按照计算确定的应支付的利息金额，借记“其他费用”科目，贷记“应付利息”科目。

(3) 按期计提其他长期借款的利息时，按照计算确定的应支付的利息金额，借记“其他费用”科目，贷记“应付利息”科目(分期付息、到期还本借款的利息)或本科目(即应计利息，到期一次还本付息借款的利息)。

(4) 到期归还长期借款本金、利息时，借记本科目(本金、应计利息)，贷记“银行存款”科目。

（三）长期借款的核算举例

【例 11-18】 某事业单位借款 3 000 000 元，用于办公楼改建，借款利率为 8%，借款期限 2 年（分期付息、到期还本）。该办公楼账面余额 5 000 000 元，已计提折旧 2 000 000 元，于本年年初转入改建，至本年年末累计发生建设费用 3 000 000 元。会计分录如下：

（1）发生借款时。

借：银行存款　　3 000 000
　贷：长期借款——本金　　3 000 000

（2）将固定资产转入改建时。

借：在建工程　　3 000 000
　　固定资产累计折旧　　2 000 000
　贷：固定资产　　5 000 000

（3）发生改建费用时。

借：在建工程　　3 000 000
　贷：银行存款　　3 000 000

（4）计提本年借款利息时。

借：在建工程（3 000 000×8%）　　240 000
　贷：应付利息　　240 000

（5）支付利息时。

借：应付利息　　240 000
　贷：银行存款　　240 000

（6）计提第二年借款利息时。

借：其他费用　　240 000
　贷：应付利息　　240 000

（7）支付利息时。

借：应付利息　　240 000
　贷：银行存款　　240 000

（8）到期还本时。

借：长期借款　　3 000 000
　贷：银行存款　　3 000 000

九、长期应付款的核算

（一）长期应付款核算的科目设置

为核算单位发生的偿还期限超过 1 年（不含 1 年）的应付款项，如以融资租赁方式取得固定资产应付的租赁费等，应设置“长期应付款”总账科目。本科目借方反映偿付的长期应付款，贷方反映收取的长期应付款，本科目期末贷方余额，反映单位尚未支付的长期应付款金额。本科目应当按照长期应付款的类别以及债权人进行明细核算。

(二) 长期应付款的主要账务处理规定

(1) 发生长期应付款时,借记"固定资产""在建工程"等科目,贷记本科目。支付长期应付款时,按照实际支付的金额,借记本科目,贷记"财政拨款收入""零余额账户用款额度""银行存款"等科目。涉及增值税业务的,相关账务处理参见"应交增值税"科目。

(2) 无法偿付或债权人豁免偿还的长期应付款,应当按照规定报经批准后进行账务处理。经批准核销时,借记本科目,贷记"其他收入"科目。核销的长期应付款应在备查簿中保留登记。涉及质保金形成长期应付款的,相关账务处理参见"固定资产"科目。

(三) 长期应付款的核算举例

【例 11-19】 2020 年 1 月 1 日,某交通单位购入一台大型挖掘机,价款总计 689 000 元,分 4 年付清,每年年末以财政拨款支付 172 250 元。假设不考虑相关税费。

借:固定资产——挖掘机	689 000	
贷:长期应付款		689 000

2020 年 12 月 31 日、2021 年 12 月 31 日、2022 年 12 月 31 日、2023 年 12 月 31 日会计处理如下:

借:长期应付款	172 250	
贷:财政拨款收入		172 250

十、预计负债的核算

(一) 预计负债核算的科目设置

为核算行政事业单位对因或有事项所产生的现时义务而确认的负债,如对未决诉讼等确认的负债,应设置"预计负债"总账科目。本科目借方反映预计负债的偿付数,贷方反映预计负债的计提数,本科目期末贷方余额,反映单位已确认但尚未支付的预计负债金额。本科目应当按照预计负债的项目进行明细核算。

(二) 预计负债的主要账务处理规定

(1) 确认预计负债时,按照预计的金额,借记"业务活动费用""经营费用""其他费用"等科目,贷记本科目。实际偿付预计负债时,按照偿付的金额,借记本科目,贷记"银行存款""零余额账户用款额度"等科目。

(2) 根据确凿证据需要对已确认的预计负债账面余额进行调整的,按照调整增加的金额,借记有关科目,贷记本科目;按照调整减少的金额,借记本科目,贷记有关科目。

(三) 预计负债的核算举例

【例 11-20】 2021 年 5 月,某高校科研所因与 B 公司签订了互相担保协议,而成为相关诉讼的第二被告,截至 2021 年 12 月 31 日,诉讼尚未判决。但是,由于 B 公司经营困难,该科研所很可能要承担连带责任。预计所承担还款金额 1 200 000 元责任的可能性为 60%,而承担还款金额 800 000 元责任的可能性为 40%。

本例中,该高校科研所因连带责任而承担了现时义务,该义务的履行很可能导致经济利益的流出,且该义务的金额能够可靠地计量。因此,该科研所应在 2021 年 12 月 31 日确认

一项负债 1 200 000 元(假定该科研所不负担诉讼费)。会计处理如下:

借:业务活动费用——赔偿支出　　1 200 000
　贷:预计负债——未决诉讼　　1 200 000

十一、受托代理负债的核算

为核算单位接受委托取得受托代理资产时形成的负债,应设置“受托代理负债”总账科目。本科目借方反映受托代理负债结算数,贷方反映受托代理负债的增加数,本科目期末贷方余额,反映单位尚未交付或发出受托代理资产形成的受托代理负债金额。本科目的账务处理参见“受托代理资产”“库存现金”“银行存款”等科目。

现举例说明受托代理负债的核算:

【例 11-21】 2021 年 7 月 10 日,某行政单位接受某单位委托代管款项,共计 38 500 元。2021 年 10 月 20 日,代管期满退回该笔款项。会计处理如下:

(1) 2021 年 7 月 10 日。

借:银行存款——受托代理资产　　38 500
　贷:受托代理负债　　38 500

(2) 2021 年 10 月 20 日。

借:受托代理负债　　38 500
　贷:银行存款——受托代理资产　　938 500

关键术语

短期借款　应交增值税　应缴财政款　应付政府补贴款　预提费用　长期借款　长期应付款　预计负债　受托代理负债

复习题

1. 行政事业单位的负债包括哪些内容?
2. 行政事业单位应交增值税如何进行账务处理?
3. 行政事业单位其他应交税费包括哪些税种? 均应如何进行账务处理?
4. 行政事业单位长期借款和长期应付款在核算方面有什么区别?
5. 行政事业单位预计负债是核算什么内容的?

练习题

1. 目的:练习行政事业单位负债的核算。
2. 要求:根据下列资料编制会计分录。
3. 资料:行政事业单位 2021 年发生的部分经济业务如下:

(1) 某能源单位 2021 年 1 月 1 日从银行借入 3 个月的借款 100 000 元,假定年利率为 12%,到期一次还本付息。

(2) 2021 年 1 月 23 日,某营养源研究所采购一批原料,销售方的增值税专用发票上注明的价款 70 000 元，增值税额 9 100 元，材料已验收入库，款项已通过银行支付；当月，该研究所还采用直接收款方式销售 K 商品一批，价款 146 900 元(含税)，货款已收到，货物尚未发出，提货单已交给对方，开出增值税专用发票。

(3) 某园林单位为小规模纳税人，当月购进原材料一批，价款 32 000 元，增值税 4 160 元，款项用银行存款支付。另外，该单位当月销售树苗 2 000 棵，全部价款为 56 650 元，款项收到，存入银行。

(4) 2021 年 4 月，某园林绿化单位当月实际缴纳城市维护建设税 24 000 元，教育费附加 9 450 元。

(5) 某事业单位收到按规定收取的行政性收费 5 000 元存入银行；收到应上缴财政的罚没款 4 000 元，款项存入银行；期末，将本年度应缴财政款 15 000 上缴财政。

(6) 某行政单位发放职工薪酬，代理银行盖章传回的工资发放明细表显示，已发放在职职工各项工资薪酬总额 300 000 元。其中转入个人账户的工资薪酬总额 232 000 元，代扣职工住房公积金 60 000 元，个人所得税 8 000 元。款项已通过财政直接支付转入个人工资账户和住房公积金个人账户，所得税已直接缴纳给税收部门。

(7) 某事业单位用商业承兑汇票结算方式购入材料一批，材料成本 10 000 元，增值税 1 300 元。单位开出期限为 6 个月的带息商业承兑汇票一张，年利率为 12%，材料已验收入库。

(8) 某行政单位收到所购物资甲材料 7 000 元，增值税税率 13%。甲材料验收入库，款项未付。

(9) 某行政单位根据已确定的补贴名单，计算本月应发放的居民补贴 400 000 元，通过财政直接支付方式发放。

(10) 某事业单位向银行贷款 500 000 元，期限为 2 年，年利率为 6%。

(11) 2021 年 6 月 3 日，甲科研单位与乙公司签订供货合同，向其出售一批产品，价款 100 000元，应交增值税 13 000 元。根据购货合同规定，乙公司在购货合同签订后一周内，应向科研单位预付货款 60 000 元，剩余货款在交货后付清。6 月 9 日，科研单位收到乙公司交来的预付货款存入银行。19 日，科研单位将货物发到乙公司并开出增值税专用发票，乙公司验收后付清剩余货款。

(12) 某事业单位出借 A 公司一台机器，收到 A 公司支付的押金 3 000 元，存入银行。

(13) 某行政单位租入一台道路清理设备，租期 2 年，每月租金 2 000 元，每季度支付一次。

(14) 某科研机构以分期付息、到期还本方式向银行借入一笔 1 600 000 元的借款，年利率为 10%，借款期限为 5 年。

(15) 某医院购入一台医疗精密仪器，价款 320 000 元，分四期付清，每期期末以财政拨款支付 80 000 元。

(16) 某行政单位收到委托转赠的一批物资，价值 120 000 元。

第十二章　行政事业单位收入的核算

思维导图

本章重点包括 4 个知识点。

1. 收入的概念和内容

1）收入的概念

行政事业单位的收入包括财务会计的收入和预算会计的预算收入。

财务会计的收入是指行政事业单位报告期内导致净资产增加的、含有服务潜力或者经济利益的经济资源的流入。

预算会计的收入是指行政事业单位在预算年度内依法取得的并纳入预算管理的现金流入。

2）收入的内容

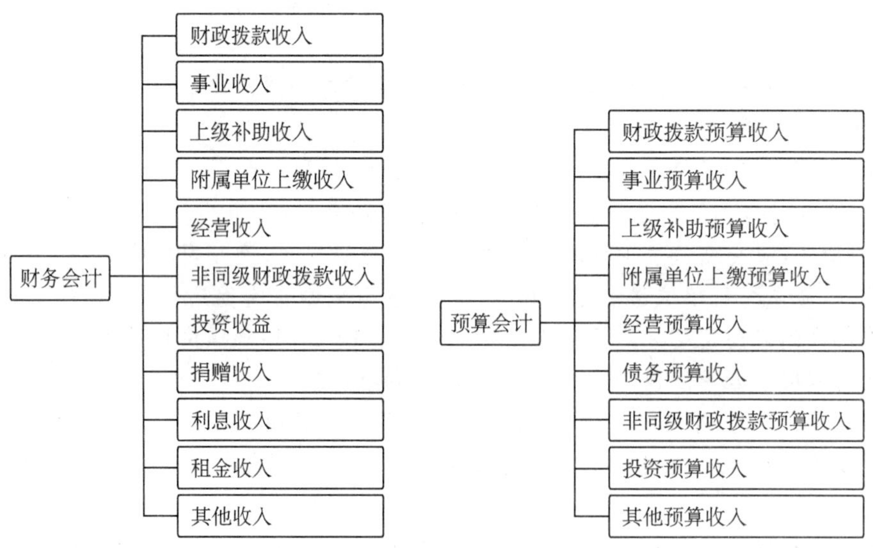

要求：理解财务会计收入和预算收入的概念，通过对比掌握两个收入的内容，同时还应该了解行政单位的收入分类、事业单位的收入分类。

2. 收入的确认与计量

财务会计以权责发生制为基础，一般应当在收到款项或者取得收取款项的权利时予以确认，并以实际收到的金额或者相关凭证注明的金额进行计量。

预算会计以收付实现制为基础，各项收入的确认与计量是以实际收到款项时予以确认，并以实际收到的金额进行计量。

要求：务必理解财务会计与预算会计在收入确认与计量方面的差异。

3. 收入的管理原则

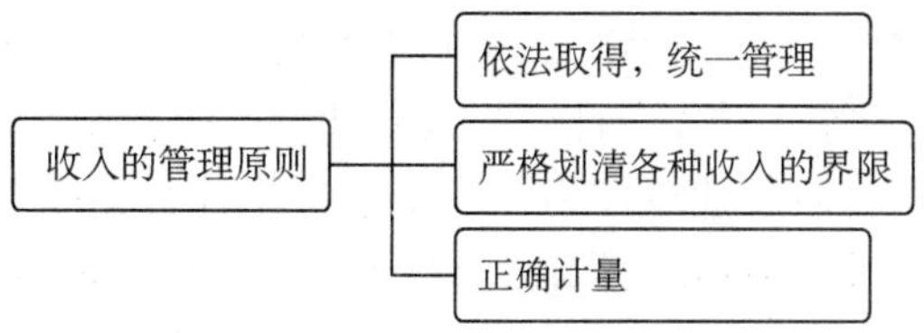

要求：了解收入的管理原则。

4. 收入的核算

1）收入核算的特点

在行政事业单位收入核算上，财务会计和预算会计按不同核算基础和各自核算范围平行记账，对于纳入部门预算管理的现金收支业务，在采用财务会计核算的同时应当进行预算会计核算；对于其他业务，仅需进行财务会计核算。

2）收入核算的内容

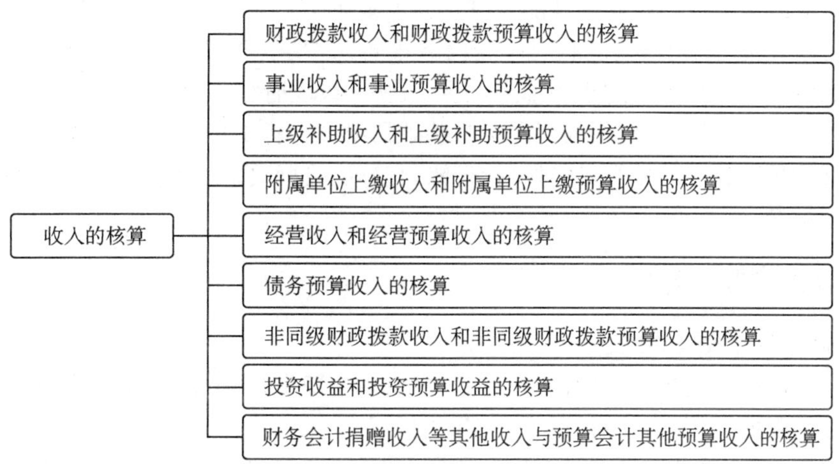

要求：理解收入核算的特点——平行记账，掌握取得各项收入时，财务会计与预算会计平行记账的方法。

重点与难点：财政拨款收入、事业收入、经营收入、债务预算收入的平行记账。

行政事业单位的收入包括财务会计的收入和预算会计的收入。本章主要介绍这两项收入的管理与核算。

财务会计的收入是指报告期内导致政府会计主体净资产增加的、含有服务潜力或者经济利益的经济资源的流入。行政事业单位财务会计的收入包括财政拨款收入、事业收入、上级补助收入、附属单位上缴收入、经营收入、非同级财政拨款收入、投资收益、捐赠收入、利息收入、租金收入和其他收入等。财务会计对收入的计量以权责发生制为基础。

预算会计的收入是指行政事业单位为开展专业业务活动及其辅助活动依法取得的各类财政拨款或现金流入。行政事业单位预算会计的预算收入包括财政拨款预算收入、事业预算收入、上级补助预算收入、附属单位上缴预算收入、经营预算收入、债务预算收入、非同级财政拨款预算收入、投资预算收益和其他预算收入等。预算会计对预算收入的计量以收付实现制为基础。

通过学习本章，学生应掌握行政事业单位收入和预算收入的内容、管理要求以及各项收入的账务处理。

第一节　收 入 概 述

12.1　收入的概念与内容

为了适应国家治理体系和治理能力现代化发展的需要，建立权责发生制的政府综合财务报告制度，编制政府综合财务报告，行政事业单位会计核算不仅要反映政府预算执行的过程和结果，更要反映一级政府综合财务状况。因此，行政事业单位会计关于收入的核算，包括权责发生制基础的财务会计的收入核算和收付实现制基础的预算会计的预算收入的核算，通过平行记账，充分反映行政事业单位会计主体的财务状况和预算执行情况。

一、收入的概念与内容

（一）财务会计收入的概念

财务会计的收入是指报告期内导致行政事业单位净资产增加的、含有服务潜力或者经济利益的经济资源的流入。包括以下几方面的含义：

（1）财务会计的收入是行政事业单位开展业务及其他活动而取得的。取得收入与补偿行政事业单位提供公共产品和服务所发生的各项资产的耗费之间存在因果对应关系，并且其确认和计量以权责发生制为基础。行政事业单位为完成国家规定的科、教、文、卫等事业任务而发生的资源消耗，是以获得政府的财政补助收入或上级补助收入进行补偿的。另外，事业单位因开展有偿服务的业务活动和经营活动而取得事业收入和经营收入，补偿其费用支出。

（2）财务会计的收入是行政事业单位在报告期形成的导致净资产增加的经济资源的流入。收入的取得会引起货币资金的流入、其他资产的增加或负债的减少，或者资产增加、负债减少兼而有之。并非所有的流入都是收入。例如向银行借款，则不能视为收入，这些资产流入具有偿还性，形成了单位的现时义务，应当作为负债处理，不作为财务会计的收入处理。

（二）财务会计收入的内容

行政事业单位的财会会计收入包括财政拨款收入、事业收入、上级补助收入、附属单位上缴收入、经营收入、非同级财政拨款收入、投资收益、捐赠收入、利息收入、租金收入和其他收入等。

1. 财政拨款收入

财政拨款收入是指行政事业单位从同级财政部门取得的各类财政拨款。包括一般公共预算财政拨款、政府性基金预算财政拨款等。

2. 事业收入

事业收入是指事业单位开展专业业务活动及辅助活动实现的收入，不包括从同级政府财政部门取得的各类财政拨款。

3. 上级补助收入

上级补助收入是指事业单位从主管部门和上级单位取得的非财政补助收入，用于补助正常业务资金的不足。

4. 附属单位上缴收入

附属单位上缴收入是指事业单位取得的独立核算单位按照有关规定上缴的收入。

5. 经营收入

经营收入是指事业单位在专业业务活动及辅助活动之外开展非独立核算经营活动取得的收入。

6. 非同级财政拨款收入

非同级财政拨款收入是指行政事业单位从非同级政府财政部门取得的经费拨款，包括从同级政府其他部门取得的横向转拨财政款、从上级或下级政府财政部门取得的经费拨款等。

7. 投资收益

投资收益是指事业单位股权投资和债券投资所实现的收益或发生的损失。

8. 捐赠收入

捐赠收入是指行政事业单位接受其他单位或者个人捐赠取得的收入。

9. 利息收入

利息收入是指行政事业单位取得的银行存款利息收入。

10. 租金收入

租金收入是指行政事业单位经批准利用国有资产出租取得并按照规定纳入本单位预算管理的租金收入。

11. 其他收入

其他收入是指行政事业单位取得的除财政拨款收入、事业收入、上级补助收入、附属单位上缴收入、经营收入、非同级财政拨款收入、投资收益、捐赠收入、利息收入、租金收入以外的各项收入，包括现金盘点收入、按照规定纳入单位预算管理的科技成果转化收入、行政单位收回已核销的其他应收款、无法偿付的应付及预收款项、置换换出资产评估增值等。

（三）预算会计收入的概念

行政事业单位的预算会计收入是指行政事业单位在预算年度内依法取得的并纳入预算管理的现金流入。

行政事业单位主要的业务活动就是按照法定程序批准的预算，为向社会公众提供公共产品和服务，以收付实现制为基础，从财政部门取得的财政拨款和向服务对象收取费用，形成当期各项预算收入，对其提供的公共产品和服务成本进行补偿，体现了行政事业单位预算执行的过程和结果。另外，事业单位为了完成既定的服务目标和任务，向银行借款取得的债务预算收入，形成了当期的现金流入，也属于单位的预算收入。

(四) 预算会计收入的内容

行政事业单位的预算收入包括财政拨款预算收入、事业预算收入、上级补助预算收入、附属单位上缴预算收入、经营预算收入、债务预算收入、非同级财政拨款预算收入、投资预算收益和其他预算收入等。

1. 财政拨款预算收入

财政拨款预算收入是指行政事业单位从同级财政部门取得的各类财政拨款。

2. 事业预算收入

事业预算收入是指事业单位开展专业业务活动及辅助活动取得的现金流入。

3. 上级补助预算收入

上级补助预算收入是指事业单位从主管部门和上级单位取得的非财政补助现金流入。

4. 附属单位上缴预算收入

附属单位上缴预算收入是指事业单位取得附属独立核算单位根据有关规定上缴的现金流入。

5. 经营预算收入

经营预算收入是指事业单位在专业业务活动及辅助活动之外开展非独立核算经营活动取得的现金流入。

6. 债务预算收入

债务预算收入是指事业单位按照规定从银行和其他金融机构等借入的、纳入部门预算管理的、不以财政资金作为偿还来源的债务本金。

7. 非同级财政拨款预算收入

非同级财政拨款预算收入是指行政事业单位从非同级政府财政部门取得的财政拨款，包括本级横向转拨财政款和非本级财政拨款。

8. 投资预算收益

投资预算收益是指事业单位取得的纳入部门预算管理的属于投资收益性质的现金流入，包括股权投资收益、出售或收回债券投资所取得的收益和债券投资利息收入。

9. 其他预算收入

其他预算收入是指行政事业单位取得的除财政拨款预算收入、事业预算收入、上级补助预算收入、附属单位上缴预算收入、经营预算收入、债务预算收入、非同级财政拨款预算收入、投资预算收益以外的纳入部门预算管理的现金流入，包括捐赠预算收入、利息预算收入、租金预算收入、现金盘盈收入等。

二、收入的确认与计量

12.2 收入的确认计量管理原则及核算特点

(一) 财务会计收入的确认与计量

财务会计收入的确认应当同时满足以下条件：

(1) 与收入相关的含有服务潜力或者经济利益的经济资源很可能流入政

府会计主体。

（2）含有服务潜力或者经济利益的经济资源流入会导致政府会计主体资产增加或者负债减少。

（3）流入金额能够可靠地计量。

财务会计对收入的计量以权责发生制为基础，一般应当在收到款项或者取得收取款项的权利时予以确认，并以实际收到的金额或者相关凭证注明的金额进行计量。采用权责发生制确认的收入，应当在提供服务或者发出存货，同时收讫价款或者取得价款的凭证时予以确认，并按照实际收到的金额或者有关凭证注明的金额进行计量。

（二）预算会计收入的确认与计量

预算会计以收付实现制为基础，各项收入的确认与计量是以实际收到款项时予以确认，并以实际收到的金额进行计量。

三、收入的管理原则

（一）依法取得，统一管理

行政事业单位的各项收入是其开展各项业务，提供公共产品和服务的经济基础，无论是在执行单位预算过程中取得的财政拨款，还是在提供服务中按照国家规定收取的事业收入、经营收入等，应该全部纳入单位预算，统一核算，统一管理。行政事业单位对按照规定上缴国库或者财政专户的资金，应当按照国库集中收缴的相关规定及时足额上缴，不得隐瞒、滞留、截留、挪用和坐支。

（二）严格划清各种收入的界限

行政事业单位在开展各项业务活动中取得的收入，要注意根据收入的不同来源和不同的资金性质，划清各种收入的界限。从拨入资金的主体不同正确划分财政拨款收入和上级补助收入，从是否属于单位的专业业务活动及辅助活动方面正确划分事业收入和经营收入的界限，从附属单位是否是非独立核算单位来正确划分经营收入和附属单位上缴收入。

（三）正确计量

行政事业单位的收入一般应当在收到款项时予以确认，并以实际收到的金额进行计量。采用权责发生制确认的收入，应当在提供服务或者发出存货，同时收讫价款或者取得价款的凭证时予以确认，并按照实际收到的金额或者有关凭证注明的金额进行计量。

四、收入核算的特点

按照权责发生制的政府综合财务报告制度的要求，行政事业单位会计核算不仅要反映政府预算执行的过程和结果，更要反映一级政府综合财务状况。为了全面、清晰反映政府财务信息和预算执行信息，在行政事业单位收入核算上，财务会计和预算会计按不同核算基础和各自核算范围平行记账，对于纳入部门预算管理的现金收支业务，在采用财务会计核算的同时应当进行预算会计核算；对于其他业务，仅需进行财务会计核算。

第二节　收入的核算

行政事业单位各项收入的核算，需要分别建立财务会计收入账套和预算会计收入账套，对纳入部门预算管理的同一项现金收入业务，财务会计和预算会计需要按各自不同的核算基础进行确认计量，分别做出账务处理，也就是进行平行记账。而对于其他不涉及预算管理的非现金收入业务，仅需进行财务会计核算。

12.3 财政拨款收入和财政拨款预算收入的核算

一、财政拨款收入和财政拨款预算收入的核算

（一）财务会计财政拨款收入的核算规定

1. 财政拨款收入核算的科目设置

为了核算从行政事业单位从同级财政部门取得的各类财政拨款，财务会计应设置“财政拨款收入”总账科目，本科目借方平时反映取得的各项财政拨款的退还数，贷方反映取得的各项财政拨款，本科目平时余额在贷方，反映财政拨款收入累计数，年末将本科目贷方累计数转入“本期盈余”科目贷方，年终结账后，本科目无余额。本科目可按照一般公共预算财政拨款、政府性基金预算财政拨款等拨款种类进行明细核算。

2. 财政拨款收入的主要账务处理规定

（1）财政直接支付方式下，根据收到的“财政直接支付入账通知书”及相关的原始凭证，按照通知书中的直接支付入账金额，借记“库存物品”“固定资产”“业务活动费用”“单位管理费用”“应付职工薪酬”等科目，贷记本科目。涉及增值税业务的，相关账务处理参见“应交增值税”科目。

年末，根据本年度财政直接支付预算指标数与当年财政直接支付实际支付数的差额，借记“财政应返还额度——财政直接支付”科目，贷记本科目。

（2）财政授权支付方式下，根据收到的“财政授权支付额度到账通知书”，按照通知书中的授权支付额度，借记“零余额账户用款额度”科目，贷记本科目。

年末，本年度财政授权支付预算指标数大于零余额账户用款额度下达数的，根据未下达的用款额度，借记“财政应返还额度——财政授权支付”科目，贷记本科目。

（3）以划拨资金等其他方式收到财政拨款收入时，按照实际收到的金额，借记“银行存款”等科目，贷记本科目。

（4）因差错更正或购货退回等发生国库直接支付款项退回的，属于以前年度支付的款项，按照退回金额，借记“财政应返还额度——财政直接支付”科目，贷记“以前年度盈余调整”“库存物品”等科目；属于本年度支付的款项，按照退回金额，借记本科目，贷记“业务活动费用”“库存物品”等科目。

（5）期末，将本科目本期发生额转入本期盈余，借记本科目，贷记“本期盈余”科目。期末结转后，本科目应无余额。

（二）预算会计财政拨款预算收入的核算规定

1. 财政拨款预算收入核算的科目设置

为了核算按照批准的预算从同级财政部门取得的各类财政预算拨款，行政事业单位预算会计应设置“财政拨款预算收入”总账科目，本科目借方平时反映取得的各项财政预算拨款的退还数，贷方反映取得的各项财政预算拨款，本科目平时余额在贷方，反映财政拨款预算收入累计数，年末将本科目贷方累计数转入“财政拨款结转——本年收支结转”科目贷方，年终结账后，本科目无余额。本科目应当设置“基本支出”和“项目支出”两个明细科目，并按

照《政府收支分类科目》中"支出功能分类科目"的项级科目进行明细核算;同时,在"基本支出"明细科目下按照"人员经费"和"日常公共经费"进行明细核算,在"项目支出"明细科目下按照具体项目进行明细核算。有一般公共预算财政拨款、政府性基金预算财政拨款等两种或两种以上财政拨款的单位,还应当按照财政拨款的种类进行明细核算。

2. 财政拨款预算收入的主要账务处理规定

(1) 财政直接支付方式下,单位根据收到的"财政直接支付入账通知书"及相关原始凭证,按照通知书中的直接支付金额,借记"行政支出""事业支出"等科目,贷记本科目。

年末,根据本年度财政直接支付预算指标数与当年财政直接支付实际支付数的差额,借记"资金结存——财政应返还额度"科目,贷记本科目。

(2) 财政授权支付方式下,单位根据收到的"财政授权支付额度到账通知书",按照通知书中的授权支付额度,借记"资金结存——零余额账户用款额度"科目,贷记本科目。

年末,单位本年度财政授权支付预算指标数大于零余额账户用款额度下达数的,根据两者差额,借记"资金结存——财政应返还额度"科目,贷记本科目。

(3) 按照本期预算以划拨资金等其他方式收到财政拨款时,按照实际收到的金额,借记"资金结存——货币资金"等科目,贷记本科目。

单位收到下期预算的财政拨款,应当在下个预算期,按照预收的金额,借记"资金结存——货币资金"等科目,贷记本科目。

(4) 因差错更正、购货退回等发生国库直接支付款项退回的,属于本年度支付的款项,按照退回金额,借记本科目,贷记"行政支出""事业支出"等科目。

(5) 年末,将本科目本年发生额转入财政拨款结转,借记本科目,贷记"财政拨款结转——本年收支结转"科目。年末结转后,本科目应无余额。

(三) 财政拨款收入和财政拨款预算收入核算举例

【例 12-1】 某行政事业单位发生相关财政拨款收入业务,根据有关凭证进行相关账务处理:

(1) 财政直接支付方式下财政拨款收入的核算。某行政单位通过政府采购完成单位内部局域网的改扩建工程,工程完工,验收合格,总支出为 334 000 元。提出财政直接支付申请,通过财政直接支付方式向施工单位支付款项。根据相关原始凭证,进行平行记账,会计分录如下:

财务会计:

借:固定资产　　334 000
　贷:财政拨款收入　　334 000

预算会计:

借:行政支出　　334 000
　贷:财政拨款预算收入——财政直接支付　　334 000

(注:如为事业单位,借方科目则是"事业支出")

(2) 财政授权支付方式下财政拨款收入的核算。该单位收到代理银行转来"财政授权支付额度到账通知书",本月财政授权支付额度 260 000 元已经到账。会计分录如下:

财务会计：

借：零余额账户用款额度　　260 000
　贷：财政拨款收入　　260 000

预算会计：

借：资金结存——零余额账户用款额　　260 000
　贷：财政拨款预算收入　　260 000

(3) 该单位以财政授权支付方式，开出财政授权支付指令，支付专题工作会议费60 300元。

财务会计：

借：业务活动费用　　60 300
　贷：零余额账户用款额度　　60 300

预算会计：

借：行政支出　　60 300
　贷：资金结存——零余额账户用款额　　60 300

(4) 年末，本单位“财政拨款收入”科目贷方余额11 258 000元，“财政拨款预算收入”科目贷方余额12 345 000元，按规定办理年终转账。

财务会计：

借：财政拨款收入　　11 258 000
　贷：本期盈余　　11 258 000

预算会计：

借：财政拨款预算收入　　12 345 000
　贷：财政拨款结转——本年收支结转　　12 345 000

二、事业收入和事业预算收入的核算

12.4　事业收入和事业预算收入的核算

(一) 财务会计事业收入的核算规定

1. 事业收入核算的科目设置

为了核算和反映事业单位的事业收入的形成和取得，财务会计应设置“事业收入”总账科目。本科目借方平时反映取得的各项事业收入的退还数，贷方反映取得的各项事业收入，本科目平时余额在贷方，反映事业收入累计数，年末将本科目贷方累计数转入“本期盈余”科目贷方，年终结账后，本科目无余额。本科目应当按照事业收入类别、来源等等进行明细核算。对于因开展科研及其辅助活动从非同级政府财政部门取得的经费拨款，应当在本科目下单设“非同级财政拨款”明细科目进行核算。

2. 事业收入的主要账务处理规定

1) 采用财政专户返还方式管理的事业收入

(1) 实现应上缴财政专户的事业收入时，按照实际收到或应收的金额，借记“银行存款”“应收账款”等科目，贷记“应缴财政款”科目。

(2) 向财政专户上缴款项时,按照实际上缴的款项金额,借记"应缴财政款"科目,贷记"银行存款"等科目。

(3) 收到从财政专户返还的事业收入时,按照实际收到的返还金额,借记"银行存款"等科目,贷记本科目。

2) 采用预收款方式确认的事业收入

(1) 实际收到预收款项时,按照收到的款项金额,借记"银行存款"等科目,贷记"预收账款"科目。

(2) 以合同完成进度确认事业收入时,按照基于合同完成进度计算的金额,借记"预收账款"科目,贷记本科目。

3) 采用应收款方式确认的事业收入

(1) 根据合同完成进度计算本期应收的款项,借记"应收账款"科目,贷记本科目。

(2) 实际收到款项时,借记"银行存款"等科目,贷记"应收账款"科目。

4) 其他方式下确认的事业收入

其他方式下确认的事业收入,按照实际收到的金额,借记"银行存款""库存现金"等科目,贷记本科目。

上述事业收入中涉及增值税业务的,相关账务处理参见"应交增值税"科目。

5) 期末处理

期末,将本科目本期发生额转入本期盈余,借记本科目,贷记"本期盈余"科目。期末结转后,本科目应无余额。

(二) 预算会计事业预算收入的核算规定

1. 事业预算收入核算的科目设置

为了核算事业单位开展专业业务活动及辅助活动取得的现金流入,预算会计应设置"事业预算收入"总账科目,本科目借方平时反映取得的各项事业预算收入的退还数,贷方反映取得的各项事业预算收入,本科目平时余额在贷方,反映事业预算收入累计数,年末将本科目贷方累计数按照事业预算收入明细账,分别转入"非财政拨款结转——本年收支结转"科目贷方和"其他结余"科目贷方,年终结账后,本科目无余额。本科目应当按照事业预算收入类别、项目、来源、《政府收支分类科目》中"支出功能分类科目"项级科目等进行明细核算。对于因开展科研及其辅助活动从非同级政府财政部门取得的经费拨款,应当在本科目下单设"非同级财政拨款"明细科目进行明细核算;事业预算收入中如有专项资金收入,还应按照具体项目进行明细核算。

2. 事业预算收入的主要账务处理规定

(1) 采用财政专户返还方式管理的事业预算收入,收到从财政专户返还的事业预算收入时,按照实际收到的返还金额,借记"资金结存——货币资金"科目,贷记本科目。

(2) 收到其他事业预算收入时,按照实际收到的款项金额,借记"资金结存——货币资金"科目,贷记本科目。

(3) 年末,将本科目本年发生额中的专项资金收入转入非财政拨款结转,借记本科目下各专项资金收入明细科目,贷记"非财政拨款结转——本年收支结转"科目;将本科目本年发生额中的非专项资金收入转入其他结余;借记本科目下各非专项资金收入明细科目,贷记"其他结余"科目。年末结转后,本科目应无余额。

(三) 事业收入和事业预算收入核算举例

【例 12-2】 某事业单位取得应上缴财政专户的事业收入 80 000 元，款项已经存入银行。会计分录如下：

财务会计：

借：银行存款　　80 000

　贷：应缴财政款　　80 000

事业单位向财政专户上缴该款项时：

借：应缴财政款　　80 000

　贷：银行存款　　80 000

收到从财政专户返还的事业收入时：

财务会计：

借：银行存款　　80 000

　贷：事业收入　　80 000

预算会计：

借：资金结存——货币资金　　80 000

　贷：事业预算收入　　80 000

【例 12-3】 某事业单位完成一项专业设计任务，取得收入 280 000 元，款项已经存入银行。会计分录如下：

财务会计：

借：银行存款　　280 000

　贷：事业收入　　280 000

预算会计：

借：资金结存——货币资金　　280 000

　贷：事业预算收入　　280 000

三、上级补助收入和上级补助预算收入的核算

12.5　上级补助收入和上级补助预算收入的核算

(一) 财务会计上级补助收入的核算规定

1. 上级补助收入核算的科目设置

为了核算和反映事业单位从主管部门和上级单位取得的非财政补助收入，财务会计应设置“上级补助收入”总账科目。本科目借方平时反映取得的各项非财政补助收入的退还数，贷方反映从主管部门和上级单位取得的各项非财政补助收入，本科目平时余额在贷方，反映各项非财政补助收入累计数，年末将本科目贷方累计数转入“本期盈余”科目贷方，年终结账后，本科目无余额。本科目应当按照发放补助单位、补助项目等进行明细核算。

2. 上级补助收入的主要账务处理规定

(1) 确认上级补助收入时，按照应收或实际收到的金额，借记“其他应收款”“银行存款”

等科目，贷记本科目。

实际收到应收的上级补助款时，按照实际收到的金额，借记“银行存款”等科目，贷记“其他应收款”科目。

（2）期末，将本科目本期发生额转入本期盈余，借记本科目，贷记“本期盈余”科目。期末结转后，本科目应无余额。

（二）预算会计上级补助预算收入的核算规定

1. 事业预算收入核算的科目设置

为了核算事业单位从主管部门和上级单位取得的非财政补助款项，预算会计应设置“上级补助预算收入”总账科目，本科目借方平时反映取得的各项上级补助预算收入的退还数，贷方反映从主管部门和上级单位取得的各项非财政补助款项，本科目平时余额在贷方，反映上级补助预算收入累计数，年末将本科目贷方累计数按照事业预算收入明细账，分别转入“非财政拨款结转——本年收支结转”科目贷方和“其他结余”科目贷方，年终结账后，本科目无余额。本科目应当按照发放补助单位、补助项目、《政府收支分类科目》中“支出功能分类科目”的项级科目等进行明细核算。上级补助预算收入中如有专项资金收入，还应按照具体项目进行明细核算。

2. 上级补助预算收入的主要账务处理规定

（1）收到上级补助预算收入时，按照实际收到的金额，借记“资金结存——货币资金”科目，贷记本科目。

（2）年末，将本科目本年发生额中的专项资金补助收入转入非财政拨款结转，借记本科目下各专项资金收入明细科目，贷记“非财政拨款结转——本年收支结转”科目；将本科目本年发生额中的非专项资金收入转入其他结余，借记本科目下各非专项资金收入明细科目，贷记“其他结余”科目。年末结转后，本科目应无余额。

（三）上级补助收入和上级补助预算收入的核算举例

【例 12-4】 某事业单位收到上级单位拨入非财政补助款 30 000 元，款项已经存入银行。会计分录如下：

财务会计：

借：银行存款	30 000	
贷：上级补助收入		30 000

预算会计：

借：资金结存——货币资金	30 000	
贷：上级补助预算收入		30 000

【例 12-5】 年末，该事业单位“上级补助收入”科目贷方余额 120 000 元，“上级补助预算收入”贷方余额 120 000 元，其中专项资金补助收入 40 000 元，年终转账会计分录如下：

财务会计：

借：上级补助收入	120 000	
贷：本期盈余——行政事业盈余		120 000

预算会计：

借：上级补助预算收入　　120 000
　　贷：非财政拨款结转——本年收支结转　　40 000
　　　　其他结余　　80 000

四、附属单位上缴收入和附属单位上缴预算收入的核算

12.6 附属单位上缴收入和附属单位上缴预算收入的核算

（一）财务会计附属单位上缴收入的核算规定

1. 附属单位上缴收入核算的科目设置

为了核算和反映事业单位附属独立核算单位按照有关规定上缴的收入，应设置“附属单位上缴收入”总账科目。本科目借方平时反映取得的附属单位上缴收入的退还数，贷方反映附属独立核算单位按照有关规定上缴的各项收入，本科目平时余额在贷方，反映各项附属单位上缴收入累计数，年末将本科目贷方累计数转入“本期盈余”科目贷方，年终结账后，本科目无余额。本科目应当按照附属单位、缴款项目等进行明细核算。

2. 附属单位上缴收入的主要账务处理规定

（1）确认附属单位上缴收入时，按照应收或实际收到金额，借记“其他应收款”“银行存款”等科目，贷记本科目。

实际收到应收附属单位上缴款时，按照实际收到的金额，借记“银行存款”等科目，贷记“其他应收款”科目。

（2）期末，将本科目本期发生额转入本期盈余，借记本科目，贷记“本期盈余”科目。期末结转后，本科目应无余额。

（二）预算会计附属单位上缴预算收入的核算规定

1. 附属单位上缴预算收入核算的科目设置

为了核算事业单位取得附属独立核算单位根据有关规定上缴的各种款项，预算会计应设置“附属单位上缴预算收入”总账科目，本科目借方平时反映取得的各项附属单位上缴预算收入的退还数，贷方反映附属独立核算单位根据有关规定上缴的各种款项，本科目平时余额在贷方，反映附属单位上缴预算收入累计数，年末将本科目贷方累计数按照事业预算收入明细账，分别转入“非财政拨款结转——本年收支结转”科目贷方和“其他结余”科目贷方，年终结账后，本科目无余额。本科目应当按照附属单位、缴款项目、《政府收支分类科目》中“支出功能分类科目”的项级科目等进行明细核算。附属单位上缴预算收入中如有专项资金收入，还应按照具体项目进行明细核算。

2. 附属单位上缴预算收入的主要账务处理规定

（1）收到附属单位缴来的款项时，按照实际收到的金额，借记“资金结存——货币资金”科目，贷记本科目。

（2）年末，将本科目本年发生额中的专项资金收入转入非财政拨款结转，借记本科目下各专项资金收入明细科目，贷记“非财政拨款结转——本年收支结转”科目；将本科目本年发生额中的非专项资金收入转入其他结余，借记本科目下各非专项资金收入明细科目，贷记“其他结余”科目。年末结转后，本科目应无余额。

（三）附属单位上缴收入和附属单位上缴预算收入核算举例

【例 12-6】 某事业单位收到下属乙单位按比例缴来上缴款 120 000 元，款项已经存入

银行。会计分录如下：

财务会计：

借：银行存款　　120 000

　贷：附属单位上缴收入　　120 000

预算会计：

借：资金结存——货币资金　　120 000

　贷：附属单位上缴预算收入　　120 000

年末，该事业单位“附属单位上缴收入”科目贷方余额 150 000 元，“附属单位上缴预算收入”贷方余额 160 000 元，其中专项资金补助收入 40 000 元，年终转账会计分录如下：

财务会计：

借：附属单位上缴收入　　150 000

　贷：本期盈余——行政事业盈余　　150 000

预算会计：

借：附属单位上缴预算收入　　160 000

　贷：非财政拨款结转——本年收支结转　　40 000

　　　其他结余　　120 000

五、经营收入和经营预算收入的核算

12.7　经营收入和经营预算收入的核算

（一）财务会计经营收入的核算规定

1. 经营收入核算的科目设置

为了核算和反映事业单位经营收入的形成和取得情况，财务会计应设置“经营收入”总账科目。本科目借方反映经营收入的退还数，贷方反映事业单位开展各项经营活动形成和取得的经营收入，本科目平时余额在贷方，反映经营收入累计数，年末，将本科目本年发生额转入经营结余，年末结转后，本科目应无余额。事业单位应当按照经营活动类别、项目和收入来源等对本科目进行明细核算。

经营收入应当在提供服务或发出存货，同时收讫价款或者取得索取价款的凭据时，按照实际收到或应收的金额确认收入。

2. 经营收入的主要账务处理规定

(1) 实现经营收入时，按照确定的收入金额，借记“银行存款”“应收账款”“应收票据”等科目，贷记本科目。涉及增值税业务的，相关账务处理参见“应交增值税”科目。

(2) 期末，将本科目本期发生额转入本期盈余，借记本科目，贷记“本期盈余”科目。期末结转后，本科目应无余额。

（二）预算会计经营预算收入的核算

1. 经营预算收入核算的科目设置

为了核算事业单位在专业业务活动及辅助活动之外开展非独立核算经营活动取得的现金流入，预算会计应设置“经营预算收入”总账科目，本科目借方反映经营预算收入的退还数，贷方反映经营预算收入的取得数，本科目平时余额在贷方，反映经营预算收入的累计数，年末将本科目本年发生额转入经营结余，年末结转后，本科目应无余额。本科目应当按照经营活动类别、项目、《政府收支分类科目》中“支出功能分类科目”的项级科目等进行明细核算。

2. 经营预算收入的主要账务处理规定

(1) 收到经营预算收入时，按照实际收到的金额，借记“资金结存——货币资金”科目，贷记本科目。

(2) 年末，将本科目本年发生额转入经营结余，借记本科目，贷记“经营结余”科目。年末结转后，本科目应无余额。

(三) 经营收入和经营预算收入的核算举例

【例 12-7】 某事业单位科研部门生产研制一种新产品推向市场销售，单价 100 元，共计 4 000 件，总价款 400 000 元，款项已入账，增值税税率为 13%。会计分录如下：

财务会计：

借：银行存款　452 000
　贷：经营收入　400 000
　　应交增值税——应交税费(销项税额)　52 000

预算会计：

借：资金结存——货币资金　400 000
　贷：经营预算收入　400 000

年末，事业单位办理年终转账，将经营收入科目贷方余额 477 600 元，经营预算收入科目贷方余额 450 000 元转入相关科目，会计分录如下：

财务会计：

借：经营收入　477 600
　贷：本期盈余——经营盈余　477 600

预算会计：

借：经营预算收入　450 000
　贷：经营结余　450 000

六、债务预算收入的核算

12.8 债务预算收入和其他预算收入的核算

(一) 债务预算收入核算的科目设置

为了核算事业单位按照规定从银行和其他金融机构等借入的、纳入部门预算管理的、不以财政资金作为偿还来源的借款，预算会计应设置“债务预算收入”总账科目，本科目借方平时没有发生额，贷方反映事业单位由于借款形成的债务预算收入，平时余额在贷方，反映债务预算收入累计数，年末将本科目贷方累计数按照债务预算收入明细账，分别转入“非财政拨款结转——本年收支结转”科目贷方和“其他结余”科目贷方，年终结账后，本科目无余额。本科目应当按照贷款单位、贷款种类、《政府收支分类科目》中“支出功能分类科目”的项级科目等进行明细核算。债务预算收入中如有专项资金收入，还应按照具体项目进行明细核算。

(二) 债务预算收入的主要账务处理规定

(1) 借入各项短期或长期借款时,按照实际借入的金额,借记“资金结存——货币资金”科目,贷记本科目。

(2) 年末,将本科目本年发生额中的专项资金收入转入非财政拨款结转,借记本科目下各专项资金收入明细科目,贷记“非财政拨款结转——本年收支结转”科目;将本科目本年发生额中的非专项资金收入转入其他结余,借记本科目下各非专项资金收入明细科目,贷记“其他结余”科目。年末结转后,本科目应无余额。

(三) 债务预算收入的核算举例

【例 12-8】 某科研事业单位借入短期借款 20 000 元。会计分录如下:

财务会计:

借:银行存款　　20 000
　贷:短期借款　　20 000

预算会计:

借:资金结存——货币资金　　20 000
　贷:债务预算收入　　20 000

年末,将“债务预算收入”科目贷方余额 30 000 转入“其他结余”科目。

借:债务预算收入　　30 000
　贷:其他结余　　30 000

七、非同级财政拨款收入和非同级财政拨款预算收入的核算

12.9　非同级财政拨款收入和非同级财政拨款预算收入的核算

(一) 财务会计非同级财政拨款收入的核算规定

1. 非同级财政拨款收入核算的科目设置

为了核算行政事业单位从非同级政府财政部门取得的经费拨款,包括从同级政府其他部门取得的横向转拨财政款、从上级或下级政府财政部门取得的经费拨款等,财务会计应设置“非同级财政拨款收入”总账科目。本科目借方反映取得的非同级财政拨款收入的退还数,贷方反映行政事业单位取得的非同级财政拨款收入,本科目平时余额在贷方,反映非同级财政拨款收入累计数,将本科目本期发生额转入本期盈余,期末结转后,本科目应无余额。事业单位因开展科研及其辅助活动从非同级政府财政部门取得的经费拨款,应当通过“事业收入——非同级财政拨款”科目核算,不通过本科目核算。本科目应当按照本级横向转拨财政款和非本级财政拨款进行明细核算,并按照收入来源进行明细核算。

2. 非同级财政拨款收入的主要账务处理规定

1) 实现非同级财政拨款收入的核算

确认非同级财政拨款收入时,按照应收或实际收到的金额,借记“银行存款”“其他应收款”等科目,贷记本科目。

2) 期末核算

期末,将本科目本期发生额转入本期盈余,借记本科目,贷记“本期盈余”科目。期末结

转后，本科目应无余额。

（二）预算会计非同级财政拨款预算收入的核算

1. 非同级财政拨款预算收入核算的科目设置

为了核算行政事业单位从非同级政府财政部门取得的财政拨款，包括本级横向转拨财政款和非本级财政拨款，预算会计应设置"非同级财政拨款预算收入"总账科目，本科目借方反映收到的非同级财政拨款预算收入的退还数，贷方反映收到的非同级财政拨款预算收入，本科目平时余额在贷方，反映非同级财政拨款预算收入累计数，年末将本科目贷方累计数按照非同级财政拨款预算收入明细账，分别转入"非财政拨款结转——本年收支结转"科目贷方和"其他结余"科目贷方，年终结账后，本科目无余额。本科目应当按照非同级财政拨款预算收入的类别、来源、《政府收支分类科目》中"支出功能分类科目"的项级科目等进行明细核算。非同级财政拨款预算收入中如有专项资金收入，还应按照具体项目进行明细核算。

对于事业单位因开展科研及其辅助活动从非同级政府财政部门取得的经费拨款，应当通过"事业预算收入——非同级财政拨款"科目进行核算，不通过本科目核算。

2. 非同级财政拨款预算收入的主要账务处理规定

（1）取得非同级财政拨款预算收入时，按照实际收到的金额，借记"资金结存——货币资金"科目，贷记本科目。

（2）年末，将本科目本年发生额中的专项资金收入转入非财政拨款结转，借记本科目下各专项资金收入明细科目，贷记"非财政拨款结转——本年收支结转"科目；将本科目本年发生额中的非专项资金收入转入其他结余，借记本科目下各非专项资金收入明细科目，贷记"其他结余"科目。年末结转后，本科目应无余额。

（三）非同级财政拨款收入和非同级财政拨款预算收入的核算举例

【例 12-9】 2021 年 8 月，某行政单位收到同级政府其他部门取得的横向转拨财政资金 10 000 元，已经存入银行。会计分录如下：

财务会计：

借：银行存款	10 000	
贷：非同级财政拨款收入		10 000

预算会计：

借：资金结存——货币资金	10 000	
贷：非同级财政拨款预算收入		10 000

期末，结转非同级财政拨款收入 10 000 元，非同级财政拨款预算收入 12 000 元，分别转入本期盈余和其他结余，会计分录如下：

财务会计：

借：非同级财政拨款收入	10 000	
贷：本期盈余		10 000

预算会计：

借：非同级财政拨款预算收入	12 000	
贷：其他结余		12 000

八、投资收益和投资预算收益的核算

12.10 投资收益和投资预算收益的核算

（一）财务会计投资收益的核算规定

1. 投资收益核算的科目设置

为了核算事业单位股权投资和债券投资所实现的收益或发生的损失，财务会计应当设置“投资收益”总账科目，本科目借方反映发生的投资损失，贷方反映实现的投资收益，本科目余额一般在贷方，反映本期实现的投资收益累计数，期末，将本科目本期发生额转入本期盈余，期末结转后，本科目应无余额。本科目应当按照投资的种类等进行明细核算。

2. 投资收益的主要账务处理规定

(1) 收到短期投资持有期间的利息，按照实际收到的金额，借记“银行存款”科目，贷记“投资收益”科目。

(2) 出售或到期收回短期债券本息，按照实际收到的金额，借记“银行存款”科目，按照出售或收回短期投资的成本，贷记“短期投资”科目，按照其差额，贷记或借记本科目。涉及增值税业务的，相关账务处理参见“应交增值税”科目。

(3) 持有的分期付息、一次还本的长期债券投资，按期确认利息收入时，按照计算确定的应收未收利息，借记“应收利息”科目，贷记本科目。持有的到期一次还本付息的债券投资，按期确认利息收入时，按照计算确定的应收未收利息，借记“长期债券投资——应计利息”科目，贷记本科目。

(4) 出售长期债券投资或到期收回长期债券投资本息，按照实际收到的金额，借记“银行存款”等科目，按照债券初始投资成本和已计未收利息金额，贷记“长期债券投资——成本、应计利息”科目（到期一次还本付息债券）或“长期债券投资”“应收利息”科目（分期付息债券），按照其差额，贷记或借记本科目。涉及增值税业务的，相关账务处理参见“应交增值税”科目。

(5) 采用成本法核算的长期股权投资持有期间，被投资单位宣告分派现金股利或利润时，按照宣告分派的现金股利或利润中属于单位应享有的份额，借记“应收股利”科目，贷记本科目。

采用权益法核算的长期股权投资持有期间，按照应享有或应分担的被投资单位实现的净损益的份额，借记和贷记“长期股权投资——损益调整”科目，贷记或借记本科目；被投资单位发生净亏损，但以后年度又实现净利润的，单位在其收益分享额弥补未确认的亏损分担额后，恢复确认投资收益，借记“长期股权投资——损益调整”科目，贷记本科目。

(6) 按照规定处置长期股权投资时有关的投资收益的账务处理，参见“长期股权投资”科目。

(7) 期末，将本科目本期发生额转入本期盈余，借记或贷记本科目，贷记或借记“本期盈余”科目，期末结转后，本科目应无余额。

（二）预算会计投资预算收益的核算规定

1. 投资预算收益核算的科目设置

为了核算事业单位取得的按照规定纳入部门预算管理的属于投资收益性质的现金流

入，包括股权投资收益、出售或收回债券投资所取得的收益和债券投资利息收入，事业单位应设置“投资预算收益”总账科目。本科目借方反映本期发生的投资损失，贷方反映本期收到的投资收益，本科目余额一般在贷方，反映本期投资收益的累计数。年末，将本科目本年发生额转入其他结余，年末结转后，该账户应无余额。本科目应当按照《政府收支分类科目》中“支出功能分类科目”的项级科目等进行明细核算。

2. 投资预算收益的主要账务处理规定

(1) 出售或到期收回本年度取得的短期、长期债券，按照实际取得的价款或实际收到的本息金额，借记“资金结存——货币资金”科目，按照取得债券时“投资支出”科目的发生额，贷记“投资支出”科目，按照其差额，贷记或借记本科目。

出售或到期收回以前年度取得的短期、长期债券，按照实际取得的价款或实际收到的本息金额，借记“资金结存——货币资金”科目，按照取得债券时“投资支出”科目的发生额，贷记“其他结余”科目，按照其差额，贷记或借记本科目。

出售、转让以货币资金取得的长期股权投资的，其账务处理参照出售或到期收回债券投资。

(2) 持有的短期投资以及分期付息、一次还本的长期债券投资收到利息时，按照实际收到的金额，借记“资金结存——货币资金”科目，贷记本科目。

(3) 持有长期股权投资取得被投资单位分派的现金股利或利润时，按照实际收到的金额，借记“资金结存——货币资金”科目，贷记本科目。

(4) 出售、转让以非货币性资产取得的长期股权投资时，按照实际取得的价款扣减支付的相关费用和应缴财政款后的余额(按照规定纳入单位预算管理的)，借记“资金结存——货币资金”科目，贷记本科目。

(5) 年末，将本科目本年发生额转入其他结余，借记或贷记本科目，贷记或借记“其他结余”科目，年末结转后，本科目应无余额。

(三) 投资收益和投资预算收益的核算举例

【例 12-10】 2019 年 1 月 1 日，某事业单位用银行存款购入面值为 200 000 元、年利率为 5%、2 年期的国库券，实际支付的价款及相关税费为 260 000 元。会计分录如下：

财务会计：

借：长期债券投资	260 000	
贷：银行存款		260 000

预算会计：

借：投资支出	260 000	
贷：资金结存——货币资金		260 000

(1) 如果该国库券利息每年支付一次，财务会计于 2019 年 12 月 31 日确认当期应收利息 10 000(200 000×5%)时，会计分录如下：

借：应收利息	10 000	
贷：投资收益		10 000

(2) 2020 年 1 月 1 日收到利息时，会计分录如下：

财务会计：

借：银行存款　　10 000
　贷：应收利息　　10 000

预算会计：

借：资金结存——货币资金　　10 000
　贷：投资预算收益　　10 000

【例12-11】 2021年3月4日，某事业单位被投资单位宣布分配股利，4月11日从被投资单位分得利润31 000元，存入银行。该事业单位对长期股权投资采用成本法核算。会计分录如下：

(1) 3月4日，财务会计按照宣告分配的利润中属于单位应享有的份额，做如下处理：

借：应收股利　　31 000
　贷：投资收益　　31 000

(2) 4月11日，取得分派的利润，按实际收到的金额，财务会计和预算会计平行记账，会计分录如下：

财务会计：

借：银行存款　　31 000
　贷：应收股利　　31 000

预算会计：

借：资金结存——货币资金　　31 000
　贷：投资预算收益　　31 000

九、财务会计捐赠收入等其他收入与预算会计其他预算收入的核算

行政事业单位除上述各项收入外，在实际工作中还会取得捐赠收入、租金收入、利息收入等其他收入，这些收入的核算，同样需要按照财务会计与预算会计平行记账的规则进行。在行政事业单位会计制度中，财务会计分别设置了“捐赠收入”“租金收入”“利息收入”“其他收入”四个总账科目进行核算，预算会计原则上设置了“其他预算收入”一个总账科目来核算，来对应财务会计这四项收入的内容，如果行政事业单位发生的捐赠预算收入、利息预算收入、租金预算收入金额较大或业务较多的，也可单独设置“6603 捐赠预算收入”“6604 利息预算收入”“6605 租金预算收入”等科目来核算。本教材中没有单独设置预算会计其他预算收入的相关科目。

（一）财务会计捐赠收入等其他收入的核算规定

1. 捐赠收入核算的科目设置及账务处理规定

为了核算行政事业单位接受其他单位或者个人捐赠取得的收入，财务会计设置“捐赠收入”总账科目，本科目借方平时一般无发生额，贷方反映取得的捐赠收入，本科目余额在贷方，反映本期实现的捐赠收入累计数。期末，将本科目本期发生额转入本期盈余，期末结转

后，本科目应无余额。本科目应当按照捐赠资产的用途和捐赠单位等进行明细核算。具体账务处理规定如下。

1）接受捐赠的货币资金的核算

接受捐赠的货币资金，按照实际收到的金额，借记“银行存款”“库存现金”等科目，贷记本科目。

2）接受捐赠的非现金资产的核算

接受捐赠的存货、固定资产等非现金资产，按照确定的成本，借记“库存物品”“固定资产”等科目，按照发生的相关税费、运输费等，贷记“银行存款”等科目，按照其差额，贷记本科目。

3）接受捐赠的资产按照名义金额入账的核算

接受捐赠的资产按照名义金额入账的，按照名义金额，借记“库存物品”“固定资产”等科目，贷记本科目；同时，按照发生的相关税费、运输费等，借记“其他费用”等科目，贷记“银行存款”等科目。

4）期末核算

期末，将本科目本期发生额转入本期盈余，借记本科目，贷记“本期盈余”科目。

2. 利息收入核算的科目设置及账务处理规定

为了核算行政事业单位取得的银行存款利息收入，财务会计设置“利息收入”总账科目，本科目借方平时一般无发生额，贷方反映取得的利息收入，本科目余额在贷方，反映本期实现的利息收入累计数，期末，将本科目本期发生额转入本期盈余，期末结转后，本科目应无余额。本科目应当按照银行存款开户银行等进行明细核算。具体账务处理规定如下。

1）取得银行存款利息的核算

取得银行存款利息时，按照实际收到的金额，借记“银行存款”科目，贷记本科目。

2）期末核算

期末，将本科目本期发生额转入本期盈余，借记本科目，贷记“本期盈余”科目。

3. 租金收入核算的科目设置及账务处理规定

为了核算行政事业单位经批准利用国有资产出租取得并按照规定纳入本单位预算管理的租金收入，财务会计设置“租金收入”总账科目，本科目借方平时一般无发生额，贷方反映取得的租金收入，本科目余额在贷方，反映本期实现的租金收入累计数，期末，将本科目本期发生额转入本期盈余，期末结转后，本科目应无余额。本科目应当按照具体出租国有资产类别和收入来源等进行明细核算。具体账务处理规定如下。

1）国有资产出租收入的核算

国有资产出租收入，应当在租赁期内各个期间按照直线法予以确认。

(1) 采用预收租金方式的，预收租金时，按照收到的金额，借记“银行存款”等科目，贷记“预收账款”科目；分期确认租金收入时，按照各期租金金额，借记“预收账款”科目，贷记本科目。

(2) 采用后付租金方式的，每期确认租金收入时，按照各期租金金额，借记“应收账款”科目，贷记本科目；收到租金时，按照实际收到的金额，借记“银行存款”等科目，贷记“应收账款”科目。

(3) 采用分期收取租金方式的，每期收取租金时，按照租金金额，借记“银行存款”等科目，贷记本科目。涉及增值税业务的，相关账务处理参见“应交增值税”科目。

2）期末核算

期末，将本科目本期发生额转入本期盈余，借记本科目，贷记“本期盈余”科目。

4. 其他收入核算的科目设置及账务处理规定

为了核算行政事业单位取得的除财政拨款收入、事业收入、上级补助收入、附属单位上缴收入、经营收入、非同级财政拨款收入、投资收益、捐赠收入、利息收入、租金收入以外的各项收入，包括现金盘点收入、按照规定纳入单位预算管理的科技成果转化收入、行政单位收回已核销的其他应收款、无法偿付的应付及预收款项、置换换出资产评估增值等，财务会计设置“其他收入”总账科目，本科目借方平时一般无发生额，贷方反映取得的各项其他收入，本科目余额在贷方，反映本期实现的其他收入累计数，期末，将本科目本期发生额转入本期盈余，期末结转后，本科目应无余额。本科目应当按照其他收入的类别、来源等进行明细核算。具体账务处理规定如下。

1）现金盘盈收入的核算

每日现金账款核对中发现的现金溢余，属于无法查明原因的部分，报经批准后，借记“待处理财产损益”科目，贷记本科目。

2）科技成果转化收入的核算

单位科技成果转化所取得的收入，按照规定留归本单位的，按照所取得收入扣除相关费用之后的净收益，借记“银行存款”等科目，贷记本科目。

3）收回已核销的其他应收款的核算

行政单位已核销的其他应收款在以后期间收回的，按照实际收回的金额，借记“银行存款”等科目，贷记本科目。

4）无法偿付的应付及预收款项的核算

无法偿付或债权人豁免偿还的应付账款、预收账款、其他应付款及长期应付款，借记“应付账款”“预收账款”“其他应付款”“长期应付款”等科目，贷记本科目。

5）置换换出资产评估增值的核算

资产置换过程中，换出资产评估增值的，按照评估价值高于资产账面价值或账面余额的金额，借记有关科目，贷记本科目。具体账务处理参见“库存物品”等科目。

以未入账的无形资产取得的长期股权投资，按照评估价值加相关税费作为投资成本，借记“长期股权投资”科目，按照发生的相关税费，贷记“银行存款”“其他应交税费”等科目，按其差额，贷记本科目。

6）确认其他收入的核算

确认上述五项以外的其他收入时，按照应收或实际收到的金额，借记“其他应收款”“银行存款”“库存现金”等科目，贷记本科目。涉及增值税业务的，相关账务处理参见“应交增值税”科目。

7）期末核算

期末，将本科目本期发生额转入本期盈余，借记本科目，贷记“本期盈余”科目。

(二) 预算会计其他预算收入的核算规定

1. 其他预算收入核算的科目设置

为了核算行政事业单位取得的包括捐赠预算收入、利息预算收入、租金预算收入、现金盘盈收入等纳入部门预算管理的现金流入，预算会计应设置“其他预算收入”总账科目。本科目借方平时一般无发生额，贷方反映本期收到的各项其他预算收入，本科目余额一般在贷方，反映本期其他预算收入的累计数。年末将本科目贷方累计数按照其他预算收入明细账，分别转入“非财政拨款结转——本年收支结转”科目贷方和“其他结余”科目贷方，年末结转后，该科目应无余额。本科目应当按照其他收入类别、《政府收支分类科目》中“支出功能分类科目”的项级科目等进行明细核算。其他预算收入中如有专项资金收入，还应按照具体项目进行明细核算。

单位发生的捐赠预算收入、利息预算收入、租金预算收入金额较大或业务较多的，可单独设置“6603 捐赠预算收入”“6604 利息预算收入”“6605 租金预算收入”等总账科目。

2. 其他预算收入的主要账务处理规定

(1) 接受捐赠现金资产、收到银行存款利息、收到资产承租人支付的租金时，按照实际收到的金额，借记“资金结存——货币资金”科目，贷记本科目。

(2) 每日现金账款核对中如发现现金溢余，按照溢余的现金金额，借记“资金结存——货币资金”科目，贷记本科目。经核实，属于应支付给有关个人和单位的部分，按照实际支付的金额，借记本科目，贷记“资金结存——货币资金”科目。

(3) 收到其他预算收入时，按收到的金额，借记“资金结存——货币资金”科目，贷记本科目。

(4) 年末，将本科目本年发生额中的专项资金收入转入非财政拨款结转，借记本科目下各专项资金收入明细科目，贷记“非财政拨款结转——本年收支结转”科目；将本科目本年发生额中的非专项资金收入转入其他结余，借记本科目下各非专项资金收入明细科目，贷记“其他结余”科目。年末结转后，本科目应无余额。

(三) 捐赠收入等其他收入的核算举例

【例 12-12】 某红十字会接受 ABC 有限公司捐款 1 200 000 元，专门用于资助云南贫困山区失学儿童使用。会计分录如下：

财务会计：

借：银行存款	1 200 000	
贷：捐赠收入		1 200 000

预算会计：

借：资金结存——货币资金	1 200 000	
贷：捐赠预算收入		1 200 000

年末结账时，会计分录如下：

财务会计：

借：捐赠收入	1 200 000	
贷：本期盈余——行政事业盈余		1 200 000

预算会计：

借：捐赠预算收入	1 200 000	
贷：非财政拨款结转——本年收支结转		1 200 000

【例 12-13】 某高校将临街的门面房出租，年租金为 800 000 元，每季度收取一次。每季度收租金 200 000 元。会计分录如下：

财务会计：

借：银行存款 200 000
　贷：租金收入 200 000

预算会计：

借：资金结存——货币资金 200 000
　贷：租金预算收入 200 000

年末结账时，会计分录如下：

财务会计：

借：租金收入 200 000
　贷：本期盈余——行政事业盈余 200 000

预算会计：

借：租金预算收入 200 000
　贷：其他结余 200 000

关键术语

财政拨款收入　事业收入　上级补助收入　附属单位上缴收入　经营收入　非同级财政拨款收入　投资收益　捐赠收入　利息收入　租金收入　其他收入　财政拨款预算收入　事业预算收入　上级补助预算收入　附属单位上缴预算收入　经营预算收入　债务预算收入　非同级财政拨款预算收入　投资预算收益　其他预算收入

复习题

1. 行政事业单位财务会计收入的概念是什么？财务会计的收入包括哪些内容？
2. 行政事业单位预算会计收入的概念是什么？预算会计的收入包括哪些内容？
3. 行政事业单位财务会计的收入如何确认和计量？
4. 行政事业单位预算会计的收入如何确认和计量？
5. 财政拨款收入和非同级财政拨款收入的区别是什么？
6. 事业单位事业收入和经营收入的区别是什么？
7. 行政事业单位的财政拨款收入和财政拨款预算收入如何平行记账？
8. 行政事业单位收入核算有什么特点？
9. 行政事业单位收入如何管理？
10. 行政事业单位财务会计的其他收入和预算会计的其他预算收入核算内容有什么区别？

练习题

1. 目的：练习行政事业单位财务会计和预算会计各项收入的核算。
2. 要求：根据下列资料编制会计分录。

3. 资料:以下行政事业单位2021年发生的部分经济业务如下:

(1) 采购电脑等办公设备,价款100 000元,采用财政直接支付方式支付设备款,设备已验收。

(2) 通过财政直接支付采购的一批硒鼓入库时发现质量问题,硒鼓已退回。接到代理银行转来的财政直接支付退款通知书,退回相关货款20 000元。

(3) 行政事业单位取得代理银行转来的财政授权支付额度到账通知书,本月取得财政授权额度190 000元,其中用于专项办公楼大型修缮业务经费80 000元,用于专项审计项目经费110 000元。

(4) 某学校的学杂费收入实行财政专户管理,2021年9月1日,收到新学期学杂费收入96 000元,款项当日送存银行。

(5) 2021年9月10日,学校收到财政专户返还的学杂费收入80 000元,已存入银行。

(6) 2021年年末,事业单位事业收入科目贷方余额5 200 000元,事业预算收入科目贷方余额5 200 000元,其中专项资金收入3 800 000元,非专项资金收入1 400 000元,办理年末将转账。

(7) 2021年7月,某事业单位收到下属甲单位按比例缴来款项400 000元,款项已存入银行。

(8) 年终结转该事业单位"附属单位上缴收入"科目余额380 000元。

(9) 2021年某事业单位非独立核算的车队向外单位提供服务,取得经营收入20 000元,增值税600元,款项已存入银行。

(10) 年终结算,本年度共发生经营收入209 000元,经营预算收入210 000元,办理年终转账。

(11) 2021年7月31日,某事业单位到期兑付原购入的国库券,收到本金20 000元,利息8 000元,款项已存入银行。

(12) 某事业单位出租固定资产取得租金收入25 000元,增值税1 250元,款项已存入银行。

第十三章　行政事业单位费用和预算支出的核算

思维导图

本章重点包括5个知识点。

1. 财务会计费用的概念和内容

1）费用的概念

行政事业单位财务会计的费用是指报告期内导致行政事业单位净资产减少的、含有服务潜力或者经济利益的经济资源的流出。

2）费用的内容

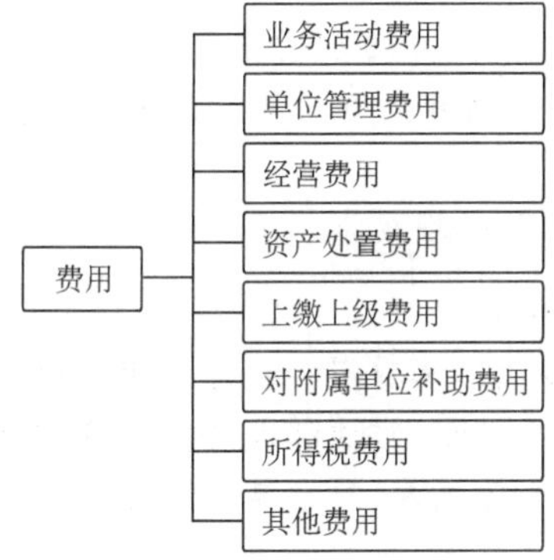

要求：理解财务会计费用的概念，掌握费用的内容，了解行政单位的费用与事业单位的不同。

2. 预算会计预算支出的概念和内容

1）预算支出的概念

行政事业单位预算支出是指行政事业单位为了开展专业业务活动及其辅助活动实际发生的各项现金流出。

2）预算支出的内容

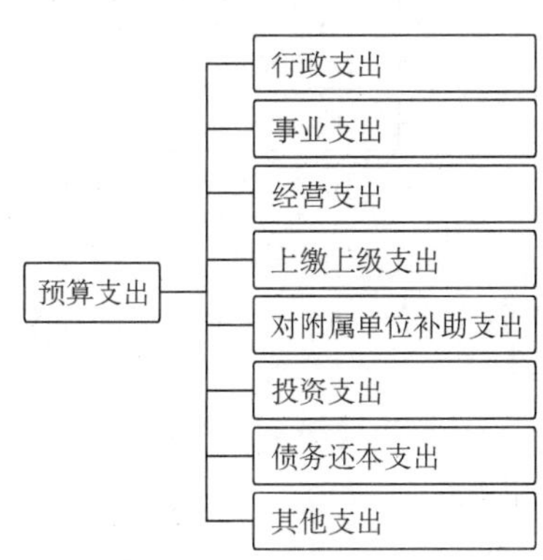

要求：理解预算会计预算支出的概念，掌握预算支出的内容，了解行政单位预算支出与事业单位预算支出的不同，了解财务会计的费用与预算会计的预算支出是否存在对应关系。

3. 费用和预算支出的确认与计量

1）费用的确认与计量

费用的确认应当同时满足以下条件：

（1）与费用相关的含有服务潜力或者经济利益的经济资源很可能流出政府会计主体。

（2）含有服务潜力或者经济利益的经济资源流出会导致政府会计主体资产减少或者负债增加。

（3）流出金额能够可靠地计量。

财务会计对费用的计量以权责发生制为基础，一般应当在支付款项或者发生支付款项的义务时予以确认，并以实际支付的金额或者相关凭证注明的金额进行计量。

2）预算支出的确认与计量

预算会计以收付实现制为基础，预算支出一般在实际支付时予以确认，以实际支付的金额计量。

要求：理解费用和预算支出的确认和计量基础。

4. 费用和预算支出的管理要求

（1）严格划清各种费用和支出的界限

（2）依据费用开支标准和定员定额办理费用和支出

（3）划清公私界限，应由职工自理的费用不能用公款开支

（4）正确计量

要求：了解费用和预算支出的管理要求。

5. 费用和预算支出的核算

与收入核算相同，在行政事业单位费用和预算支出的核算上，财务会计和预算会计按不同核算基础和各自核算范围平行记账，对于纳入部门预算管理的现金收支业务，在采用财务会计核算的同时应当进行预算会计核算；对于其他业务，仅需进行财务会计核算。

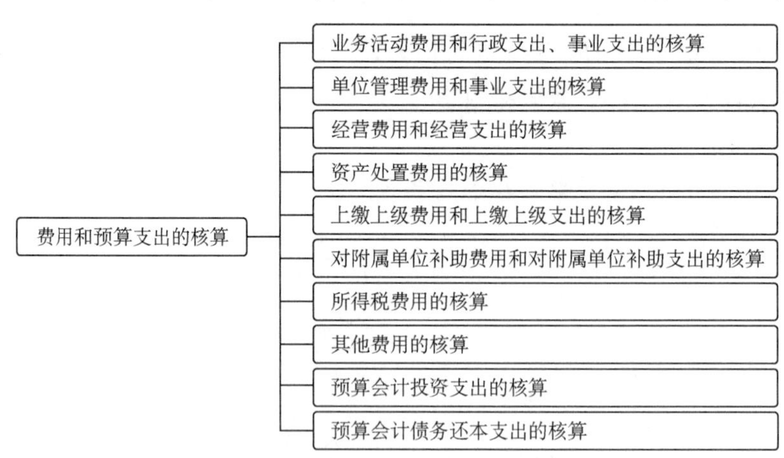

要求：理解费用和预算支出核算的特点——平行记账，掌握发生各项费用时，财务会计与预算会计平行记账的方法。

重点与难点：业务活动费用、单位管理费用、经营费用、资产处置费用及相关的行政支出、事业支出、其他支出的平行记账。

费用是财务会计对行政事业单位开展各项业务活动进行核算设置的会计要素，预算支出是预算会计对行政事业单位预算执行情况进行核算而设置的会计要素。行政事业单位开展各项经济业务的过程也就是执行单位预算的过程，由于会计目标和会计基础的差异，有必要通过财务会计与预算会计的平行记账，对行政事业单位财务状况和预算执行情况进行全面反映。

本章主要介绍行政事业单位财务会计的费用和预算会计的预算支出的管理与核算。

费用是指报告期内导致行政事业单位净资产减少的、含有服务潜力或者经济利益的经济资源的流出。行政事业单位费用的内容包括业务活动费用、单位管理费用、经营费用、资产处置费用、上缴上级费用、对附属单位补助费用、所得税费用、其他费用等。费用的确认与计量以权责发生制为基础。

预算支出是指行政事业单位在预算执行过程中为了开展专业业务活动及其辅助活动实际发生的各项现金流出。包括行政支出、事业支出、经营支出、上缴上级支出、对附属单位补助支出、投资支出、债务还本支出和其他支出等。预算支出的确认与计量以收付实现制为基础。

通过学习本章，学生应熟悉行政事业单位费用和预算支出的概念、组成内容、确认与计量原则，掌握行政事业单位费用和预算支出的管理要求和平行记账的核算方法。

第一节　费用和预算支出概述

13.1　费用和预算支出的概念及内容

一、财务会计费用的概念和内容

（一）费用的概念

行政事业单位费用是指报告期内导致行政事业单位净资产减少的、含有服务潜力或者经济利益的经济资源的流出。包括以下几方面的含义：

（1）财务会计的费用是行政事业单位开展业务及其他活动而发生的。费用的发生一方面体现为各项资产和资源的耗费，如行政事业单位为完成国家规定的科、教、文、卫等事业任务而发生的资产和资源消耗，另一方面这些耗费需要通过政府的财政拨款或者其他收入来源进行补偿，并且其确认和计量以权责发生制为基础。行政事业单位的费用可以根据其履行职能或者管理要求不同进行分类，有些费用是行政事业单位都要发生的，有些费用则仅仅在行政单位或者事业单位发生。

（2）财务会计的费用是行政事业单位在报告期形成的导致净资产减少的经济资源的流出。费用的发生会引起货币资金的流出、其他资产的减少或负债的增加，或者资产减少、负债增加兼而有之。并非所有的费用都会形成资金流出，例如固定资产计提折旧。

（二）费用的内容

行政事业单位费用的内容包括业务活动费用、单位管理费用、经营费用、资产处置费用、上缴上级费用、对附属单位补助费用、所得税费用、其他费用等。

1. 业务活动费用

业务活动费用是指单位为实现其职能目标，依法履职或开展专业业务活动及其辅助活动所发生的各项费用。

2. 单位管理费用

单位管理费用是指事业单位本级行政及后勤管理部门开展管理活动发生的各项费用，包括单位行政及后勤管理部门发生的人员经费、公用经费、资产折旧(摊销)等费用，以及由单位统一负担的离退休人员经费、工会经费、诉讼费、中介费等。

3. 经营费用

经营费用是指事业单位在专业业务活动及其辅助活动之外开展非独立核算经营活动发生的各项费用。

4. 资产处置费用

资产处置费用是指单位经批准处置资产时发生的费用，包括转销的被处置资产价值，以及在处置过程中发生的相关费用或者处置收入小于相关费用形成的净支出。资产处置的形式按照规定包括无偿调拨、出售、出让、转让、置换、对外捐赠、报废、毁损以及货币性资产损失核销等。

5. 上缴上级费用

上缴上级费用是指事业单位按照财政部门和主管部门的规定上缴上级单位款项发生的费用。

6. 对附属单位补助费用

对附属单位补助费用是指事业单位用财政拨款收入之外的收入对附属单位补助发生的费用。

7. 所得税费用

所得税费用是指由企业所得税缴纳义务的事业单位按规定缴纳企业所得税所形成的费用。

8. 其他费用

其他费用是指单位发生的除业务活动费用、单位管理费用、经营费用、资产处置费用、上缴上级费用、附属单位补助费用、所得税费用以外的各项费用，包括利息费用、坏账损失、罚没支出、现金资产捐赠支出以及相关税费、运输费等。

二、预算会计预算支出的概念和内容

(一) 预算支出的概念

行政事业单位预算支出是指行政事业单位为了开展专业业务活动及其辅助活动实际发生的各项现金流出。行政事业单位以收付实现制为基础，按照法定程序批准的预算，取得各项预算收入，在向社会公众提供公共产品和服务过程中实际发生的各项现金流出，形成了相应的支出。

按照权责发生制政府综合财务报告制度改革要求，适度分离政府财务会计与预算会计，对于纳入部门预算管理的现金收支业务，在采用财务会计核算的同时应当进行预算会计核算；对于其他业务，仅需进行财务会计核算。这是财务会计和预算会计平行记账的基本要求。

(二) 预算支出的内容

预算支出的内容包括行政支出、事业支出、经营支出、上缴上级支出、对附属单位补助支出、投资支出、债务还本支出和其他支出等。

1. 行政支出

行政支出是指行政单位履行其职责实际发生的各项现金流出。

2. 事业支出

事业支出是指事业单位开展专业业务活动及其辅助活动实际发生的各项现金流出，是事业单位会计核算的主要内容，也是向上级单位和财政部门办理支出报销的依据。

3. 经营支出

经营支出是指事业单位在专业业务活动及其辅助活动之外开展非独立核算的经营活动实际发生的各项现金流出，它是考核各项经营活动成果和经济效益的重要依据。

4. 上缴上级支出

上缴上级支出是指事业单位按照财政部门和主管部门的规定上缴上级单位款项发生的现金流出。

5. 对附属单位补助支出

对附属单位补助支出是指事业单位用财政拨款预算收入之外的收入对附属单位补助发生的现金流出。

6. 投资支出

投资支出是指事业单位以货币资金对外投资发生的现金流出。

7. 债务还本支出

债务还本支出是指事业单位偿还自身承担的纳入预算管理的从金融机构举借的债务本金的现金流出。

8. 其他支出

其他支出是指行政事业单位除行政支出、事业支出、经营支出、上缴上级支出、对附属单位补助支出、投资支出、债务还本支出以外的各项现金流出，包括利息支出、对外捐赠现金支出、现金盘亏损失、接受捐赠(调入)和对外捐赠(调出)非现金资产发生的税费支出、资产置换过程中发生的相关税费支出、罚没支出等。

三、费用和预算支出的确认与计量

13.2 费用和预算支出的概论及内容

(一) 费用的确认与计量

费用的确认应当同时满足以下条件：

(1) 与费用相关的含有服务潜力或者经济利益的经济资源很可能流出政府会计主体。

(2) 含有服务潜力或者经济利益的经济资源流出会导致政府会计主体资产减少或者负债增加。

(3) 流出金额能够可靠地计量。

财务会计对费用的计量以权责发生制为基础，一般应当在支付款项或者发生支付款项的义务时予以确认，并以实际支付的金额或者相关凭证注明的金额进行计量。

(二) 预算支出的确认与计量

预算会计以收付实现制为基础，预算支出一般在实际支付时予以确认，以实际支付的金额计量。

四、费用和预算支出的管理

行政事业单位在向社会公众提供公共产品和服务过程中实际发生的各项费用和预算支出，体现着国家的方针政策，关系到勤俭办事业和资金的使用效果，所以各单位办理支出时既要保证事业发展的需要，又要遵守各项财政财务制度，精打细算，厉行节约，使各项支出发挥最大的经济效果。

（一）严格划清各种费用和支出的界限

行政事业单位在开展各项业务活动中发生的各项费用，要注意根据资金的不同来源和性质，划清各种费用的界限。根据履行职能或者用途不同正确划分各项费用与支出，从是否属于单位的专业业务活动及辅助活动方面正确划分业务活动费用和经营费用的界限，从单位性质与职能方面正确行政支出和事业支出的界限。

（二）依据费用开支标准和定员定额办理费用和支出

财政机关或上级部门核定的预算和规定的开支标准，是掌握预算开支的依据，也是控制预算支出的手段，各单位必须规定执行。办理无预算、超预算的支出，扩大开支范围，提高开支额度，都是财政财务制度所不允许的。国家确定的定员定额、规定了人、财、物的使用同事业发展的比例关系，各单位必须认真执行核定的人员编制以及公务费、业务费、实物消耗等定额，不断提高管理水平。

（三）划清公私界限，应由职工自理的费用不能用公款开支

行政事业单位职工由于执行公务需要可给予必要的津贴和补助，但是个人生活、学习等有关费用则应自行负担，不能用经费开支；职工住公房，应按规定收取房租；职工宿舍水、电、煤气费，应由职工自己负担；职工个人订阅报纸、刊物的费用，应该自理；公用车辆不能为私车使用，因私用车必须按标准收费。职工出差期间，因私事绕道而增加的费用，应由个人负担；不能用公款请客送礼、游山玩水、严禁用公款为职工垫支购买高档耐用消费品。财务会计部门在办理事业支出时应认真执行有关规定。

（四）正确计量

行政事业单位的费用和支出一般应当在支付款项时予以确认，并以实际支付的金额进行计量。采用权责发生制确认的费用，应当在接受服务或者收取存货，同时付讫价款或者取得价款的凭证时予以确认，并按照实际支付的金额或者有关凭证注明的金额进行计量。

第二节　费用和预算支出的核算

行政事业单位费用和预算支出的核算，需要分别建立财务会计费用账套和预算会计预算支出账套，对纳入部门预算管理的同一项现金支出业务，财务会计和预算会计需要按各自不同的核算基础进行确认计量，分别做出账务处理，也就是进行平行记账。而对于其他不涉及预算管理的非现金支出业务，仅需进行财务会计核算。财务会计费用科目与预算会计预算支出科目之间的对应关系如表 13-1 所示。

表 13-1 财务会计费用科目与预算会计预算支出科目对应表

财务会计	预算会计
业务活动费用	行政支出、事业支出
单位管理费用	事业支出
经营费用	经营支出
资产处置费用	其他支出
上缴上级费用	上缴上级支出
对附属单位补助费用	对附属单位补助支出
其他费用	其他支出

财务会计的“所得税费用”科目对应预算会计预算结余类的“非财政拨款结余——累计结余”科目，反映计提企业所得税业务，预算会计的“投资支出”科目对应财务会计资产类的相关投资科目，包括短期投资、长期债权投资、长期股权投资等，预算会计的“债务还本支出”科目对应财务会计负债类的相关借款科目。

本节内容以财务会计的费用核算为主线，涉及现金支出业务的对应介绍预算会计支出科目，并进行平行记账核算举例。

一、业务活动费用的核算

13.3 业务活动费用、单位管理费用的核算

（一）业务活动费用核算的科目设置

为了核算行政事业单位开展专业业务活动及其辅助活动所发生的各项费用，财务会计设置“业务活动费用”总账科目，本科目借方反映开展专业业务活动及其辅助活动所发生的各项费用，贷方平时反映各项费用的退还数，本科目平时余额在借方，反映业务活动费用累计数，年末将本科目本年发生额转入本期盈余，年终结账后，该科目无余额。本科目应当按照项目、服务或者业务类别、支付对象等进行明细核算。

为了满足成本核算需要，本科目下还可以按照“工资福利费用”“商品和服务费用”“对个人和家庭的补助费用”“对企业补助费用”“固定资产折旧费”“无形资产摊销费”“公共基础设施折旧（摊销）费”“保障性住房折旧费”“计提专用基金”等成本项目设置明细科目，归集能够直接计入业务活动或采用一定方法计算后计入业务活动的费用。

（二）业务活动费用的主要账务处理规定

（1）为履职或开展业务活动人员计提的薪酬，按照计算确定的金额，借记本科目，贷记“应付职工薪酬”科目。

（2）为履职或开展业务活动发生的外部人员劳务费，按照计算确定的金额，借记本科目，按照代扣代缴个人所得税的金额，贷记“其他应交税费——应交个人所得税”科目，按照扣税后应付或实际支付的金额，贷记“其他应付款”“财政拨款收入”“零余额账户用款额度”“银行存款”等科目。

（3）为履职或开展业务活动领用库存物品，以及动用发出相关政府储备物资，按照领用库存物品或发出相关政府储备物资的账面余额，借记本科目，贷记“库存物品”“政府储备物

资”科目。

(4) 为履职或开展业务活动所使用的固定资产、无形资产以及为所控制的公共基础设施、保障性住房计提的折旧、摊销，按照计提金额，借记本科目，贷记“固定资产累计折旧”“无形资产累计摊销”“公共基础设施累计折旧(摊销)”“保障性住房累计折旧”科目。

(5) 为履职或开展业务活动发生的城市维护建设税、教育费附加、地方教育费附加、车船税、房产税、城镇土地使用税等，按照计算确定应交纳的金额，借记本科目，贷记“其他应交税费”等科目。

(6) 为履职或开展业务活动发生其他各项费用时，按照费用确认金额，借记本科目，贷记“财政拨款收入”“零余额账户用款额度”“银行存款”“应付账款”“其他应付款”“其他应收款”等科目。

(7) 按照规定从收入中提取专用基金并计入费用的，一般按照预算会计下基于预算收入计算提取的金额，借记本科目，贷记“专用基金”科目。国家另有规定的，从其规定。

(8) 发生当年购货退回等业务，对于已计入本年业务活动费用的，按照收回或应收的金额，借记“财政拨款收入”“零余额账户用款额度”“银行存款”“其他应收款”等科目，贷记本科目。

(9) 期末，将本科目本期发生额转入本期盈余，借记“本期盈余”科目，贷记本科目。期末结转后，本科目应无余额。

按照平行记账的规则，财务会计发生的业务活动费用，涉及纳入部门预算管理的同一项现金支出业务，预算会计需要设置“行政支出”“事业支出”来进行核算。

(三) 预算会计“行政支出”“事业支出”科目核算规定

1. 行政支出核算的科目设置

13.4 行政支出和事业支出的核算

为了核算行政单位履行其职责实际发生的各项现金流出，预算会计设置“行政支出”总账科目，本科目借方登记实际支出数，贷方登记支出收回或冲销转出数。平时余额在借方，反映行政支出累计数，年终结账后，本科目应无余额。本科目应当分别按照“财政拨款支出”“非财政专项资金支出”和“其他资金支出”，“基本支出”和“项目支出”等分类进行明细核算；并按照《政府收支分类科目》中“支出功能分类科目”的项级科目进行明细核算；“基本支出”和“项目支出”明细科目下应当按照《政府收支分类科目》中“部门预算支出经济分类科目”的款级科目进行明细核算，同时在“项目支出”明细科目下按照具体项目进行明细核算。

有一般公共预算财政拨款、政府性基金预算财政拨款等两种或两种以上财政拨款的行政单位，还应当在“财政拨款支出”明细科目下按照财政拨款的种类进行明细核算。对于预付款项，可通过在本科目下设置“待处理”明细科目进行核算，待确认具体支出项目后再转入本科目下相关明细科目。年末结账前，应将本科目“待处理”明细科目余额全部转入本科目下相关明细科目。

2. 行政支出的账务处理规定

(1) 支付单位职工薪酬。向单位职工个人支付薪酬时，按照实际支付的金额，借记本科目，贷记“财政拨款预算收入”“资金结存”科目。按照规定代扣代缴个人所得税以及代扣代缴或为职工缴纳职工社会保险费、住房公积金等时，按照实际缴纳的金额，借记本科目，贷记“财政拨款预算收入”“资金结存”科目。

(2) 支付外部人员劳务费。按照实际支付给外部人员个人的金额，借记本科目，贷记

"财政拨款预算收入""资金结存"科目。按照规定代扣代缴个人所得税时,按照实际缴纳的金额,借记本科目,贷记"财政拨款预算收入""资金结存"科目。

(3) 购买存货、固定资产、无形资产等以及在建工程支付相关款项时,按照实际支付的金额,借记本科目,贷记"财政拨款预算收入""资金结存"科目。

(4) 发生预付账款时,按照实际支付的金额,借记本科目,贷记"财政拨款预算收入""资金结存"科目。

对于暂付款项,在支付款项时可不做预算会计处理,待结算或报销时,按照结算或报销的金额,借记本科目,贷记 "资金结存"科目。

(5) 发生其他各项支出时,按照实际支付的金额,借记本科目,贷记"财政拨款预算收入""资金结存"科目。

(6) 因购货退回等发生款项退回,或者发生差错更正的,属于当年支出收回的,按照收回或更正的金额,借记"财政拨款预算收入""资金结存"科目,贷记本科目。

(7) 年末,将本科目本年发生额中的财政拨款支出转入财政拨款结转,借记"财政拨款结转——本年收支结转"科目,贷记本科目下各财政拨款支出明细科目;将本科目本年发生额中非财政专项资金支出转入非财政拨款结转,借记"非财政拨款结转——本年收支结转"科目,贷记本科目下各非财政专项资金支出明细科目;将本科目本年发生额中的其他资金支出(非财政非专项资金支出)转入其他结余,借记"其他结余"科目,贷记本科目下其他资金支出明细科目。年末结转后,本科目应无余额。

3. 事业支出核算的科目设置

为了核算事业单位开展专业业务活动及其辅助活动实际发生的各项现金流出,预算会计应设置"事业支出"总账科目,本科目借方登记实际发生的事业支出数,贷方登记事业支出收回或冲销转出数。平时余额在借方,反映行政支出累计数,年终结账后,本科目应无余额。

单位发生教育、科研、医疗、行政管理、后勤保障等活动的,可在本科目下设置相应的明细科目进行核算,或单设"7201 教育支出""7202 科研支出""7203 医疗支出""7204 行政管理支出""7205 后勤保障支出"等一级会计科目进行核算。

本科目应当分别按照"财政拨款支出""非财政专项资金支出"和"其他资金支出","基本支出"和"项目支出"等分类进行明细核算,并按照《政府收支分类科目》中"支出功能分类科目"的项级科目进行明细核算;"基本支出"和"项目支出"明细科目下应当按照《政府收支分类科目》中"部门预算支出经济分类科目"的款级科目进行明细核算,同时在"项目支出"明细科目下按照具体项目进行明细核算。

有一般公共预算财政拨款、政府性基金预算财政拨款等两种或两种以上财政拨款的事业单位,还应当在"财政拨款支出"明细科目下按照财政拨款的种类进行明细核算。对于预付款项,可通过在本科目下设置"待处理"明细科目进行核算,待确认具体支出项目后再转入本科目下相关明细科目。年末结账前,应将本科目"待处理"明细科目余额全部转入本科目下相关明细科目。

4. 事业支出的账务处理规定

(1) 支付单位职工(经营部门职工除外)薪酬。向单位职工个人支付薪酬时,按照实际支付的金额,借记本科目,贷记"财政拨款预算收入""资金结存"科目。按照规定代扣代缴个人所得税以及代扣代缴或为职工缴纳职工社会保险费、住房公积金等时,按照实际缴纳的金额，借记本科目，贷记“财政拨款预算收入”“资金结存”科目。

(2) 为专业业务活动及其辅助活动支付外部人员劳务费，按照实际支付给外部人员个人的金额，借记本科目，贷记“财政拨款预算收入”“资金结存”科目。按照规定代扣代缴个人所得税时，按照实际缴纳的金额，借记本科目，贷记“财政拨款预算收入”“资金结存”科目。

(3) 开展专业业务活动及其辅助活动过程中为购买存货、固定资产、无形资产等以及在建工程支付相关款项时，按照实际支付的金额，借记本科目，贷记“财政拨款预算收入”“资金结存”科目。

(4) 开展专业业务活动及其辅助活动过程中发生预付账款时，按照实际支付的金额，借记本科目，贷记“财政拨款预算收入”“资金结存”科目。

对于暂付款项，在支付款项时可不做预算会计处理，待结算或报销时，按照结算或报销的金额，借记本科目，贷记 “资金结存”科目。

(5) 开展专业业务活动及其辅助活动过程中缴纳的相关税费以及发生的其他各项支出，按照实际支付的金额，借记本科目，贷记“财政拨款预算收入”“资金结存”科目。

(6) 开展专业业务活动及其辅助活动过程中因购货退回等发生款项退回，或者发生差错更正的，属于当年支出收回的，按照收回或更正的金额，借记“财政拨款预算收入”“资金结存”科目，贷记本科目。

(7) 年末，将本科目本年发生额中的财政拨款支出转入财政拨款结转，借记“财政拨款结转——本年收支结转”科目，贷记本科目下各财政拨款支出明细科目；将本科目本年发生额中的非财政专项资金支出转入非财政拨款结转，借记“非财政拨款结转——本年收支结转”科目，贷记本科目下各非财政专项资金支出明细科目；将本科目本年发生额中的其他资金支出(非财政非专项资金支出)转入其他结余，借记“其他结余”科目，贷记本科目下其他资金支出明细科目。年末结转后，本科目应无余额。

(四) 业务活动费用核算举例

【例 13-1】 某事业单位 2021 年 1 月发生下列业务：

(1) 1 月 5 日，计提专业业务活动及其辅助活动职工工资总额 238 940 元，代扣个人所得税 18 500 元，申请财政直接支付。

计提工资时，财务会计会计分录如下：

借：业务活动费用	238 940	
贷：应付职工薪酬		220 440
其他应交税费——应交个人所得税		18 500

(2) 通过财政直接支付方式支付职工工资，代扣个人所得税 18 500 元，通过财政授权支付方式从零余额账户转付。根据财政直接支付到账通知书和财政授权支付凭证，财务会计与预算会计平行记账，会计分录如下：

财务会计：

借：应付职工薪酬	220 440	
贷：财政拨款收入		220 440
借：其他应交税费——应交个人所得税	18 500	
贷：零余额账户用款额度		18 500

预算会计：

借：事业支出　　220 440
　贷：财政拨款预算收入　　220 440
借：事业支出　　18 500
　贷：资金结存——零余额账户用款额度　　18 500

(3) 1月15日，业务部门领用库存物品8 500元。由于不涉及现金支出，只进行财务会计核算，会计分录如下：

借：业务活动费用　　8 500
　贷：库存物品　　8 500

如果该单位是行政单位，则上述账务处理时，预算会计的借方科目为“行政支出”。

二、单位管理费用的核算

(一) 单位管理费用核算的科目设置

为了核算事业单位本级行政及后勤管理部门开展管理活动发生的各项费用，财务会计设置“单位管理费用”总账科目，本科目借方反映事业单位行政及后勤管理部门发生的人员经费、公用经费、资产折旧(摊销)等费用，以及由单位统一负担的离退休人员经费、工会经费、诉讼费、中介费等，贷方平时反映各项费用的退还数，本科目平时余额在借方，反映单位管理费用累计数，年末将本科目本年发生额转入本期盈余，年终结账后，该科目无余额。

本科目应当按照项目、费用类别、支付对象等进行明细核算。为了满足成本核算需要，本科目下还可按照“工资福利费用”“商品和服务费用”“对个人和家庭的补助费用”“固定资产折旧费”“无形资产摊销费”等成本项目设置明细科目，归集能够直接计入单位管理活动或采用一定方法计算后计入单位管理活动的费用。

(二) 单位管理费用的主要账务处理规定

(1) 为管理活动人员计提的薪酬，按照计算确定的金额，借记本科目，贷记“应付职工薪酬”科目。

(2) 为开展管理活动发生的外部人员劳务费，按照计算确定的费用金额，借记本科目，按照代扣代缴个人所得税的金额，贷记“其他应交税费——应交个人所得税” 科目，按照扣税后应付或实际支付的金额，贷记“其他应付款”“财政拨款收入”“零余额账户用款额度”“银行存款”等科目。

(3) 开展管理活动内部领用库存物品，按照领用物品实际成本，借记本科目，贷记“库存物品”科目。

(4) 为管理活动所使用固定资产、无形资产计提的折旧、摊销，按照应计提折旧、摊销额，借记本科目，贷记“固定资产累计折旧”“无形资产累计摊销”科目。

(5) 为开展管理活动发生城市维护建设税、教育费附加、地方教育费附加、车船税、房产税、城镇土地使用税等，按照计算确定应交纳的金额，借记本科目，贷记“其他应交税费”等科目。

(6) 为开展管理活动发生的其他各项费用，按照费用确认金额，借记本科目，贷记“财政拨款收入”“零余额账户用款额度”“银行存款”“其他应付款”“其他应收款”等科目。

(7) 发生当年购货退回等业务，对于已计入本年单位管理费用的，按照收回或应收的金额，借记“财政拨款收入”“零余额账户用款额度”“银行存款”“其他应收款”等科目，贷记本科目。

(8) 期末，将本科目本期发生额转入本期盈余，借记“本期盈余”科目，贷记本科目。期末结转后，本科目应无余额。

(三) 单位管理费用和事业支出核算举例

【例 13-2】 2017 年 2 月，某事业单位发生下列业务：

(1) 按照服务合同规定，通过财政直接支付方式向某咨询公司预付 43 900 元咨询费。会计分录如下：

财务会计：

借：预付账款	43 900	
贷：财政拨款收入		43 900

预算会计：

借：事业支出	43 900	
贷：财政拨款预算收入		43 900

(2) 咨询服务完成，收到对方服务发票，确认咨询费用 43 900 元。会计分录如下：

财务会计：

借：单位管理费用	43 900	
贷：预付账款		43 900

(3) 计提行政管理部门固定资产折旧 34 800 元。会计分录如下：

财务会计：

借：单位管理费用	34 800	
贷：固定资产累计折旧		34 800

(4) 年末，结转单位管理费用和事业支出，“单位管理费用”科目借方累计数 89 990 元，“事业支出”科目借方累计数 89 990 元，其中财政资金支出 28 320 元，不属于财政资金的专项资金支出 42 380 元，不属于财政资金的非专项资金支出 19 290 元。会计分录如下：

财务会计：

借：本期盈余——行政事业盈余	89 990	
贷：单位管理费用		89 990

预算会计：

借：财政拨款结转——本年收支结转	28 320	
非财政拨款结转——本年收支结转	42 380	
其他结余	19 290	
贷：事业支出		89 990

三、经营费用和经营支出的核算

13.5　经营费用和经营支出的核算

(一) 经营费用的核算

1. 经营费用核算的科目设置

为了核算事业单位在专业业务活动及其辅助活动之外开展非独立核算经营活动发生的各项费用,财务会计设置“经营费用”总账科目。本科目借方反映事业单位在专业业务活动及其辅助活动之外开展非独立核算经营活动发生的各项费用,贷方平时反映各项经营费用的退还数,本科目平时余额在借方,反映经营费用累计数,年末将本科目本年发生额转入本期盈余,年终结账后,该科目无余额。

本科目应当按照经营活动类别、项目、支付对象等进行明细核算。为了满足成本核算需要,本科目下还可按照“工资福利费用”“商品和服务费用”“对个人和家庭的补助费用”“固定资产折旧费”“无形资产摊销费”等成本项目设置明细科目,归集能够直接计入单位经营活动或采用一定方法计算后计入单位经营活动的费用。

2. 经营费用的主要账务处理规定

(1) 为经营活动人员计提的薪酬,按照计算确定的金额,借记本科目,贷记“应付职工薪酬”科目。

(2) 开展经营活动领用或发出库存物品,按照物品实际成本,借记本科目,贷记“库存物品”科目。

(3) 为经营活动所使用固定资产、无形资产计提的折旧、摊销,按照应提折旧、摊销额,借记本科目,贷记“固定资产累计折旧”“无形资产累计摊销”科目。

(4) 开展经营活动发生城市维护建设税、教育费附加、地方教育费附加、车船税、房产税、城镇土地使用税等,按照计算确定应交纳的金额,借记本科目,贷记“其他应交税费”等科目。

(5) 发生与经营活动相关的其他各项费用时,按照费用确认金额,借记本科目,贷记“银行存款”“其他应付款”“其他应收款”等科目。涉及增值税业务的,相关账务处理参见“应交增值税”科目。

(6) 发生当年购货退回等业务,对于已计入本年经营费用的,按照收回或应收的金额,借记“银行存款”“其他应收款”等科目,贷记本科目。

(7) 期末,将本科目本期发生额转入本期盈余,借记“本期盈余”科目,贷记本科目。期末结转后,本科目应无余额。

(二) 经营支出的核算

1. 经营支出核算的科目设置

为了核算事业单位在专业业务活动及其辅助活动之外开展非独立核算的经营活动实际发生的各项现金流出,预算会计设置“经营支出”总账科目,本科目借方登记实际方式的经营支出数,贷方登记经营支出收回或冲销转出数。年终结账后,本科目应无余额。

本科目应当按照经营活动类别、项目、《政府收支分类科目》中“支出功能分类”的项级科目进行明细核算。对于预付款项,可通过在本科目下设置“待处理”明细科目进行细科核算,待确认具体支出项目后再转入本科目下相关明细科目。年末结账前,应将本科目“待处理”

明细科目余额全部转入本科目下相关明细科目。

2. 经营支出的主要账务处理规定

(1) 支付经营部门职工薪酬。向职工个人支付薪酬时,按照实际的金额,借记本科目,贷记"资金结存"科目。按照规定代扣代缴个人所得税以及代扣代缴或为职工缴纳职工社会保险费、住房公积金等时,按照实际缴纳的金额,借记本科目,贷记"资金结存"科目。

(2) 为经营活动支付外部人员劳务费,按照实际支付给外部人员个人的金额,借记本科目,贷记"资金结存"科目。按照规定代扣代缴个人所得税时,按照实际缴纳的金额,借记本科目,贷记"资金结存"科目。

(3) 开展经营活动过程中为购买存货、固定资产、无形资产等以及在建工程支付相关款项时,按照实际支付的金额,借记本科目,贷记"资金结存"科目。

(4) 开展经营活动过程中发生预付账款时,按照实际支付的金额,借记本科目,贷记"资金结存"科目。对于暂付款项,在支付款项时可不做预算会计处理,待结算或报销时,按照结算或报销的金额,借记本科目,贷记"资金结存"科目。

(5) 开展经营活动缴纳的相关税费以及发生的其他各项支出,按照实际支付的金额,借记本科目,贷记"资金结存"科目。

(6) 开展经营活动中因购货退回等发生款项退回,或者发生差错更正的,属于当年支出收回的,按照收回或更正的金额,借记"资金结存"科目,贷记本科目。

(7) 年末,将本科目本年发生额转入经营结余,借记"经营结余"科目,贷记本科目。年末结转后,本科目应无余额。

(三) 经营费用和经营支出核算举例

【例13-3】 某事业单位开出转账支票4 600元,购入一批公用文件柜,供非独立核算经营活动使用。会计分录如下:

财务会计:

借:经营费用　　4 600
　贷:银行存款　　4 600

预算会计:

借:经营支出　　4 600
　贷:资金结存——货币资金　　4 600

【例13-4】 某事业单位为开展非独立核算经营活动领用一批乙材料,实际成本6 000元。会计分录如下:

借:经营费用　　6 000
　贷:库存物品　　6 000

四、资产处置费用的核算

资产处置费用是指单位经批准处置资产时发生的费用,包括转销的被处置资产价值,以及在处置过程中发生的相关费用或者处置收入小于相关费用形成的净支出。

资产处置的形式包括无偿调拨、出售、出让、转让、置换、对外捐赠、报废、毁损以及货币性资产损失核销等。

(一) 资产处置费用核算的科目设置

为了核算单位经批准处置资产时发生的各项费用，财务会计设置“资产处置费用”总账科目本科目借方反映单位在经批准处置资产时发生的各项费用，包括转销的被处置资产价值，以及在处置过程中发生的相关费用或者处置收入小于相关费用形成的净支出，贷方平时无发生额，本科目平时余额在借方，反映资产处置费用累计数，年末将本科目本年发生额转入本期盈余，年终结账后，该科目无余额。

单位在资产清查中查明的资产盘亏、毁损以及资产报废等，应当先通过“待处理财产损益”科目进行核算，再将处理资产价值和处理净支出计入本科目。短期投资、长期股权投资、长期债券投资的处置，按照相关资产科目地规定进行账务处理。本科目应当按照处置资产的类别、资产处置的形式等明细核算。

(二) 资产处置费用的主要账务处理规定

1. 不通过“待处理财产损益”科目核算的资产处置

(1) 按照规定报经批准处置资产时，按照处置资产的账面价值，借记本科目[处置固定资产、无形资产、公共基础设施、保障性住房的，还应借记“固定资产累计折旧”“无形资产累计摊销”“公共基础设施累计折旧(摊销)”“保障性住房累计折旧”科目]，按照处置资产的账面余额，贷记“库存物品”“固定资产”“无形资产”“公共基础设施”“政府储备物资”“文物文化资产”“保障性住房”“其他应收款”“在建工程”等科目。

(2) 处置资产过程中仅发生相关费用的，按照实际发生金额，借记本科目，贷记“银行存款”“库存现金”等科目。

(3) 处置资产过程中取得收入的，按照取得的价款，借记“库存现金”“银行存款”等科目，按照处置资产过程中发生的相关费用，贷记“银行存款”“库存现金”等科目，按照其差额，借记本科目或贷记“应缴财政款”等科目。涉及增值税业务的，相关账务处理参见“应交增值税”科目。

2. 通过“待处理财产损溢”科目核算的资产处置

(1) 单位账款核对中发现的现金短缺，属于无法查明原因的，报经批准核销时，借记本科目，贷记“待处理财产损溢”科目。

(2) 单位资产清查过程中盘亏或毁损、报废的存货、固定资产、无形资产、公共基础设施、政府储备物资、文物文化资产、保障性住房等，报经批准处理时，按照处理资产价值，借记本科目，贷记“待处理财产损溢——待处理财产价值”科目。处理收支结清时，处理过程中所取得收入小于所发生相关费用的，按照相关费用减去处理收入后的净支出，借记本科目，贷记“待处理财产损溢——处理净收入”科目。

3. 期末核算

期末将本科目本期发生额转入本期盈余，借记“本期盈余”科目，贷记本科目。期末结转后，本科目应无余额。

行政事业单位在资产处置过程中支付的相关费用，不仅需要进行财务会计核算，还需要通过“其他支出”科目进行预算会计核算。

(三) 其他支出的核算

1. 其他支出核算的科目设置

为了核算行政事业单位除行政支出、事业支出、经营支出、上缴上级支出、对附属单位补助支出、投资支出、债务还本支出以外的各项现金流出，包括利息支出、对外捐赠现金支出、现金盘亏损失、接受捐赠(调入)和对外捐赠(调出)非现金资产发生的税费支出、资产置换过程中发生的相关税费支出、罚没支出等，预算会计设置"其他支出"总账科目，本科目借方登记实际发生的各项其他支出数，贷方登记其他支出收回或冲销转出数。平时余额在借方，反映其他支出累计数，本科目应当按照其他支出类别"财政拨款支出"、《政府收支分类科目》中"支出功能分类科目"的项级科目和"部门预算支出经济分类科目"的款级科目等进行明细核算。其他支出中如有专项资金支出，还应按照具体项目进行明细核算。年终结转后，本科目应无余额。

有一般公共预算财政拨款、政府性基金预算财政拨款等两种或两种以上财政拨款的事业单位，还应当在"财政拨款支出"明细科目下按照财政拨款的种类进行明细核算。单位发生利息支出、捐赠支出等其他支出金额较大或业务较多的，可单独设置"7902 利息支出""7903 捐赠支出"等科目。

2. 其他支出的主要账务处理规定

(1) 利息支出。支付银行借款利息时，按照实际支付的金额，借记本科目，贷记"资金结存"科目。

(2) 对外捐赠现金资产。对外捐赠现金资产时，按照捐赠金额，借记本科目，贷记"资金结存——货币资金"科目。

(3) 现金盘亏损失。每日现金账款核对中如发现现金短缺，按照短缺的现金金额，借记本科目，"资金结存——货币资金"科目。经核实，属于应当由有关人员赔偿的，按照收到的赔偿金额，借记"资金结存——货币资金"科目，贷记本科目。

(4) 接受捐赠(无偿调入)和对外捐赠(无偿调出)非现金资产发生的税费支出。接受捐赠(无偿调入)非现金资产发生的归属于捐入方(调入方)的相关税费、运输费等，以及对外捐赠(无偿调出)非现金资产发生的归属于捐出方(调出方)的相关税费、运输费等，按照实际支付金额，借记本科目，贷记"资金结存"科目。

(5) 资产置换过程中发生的相关税费支出。资产置换过程中发生的相关税费，按照实际支付的金额，借记本科目，贷记"资金结存"科目。

(6) 其他支出。发生罚没等其他支出时，按照实际支出金额，借记本科目，贷记"资金结存"科目。

(7) 年末，将本科目本年发生额中的财政拨款支出转入财政拨款结转，借记"财政拨款结转——本年收支结转"科目，贷记本科目下各财政拨款支出明细科目；将本科目本年发生额中非财政专项资金支出转入非财政拨款结转，借记"非财政拨款结转——本年收支结转"科目，贷记本科目下各非财政专项资金支出明细科目；将本科目本年发生额中的其他资金支出(非财政非专项资金支出)转入其他结余，借记"其他结余"科目，贷记本科目下其他资金支出明细科目。年末结转后，本科目应无余额。

(四) 资产处置费用核算举例

【例 13-5】 某行政单位由于自然灾害毁损专用设备一台，价值 60 000 元，已提折旧 10 000 元。经批准进行资产处置，专用设备残值忽略不计，发生清理费用 1 500 元，通过银行转账支付。会计分录如下：

财务会计：

借：资产处置费用　　50 000
　　固定资产累计折旧　　10 000
　贷：固定资产　　60 000
借：资产处置费用　　1 500
　贷：银行存款　　1 500

预算会计：

借：其他支出　　1 500
　贷：资金结存——货币资金　　1 500

【例13-6】 某事业单位按照规定转让专用设备一台，设备原值120 000元，已提固定资产累计折旧80 000元，收到转让价款20 000元，已存入银行，转让过程中发生相关费用6 000元，以银行存款支付。会计分录如下：

借：资产处置费用　　40 000
　　固定资产累计折旧　　80 000
　贷：固定资产　　120 000
借：银行存款　　14 000
　贷：应缴财政款　　14 000

五、上缴上级费用和上缴上级支出的核算

13.6　上缴上级费用、上缴上级支出、对附属单位补助费用、对附属单位补助支出的核算

(一) 上缴上级费用的核算

1. 上缴上级费用核算的科目设置

为了核算事业单位按照财政部门和主管部门的规定上缴上级单位款项发生的费用，财务会计设置“上缴上级费用”总账科目，本科目借方反映事业单位按照财政部门和主管部门的规定上缴上级单位款项发生的费用，贷方反映上缴上级费用的退还数，平时余额在借方，反映上缴上级费用累计数。年末将本科目本年发生额转入本期盈余，年终结账后，该科目无余额。本科目应当按照收缴款项单位缴款项目等进行明细核算。

2. 上缴上级费用的主要账务处理规定

(1) 单位发生上缴上级支出的，按照实际上缴的金额或者按照规定计算出应当上缴上级单位的金额，借记本科目，贷记“银行存款”“其他应付款”等科目。

(2) 期末将本科目本期发生额转入本期盈余，借记“本期盈余”科目，贷记本科目。期末结转后，本科目应无余额。

(二) 上缴上级支出的核算

1. 上缴上级支出核算的科目设置

为了核算事业单位按照财政部门和主管部门的规定上缴上级单位款项发生的现金流出，预算会计设置“上缴上级支出”总账科目，本科目借方反映事业单位按照财政部门和主管部门的规定上缴上级单位款项的实际支出数，贷方反映上缴上级款项的退还数或冲销转出

数，平时余额在借方，反映上缴上级支出累计数。本科目应当按照收缴款项单位、缴款项目、《政府收支分类科目》中“支出功能分类科目”的项级科目和“部门预算支出经济分类科目”的款级科目等进行明细核算。年终结账后，本科目应无余额。

2. 上缴上级支出的主要账务处理规定

(1) 按照规定将款项上缴上级单位的，按照实际上缴的金额，借记本科目，贷记“资金结存”科目。

(2) 年末，将本科目本年发生额转入其他结余，借记“其他结余”科目，贷记本科目。年末结转后，本科目应无余额。

(三) 上缴上级费用和上缴上级支出核算举例

【例13-7】 某剧团按照财政部门和主管部门的规定上缴上级单位款项5 000元。会计分录如下：

财务会计：

借：上缴上级费用　　5 000
　贷：银行存款　　5 000

预算会计：

借：上缴上级支出　　5 000
　贷：资金结存——银行存款　　5 000

期末，将“上缴上级费用”总账科目余额15 000元，“上缴上级支出”总账科目余额15 000元，分别转入“本期盈余”总账科目和“其他结余”总账科目。会计分录如下：

财务会计：

借：本期盈余　　15 000
　贷：上缴上级费用　　15 000

预算会计：

借：其他结余　　15 000
　贷：上缴上级支出　　15 000

六、对附属单位补助费用和对附属单位补助支出的核算

(一) 对附属单位补助费用的核算

1. 对附属单位补助费用核算的科目设置

为了核算事业单位按照财政部门和主管部门的规定上缴上级单位款项发生的费用，财务会计设置“对附属单位补助费用”总账科目，本科目借方反映事业单位用财政拨款收入之外的收入对附属单位补助发生的费用，贷方反映对附属单位补助费用的收回数或者转销数，本科目平时余额在借方，反映对附属单位补助费用累计数。年末将本科目本年发生额转入本期盈余，年终结账后，该科目无余额。本科目应当按照接受补助单位、补助项目等进行明细核算。

2. 对附属单位补助费用的主要账务处理规定

(1) 单位发生对附属单位补助支出的，按照实际补助的金额或者按照规定计算出应当

对附属单位补助的金额，借记本科目，贷记“银行存款”“其他应付款”等科目。

(2) 期末，将本科目本期发生额转入本期盈余，借记“本期盈余”科目，贷记本科目。期末结转后，本科目应无余额。

(二) 对附属单位补助支出的核算

1. 对附属单位补助支出核算的科目设置

为了核算事业单位用财政拨款预算收入之外的收入对附属单位补助发生的现金流出，预算会计设置“对附属单位补助支出”总账科目，本科目借方反映对附属单位补助实际支出数，贷方反映对附属单位补助支出收回或冲销转出数，本科目平时余额在借方，反映对附属单位补助支出累计数。年末，将本科目本年发生额转入其他结余，年末结转后，本科目应无余额。本科目应当按照接受补助单位、补助项目、《政府收支分类科目》中“支出功能分类科目”的项级科目和“部门预算支出经济分类科目”的款级科目等进行明细核算。

2. 对附属单位补助支出的主要账务处理规定

(1) 发生对附属单位补助支出的，按照实际支出的金额，借记本科目，贷记“资金结存”科目。

(2) 年末，将本科目本年发生额转入其他结余，借记“其他结余”科目，贷记本科目。年末结转后，本科目应无余额。

(三) 对附属单位补助费用和对附属单位补助支出核算举例

【例13-8】 某事业单位从集中的下级上缴收入中拨款2 000元给下属单位补助。会计分录如下：

财务会计：

借：对附属单位补助费用	2 000	
贷：银行存款		2 000

预算会计：

借：对附属单位补助支出	2 000	
贷：资金结存——货币资金		2 000

七、所得税费用的核算

13.7　所得税费用和资产处置费用的核算

1. 所得税费用核算的科目设置

为了核算有企业所得税缴纳义务的事业单位按规定缴纳企业所得税所形成的费用，财务会计设置“所得税费用”总账科目，本科目借方反映事业单位按规定缴纳企业所得税所形成的费用，贷方反映多缴企业所得税的退还数，本科目平时余额在借方，反映所得税费用累计数。年末将本科目本年发生额转入本期盈余，年终结账后，该科目无余额。

2. 所得税费用的主要账务处理规定

(1) 发生企业所得税纳税义务的，按照税法规定计算的应交税费数额，借记本科目，贷记“其他应交税费——单位应交所得税”科目。实际缴纳时，按照缴纳金额，借记“其他应交税费——单位应交所得税”科目，贷记“银行存款”科目。

(2) 年末，将本科目本年发生额转入本期盈余，借记“本期盈余”科目，贷记本科目。年末结转后，本科目应无余额。

3. 所得税费用核算举例

【例13-9】 2021年3月，某事业单位开展经营活动取得经营收入，按税法规定计提应缴纳的企业所得税193 400元。会计分录如下：

借：所得税费用　　193 400
　贷：其他应交税费——单位应交所得税　　193 400

实际缴纳，财务会计和预算会计平行记账，会计分录如下：

财务会计：

借：其他应交税费——应交所得税　　193 400
　贷：银行存款　　193 400

预算会计：

借：非财政拨款结余——累计结余　　193 400
　贷：资金结存——货币资金　　193 400

年末结账时，"所得税费用"科目借方余额为35 110元。年终转账会计分录如下：

借：本期盈余　　35 110
　贷：所得税费用　　35 110

八、其他费用的核算

（一）其他费用核算的科目设置

为了核算行政事业单位发生的除业务活动费用、单位管理费用、经营费用、资产处置费用、上缴上级费用、附属单位补助费用、所得税费用以外的各项费用，包括利息费用、坏账损失、罚没支出、现金资产捐赠支出以及相关税费、运输费等费用，财务会计设置"其他费用"总账科目，本科目借方反映行政事业单位发生的利息费用、坏账损失、罚没支出、现金资产捐赠支出以及相关税费、运输费等费用，贷方反映其他费用的收回数，本科目平时余额在借方，反映其他费用累计数。年末将本科目本年发生额转入本期盈余，年终结账后，该科目无余额。本科目应当按照其他费用的类别进行明细核算。单位发生的利息费用较多的，可以单独设置"5701利息费用"科目。

（二）其他费用的主要账务处理规定

（1）利息费用的核算。按期计算确认借款利息费用时，按照计算确定的金额，借记"在建工程"科目或本科目，贷记"应付利息""长期借款——应计利息"科目。

（2）坏账损失的核算。年末，事业单位按照规定对收回后不需上缴财政的应收账款和其他应收款计提坏账准备时，按照计提金额，借记本科目，贷记"坏账准备"科目；冲减多提的坏账准备时，按照冲减金额，借记"坏账准备"科目，贷记本科目。

（3）罚没支出的核算。单位发生罚没支出的，按照实际缴纳或应当缴纳的金额，借记本科目，贷记"银行存款""库存现金""其他应付款"等科目。

（4）现金资产捐赠的核算。单位对外捐赠现金资产的，按照实际捐赠的金额，借记本科目，贷记“银行存款”“库存现金”等科目。

（5）其他相关费用的核算。单位接受捐赠（或无偿调入）以名义金额计量的存货、固定资产、无形资产，以及成本无法可靠取得的公共基础设施、文物文化资产等发生的相关税费、运输费等，按照实际支付的金额，借记本科目，贷记“财政拨款收入”“零余额账户用款额度”“银行存款”“库存现金”等科目。

单位发生的与受托代理资产相关的税费、运输费、保管费等，按照实际支付或应付的金额，借记本科目，贷记“零余额账户用款额度”“银行存款”“库存现金”“其他应付款”等科目。

（6）期末，将本科目本期发生额转入本期盈余，借记“本期盈余”科目，贷记本科目。期末结转后，本科目应无余额。

（三）其他费用核算举例

【例13-10】 某事业单位以财政授权支付方式支付开展专业业务的借款利息3 600元。会计分录如下：

财务会计：

借：其他费用	3 600	
贷：零余额账户用款额度		3 600

预算会计：

借：其他支出——利息支出	3 600	
贷：资金结存——零余额账户用款额度		3 600

【例13-11】 某行政单位以现金支付受赠设备运杂费980元。会计分录如下：

财务会计：

借：其他费用	980	
贷：库存现金		980

预算会计：

借：其他支出——捐赠支出	980	
贷：资金结存——货币资金		980

九、预算会计投资支出的核算

13.8　投资支出、债务还本支出、其他支出的核算

（一）投资支出核算的科目设置

为了核算事业单位以货币资金对外投资发生的现金流出，预算会计设置“投资支出”总账科目，本科目借方反映事业单位以货币资金对外投资发生的现金流出，贷方反映收回的投资本金，平时余额在借方，反映投资支出累计数，年末，将本科目本年发生额转入其他结余，年终结转后，本科目应无余额。本科目应当按照投资类型、投资对象、《政府收支分类科目》中“支出功能分类科目”的项级科目和“部门预算支出经济分类科目”的款级科目等进行明细核算。

（二）投资支出的主要账务处理规定

（1）以货币资金对外投资时，按照投资金额和所支付的相关税费金额的合计数，借记本科目，贷记“资金结存”科目。

（2）出售、对外转让或到期收回本年度以货币资金取得的对外投资的，如果按规定将投资收益纳入单位预算，按照实际收到的金额，借记“资金结存”科目，按照取得投资时“投资支出”科目的发生额，贷记本科目，按照其差额，贷记和借记“投资预算收益”科目；如果按规定将投资收益上缴财政的，按照取得投资时“投资支出”科目的发生额，借记“资金结存”科目，贷记本科目。

出售、对外转让或到期收回以前年度以货币资金取得的对外投资的，如果按规定将投资收益纳入单位预算，按照实际收到的金额，借记“资金结存”科目，按照取得投资时“投资支出”科目的发生额，贷记“其他结余”科目，按照其差额，贷记和借记“投资预算收益”科目；如果按规定将投资收益上缴财政的，按照取得投资时“投资支出”科目的发生额，借记“资金结存”科目，贷记“其他结余”科目。

（3）年末，将本科目本年发生额转入其他结余，借记“其他结余”科目，贷记本科目。年末结转后，本科目应无余额。

（三）投资支出核算举例

【例13-12】 某事业单位以银行存款转账购买一年期国债100 000元。会计分录如下：

财务会计：

借：短期投资	100 000	
贷：银行存款		100 000

预算会计：

借：投资支出	100 000	
贷：资金结存——货币资金		100 000

上例投资到期，收回本息105 000元，款项已存入银行，按规定将投资收益纳入单位预算，会计分录如下：

财务会计：

借：银行存款	105 000	
贷：短期投资		100 000
投资收益		5 000

预算会计：

借：资金结存——货币资金	105 000	
贷：投资支出		100 000
投资预算收益		5 000

上例投资到期，收回本息105 000元，款项已存入银行，按规定将投资收益上缴财政，会计分录如下：

财务会计：

借：银行存款	105 000	
贷：短期投资		100 000
应缴财政款		5 000

预算会计：

借：资金结存——货币资金　　100 000
　贷：投资支出　　100 000

十、预算会计债务还本支出的核算

（一）债务还本支出核算的科目设置

为了核算的现金流出，预算会计设置"债务还本支出"总账科目，本科目借方反映事业单位偿还纳入预算管理的从金融机构举借的债务本金，贷方平时无发生额，期末余额在借方，反映债务还本支出累计数，年末，将本科目本年发生额转入其他结余，年末结转后，本科目应无余额。本科目应当按照贷款单位、贷款种类、《政府收支分类科目》中"支出功能分类科目"的项级科目和"部门预算支出经济分类科目"的款级科目等进行明细核算。

（二）债务还本支出的主要账务处理规定

（1）偿还各项短期或长期借款时，按照偿还的借款本金，借记本科目，贷记"资金结存"科目。

（2）年末，将本科目本年发生额转入其他结余，借记"其他结余"科目，贷记本科目。年末结转后，本科目应无余额。

（三）债务还本支出的核算举例

【例13-13】　某事业单位因为开展专业业务活动需要，从金融机构借款100 000元，期限一年，款项已到指定银行。会计分录如下：

财务会计：

借：银行存款　　100 000
　贷：短期借款　　100 000

预算会计：

借：资金结存——货币资金　　100 000
　贷：债务预算收入　　100 000

期满偿还上述借款本金，会计分录如下：

借：短期借款　　100 000
　贷：银行存款　　100 000

预算会计：

借：债务还本支出　　10 000
　贷：资金结存——货币资金　　10 000

关键术语

业务活动费用　单位管理费用　经营费用　资产处置费用　上缴上级费用　对附属单位补助费用　所得税费用　其他费用　行政支出　事业支出　经营支出　上缴上级支出　对附属单位补助支出　投资支出　债务还本支出　其他支出

复习题

1. 行政事业单位的费用包括哪些内容?
2. 事业单位业务活动费用和单位管理费用的区别是什么?
3. 事业单位对附属单位补助支出和对附属单位补助费用的区别是什么?
4. 简述行政事业单位资产处置费用的核算内容。
5. 事业单位所得税费用的核算内容包括哪些?
6. 行政事业单位业务活动费用和行政支出、事业支出的核算内容如何对应?
7. 事业单位的单位管理费用和事业支出的核算内容如何对应?
8. 行政事业单位的预算支出包括哪些内容?
9. 事业单位事业支出和经营支出的区别是什么? 如何核算?
10. 事业单位上缴上级支出和上缴上级费用的核算内容是否一致? 为什么?
11. 财务会计的其他费用与预算会计的其他支出核算内容是否一致? 为什么?
12. 行政支出和事业支出核算内容有何区别?

练习题

1. 目的:练习行政事业单位费用和预算支出的核算。
2. 要求:根据下列资料编制会计分录,涉及纳入部门预算管理的现金收支业务,需要编制平行记账会计分录。
3. 资料:以下行政事业单位2021年发生的部分经济业务如下:

(1) 某初中计提本月专业业务活动及辅助活动的职工工资60 000元,并开出财政直接支付申请书。两日后,收到财政直接支付到账通知,工资已经发放。

(2) 某事业单位为开展业务活动领用库存物品8 000元。

(3) 文化事业单位开出转账支票用某项专项工程资金购买专项工程办公用品2 800元,当即领用。

(4) 某事业单位为管理活动人员计提的薪酬总额36 000元,并开出财政直接支付申请书。

(5) 某事业单位为开展业务活动开出授权支付凭证,通过单位零余额账户支付单位业务资料印刷费9 500元。

(6) 某高校科研室研制一种产品,从库房领用一批材料,价款总计32 000元。

(7) 某事业单位按照税法规定计算的应交所得税金额20 000元。

(8) 该事业单位本单位实际缴纳所得税费用20 000元。

(9) 某事业单位以银行存款支付开展经营活动的借款利息3 600元。

(10) 某事业单位为开展经营活动以现金支付受赠设备运杂费1 000元。

(11) 期末,本期发生的"其他费用"总账科目借方余额8 800元,均为非专项资金支出,转入"本期盈余"总账科目。

(12) 某行政单位通过财政直接支付方式支付施工单位办公楼大修改造项目工程款100 000元。

(13) 某事业单位通过财政直接支付方式支付会议费50 000元。

(14) 某事业单位为开展已被批准列入项目支出预算的某专业业务活动，购买专用材料一批价款 20 000 元，购买专用设备一台价款 40 000 元，款项采用财政直接支付方式支付，材料直接交付使用，设备已验收。

(15) 某行政单位通过财政授权支付方式购买办公用品 2 800 元，当即领用。

(16) 某文化事业单位从集中的下级上缴收入中拨款 2 000 元给下属单位装修招待所。

(17) 某事业单位通过银行转账拨付附属甲单位补助金 20 000 元。按规定，向上级单位以银行存款上缴款项 20 000 元。

(18) 根据财政国库支付中心委托代理银行转来的“财政直接支付入账通知书”及有关原始凭证，登记购入专用设备一台，价值 60 000 元。

(19) 某事业单位为开展经营活动，购买材料一批价款 10 000 元，购买专用设备一台价款 20 000 元，材料设备直接交付相关部门使用，款项通过单位银行存款支付。

(20) 某行政单位开展业务宣传活动，领用一批乙材料，价款 6 000 元。

第十四章　行政事业单位净资产和预算结余的核算

思维导图

本章重点包括4个知识点。

1. 净资产的概念和内容

1）净资产的概念

净资产是指行政事业单位资产扣除负债后的净额，它反映了资产的所有权。净资产是行政事业单位履行受托责任，提供公共产品和服务，开展业务活动，完成行政任务和事业计划后的财务成果。

2）净资产的内容

行政事业单位的净资产主要由盈余和基金组成。

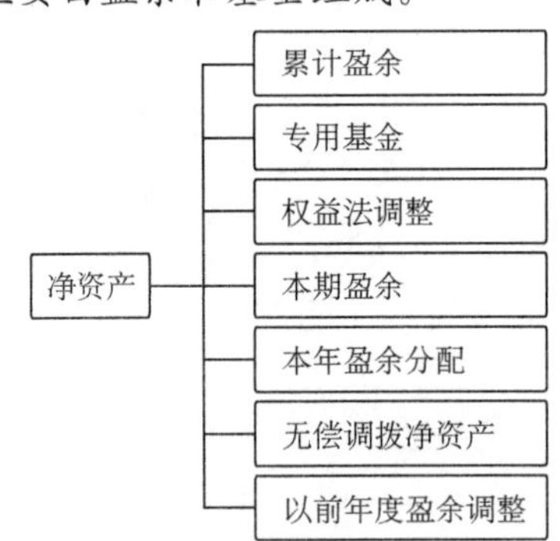

要求：理解财务会计净资产的概念，掌握净资产的内容，了解行政单位的净资产与事业单位净资产的不同。

2. 各项净资产的核算

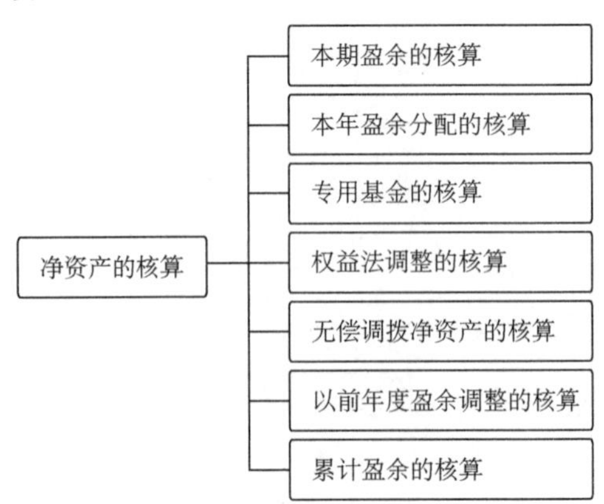

要求：掌握各项净资产核算的基本方法和核算的程序，比较行政单位和事业单位净资产核算程序的差别。

重点和难点：本期盈余、本年盈余分配和累计盈余的核算。

3. 预算结余的概念和内容

1）预算结余的概念

预算结余是行政事业单位预算年度内预算收入扣除预算支出后的资金余额，以及历年滚存的资金余额。它包括结余资金和结转资金。

2）预算结余的内容

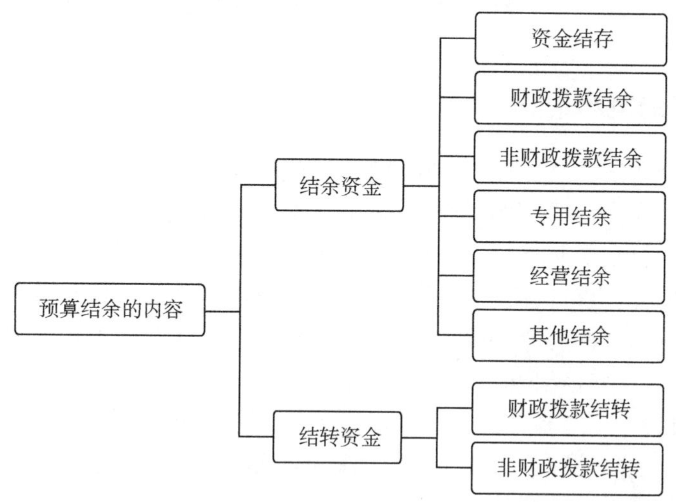

要求：理解预算结余的概念，掌握预算结余的内容。了解行政单位的预算结余与事业单位有哪些不同？

4. 预算结余的核算

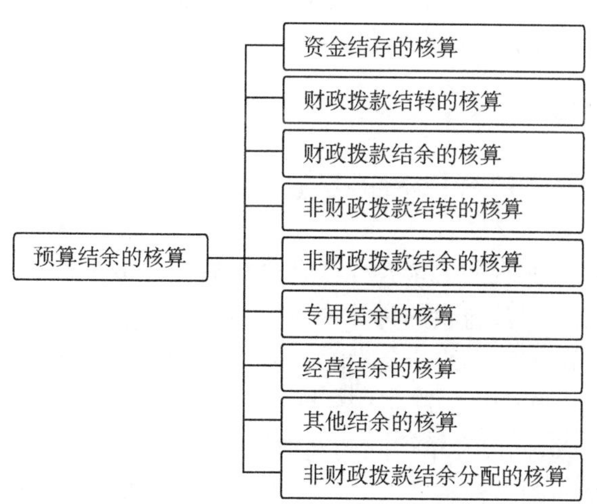

要求：掌握各项预算结余核算的基本方法和程序，比较行政单位和事业单位预算结余核算程序的差别。

重点和难点：财政拨款结转、财政拨款结余、非财政拨款结转和非财政拨款结余及其分配的核算。

本章主要介绍行政事业单位财务会计净资产和预算会计预算结余的核算。净资产是指行政事业单位资产扣除负债后的净额，它反映了行政事业单位的资产所有权，包括累计盈余、专用基金、本年盈余分配、无偿调拨净资产等。预算结余是行政事业单位预算年度内预算收入扣除预算支出后的资金余额，以及历年滚存的资金余额，包括资金结余、财政拨款结转、财政拨款结余、非财政拨款结余、专用结余和其他结余等。通过学习本章，学生要熟悉行政事业单位净资产和预算结余的组成内容和掌握净资产和预算结余的日常核算和年终清理及年终结算的账务处理方法。

第一节　净资产的核算

14.1　净资产概述

一、净资产的概念

净资产是指行政事业单位资产扣除负债后的净额，它反映了资产的所有权。净资产是行政事业单位履行受托责任，提供公共产品和服务，开展业务活动，完成行政任务和事业计划后的财务成果。行政事业单位的净资产主要由盈余和基金组成。

从政府会计的“资产＝负债＋净资产”的会计恒等式角度看，行政事业单位在业务活动开展过程中所拥有的全部资产，主要来源于两个方面：一是向债权人（金融机构、财政部门、上级单位等）借入。这些债权人将资产借付给单位后，保留着在未来时期收回这部分资产的权利，即这部分资产不属于单位的自有资产，只是暂时为单位所占有和使用。二是由负债之外形成。行政事业单位在负债之外的资金来源渠道，一方面是行政事业单位为了履行职责，完成受托责任，提供公共产品和服务，开展业务活动，由财政部门或上级单位拨入周转启动或周转使用的资金。这是行政事业单位开展业务活动最初的、最基本的资金来源。另一方面是单位在提供公共产品和服务，业务活动开展中实现的盈余和从收入中预提的基金。行政事业单位在负债之外的上述两条资金来源渠道下所增加的资产，不存在着未来时期以资产或劳务偿还的问题，属于单位的净资产。

二、净资产的内容

行政事业单位净资产的内容主要包括以下几方面。

(一) 累计盈余

累计盈余是单位历年实现的盈余扣除盈余分配后滚存的金额，以及因无偿调入调出资产产生的净资产变动额。累计盈余的具体内容包括：

(1) 行政事业单位历年实现的盈余扣除盈余分配后滚存的金额。

(2) 无偿调入调出资产产生的净资产变动额。

(3) 按照规定上缴、缴回以及单位间调剂结转结余资金产生的净资产变动额。

(4) 以前年度盈余的调整金额。

(二) 专用基金

专用基金是指事业单位按照规定提取或设置的具有专门用途的净资产，主要包括职工福利基金、科技成果转换基金等。

(三) 权益法调整

权益法调整是指事业单位持有的长期股权投资采用权益法核算时，按照被投资单位除净损益和利润分配以外的所有者权益变动份额调整长期股权投资账面余额而计入净资产的金额。权益法调整反映事业单位在被投资单位除净损益和利润分配以外的所有者权益变动中累积享有(或分担)的份额。

(四) 本期盈余

本期盈余是指单位本期各项收入、费用相抵后的余额。它反映单位自年初至当期期末累计实现的盈余或者累计发生的亏损。

(五) 本年盈余分配

本年盈余分配是指单位本年度盈余分配的情况和结果，主要核算根据本期盈余计提专用基金和本年盈余的结转。

(六) 无偿调拨净资产

无偿调拨净资产是指单位无偿调入或调出非现金资产所引起的净资产变动金额。

(七) 以前年度盈余调整

以前年度盈余调整是指单位本年度发生的调整以前年度盈余的事项，包括本年度发生的重要前期差错更正涉及调整以前年度盈余的事项。

净资产以上七项内容，除第二、第三项外，第四至第七项经过年终结账，全部反映在第一项累计盈余中。

三、本期盈余的核算

14.2　本期盈余

(一) 本期盈余核算的科目设置

为了核算单位本期各项收入、费用相抵后的余额，财务会计设置“本期盈余”总账科目。本科目借方反映年终转入的各类费用的本期发生额，贷方反映年终转入各类收入的本期发生额，本科目期末如为贷方余额，反映单位自年初至当期期末累计实现的盈余；如为借方余额，反映单位自年初至当期期末累计发生的亏损。年末，完成上述结转后，将本科目余额转入“本年盈余分配”科目。年末结账后，本科目应无余额。

(二) 本期盈余核算的账务处理规定

期末，将各类收入科目的本期发生额转入本期盈余，借记“财政拨款收入”“事业收入”“上级补助收入”“附属单位上缴收入”“经营收入”“非同级财政拨款收入”“投资收益”“捐赠收入”“利息收入”“租金收入”“其他收入”科目，贷记本科目；将各类费用科目本期发生额转入本期盈余，借记本科目，贷记“业务活动费用”“单位管理费用”“经营费用”“所得税费用”“资产处置费用”“上缴上级费用”“对附属单位补助费用”“其他费用”科目。

年末，完成上述结转后，将本科目余额转入“本年盈余分配”科目，借记或贷记本科目，贷记或借记“本年盈余分配”科目。

(三) 本期盈余核算举例

【例 14-1】　某事业单位 2021 年 12 月 31 日，各损益类科目余额如表 14-1 所示。

表 14-1　　损益类科目余额表

科目名称	余额方向	期末余额
财政拨款收入	贷	924 500
事业收入	贷	176 000
上级补助收入	贷	370 000
经营收入	贷	54 000
投资收益	贷	345 600
利息收入	贷	135 890
租金收入	贷	120 000
其他收入	贷	23 456
业务活动费用	借	123 450
单位管理费用	借	128 620
经营费用	借	8 900
资产处置费用	借	126 600
上缴上级费用	借	203 000
所得税费用	借	37 890
其他费用	借	12 730

(1) 结转收入,会计处理如下:

借:财政拨款收入　924 500
　　事业收入　176 000
　　上级补助收入　370 000
　　经营收入　54 000
　　投资收益　345 600
　　利息收入　135 890
　　租金收入　120 000
　　其他收入　23 456
　贷:本期盈余　2 149 446

(2) 结转费用,会计处理如下:

借:本期盈余　641 190
　贷:业务活动费用　123 450
　　　单位管理费用　128 620
　　　经营费用　8 900
　　　资产处置费用　126 600
　　　上缴上级费用　203 000
　　　所得税费用　37 890
　　　其他费用　12 730

(3) 转入盈余分配，会计处理如下：

借：本期盈余　　1 508 256
　贷：本年盈余分配　　1 508 256

四、本年盈余分配的核算

(一) 本年盈余分配核算的科目设置

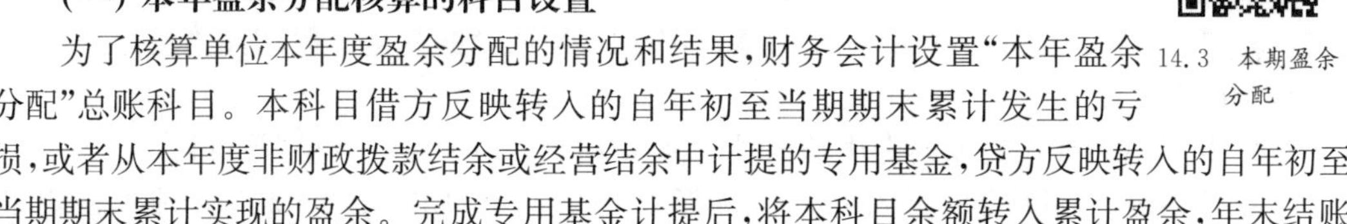

14.3　本期盈余分配

为了核算单位本年度盈余分配的情况和结果，财务会计设置“本年盈余分配”总账科目。本科目借方反映转入的自年初至当期期末累计发生的亏损，或者从本年度非财政拨款结余或经营结余中计提的专用基金，贷方反映转入的自年初至当期期末累计实现的盈余。完成专用基金计提后，将本科目余额转入累计盈余，年末结账后，本科目应无余额。

(二) 本年盈余分配核算的账务处理规定

年末，将“本期盈余”科目余额转入本科目，借记或贷记“本期盈余”科目，贷记或借记本科目。

年末，根据有关规定从本年度非财政拨款结余或经营结余中提取专用基金的，按照预算会计下计算的提取金额，借记本科目，贷记“专用基金”科目。

年末，按照规定完成上述处理后，将本科目余额转入累计盈余，借记或贷记本科目，贷记或借记“累计盈余”科目。

(三) 本年盈余分配核算举例

【例 14-2】 年末，事业单位根据预算会计下非财政拨款结余和经营结余金额，计提专用基金 380 000 元。会计处理如下：

财务会计：

借：本年盈余分配　　380 000
　贷：专用基金　　380 000

预算会计：

借：非财政拨款结余分配　　380 000
　贷：专用结余　　380 000

本年盈余分配余额 = 1 508 256 − 380 000 = 1 128 256(元)

转入累计盈余：

借：本年盈余分配　　1 128 256
　贷：累计盈余　　1 128 256

五、专用基金的核算

(一) 专用基金核算的科目设置

14.4　专用基金

为核算事业单位按照规定提取或设置的具有专门用途的净资产，主要包括职工福利基金、科技成果转换基金等，财务会计设置“专用基金”总账科目。本科目借方反映计提的专用基金使用数，贷方反映计提的专用基金，本科目期末贷方余额，反映事业单位累计提取或设置的尚未使用的专用基金。本科目应当按照专用基金的类别进行明细核算。

(二) 专用基金的主要账务处理规定

(1) 年末,根据有关规定从本年度非财政拨款结余或经营结余中提取专用基金的,按照预算会计下计算的提取金额,借记“本年盈余分配”科目,贷记本科目。

(2) 根据有关规定从收入中提取专用基金并计入费用的,一般按照预算会计下基于预算收入计算提取的金额,借记“业务活动费用” 等科目,贷记本科目。国家另有规定的,从其规定。

(3) 根据有关规定设置的其他专用基金,按照实际收到的基金金额,借记“银行存款”等科目,贷记本科目。

(4) 按照规定使用提取的专用基金时,借记本科目,贷记“银行存款”等科目。

使用提取的专用基金购置固定资产、无形资产的,按照固定资产、无形资产成本金额,借记“固定资产”“无形资产”科目,贷记“银行存款”等科目;同时,按照专用基金使用金额,借记本科目,贷记“累计盈余”科目。

(三) 专用基金核算举例

【例 14-3】 某事业单位年末根据规定从收入中提取并列入费用的专用基金为 180 000 元。会计处理如下:

财务会计:

借:业务活动费用　　180 000
　贷:专用基金　　180 000

【例 14-4】 某事业单位用专用基金购入一项专利技术,价款 216 000 元。会计处理如下:

财务会计:

借:无形资产　　216 000
　贷:银行存款　　216 000

同时:

借:专用基金　　216 000
　贷:累计盈余　　216 000

预算会计:

借:事业支出　　216 000
　贷:资金结存——货币资金　　216 000

或者,

借:专用结余　　216 000
　贷:资金结存——货币资金　　216 000

六、权益法调整的核算

14.5 权益法调整

(一) 权益法调整核算的科目设置

为核算事业单位持有的长期股权投资采用权益法核算时,按照被投资单位除净损益和利润分配以外的所有者权益变动份额，调整长期股权投资账面余额而计入净资产的金额，财务会计设置“权益法调整”总账科目。本科目借方反映由于被投资单位除净损益和利润分配以外的所有者权益减少而减少的应享有(或应分担)的权益份额以及因为处置这部分权益相应的变动额，本科目贷方反映由于被投资单位除净损益和利润分配以外的所有者权益增加而增加的应享有(或应分担)的权益份额以及因为处置这部分权益相应的变动额，本科目期末余额，反映事业单位在被投资单位除净损益和利润分配以外的所有者权益变动中累积享有(或分担)的份额。本科目应当按照被投资单位进行明细核算。

(二) 权益法调整的主要账务处理规定

(1) 年末，按照被投资单位除净损益和利润分配以外的所有者权益变动应享有(或应分担)的份额，借记或贷记“长期股权投资——其他权益变动”科目，贷记或借记本科目。

(2) 采用权益法核算的长期股权投资，因被投资单位除净损益和利润分配以外的所有者权益变动而将应享有(或应分担)的份额计入单位净资产的，处置该项投资时，按照原计入净资产的相应部分金额，借记或贷记本科目，贷记或借记“投资收益”科目。

(三) 权益法调整的核算举例

【例 14-5】 某事业单位投资 A 厂，持股比例为 40%，能够对 A 厂进行管理与监督。2017 年年底 A 厂除净损益和利润分配以外的所有者权益变动的份额(增加)5 000 000 元。

即该事业单位应享有的份额为 5 000 000 × 40% = 2 000 000(元)

借：长期股权投资——其他权益变动　　2 000 000

　贷：权益法调整　　2 000 000

七、无偿调拨净资产的核算

14.6 无偿调拨净资产

(一) 无偿调拨净资产核算的科目设置

为了核算单位无偿调入或调出非现金资产所引起的净资产变动金额，财务会计设置“无偿调拨净资产”总账科目，本科目借方反映无偿调出非现金资产所引起的净资产的减少数，贷方反映无偿调入非现金资产所引起的净资产的增加数。年末，将本科目余额转入累计盈余，年末结账后，本科目应无余额。

(二) 无偿调拨净资产核算的账务处理规定

(1) 按照规定取得无偿调入的存货、长期股权投资、固定资产、无形资产、公共基础设施、政府储备物资、文物文化资产、保障性住房等，按照确定的成本，借记“库存物品”“长期股权投资”“固定资产”“无形资产”“公共基础设施”“政府储备物资”“文物文化资产”“保障性住房”等科目，按照调入过程中发生的归属于调入方的相关费用，贷记“零余额账户用款额度”“银行存款”等科目，按照其差额，贷记本科目。

(2) 按照规定经批准无偿调出存货、长期股权投资、固定资产、无形资产、公共基础设施、政府储备物资、文物文化资产、保障性住房等，按照调出资产的账面余额或账面价值，借记本科目，按照固定资产累计折旧、无形资产累计摊销、公共基础设施累计折旧或摊销、保障性住房累计折旧的金额，借记“固定资产累计折旧”“无形资产累计摊销”“公共基础设施累计折旧(摊销)”“保障性住房累计折旧”科目，按照调出资产的账面余额，贷记“库存物品”“长期股权投资”“固定资产”“无形资产”“公共基础设施”“政府储备物资”“文物文化资产”“保障性住房”等科目;同时,按照调出过程中发生的归属于调出方的相关费用,借记“资产处置费用”科目,贷记“零余额账户用款额度”“银行存款”等科目。

(3) 年末,将本科目余额转入累计盈余,借记或贷记本科目,贷记或借记“累计盈余”科目。

(三) 无偿调拨净资产核算举例

【例 14-6】 某行政单位经批准调入一批全新设备,价值 200 000 元,在调入过程中发生运杂费 500 元,通过银行转账支付;将拥有的一项软件技术无偿调拨给其他单位,该软件技术账面余额为 230 000 元,已摊销 127 000 元。调出时,以库存现金支付相关税费 300 元。会计处理如下:

(1) 无偿调入全新设备。

财务会计:

	借方	贷方
借:固定资产	200 000	
贷:银行存款		500
无偿调拨净资产		199 500

预算会计:

	借方	贷方
借:其他支出	500	
贷:资金结存——货币资金		500

(2) 调出软件技术。

财务会计:

	借方	贷方
借:无偿调拨净资产	103 000	
无形资产累计摊销	127 000	
贷:无形资产		230 000
借:资产处置费用	300	
贷:银行存款		300

预算会计:

	借方	贷方
借:其他支出	300	
贷:资金结存		300

【例 14-7】 年末,某行政单位结转本年无偿调拨净资产余额(贷方)48 930 元。

	借方	贷方
借:无偿调拨净资产	48 930	
贷:累计盈余		48 930

八、以前年度盈余调整的核算

14.7 以前年度盈余调整

(一) 以前年度盈余调整核算的科目设置

为了核算单位本年度发生的调整以前年度盈余的事项,包括本年度发生的重要前期差错更正涉及调整以前年度盈余的事项。财务会计设置“以前年度盈余调整”总账科目,本科目借方反映本年度发生的由于更正前期差错而调增的费用或者调减的收入,贷方反映本年度发生的由于更正前期差错而调增的收入或者调减的费用,调整后,应将本科目的余额转入累计盈余,本科目结转后应无余额。

(二) 以前年度盈余调整核算的账务处理规定

(1) 调整增加以前年度收入时,按照调整增加的金额,借记有关科目,贷记本科目。调整减少的,做相反会计分录。

(2) 调整增加以前年度费用时,按照调整增加的金额,借记本科目,贷记有关科目。调整减少的,做相反会计分录。

(3) 盘盈的各种非流动资产,报经批准后处理时,借记"待处理财产损溢"科目,贷记本科目。

(4) 经上述调整后,应将本科目的余额转入累计盈余,借记或贷记"累计盈余"科目,贷记或借记本科目。

(三) 以前年度盈余调整核算举例

【例 14-8】 某事业单位属于增值税一般纳税人,适用的增值税税率为 13%,所得税税率为 25%。2022 年 1 月 25 日,收到退货一批(已验收入库),该批退货系 2021 年 11 月销售给甲公司的某产品,销售收入为 2 500 000 元,增值税销项税额 325 000 元。结转的产品销售成本 2 000 000 元,此项销售收入已在销售当月确认,款项于 2021 年 12 月 31 日收到。

由于上述销售退回,该事业单位应调减报告年度应交所得税的金额=(2 500 000-2 000 000)×25%=125 000(元)。

调减报告年度未分配利润=2 500 000-2 000 000-125 000=375 000(元)。

相关会计处理如下:

(1) 调减销售收入。

财务会计:

	借方	贷方
借:以前年度盈余调整	2 500 000	
应交增值税——应交税费(销项税额)	325 000	
贷:银行存款		2 825 000

预算会计:

	借方	贷方
借:非财政拨款结余	2 825 000	
贷:资金结存		2 825 000

(2) 调减销售成本。

	借方	贷方
借:库存物品	2 000 000	
贷:以前年度盈余调整		2 000 000

(3) 调减所得税费用。

	借方	贷方
借:其他应交税费——单位应交所得税	125 000	
贷:以前年度盈余调整		125 000

(4) 将余额转入累计盈余。

	借方	贷方
借:累计盈余	375 000	
贷:以前年度盈余调整		375 000

九、累计盈余的核算

14.8 累计盈余

(一) 累计盈余核算的科目设置

为核算单位历年实现的盈余扣除盈余分配后滚存的金额，以及因无偿调入调出资产产生的净资产变动额，财务会计设置"累计盈余"总账科目。本科目借方反映年末结转本年盈余分配、无偿调拨净资产、以前年度盈余调整、上缴财政拨款结转结余、缴回非财政拨款结转资金、向其他单位调出财政拨款结转资金等形成累积盈余减少数，贷方反映年末结转本年盈余分配、无偿调拨净资产、以前年度盈余调整、从其他单位调入财政拨款结转资金等形成累积盈余增加数，本科目期末余额，反映单位未分配盈余(或未弥补亏损)的累计数以及截至上年末无偿调拨净资产变动的累计数。本科目年末余额，反映单位未分配盈余(或未弥补亏损)以及无偿调拨净资产变动的累计数。

(二) 累计盈余核算的主要账务处理规定

(1) 年末，将"本年盈余分配"科目的余额转入累计盈余，借记或贷记"本年盈余分配"科目，贷记或借记本科目。

(2) 年末，将"无偿调拨净资产"科目的余额转入累计盈余，借记或贷记"无偿调拨净资产"科目，贷记或借记本科目。

(3) 按照规定上缴财政拨款结转结余、缴回非财政拨款结转资金、向其他单位调出财政拨款结转资金时，按照实际上缴、缴回、调出金额，借记本科目，贷记"财政应返还额度""零余额账户用款额度""银行存款"等科目。

按照规定从其他单位调入财政拨款结转资金时，按照实际调入金额，借记"零余额账户用款额度""银行存款"等科目，贷记本科目。

(4) 将"以前年度盈余调整"科目的余额转入本科目，借记或贷记"以前年度盈余调整"科目，贷记或借记本科目。

(5) 按照规定使用专用基金购置固定资产、无形资产的，按照固定资产、无形资产成本金额，借记"固定资产""无形资产"科目，贷记"银行存款"等科目；同时，按照专用基金使用金额，借记 "专用基金"科目，贷记本科目。

(三) 累计盈余核算举例

【例 14-9】 2021 年年末，某事业单位按照规定发生下列业务：

(1) 通过财政授权支付方式上缴财政拨款结余 220 000 元。会计分录如下：

财务会计：

借：累计盈余　　220 000

　贷：零余额账户用款额度　　220 000

预算会计：

借：财政拨款结余——归集上缴　　220 000

　贷：资金结存——零余额账户用款额度　　220 000

(2) 通过银行转账缴回非财政拨款结转资金 300 000 元。会计分录如下：

财务会计：

借：累计盈余　　300 000
　贷：银行存款　　300 000

预算会计：

借：非财政拨款结转——缴回资金　　300 000
　贷：资金结存——货币资金　　300 000

第二节　预算结余的核算

一、预算结余的概念

预算结余是行政事业单位预算年度内预算收入扣除预算支出后的资金余额，以及历年滚存的资金余额，它包括结余资金和结转资金。

行政事业单位在年度预算执行过程中，为了完成事业计划，执行行政任务，提供公共产品和服务，按照部门预算和单位预算规定，从财政部门等相关政府部门机构、服务对象，以预算拨款、服务收费等方式取得了包括财政预算资金、非财政资金等多种性质的资金，用于开展各项业务活动，形成预算支出。行政事业单位开展各项业务活动，形成预算支出的资金来源，不仅包括当年取得的预算收入，还包括以前年度滚存的资金，以及从其他单位调入的资金，行政事业单位在使用这些资金形成预算支出的过程中，大部分资金都在当年发挥了作用，形成了预算支出，完成了预算目标，有些支出项目资金可能还有结余，但是有些支出项目可能当年无法实现预期目标，需要下一年度继续执行预算，这就形成了结余资金和结转资金。

二、预算结余的内容

行政事业单位预算结余包括结余资金和结转资金。

(一) 结余资金的内容

结余资金是指年度预算执行终了，预算收入实际完成数扣除预算支出和结转资金后剩余的资金。

结余资金，按照核算内容和资金性质不同，具体包括资金结存、财政拨款结余、非财政拨款结余、专用结余、经营结余、其他结余等。

资金结存反映行政事业单位纳入部门预算管理的各项资金的流入、流出及其变动结果。

财政拨款结余是行政事业单位按照预算从同级财政部门取得的项目支出拨款在完成预算目标后结余的资金。

非财政拨款结余是行政事业单位拥有的非限定用途的非同级财政拨款资金等收支活动结余的资金。

专用结余是事业单位按照规定从非财政拨款结余中提取的具有专门用途的尚未使用的资金。专用基金的来源包括三个方面：按照事业收入一定比例提取；从本年度非财政拨款结余中提取；按照规定设置。

经营结余是事业单位本年度经营活动收支相抵后余额弥补以前年度经营亏损后的余额。

其他结余是单位本年度除财政拨款收支、非同级财政专项资金收支和经营收支以外各项收支相抵后的余额。

经营结余和其他结余年末结转到非财政拨款结余。

(二) 结转资金的内容

结转资金是指预算安排项目的支出年终尚未执行完毕或者因故未执行,且下年需要按原用途继续使用的资金。包括财政拨款结转和非财政拨款结转。

财政拨款结转是行政事业单位按照预算从同级财政部门取得的项目支出拨款在年终尚未执行完毕或者因故未执行,且下年需要按原用途继续使用的资金。

非财政拨款结转是行政事业单位取得的除财政资金、经营资金以外各项非同级财政专项资金的支出年终尚未执行完毕或者因故未执行,且下年需要按原用途继续使用的资金。

三、资金结存的核算

14.9 资金结存

(一) 资金结存核算的科目设置

为了核算行政事业单位纳入部门预算管理的资金的流入、流出、调整和滚存等情况,预算会计设置"资金结存"总账科目。本科目借方反映纳入部门预算管理的资金的流入形成的资金结存的增加,贷方反映纳入部门预算管理的资金的流出形成发资金结存的减少。本科目年末借方余额,反映单位预算资金的累计滚存情况。本科目应当设置"零余额账户用款额度""货币资金""财政应返还额度"三个明细科目用以反映各结存类科目对应的资金形态。

"零余额账户用款额度":本明细科目核算实行国库集中支付的单位根据财政部门批复的用款计划收到和支用的零余额账户用款额度。年末结账后,本明细科目应无余额。

"货币资金":本明细科目核算单位以库存现金、银行存款、其他货币资金形态存在的资金。本明细科目年末借方余额,反映单位尚未使用的货币资金。

"财政应返还额度":本明细科目核算实行国库集中支付的单位可以使用的以前年度财政直接支付资金额度和财政应返还的财政授权支付资金额度。本明细科目下可设置"财政直接支付""财政授权支付"两个明细科目进行明细核算。本明细科目年末借方余额,反映单位应收财政返还的资金额度。

(二) 资金结存核算的账务处理规定

(1) 财政授权支付方式下,单位根据代理银行转来的财政授权支付额度到账通知书,按照通知书中的授权支付额度,借记本科目(零余额账户用款额度),贷记"财政拨款预算收入"科目。

(2) 财政授权支付方式下,发生相关支出时,按照实际支付的金额,借记"行政支出""事业支出"等科目,贷记本科目(零余额账户用款额度)。

从零余额账户提取现金时,借记本科目(货币资金),贷记本科目(零余额账户用款额度)。退回现金时,做相反会计分录。

使用以前年度财政直接支付额度发生支出时,按照实际支付金额,借记"行政支出""事业支出"等科目,贷记本科目(财政应返还额度)。

以国库集中支付以外的其他支付方式取得预算收入时,按照实际收到的金额,借记本科目(货币资金),贷记"财政拨款预算收入""事业预算收入""经营预算收入"等科目。

以国库集中支付以外的其他支付发生相关支出时,按照实际支付的金额,借记"事业支出""经营支出"等科目,贷记本科目(货币资金)。

(3) 按照规定上缴财政拨款结转结余资金或注销财政拨款结转结余资金额度的,按照实际上缴资金数额或注销的资金额度数额,借记"财政拨款结转——归集上缴"或"财政拨款结余——归集上缴" 科目,贷记本科目(财政应返还额度、零余额账户用款额度、货币资金)。

按规定向原资金拨入单位缴回非财政拨款结转资金的,按照实际缴回资金数额,借记"非财政拨款结转——缴回资金"科目,贷记本科目(货币资金)。

收到从其他单位调入的财政拨款结转资金的,按照实际调入资金数额,借记本科目(财政应返还额度、零余额账户用款额度、货币资金),贷记"财政拨款结转——归集调入"科目。

(4) 按照规定使用专用基金时,按照实际支付金额,借记"专用结余"科目(从非财政拨款结余中提取的专用基金)或"事业支出" 等科目(从预算收入中计提的专用基金)贷记本科目(货币资金)。

(5) 因购货退回、发生差错更正等退回国库直接支付、授权支付款项,或者收回货币资金的,属于本年度支付的,借记"财政拨款预算收入"科目或本科目(零余额账户用款额度、货币资金),贷记相关支出科目;属于以前年度支付的,借记本科目(财政应返还额度、零余额账户用款额度、货币资金),贷记"财政拨款结转""财政拨款结余""非财政拨款结转""非财政拨款结余"科目。

(6) 有企业所得税缴纳义务的事业单位缴纳所得税时,按照实际缴纳金额,借记"非财政拨款结余——累计结余"科目,贷记本科目(货币资金)。

(7) 年末,根据本年度财政直接支付预算指标数与当年财政直接支付实际支出数的差额,借记本科目(财政应返还额度),贷记"财政拨款预算收入"科目。

(8) 年末,单位依据代理银行提供的对账单作注销额度的相关账务处理,借记本科目(财政应返还额度),贷记本科目(零余额账户用款额度);本年度财政授权支付预算指标数大于零余额账户用款额度下达数的,根据未下达的用款额度,借记本科目(财政应返还额度),贷记"财政拨款预算收入"科目。

下年年初,单位依据代理银行提供的额度恢复到账通知书作恢复额度的相关账务处理,借记本科目(零余额账户用款额度),贷记本科目(财政应返还额度)。单位收到财政部门批复的上年年末未下达零余额账户用款额度的,借记本科目(零余额账户用款额度),贷记本科目(财政应返还额度)。

(三) 资金结存核算举例

【例 14-10】 某单位从单位零余额账户中提取现金 5 000 元,以备日常零星开支使用。会计分录如下:

财务会计:

借:库存现金	5 000	
贷:零余额账户用款额度		5 000

预算会计:

借:资金结存——货币资金	5 000	
贷:资金结存——零余额账户用款额度		5 000

【例 14-11】 年末进行年终清理,某单位本年度财政直接支付预算指标数大于当年

财政直接支付实际支出数，差额为 9 750 元。本年度财政授权支付预算指标数大于零余额账户用款额度下达数，未下达的用款额度 6 500 元，根据年终清理相关凭据，会计分录如下：

财务会计：

借：财政应返还额度　　16 250

　贷：财政拨款收入　　16 250

预算会计：

借：资金结存——财政应返还额度　　16 250

　贷：财政拨款预算收入　　16 250

【例 14-12】 年末，某事业单位根据代理银行提供的对账单，注销本年度尚未使用的零余额账户用款额度 2 300 元。会计分录如下：

财务会计：

借：财政应返还额度　　2 300

　贷：零余额账户用款额度　　2 300

预算会计：

借：资金结存——财政应返还额度　　2 300

　贷：资金结存——零余额账户用款额度　　2 300

四、财政拨款结转的核算

（一）财政拨款结转核算的科目设置

为了核算行政事业单位取得的同级财政拨款结转资金的调整、结转和滚存情况，预算会计设置"财政拨款结转"总账科目。本科目借方反映财政拨款结转的减少数，贷方反映财政拨款结转的增加数。本科目余额在贷方，反映单位滚存的财政拨款结转资金数额。本科目应当设置"年初余额调整""归集调入""归集调出""归集上缴""单位内部调剂""本年收支转账""累计结转"明细科目。

"年初余额调整"：本明细科目核算因发生会计差错更正、以前年度支出收回等原因，需要调整财政拨款结转的金额。年末结账后，本明细科目应无余额。

"归集调入"：本明细科目核算按照规定从其他单位调入财政拨款结转资金时，实际调增的额度数额或调入的资金数额。年末结账后，本明细科目应无余额。

"归集调出"：本明细科目核算按照规定向其他单位调出财政拨款结转资金时，实际调减的额度数额或调出的资金数额。年末结账后，本明细科目应无余额。

"归集上缴"：本明细科目核算按照规定上缴财政拨款结转资金时，实际核销的额度数额或上缴的资金数额。年末结账后，本明细科目应无余额。

"单位内部调剂"：本明细科目核算经财政部门批准对财政拨款结余资金改变用途，调整用于本单位其他未完成项目等的调整金额。年末结账后，本明细科目应无余额。

"本年收支结转"：本明细科目核算单位本年度财政拨款收支相抵后的余额。年末结账后，本明细科目应无余额。

"累计结转":本明细科目核算单位滚存的财政拨款结转资金。本明细科目年末贷方余额,反映单位财政拨款滚存的结转资金数额。

本科目还应当设置"基本支出结转""项目支出结转"两个明细科目,并在"基本支出结转"明细科目下按照"人员经费""日常公用经费"进行明细核算,在"项目支出结转"明细科目下按照具体项目进行明细核算;同时,本科目还应按照《政府收支分类科目》中"支出功能分类科目"的相关科目进行明细核算。

有一般公共预算财政拨款、政府性基金预算财政拨款等两种或两种以上财政拨款的,还应当在本科目下按照财政拨款的种类进行明细核算。

(二) 财政拨款结转核算的账务处理规定

1. 调整以前年度财政拨款结转业务

(1) 因发生差错更正,以前年度支出收回等原因,需要调增财政拨款结转的:

借:资金结存——财政应返还额度/零余额账户用款额度/货币资金
　贷:财政拨款结转——年初余额调整

(2) 需要调减财政拨款结转的:

借:财政拨款结转——年初余额调整
　贷:资金结存——财政应返还额度/零余额账户用款额度/货币资金

2. 调入、调出、上缴、内部调剂财政拨款结转业务

(1) 从其他单位调入财政拨款结余资金:

借:资金结存——财政应返还额度/零余额账户用款额度/货币资金
　贷:财政拨款结转——归集调入

(2) 向其他单位调出财政拨款结转资金:

借:财政拨款结转——归集调出
　贷:资金结存——财政应返还额度/零余额账户用款额度/货币资金

(3) 上缴财政拨款结转:

借:财政拨款结转——归集上缴
　贷:资金结存——财政应返还额度/零余额账户用款额度/货币资金

(4) 单位内部调剂结余资金:

借:财政拨款结余——单位内部调剂
　贷:财政拨款结转——单位内部调剂

3. 与年末财政拨款结转和结余业务相关的账务处理

(1) 结转本年财政拨款收入和支出:

借:财政拨款预算收入
　贷:财政拨款结转——本年收支转账
借:财政拨款结转——本年收支转账
　贷:财政拨款支出

(2) 年末冲销有关明细科目余额：

年末收支转账后，将本科目所属“本年收支转账”“年初余额调整”“归集调入”“归集调出”“归集上缴”“单位内部调剂”等明细科目余额转入“累计结转”明细科目；结转后，本科目除“累计结转”明细科目外，其他明细科目应无余额。

(3) 年末，将完成项目的结转资金转入财政拨款结余：

借：财政拨款结转——累计结转
　贷：财政拨款结余——结转转入

(三) 财政拨款结转核算举例

【例 14-13】 某行政单位本年财政拨款预算收入为 708 000 元；行政支出(财政拨款支出)为 527 640 元；其他支出(财政拨款支出)为 118 320 元。结转本年财政拨款预算收支。会计分录如下：

借：财政拨款预算收入　　708 000
　贷：财政拨款结转——本年收支转账　　708 000
借：财政拨款结转——本年收支转账　　645 960
　贷：行政支出　　527 640
　　其他支出　　118 320

将财政拨款结转科目所属“本年收支转账”科目期末贷方余额 62 040 元，进行结转，会计分录如下：

借：财政拨款结转——本年收支转账　　62 040
　贷：财政拨款结转——累计结转　　62 040

分析财政拨款收支明细账，符合财政拨款结余性质的项目余额为 38 000 元，按照有关规定，将其转入财政拨款结余。会计分录如下：

借：财政拨款结转——累计结转　　38 000
　贷：财政拨款结余——结转转入　　38 000

【例 14-14】 某单位按照规定向其他单位调出财政拨款结转资金 15 000 元，实际调减相应的零余额账户用款额度，会计分录如下：

财务会计：

借：累计盈余　　15 000
　贷：零余额账户用款额度　　15 000

预算会计：

借：财政拨款结转——归集调出　　15 000
　贷：资金结存——零余额账户用款额度　　15 000

五、财政拨款结余的核算

(一) 财政拨款结余核算的科目设置

为了核算行政事业单位取得的同级财政拨款项目支出结余资金的调整、结余和滚存情况，预算会计设置“财政拨款结余”总账科目。本科目借方反映财政拨款结余的减少数，贷方反映财政拨款结余的增加数。本科目余额在贷方，反映单位滚存的财政拨款结余资金数额。本科目应当设置“年初余额调整”“归集上缴”“单位内部调剂”“结转转入”“累计结余”明细科目。

“年初余额调整”：本明细科目核算因发生会计差错更正、以前年度支出收回等原因，需要调整财政拨款结余的金额。年末结账后，本明细科目应无余额。

“归集上缴”：本明细科目核算按照规定上缴财政拨款结余资金时，实际核销的额度数额或上缴的资金数额。年末结账后，本明细科目应无余额。

“单位内部调剂”：本明细科目核算经财政部门批准对财政拨款结余资金改变用途，调整用于本单位其他未完成项目等的调整金额。年末结账后，本明细科目应无余额。

“结转转入”：本明细科目核算单位按照规定转入财政拨款结余的财政拨款结转资金。年末结账后，本明细科目应无余额。

“累计结余”：本明细科目核算单位滚存的财政拨款结余资金。本明细科目年末贷方余额，反映单位财政拨款滚存的结余资金数额。

本科目还应当按照具体项目、《政府收支分类科目》中“支出功能分类科目”的相关科目等进行明细核算。

有一般公共预算财政拨款、政府性基金预算财政拨款等两种或两种以上财政拨款的，还应当在本科目下按照财政拨款的种类进行明细核算。

(二) 财政拨款结余核算的账务处理规定

1. 调整以前年度财政拨款结余业务

(1) 因发生差错更正，以前年度支出收回等原因，需要调增财政拨款结余的：

借：资金结存——财政应返还额度/零余额账户用款额度/货币资金
　贷：财政拨款结余——年初余额调整

(2) 需要调减财政拨款结余的：

借：财政拨款结余——年初余额调整
　贷：资金结存——财政应返还额度/零余额账户用款额度/货币资金

2. 上缴、内部调剂财政拨款结余业务

(1) 上缴财政拨款结余：

借：财政拨款结余——归集上缴
　贷：资金结存——财政应返还额度/零余额账户用款额度/货币资金

(2) 单位内部调剂结余资金：

借：财政拨款结余——单位内部调剂
　贷：财政拨款结转——单位内部调剂

3. 与年末财政拨款结转和结余业务相关的账务处理

(1) 年末冲销有关明细科目余额：

年末，将“财政拨款结余”科目所属“年初余额调整”“归集上缴”“单位内部调剂”“结转转入”等明细科目余额转入“累计结余”明细科目；结转后，该科目除“累计结余”明细科目外，其他明细科目应无余额。

(2) 年末,将完成项目的结转资金转入财政拨款结余:

借:财政拨款结转——累计结转

　贷:财政拨款结余——结转转入

(三) 财政拨款结余核算举例

【例 14-15】 年末,某单位通过零余额账户归集上缴财政拨款结余项目资金 8 000 元。会计分录如下:

财务会计:

借:累计盈余	8 000	
贷:零余额账户用款额度		8 000

预算会计:

借:财政拨款结余——归集上缴	8 000	
贷:资金结存——零余额账户用款额度		8 000

年末,财政拨款结余明细账"结转转入"贷方 38 000 元,"归集上缴"借方 8 000 元,全部结转到"累计结余",会计分录如下:

借:财政拨款结余——结转转入	38 000	
贷:财政拨款结余——累计结余		38 000
借:财政拨款结余——累计结余	8 000	
贷:财政拨款结余——归集上缴		8 000

六、非财政拨款结转的核算

(一) 非财政拨款结转核算的科目设置

为了核算行政事业单位除财政拨款收支、经营收支以外各非同级财政拨款项目资金的调整、结转和滚存情况,预算会计设置"非财政拨款结转"总账科目。本科目借方反映非财政拨款结转的减少数,贷方反映非财政拨款结转的增加数。本科目余额在贷方,反映单位滚存的非财政拨款结转资金数额。本科目应设置"年初余额调整""缴回资金""项目间接费用或管理费""本年收支结转""累计结转"明细科目。

"年初余额调整":本明细科目核算因发生会计差错更正、以前年度支出收回等原因,需要调整非财政拨款结转的资金。年末结账后,本明细科目应无余额。

"缴回资金":本明细科目核算按照规定缴回非财政拨款结转资金时,实际缴回的资金数额。年末结账后,本明细科目应无余额。

"项目间接费用或管理费":本明细科目核算单位取得的科研项目预算收入中,按照规定计提项目间接费用或管理费的数额。年末结账后,本明细科目应无余额。

"本年收支结转":本明细科目核算单位本年度非同级财政拨款专项收支相抵后的余额。年末结账后,本明细科目应无余额。

"累计结转":本明细科目核算单位滚存的非同级财政拨款专项结转资金。本明细科目年末贷方余额,反映单位非同级财政拨款滚存的专项结转资金数额。本科目还应当按照具体项目、《政府收支分类科目》中“支出功能分类科目”的相关科目等进行明细核算。

（二）非财政拨款结转核算的账务处理规定

（1）按照规定从科研项目预算收入中提取项目管理费或间接费时：

借：非财政拨款结转——项目间接费用/管理费
　贷：非财政拨款结余——项目间接费用/管理费

（2）因收回以前年度支出或因会计差错更正收到或支出非同级财政拨款货币资金，属于非财政拨款结转资金的：

借：资金结存——货币资金
　贷：非财政拨款结转——年初余额调整

支出时做相反分录

（3）按照规定缴回非财政拨款结转资金：

借：非财政拨款结转——缴回资金
　贷：资金结存——货币资金

（4）年末，结转本年相关收入和支出：

借：事业预算收入
　　上级补助预算收入
　　附属单位上缴预算收入
　　非同级财政拨款预算收入
　　债务预算收入
　　其他预算收入
　贷：非财政拨款结转——本年收支结转
借：非财政拨款结转——本年收支结转
　贷：行政支出
　　　事业支出
　　　其他支出

（5）年末冲销有关明细科目余额：

将本科目“年初余额调整”“项目间接费用或管理费”“缴回资金”“本年收支结转”余额转入本科目“累计结转”。结转后，本科目除“累计结转”明细科目外，其他明细科目应无余额。

（6）年末完成上述结转后，应当对非财政拨款专项结转资金各项目情况进行分析，将留归本单位使用的非财政拨款专项（项目已完成）剩余资金转入非财政拨款结余：

借：非财政拨款结转——累计结转
　贷：非财政拨款结余——结转转入

（三）非财政拨款结转核算举例

【例14-16】 年末某事业单位相关账户非财政拨款专项资金余额为：事业预算收入（非财政拨款专项资金）486 000元；上级补助预算收入（非财政拨款专项资金）367 000元；附属单位上缴预算收入（非财政拨款专项资金）246 600元；非同级财政拨款预算收入（非财政拨

款专项资金)103 000 元;事业支出(非财政拨款专项资金)608 150 元;对附属单位补助支出 201 900 元;其他支出(非财政拨款专项资金)142 530 元。结转非财政拨款专项收支类科目。会计分录如下:

借:事业预算收入	486 000	
上级补助预算收入	367 000	
附属单位上缴预算收入	246 600	
非同级财政拨款预算收入	103 000	
贷:非财政拨款结转——本年收支结转		1 202 600
借:非财政拨款结转——本年收支结转	952 580	
贷:事业支出		608 150
对附属单位补助支出		201 900
其他支出		142 530

非财政拨款结转(本年收支结转)账户贷方余额 = 1 202 600 − 952 580 = 250 020(元)

将"本年收支结转"科目贷方余额结转到"累计结转"科目,会计分录如下:

借:非财政拨款结转——本年收支结转	250 020	
贷:非财政拨款结转——累计结转		250 020

通过对本年度非财政拨款专项资金项目明细账分析,本年度已完工项目 3 项,结余资金 114 000 元,结转留归本单位使用的非财政拨款专项结余资金 54 000 元,按照规定转入非财政拨款结余,缴回专项资金拨款单位 60 000 元,通过银行转账。会计分录如下:

借:非财政拨款结转——累计结转	54 000	
贷:非财政拨款结余——结转转入		54 000
借:非财政拨款结转——缴回资金	60 000	
贷:资金结存——货币资金		60 000

财务会计:

借:累计盈余	60 000	
贷:银行存款		60 000

七、专用结余的核算

(一) 专用结余核算的科目设置

为了核算事业单位按照规定从非财政拨款结余中提取的具有专门用途的资金的变动和滚存情况,预算会计设置"专用结余"总账科目。本科目借方反映专用结余的使用数,贷方反映专用结余的计提数,本科目年末贷方余额,反映事业单位从非同级财政拨款结余中提取的专用基金的累计滚存数额。本科目应当按照专用结余的类别进行明细核算。

(二) 专用结余核算的账务处理规定

(1) 根据有关规定从本年度非财政拨款结余或经营结余中提取基金的,按照提取金额,借记"非财政拨款结余分配"科目,贷记本科目。

(2) 根据规定使用从非财政拨款结余或经营结余中提取的专用基金时,按照使用金额,借记本科目,贷记"资金结存——货币资金"科目。

(三) 专用结余核算举例

【例 14-17】 年末,某事业单位根据有关规定从本年度非财政拨款结余中提取专用基金 14 600 元。会计分录如下:

财务会计:

借:本年盈余分配　　14 600
　贷:专用基金　　14 600

预算会计:

借:非财政拨款结余分配　　14 600
　贷:专用结余　　14 600

八、经营结余的核算

14.10　经营结余的核算

(一) 经营结余核算的科目设置

为了核算事业单位本年度经营活动收支相抵后余额弥补以前年度经营亏损后的余额,预算会计设置“经营结余”总账科目。本科目借方反映期末转入的经营支出,贷方反映期末转入的经营预算收入,本科目应当按照经营活动的类别进行明细核算。年末,将本科目贷方余额转入“非财政拨款结余分配”科目,年末结账后,本科目一般无余额;如为借方余额,反映事业单位累计发生的经营亏损。

(二) 经营结余核算的账务处理规定

(1) 年末,将经营预算收入本年发生额转入本科目,借记“经营预算收入”科目,贷记本科目;将经营支出本年发生额转入本科目,借记本科目,贷记“经营支出”科目。

(2) 年末,完成上述步骤结转后,如本科目为贷方余额,将本科目贷方余额转入“非财政拨款结余分配”科目,借记本科目,贷记“非财政拨款结余分配”科目;如本科目为借方余额,为经营亏损,不予结转。

(三) 经营结余核算举例

【例 14-18】 某事业单位本年度经营预算收入为 500 000 元,经营支出 350 000 元。将经营收支进行结转。会计分录如下:

借:经营预算收入　　500 000
　贷:经营结余　　500 000
借:经营结余　　350 000
　贷:经营支出　　350 000

将上述经营结余转入结余分配。会计分录如下:

借:经营结余　　150 000
　贷:非财政拨款结余分配　　150 000

九、其他结余的核算

14.11　其他结余的核算

(一) 其他结余核算的科目设置

为了核算行政事业单位本年度除财政拨款收支、非同级财政专项资金收支和经营收支以外各项收支相抵后的余额，预算会计设置“其他结余”总账科目。本科目借方反映期末转入的除财政拨款支出、非同级财政专项资金支出和经营支出以外各项支出，贷方反映期末转入的除财政预算拨款收入、非同级财政专项资金收入和经营预算收入以外各项收入。年末，行政单位将本科目余额转入“非财政拨款结余——累计结余”科目；事业单位将本科目余额转入“非财政拨款结余分配”科目，年末结账后，本科目应无余额。

（二）其他结余核算的账务处理规定

（1）年末，将事业预算收入、上级补助预算收入、附属单位上缴预算收入、非同级财政拨款预算收入、债务预算收入、其他预算收入本年发生额中的非专项资金收入以及投资预算收益本年发生额转入本科目。

借：事业预算收入
　　上级补助预算收入
　　附属单位上缴预算收入
　　非同级财政拨款预算收入
　　债务预算收入
　　投资预算收益（或在贷方）
　贷：其他结余

同时，将行政支出、事业支出、其他支出本年发生额中的非同级财政资金支出、非专项资金支出，以及上缴上级支出、对附属单位补助支出、投资支出、债务还本支出本年发生额转入本科目：

借：其他结余
　贷：行政支出
　　　事业支出
　　　其他支出
　　　上缴上级支出
　　　对附属单位补助支出
　　　投资支出
　　　债务还本支出

（2）年末，完成上述步骤结转后，行政单位将本科目余额转入“非财政拨款结余——累计结余”科目；事业单位将本科目余额转入“非财政拨款结余分配”科目。当本科目为贷方余额时，借记本科目，贷记“非财政拨款结余——累计结余”或“非财政拨款结余分配”科目；当本科目为借方余额时，做相反分录。

（三）其他结余核算举例

【例 14-19】 年末，某事业单位除财政拨款收支、非同级财政拨款专项资金收支和经营收支以外的预算收支科目余额为：事业预算收入 226 000 元；上级补助预算收入 201 000 元；附属单位上缴预算收入 156 300 元；非同级财政拨款预算收入 58 000 元；投资预算收益（贷方）32 000 元；事业支出 253 320 元；对附属单位补助支出 67 800 元；其他支出 47 220 元。结转各预算收支类科目余额。会计分录如下：

借：事业预算收入　　　　226 000

上级补助预算收入　201 000
附属单位上缴预算收入　156 300
非同级财政拨款预算收入　58 000
投资预算收益　32 000
贷：其他结余　673 300
借：其他结余　368 340
贷：事业支出　253 320
对附属单位补助支出　67 800
其他支出　47 220

该事业单位将其他结余余额进行结转。会计分录如下：

借：其他结余　304 960
贷：非财政拨款结余分配　304 960

十、非财政拨款结余分配的核算

14.12　非财政拨款结余分配的核算

（一）非财政拨款结余分配核算的科目设置

为了核算事业单位本年度非财政拨款结余分配的情况和结果，预算会计设置“非财政拨款结余分配”科目，本科目借方反映按规定计提的专用结余和转入的待弥补的其他结余，贷方反映转入的经营结余和其他结余。年末，将本科目余额转入“非财政拨款结余”科目。年末结账后，本科目应无余额。

（二）非财政拨款结余分配核算的账务处理规定

（1）年末，将“其他结余”科目余额转入本科目，当“其他结余”科目为贷方余额时，借记“其他结余”科目，贷记本科目；当“其他结余”科目为借方余额时，借记本科目，贷记“其他结余”科目。年末，将“经营结余”科目贷方余额转入本科目，借记“经营结余”科目，贷记本科目。

（2）根据有关规定提取专用基金的，按照提取的金额，借记本科目，贷记“专用结余”科目。

（3）年末，按照规定完成上述两步骤处理后，将本科目余额转入非财政拨款结余。当本科目为借方余额时，借记“非财政拨款结余——累计结余”科目，贷记本科目；当本科目为贷方余额时，借记本科目，贷记“非财政拨款结余——累计结余”科目。

（三）非财政拨款结余分配核算举例

【例 14-20】　年末，某事业单位“其他结余”科目贷方余额为 4 600 元，“经营结余”科目贷方余额为 3 800 元，将其转入“非财政拨款结余分配”科目的贷方，转入的合计数为 8 400 元(4 600+3 800)。该事业单位根据有关规定从本年度其他结余和经营结余中提取专用基金共计 3 500 元，具体为职工福利基金。提取专用基金后，该事业单位将“非财政拨款结余分配”科目的贷方余额 4 900 元(8 400－3 500)转入非财政拨款结余。会计分录如下：

结转各项结余

借：其他结余　4 600
经营结余　3 800
贷：非财政拨款结余分配　8 400

计提职工福利基金

预算会计：

借：非财政拨款结余分配　　3 500

　贷：专用结余　　3 500

财务会计：

借：本年盈余分配　　3 500

　贷：专用基金　　3 500

结转非财政拨款结余分配

借：非财政拨款结余分配　　4 900

　贷：非财政拨款结余——累计结余　　4 900

十一、非财政拨款结余的核算

14.13　非财政拨款结余的核算

（一）非财政拨款结余核算的科目设置

为了核算行政事业单位历年滚存的非限定用途的非同级财政拨款结余资金，主要为非财政拨款结余扣除结余分配后滚存的金额，预算会计设置“非财政拨款结余”总账科目。本科目借方反映非财政拨款结余的减少数，贷方反映非财政拨款结余的增加数。本科目余额在贷方，反映单位滚存的非财政拨款结余资金数额。本科目应设置“年初余额调整”“项目间接费用或管理费”“结转转入”“累计结余”明细科目。

“年初余额调整”：本明细科目核算因发生会计差错更正、以前年度支出收回等原因，需要调整非财政拨款结余的资金。年末结账后，本明细科目应无余额。

“项目间接费用或管理费”：本明细科目核算单位取得的科研项目预算收入中，按照规定计提的项目间接费用或管理费数额。年末结账后，本明细科目应无余额。

“结转转入”：本明细科目核算按照规定留归单位使用，由单位统筹调配，纳入单位非财政拨款结余的非同级财政拨款专项剩余资金。年末结账后，本明细科目应无余额。

“累计结余”：本明细科目核算单位历年滚存的非同级财政拨款、非专项结余资金。本明细科目年末贷方余额，反映单位非同级财政拨款滚存的非专项结余资金数额。

本科目还应当按照《政府收支分类科目》中“支出功能分类科目”的相关科目进行明细核算。

（二）非财政拨款结余核算的账务处理规定

（1）按照规定从科研项目预算收入中提取项目管理费或间接费时：

借：非财政拨款结转——项目间接费用/管理费

　贷：非财政拨款结余——项目间接费用/管理费

（2）有企业所得税缴纳义务的事业单位实际缴纳企业所得税时：

借：非财政拨款结余——累计结余

　贷：资金结存——货币资金

（3）因收回以前年度支出或因会计差错更正收到或支出非同级财政拨款货币资金，属于非财政拨款结余资金的。

借：资金结存——货币资金

　贷：非财政拨款结余——年初余额调整

支出时做相反分录。

(4) 年末,将留归本单位使用的非财政拨款专项(项目已完成)剩余资金转入本科目。

借:非财政拨款结转——累计结转
　贷:非财政拨款结余——结转转入

(5) 年末冲销有关明细科目余额。将本科目"年初余额调整""项目间接费用或管理费""结转转入"余额结转入本科目"累计结余"。结转后,本科目除"累计结余"明细科目外,其他明细科目应无余额。

(6) 年末,事业单位将"非财政拨款结余分配"科目余额转入非财政拨款结余。

"非财政拨款结余分配"科目为借方余额时:

借:非财政拨款结余——累计结余
　贷:非财政拨款结余分配

"非财政拨款结余分配"科目为贷方余额的,做相反分录。

年末,行政单位将"其他结余"科目余额转入非财政拨款结余。

"其他结余"科目为借方余额时:

借:非财政拨款结余——累计结余
　贷:其他结余

"其他结余"科目为贷方余额时,做相反分录。

(三) 非财政拨款结余核算举例

【例 14-21】 某事业单位本年度取得科研项目收入 350 000 元,按照规定的 10%的比例提取项目管理费 35 000 元。会计分录如下:

预算会计:

借:非财政拨款结转——项目管理费	35 000	
贷:非财政拨款结余——项目管理费		35 000

财务会计:

借:单位管理费用	35 000	
贷:预提费用——项目管理费		35 000

【例 14-22】 某事业单位本年度生产经营所得 200 000 元,按照规定的 25%的比例缴纳企业所得税 50 000 元。会计分录如下:

预算会计:

借:非财政拨款结余——累计结余	50 000	
贷:资金结存——货币资金		50 000

财务会计:

借:其他应交税费——单位应交所得税	50 000	
贷:银行存款		50 000

关键术语

净资产　累计盈余　专用基金　权益法调整　本期盈余　无偿调拨净资产　以前年度盈余调整　预算结余　资金结存　财政拨款结转　财政拨款结余　非财政拨款结转　非财政拨款结余　专用结余　经营结余　其他结余

复习题

1. 行政事业单位的净资产包括哪些内容?
2. 行政单位净资产的内容与事业单位净资产的内容有何不同?
3. 行政单位的本期盈余如何计算?累计盈余包括哪些内容?
4. 事业单位的本期盈余如何计算?
5. 行政事业单位的预算结余包括哪些内容?
6. 行政单位预算结余的内容与事业单位预算结余的内容有何不同?
7. 什么是资金结存?包括哪些明细科目?
8. 财政拨款结转和非财政拨款结转有什么区别?

练习题

1. 目的:练习行政事业单位净资产和预算结余的核算。
2. 要求:根据下列资料编制会计分录,涉及纳入部门预算管理的现金收支业务,需要编制平行记账会计分录。
3. 资料:行政事业单位2021年发生的部分经济业务如下:
   (1) 2021年12月31日某事业单位财务会计各损益类科目余额为:财政拨款收入735 000元;事业收入213 000元;经营收入38 000元;投资收益563 900元;利息收入35 690元;捐赠收入200 000元;其他收入34 280元;业务活动费用208 340元;单位管理费用128 620元;经营费用10 600元;资产处置费用156 700元;所得税费用56 390元;其他费用21 530元。结转本年损益类科目。
   (2) 某行政单位经批准无偿调拨一台设备给其他单位,设备账面余额150 000元,已计提折旧34 000元,在调出过程中通过零余额账户支付相关税费2 100元。本年只此一项净资产调拨。年末,该事业单位结转净资产调拨余额。
   (3) 某事业单位对甲公司进行一项长期股权投资,持股比例为60%。年底,甲公司除净损益和利润分配以外的所有者权益增加的金额为300 000元。
   (4) 年末,事业单位根据预算会计下非财政拨款结余和经营结余金额,计提专用基金98 560元;用专项基金通过银行转账购置一批材料,价款15 000元,应交增值税2 400元。
   (5) 2021年6月,某事业单位销售给乙公司一批产品,货款为35 100元(含增值税),乙公司于当月收到所购物资并验收入库,按合同规定,乙公司应于收到所购物资后一个月内付款。由于乙公司财务状况不佳,到12月31日仍未付款。该事业单位于12月31日编制财务报表时,为该项应收账款提取坏账准备4 000元。事业单位于2022年3月6日(所得税汇算清缴前)收到法院通知,乙公司已宣告破产清算,无力偿还所欠部分货款。事业单位预计可收回应收账款的40%(事业单位适用的所得税税率为25%)。

(6) 2021年年末,某事业单位通过财政授权支付方式上缴财政拨款结余520 000元。

(7) 某单位代理银行转来零余额账户到账通知,从其他单位调入财政拨款结转资金38 000元已经入账。

(8) 某单位从单位零余额账户中提取现金25 000元,以备日常零星开支使用。

(9) 某单位年末进行年终清理,本年度财政授权支付预算指标450 000元,实际下达零余额账户用款额度420 000元,年末零余额账户用款额度余额6 500元,根据代理银行提供的对账单,进行相关账务处理。

(10) 某事业单位本年财政拨款预算收入为785 000元;事业支出(财政拨款支出)为567 000元;其他支出(财政拨款支出)为108 000元。结转本年财政拨款预算收支。

(11) 年末某事业单位相关账户非财政拨款专项资金余额为:事业预算收入(非财政拨款专项资金) 85 000元;上级补助预算收入(非财政拨款专项资金)36 000元;附属单位上缴预算收入(非财政拨款专项资金)25 000元;非同级财政拨款预算收入(非财政拨款专项资金) 10 000元;事业支出(非财政拨款专项资金) 98 850元;对附属单位补助支出11 900元;其他支出(非财政拨款专项资金)12 000元。结转非财政拨款专项收支类科目。

(12) 某事业单位本年度经营预算收入为580 000元,经营支出384 000元。将经营收支进行结转。

(13) 年末,某事业单位除财政拨款收支、非同级财政拨款专项资金收支和经营收支以外的预算收支科目余额为:事业预算收入105 000元;上级补助预算收入20 000元;附属单位上缴预算收入75 000元;债务预算收入150 000元;非同级财政拨款预算收入50 000元;投资预算收益(贷方)60 000元;事业支出165 000元;对附属单位补助支出40 000元;债务还本支出85 000元;投资支出98 000元;其他支出45 000元。结转各预算收支类科目余额。

第十五章 行政事业单位会计报表

思维导图

本章重点包括4个知识点。

1. 行政事业单位会计报表概述

1）概念

行政事业单位会计报表是反映行政事业单位财务状况和收支情况的书面文件，是财政部门和上级单位了解情况、掌握政策、指导单位预算执行工作的重要资料，也是编制下年度财务收支计划的基础。

2）行政事业单位会计报表的作用

3）行政事业单位会计报表种类

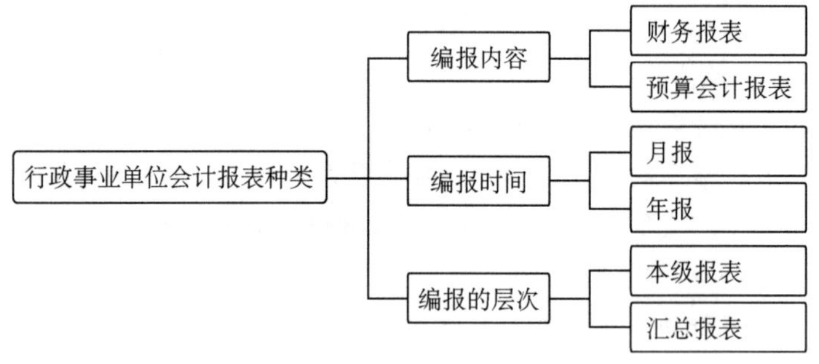

4）行政事业单位会计报表的编制要求

学生通过学习，熟悉行政事业单位会计报表的概念，掌握行政事业单位会计报表的分类，了解行政事业单位会计报表的编制要求。

2. 年终清理结算和结账

1）年终清理结算的概念和内容

2）年终结账

学生通过学习，熟悉年终清理结算的内容和年终结账的步骤。

3. 行政事业单位财务报表的编制

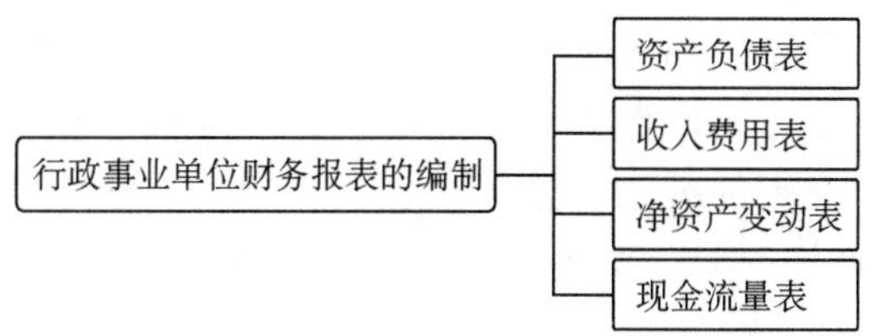

4. 行政事业单位预算会计报表的编制

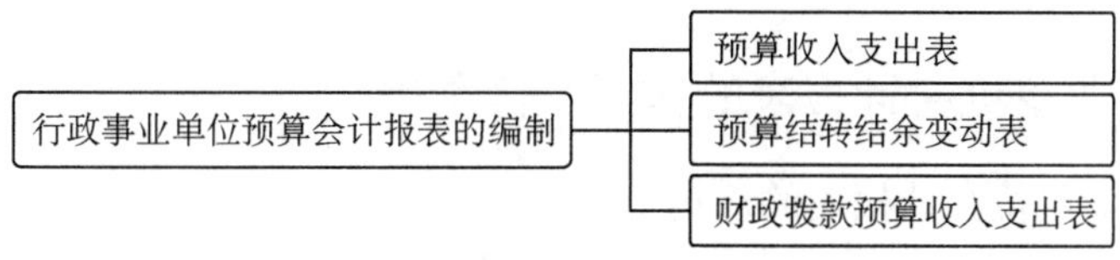

学生通过学习，了解行政事业单位各种会计报表的编制方法。

行政事业单位会计报表是反映行政事业单位财务状况和收支情况的书面文件，是财政部门和上级单位了解情况、掌握政策、指导单位预算执行工作的重要资料，也是编制下年度财务收支计划的基础。本章主要介绍行政事业单位会计报表的含义、种类，会计报表的编制要求以及会计报表的编制方法。通过学习本章，学生了解行政事业单位会计报表编报要求，掌握资产负债表、收入费用表、预算收入支出表、预算结转结余变动表的编制。

第一节　会计报表概述

15.1　行政事业单位会计报表概述

一、行政事业单位会计报表的作用及其种类

（一）行政事业单位会计报表的作用

行政事业单位会计报表是反映行政事业单位财务状况和收支情况的书面文件，是财政部门和上级单位了解情况、掌握政策、指导单位预算执行工作的重要资料，也是编制下年度财务收支计划的基础。

各单位利用会计报表及其他有关资料，可以分析和检查单位预算的执行情况，发现预算管理和财务管理工作中存在的问题，以便采取有效措施，改进预算管理工作，提高财务管理水平。

各级主管部门利用下级单位的会计报表，可以考核各单位执行国家有关方针政策的情况，督促各单位认真遵守财经制度与法规，维护财经纪律，主管部门对全系统的会计报表汇总后，还可以分析和检查全系统的预算执行情况，提高全系统的预算管理工作水平。

财政部门利用各单位上报的会计报表，便于掌握各单位的预算执行进度、正确地核算预算支出，还可以了解各单位执行进度、正确地核算预算支出，还可以了解各单位执行预算的情况和存在的问题，指导和帮助各单位做好预算工作，提高预算管理质量。

（二）行政事业单位会计报表的种类

（1）行政事业单位会计报表按编报内容不同，可分为财务会计报表和预算会计报表两大类。其中财务会计报表包括资产负债表、收入费用表、净资产变动表、现金流量表及会计报表附注；预算会计报表包括预算收入支出表、预算结转结余变动表、财政拨款预算收入支出表。财务会计报表的编制主要以权责发生制为基础，以单位财务会计核算生成的数据为准；预算会计报表的编制主要以收付实现制为基础，以单位预算会计核算生成的数据为准。

（2）行政事业单位会计报表按编报的时间不同可分为月报年报两种。月报应于月份终了后三日报出；年报应按财政部决算通知规定及主管部门要求的格式和期限报表。

（3）行政事业单位会计报表按编报的层次不同可以分为本级报表和汇总报表。本级报表是反映各单位财务状况和收支情况的报表；汇总报表是反映各主管部门对本单位和所属单位的报表进行汇总后编制的报表。

二、行政事业单位会计报表的编制要求

为了充分发挥会计报表的作用，各行政事业单位必须按照财政部门和主管部门统一规定的格式、内容和编制方法编制会计报表，做到数字真实、内容完整、报送及时。

（一）数字真实

单位会计报表必须真实可靠，数字准确，如实反映单位预算执行情况。编报时要以核对无误的会计账簿数字为依据。不能以估计数，计划数填报，更不允许弄虚假作、篡改和伪造会计数据，也不能由上级单位估列代编。为此，各单位必须按期结账，一般不能为赶编报表而提前结账。编制报表前，要认真核对有关账目，切实做到账表相符、账证相符、账账相符和账实相符，保证会计报表的真实性。

（二）内容完整

单位会计报表必须内容完整，按照统一规定的报表种类、格式和内容编报齐全，不能漏报。规定的格式栏次不论是表内项目还是补充资料，应填的项目、内容要填列齐全，不能任意取舍，成为一套完整的指标体系，以保证会计报表在本部门、本地区以及全国的逐级汇总分析需要。中央各部门、各省、自治区、直辖市财政厅（局）可以根据工作需要规定增加一些报表或项目，但不得影响国家统一规定的报表和报表项目的编报。行政事业单位内部管理需要的特殊会计报表由单位自行规定。

（三）报送及时

单位会计报表必须按照国家或上级机关规定的期限和程序，在保证报表真实完整的前提下，在规定的期限内报送上级单位。如果一个单位的会计报表不及时报送，势必影响主管部门、财政部门以至全国的逐级汇总、影响全局对会计信息的分析。为此，应当科学、合理地组织好日常的会计核算工作，加强会计部门内部及会计部门与有关部门的协作与配合，以便尽快地编制出会计报表，满足预算管理和财务管理的需要。

第二节　年终清理结算和结账

行政事业单位在编制年度会计报表之前，需要经过年终清理结算与年终结账两个必要程序。

一、年终清理结算

年终清理结算是指行政事业单位在年度终了前，根据财政部门或主管单位的会计报表编审工作要求，对单位全年的资金收支活动进行全面清查、核对、整理和结算工作。年终清理是编制年度决算的重要环节，年终清理结算既包括对本单位财产全面清理及会计、财务活动的总清理，还包括一些特殊的清理结算事项，具体包括以下内容：

（一）清理核对预算收支、缴拨款项和上缴下拨数

年度终了前，对财政部门、上级单位和所属各单位之间的全年预算数（包括追加追减和上划下划数字）以及应上缴、拨补的款项等，都应按规定逐笔进行清理结算，保证上下级之间的年度预算数、领拨经费数和上交、下拨数一致。为了准确反映各项收支数额，凡属本年度的应拨应缴款项，应当在 12 月 31 日前汇达对方。主管单位对所属单位的拨款应截止至 12

月25日为止,逾期一般不再下拨。

(二)清理核对各项收支款项

凡属于本年的各项收入都应及时入账。本年的各项应缴国库款和应缴财政专户款,应在年终前全部上缴,属于本年的各项支出,应按规定的支出用途如实列报。年度单位支出决算,一律以基层用款单位截至12月31日的本年实际支出数为准,不得将年终前预拨下年的预算拨款列入本年支出,也不得以上级会计单位的拨款数代替基层会计单位的实际支出数。

(三)清理各项往来款项

行政事业单位的往来款项,年终前应尽量清理完毕,按照有关规定应当转作各项收入和支出的往来款项要及时转入各项有关账户,编入本年决算。

(四)清查货币资金

行政事业单位年终前应及时同开户银行对账,银行存款账面余额应同银行对账单的余额核对相符。现金账面余额应同库存现金核对相符。对外投资中有价证券账面数字,应同实存的有价证券核对相符。

(五)清查财产物资

年终前,应对各项财产物资进行清理盘点。发生盘盈、盘亏的,应及时查明原因,按规定进行处理,调整账务,做到账实相符,账账相符。

二、年终结账

年终清理结算完毕,在办理12月份结账基础上,即可进行年终结账工作。年终结账包括年终转账、结清旧账和记入新账三个基本环节。

(一)年终转账

年终转账就是在账目核对无误后,将有关收入与支出科目进行结转。具体步骤是:首先,结计出各科目借方或贷方12月份合计数和全年累计数,并结出12月末的余额;其次,根据各科目余额,编制结账前的"资产负债表",试算平衡;最后,在试算平衡无误后,将应对冲结转的各个收支科目的余额按年终结转办法,有序地编制12月31日记账凭单办理结账冲转。行政事业单位进行年终转账应通过"累计盈余""专用基金""权益法调整""本期盈余""本年盈余分配""无偿调拨净资产""以前年度盈余调整""财政拨款结余""非财政拨款结余""经营结余""财政拨款结转""非财政拨款结转""非财政补助结余分配"等科目进行。

(二)结清旧账

在年终转账的基础上,将转账后无余额的科目结出全年总累计数,然后在下面画出双红线,表示本科目全部结清,对年终有余额的科目,在"全年累计数"下行的"摘要"栏内注明"结转下年"字样,再在下面画双红线,表示年终余额转入新账,旧账结束。

(三)记入新账

根据本年度各科目余额,编制年终决算的"资产负债表"和有关明细表。将表列各科目的年终余额数(不编制记账凭单),直接记入新年度相应的各有关科目,并在"摘要"栏注明"上年结转"字样,以区别新年度发生数。

第三节　行政事业单位财务会计报表的编制

15.2　资产负债表

一、资产负债表

（一）资产负债表的概念与格式

资产负债表是反映行政事业单位在某一特定日期财务状况的报表。资产负债表采用"资产＝负债＋净资产"的平衡原理，反映行政单位资产、负债和净资产的实有数。资产负债表分为左右两方，左方是资产类，右方是负债和净资产类。根据平衡原理，资产负债表左右两方合计数相等。

资产负债表应当按照资产、负债和净资产分类、分项列示。具体格式如下表15-1所示。

表15-1　　**资产负债表**

会财政01表

编制单位：　　年　月　日　　单位：元

资　产	期末余额	年初余额	负债和净资产	期末余额	年初余额
流动资产：			流动负债：		
货币资金			短期借款		
短期投资			应交增值税		
财政应返还额度			其他应交税费		
应收票据			应缴财政款		
应收账款净额			应付职工薪酬		
预付账款			应付票据		
应收股利			应付账款		
应收利息			应付政府补贴款		
其他应收款净额			应付利息		
存货			预收账款		
待摊费用			其他应付款		
一年内到期的非流动资产			预提费用		
其他流动资产			一年内到期的非流动负债		
流动资产合计			其他流动负债		
非流动资产：			流动负债合计		
长期债券投资			长期借款		
固定资产原值			长期应付款		
减：固定资产累计折旧			预计负债		

（续表）

资　产	期末余额	年初余额	负债和净资产	期末余额	年初余额
固定资产净值			其他非流动负债		
工程物资			非流动负债合计		
在建工程			受托代理负债		
无形资产原值			负债合计		
减：无形资产累计摊销					
无形资产净值					
研发支出					
公共基础设施原值					
减：公共基础设施累计折旧（摊销）					
公共基础设施净值					
政府储备物资					
文物文化资产					
保障性住房原值					
减：保障性住房累计折旧			净资产：		
保障性住房净值			累计盈余		
长期待摊费用			专用基金		
待处理财产损溢			权益法调整		
其他非流动资产			无偿调拨净资产*		—
非流动资产合计			本期盈余*		—
受托代理资产			净资产合计		
资产总计			负债和净资产总计		

注：“*”标识项目为月报项目，年报中不需列示。

（二）资产负债表编制说明

本表“年初余额”栏内各项数字，应当根据上年年末资产负债表“期末余额”栏内数字填列。如果本年度资产负债表规定的各个项目的名称和内容同上年度不相一致.应对上年年末资产负债表各项目的名称和数字按照本年度的规定进行调整，填入本表“年初余额”栏内。

如果本年度单位发生了因前期差错更正、会计政策变更等调整以前年度盈余的事项，还应当对“年初余额”栏中的有关项目金额进行相应调整。

本表“期末余额”栏各项目的内容和填列方法。

1. 资产类项目

（1）“货币资金”项目，反映单位期末库存现金、银行存款、零余额账户用款额度、其他货币资金的合计数。本项目应当根据“库存现金”“银行存款”“零余额账户用款额度”“其他货币资金”科目的期末余额的合计数填列；若单位存在通过“库存现金”“银行存款”科目核算的受托代理资产还应当按照前述合计数扣减“库存现金”“银行存款”科目下“受托代理资产”明细科目的期末余额后的金额填列。

（2）“短期投资”项目，反映事业单位期末持有的短期投资账面余额。本项目应当根据“短期投资”科目的期末余额填列。

（3）“财政应返还额度”项目，反映单位期末财政应返还额度的金额。本项目应当根据“财政应返还额度”科目的期末余额填列。

（4）“应收票据”项目，反映事业单位期末持有的应收票据的票面金额。本项目应当根据“应收票据”科目的期末余额填列。

（5）“应收账款净额”项目，反映单位期末尚未收回的应收账款减去已计提的坏账准备后的净额。本项目应当根据“应收账款”科目的期末余额，减去“坏账准备”科目中对应收账款计提的坏账准备的期末余额后的金额填列。

（6）“预付账款”项目，反映单位期末预付给商品或者劳务供应单位的款项。本项目应当根据“预付账款”科目的期末余额填列。

（7）“应收股利”项目，反映事业单位期末因股权投资而应收取的现金股利或应当分得的利润。本项目应当根据“应收股利”科目的期末余额填列。

（8）“应收利息”项目，反映事业单位期末因债券投资等而应收取的利息。事业单位购入的到期一次还本付息的长期债券投资持有期间应收的利息，不包括在本项目内。本项目应当根据“应收利息”科目的期末余额填列。

（9）“其他应收款净额”项目，反映单位期末尚未收回的其他应收款减去已计提的坏账准备后的净额。本项目应当根据“其他应收款”科目的期末余额减去“坏账准备”科目中对其他应收款计提的坏账准备的期末余额后的金额填列。

（10）“存货”项目，反映单位期末存储的存货的实际成本。本项目应当根据“在途物品”“库存物品”“加工物品”科目的期末余额的合计数填列。

（11）“待摊费用”项目，反映单位期末已经支出，但应当由本期和以后各期负担的分摊期在 1 年以内（含 1 年）的各项费用。本项目应当根据“待摊费用”科目的期末余额填列。

（12）“一年内到期的非流动资产”项目，反映单位期末非流动资产项目中将在 1 年内（含 1 年）到期的金额，如事业单位将在 1 年内（含 1 年）到期的长期债券投资金额。本项目应当根据“长期债券投资”等科目的明细科目的期末余额分析填列。

（13）“其他流动资产”项目，反映单位期末除本表中上述各项之外的其他流动资产的合计金额。本项目应当根据有关科目期末余额的合计数填列。

（14）“流动资产合计”项目，反映单位期末流动资产的合计数。本项目应当根据本表中“货币资金”“短期投资”“财政应返还额度”“应收票据”“应收账款净额”“预付账款”“应收股利”“应收利息”“其他应收款净额”“存货”“待摊费用”“一年内到期的非流动资产”“其他流动资产”项目金额的合计数填列。

（15）“长期股权投资”项目，反映事业单位期末持有的长期股权投资的账面余额。本项目应当根据“长期股权投资”科目的期末余额填列。

（16）“长期债券投资”项目，反映事业单位期末持有的长期债券投资的账面余额。本项目应当根据“长期债券投资”科目的期末余额减去其中将于1年内(含1年)到期的长期债券投资余额后的金额填列。

(17)“固定资产原值”项目,反映单位期末固定资产的原值。本项目应当根据“固定资产”科目的期末余额填列。

“固定资产累计折旧”项目,反映单位期末固定资产已计提的累计折旧金额。本项目应当根据“固定资产累计折旧”科目的期末余额填列。

“固定资产净值”项目,反映单位期末固定资产的账面价值。本项目应当根据“固定资产”科目期末余额减去“固定资产累计折旧”科目期末余额后的金额填列。

(18)“工程物资”项目,反映单位期末为在建工程准备的各种物资的实际成本。本项目应当根据“工程物资”科目的期末余额填列。

(19)“在建工程”项目,反映单位期末所有的建设项目工程的实际成本。本项目应当根据“在建工程”科目的期末余额填列。

(20)“无形资产原值”项目,反映单位期末无形资产的原值。本项目应当根据“无形资产”科目的期末余额填列。

“无形资产累计摊销”项目,反映单位期末无形资产已计提的累计摊销金额。本项目应当根据“无形资产累计摊销”科目的期末余额填列。

“无形资产净值”项目,反映单位期末无形资产的账面价值。本项目应当根据“无形资产”科目期末余额减去“无形资产累计摊销”科目期末余额后的金额填列。

(21)“研发支出”项目,反映单位期末正在进行的无形资产开发项目开发阶段发生的累计支出数。本项目应当根据“研发支出”科目的期末余额填列。

(22)“公共基础设施原值”项目,反映单位期末控制的公共基础设施的原值。本项目应当根据“公共基础设施”科目的期末余额填列。

“公共基础设施累计折旧(摊销)”项目,反映单位期末控制的公共基础设施已计提的累计折旧和累计摊销金额。本项目应当根据“公共基础设施累计折旧(摊销)”科目的期末余额填列。

“公共基础设施净值”项目,反映单位期末控制的公共基础设施的账面价值。本项目应当根据“公共基础设施”科目期末余额减去“公共基础设施累计折旧(摊销)”科目期末余额后的金额填列。

(23)“政府储备物资”项目,反映单位期末控制的政府储备物资的实际成本。本项目应当根据“政府储备物资”科目的期末余额填列。

(24)“文物文化资产”项目,反映单位期末控制的文物文化资产的成本。本项目应当根据“文物文化资产”科目的期末余额填列。

(25)“保障性住房原值”项目,反映单位期末控制的保障性住房的原值。本项目应当根据“保障性住房”科目的期末余额填列。

“保障性住房累计折旧”项目,反映单位期末控制的保障性住房已计提的累计折旧金额。本项目应当根据“保障性住房累计折旧”科目的期末余额填列。

“保障性住房净值”项目,反映单位期末控制的保障性住房的账面价值。本项目应当根据“保障性住房”科目期末余额减去“保障性住房累计折旧”科目期末余额后的金额填列。

(26)“长期待摊费用”项目,反映单位期末已经支出,但应由本期和以后各期负担的分摊期限在1年以上(不含1年)的各项费用。本项目应当根据“长期待摊费用”科目的期末余额填列。

(27)“待处理财产损溢”项目,反映单位期末尚未处理完毕的各种资产的净损失或净溢余。本项目应当根据“待处理财产损溢”科目的期末借方余额填列;如“待处理财产损溢”科目期末为贷方余额,以“－”号填列。

(28)“其他非流动资产”项目,反映单位期末除本表中上述各项之外的其他非流动资产的合计数。本项目应当根据有关科目的期末余额合计数填列。

(29)“非流动资产合计”项目,反映单位期末非流动资产的合计数。本项目应当根据本表中“长期股权投资”“长期债券投资”“固定资产净值”“工程物资”“在建工程”“无形资产净值”“研发支出”“公共基础设施净值”“政府储备物资”“文物文化资产”“保障性住房净值”“长期待摊费用”“待处理财产损溢”“其他非流动资产”项目金额的合计数填列。

(30)“受托代理资产”项目,反映单位期末受托代理资产的价值。本项目应当根据“受托代理资产”科目的期末余额与“库存现金”“银行存款”科目下“受托代理资产”明细科目的期末余额的合计数填列。

(31)“资产总计”项目,反映单位期末资产的合计数。本项目应当根据本表中“流动资产合计”“非流动资产合计”“受托代理资产”项目金额的合计数填列。

2. 负债类项目

(1)“短期借款”项目,反映事业单位期末短期借款的余额。本项目应当根据“短期借款”科目的期末余额填列。

(2)“应交增值税”项目,反映单位期末应缴未缴的增值税税额。本项目应当根据“应交增值税”科目的期末余额填列;如“应交增值税”科目期末为借方余额,以“－”号填列。

(3)“其他应交税费”项目,反映单位期末应缴未缴的除增值税以外的税费金额。本项目应当根据“其他应交税费”科目的期末余额填列;如“其他应交税费”科目期末为借方余额,以“－”号填列。

(4)“应缴财政款”项目,反映单位期末应当上缴财政但尚未缴纳的款项。本项目应当根据“应缴财政款”科目的期末余额填列。

(5)“应付职工薪酬”项目,反映单位期末按有关规定应付给职工及为职工支付的各种薪酬。本项目应当根据“应付职工薪酬”科目的期末余额填列。

(6)“应付票据”项目,反映事业单位期末应付票据的金额。本项目应当根据“应付票据”科目的期末余额填列。

(7)“应付账款”项目,反映单位期末应当支付但尚未支付的偿还期限在1年以内(含1年)的应付账款的金额。本项目应当根据“应付账款”科目的期末余额填列。

(8)“应付政府补贴款”项目,反映负责发放政府补贴的行政单位期末按照规定应当支付给政府补贴接受者的各种政府补贴款余额。本项目应当根据“应付政府补贴款”科目的期末余额填列。

(9)“应付利息”项目,反映事业单位期末按照合同约定应支付的借款利息。事业单位到期一次还本付息的长期借款利息不包括在本项目内。本项目应当根据“应付利息”科目的期末余额填列。

(10)“预收账款”项目,反映事业单位期末预先收取但尚未确认收入和实际结算的款项余额。本项目应当根据“预收账款”科目的期末余额填列。

(11)“其他应付款”项目,反映单位期末其他各项偿还期限在1年内(含1年)的应付及暂收款项余额。本项目应当根据“其他应付款”科目的期末余额填列。

(12)“预提费用”项目,反映单位期末已预先提取的已经发生但尚未支付的各项费用。本项目应当根据“预提费用”科目的期末余额填列。

(13)“一年内到期的非流动负债”项目,反映单位期末将于1年内(含1年)偿还的非流动负债的余额。本项目应当根据“长期应付款”“长期借款”等科目的明细科目的期末余额分析填列。

(14)“其他流动负债”项目,反映单位期末除本表中上述各项之外的其他流动负债的合计数。本项目应当根据有关科目的期末余额的合计数填列。

(15)“流动负债合计”项目,反映单位期末流动负债合计数。本项目应当根据本表“短期借款”“应交增值税”“其他应交税费”“应缴财政款”“应付职工薪酬”“应付票据”“应付账款”“应付政府补贴款”“应付利息”“预收账款”“其他应付款”“预提费用”“一年内到期的非流动负债”“其他流动负债”项目金额的合计数填列。

(16)“长期借款”项目,反映事业单位期末长期借款的余额。本项目应当根据“长期借款”科目的期末余额减去其中将于1年内(含1年)到期的长期借款余额后的金额填列。

(17)“长期应付款”项目,反映单位期末长期应付款的余额。本项目应当根据“长期应付款”科目的期末余额减去其中将于1年内(含1年)到期的长期应付款余额后的金额填列。

(18)“预计负债”项目,反映单位期末已确认但尚未偿付的预计负债的余额。本项目应当根据“预计负债”科目的期末余额填列。

(19)“其他非流动负债”项目,反映单位期末除本表中上述各项之外的其他非流动负债的合计数。本项目应当根据有关科目的期末余额合计数填列。

(20)“非流动负债合计”项目,反映单位期末非流动负债合计数。本项目应当根据本表中“长期借款”“长期应付款”“预计负债”“其他非流动负债”项目金额的合计数填列。

(21)“受托代理负债”项目,反映单位期末受托代理负债的金额。本项目应当根据“受托代理负债”科目的期末余额填列。

(22)“负债合计”项目,反映单位期末负债的合计数。本项目应当根据本表中“流动负债合计”“非流动负债合计”“受托代理负债”项目金额的合计数填列。

3. 净资产类项目

(1)“累计盈余”项目,反映单位期末未分配盈余(或未弥补亏损)以及无偿调拨净资产变动的累计数。本项目应当根据“累计盈余”科目的期末余额填列。

(2)“专用基金”项目,反映事业单位期末累计提取或设置但尚未使用的专用基金余额。本项目应当根据“专用基金”科目的期末余额填列。

(3)“权益法调整”项目,反映事业单位期末在被投资单位除净损益和利润分配以外的所有者权益变动中累积享有的份额。本项目应当根据“权益法调整”科目的期末余额填列。如“权益法调整”科目期末为借方余额,以“-”号填列。

(4)“无偿调拨净资产”项目,反映单位本年度截至报告期期末无偿调入的非现金资产价值扣减无偿调出的非现金资产价值后的净值。本项目仅在月度报表中列示,年度报表中不列示。月度报表中本项目应当根据“无偿调拨净资产”科目的期末余额填列;“无偿调拨净资产"科目期末为借方余额时,以"-"号填列。

(5)"本期盈余"项目,反映单位本年度截至报告期期末实现的累计盈余或亏损。本项目仅在月度报表中列示,年度报表中不列示。月度报表中本项目应当根据"本期盈余"科目的期末余额填列;"本期盈余"科目期末为借方余额时,以"-"号填列。

(6)"净资产合计"项目,反映单位期末净资产合计数。本项目应当根据本表中"累计盈余""专用基金""权益法调整""无偿调拨净资产"(月度报表)、"本期盈余"(月度报表)项目金额的合计数填列。

(7)"负债和净资产总计"项目,应当按照本表中"负债合计""净资产合计"项目金额的合计数填列。

二、收入费用表

15.3 收入费用表

(一) 收入费用表的概念与格式

收入费用表是反映行政事业单位在某一会计期间内各项收入、费用及当期盈余情况的会计报表。报表按月度和年度编制。收入费用表的一般格式如表 15-2 所示。

表 15-2 **收入费用表**

会财政 02 表

编制单位: 年 月 单位:元

项 目	本月数	本年累计数
一、本期收入		
(一) 财政拨款收入		
其中:政府性基金收入		
(二) 事业收入		
(三) 上级补助收入		
(四) 附属单位上缴收入		
(五) 经营收入		
(六) 非同级财政拨款收入		
(七) 投资收益		
(八) 捐赠收入		
(九) 利息收入		
(十) 租金收入		
(十一) 其他收入		
二、本期费用		
(一) 业务活动费用		
(二) 单位管理费用		
(三) 经营费用		

（续表）

项　　目	本月数	本年累计数
（四）资产处置费用		
（五）上缴上级费用		
（六）对附属单位补助费用		
（七）所得税费用		
（八）其他费用		
三、本期盈余		

（二）收入费用表的编制方法

收入费用表“本月数”栏反映各项目的本月实际发生数。在编制年度收入费用表时，应当将本栏改为“上年数”栏，反映上年度各项目的实际发生数；本表“本年累计数”栏反映各项目自年初起至报告期末止的累计实际发生数。编制年度收入支出表时，应当将本栏改为“本年数”，反映本年度各项目的实际发生数。

如果本年度收入费用表规定的各个项目的名称和内容同上年度不一致，应对上年度收入费用表各项目的名称和数字按照本年度的规定进行调整，填入本年度收入费用表的“上年数”栏。如果本年度单位发生了因前期差错更正、会计政策变更等调整以前年度盈余的事项，还应当对年度收入费用表中“上年数”栏中的有关项目金额进行相应调整。

本表“本月数”栏各项目的内容和填列方法。

1. 本期收入

（1）“本期收入”项目，反映单位本期收入总额。本项目应当根据本表中“财政拨款收入”“事业收入”“上级补助收入”“附属单位上缴收入”“经营收入”“非同级财政拨款收入”“投资收益”“捐赠收入”“利息收入”“租金收入”“其他收入”项目金额的合计数填列。

（2）“财政拨款收入”项目，反映单位本期从同级政府财政部门取得的各类财政拨款。本项目应当根据“财政拨款收入”科目的本期发生额填列。

“政府性基金收入”项目，反映单位本期取得的财政拨款收入中属于政府性基金预算拨款的金额。本项目应当根据“财政拨款收入” 相关明细科目的本期发生额填列。

（3）“事业收入”项目，反映事业单位本期开展专业业务活动及其辅助活动实现的收入。本项目应当根据“事业收入”科目的本期发生额填列。

（4）“上级补助收入”项目，反映事业单位本期从主管部门和上级单位收到或应收的非财政拨款收入。本项目应当根据“上级补助收入”科目的本期发生额填列。

（5）“附属单位上缴收入”项目，反映事业单位本期收到或应收的独立核算的附属单位按照有关规定上缴的收入。本项目应当根据“附属单位上缴收入”科目的本期发生额填列。

（6）“经营收入”项目，反映事业单位本期在专业业务活动及其辅助活动之外开展非独立核算经营活动实现的收入。本项目应当根据“经营收入”科目的本期发生额填列。

（7）“非同级财政拨款收入”项目，反映单位本期从非同级政府财政部门取得的财政拨款，不包括事业单位因开展科研及其辅助活动从非同级财政部门取得的经费拨款。本项目应当根据“非同级财政拨款收入”科目的本期发生额填列。

(8)“投资收益”项目，反映事业单位本期股权投资和债券投资所实现的收益或发生的损失。本项目应当根据“投资收益”科目的本期发生额填列；如为投资净损失，以“－”号填列。

(9)“捐赠收入”项目，反映单位本期接受捐赠取得的收入。本项目应当根据“捐赠收入”科目的本期发生额填列。

(10)“利息收入”项目，反映单位本期取得的银行存款利息收入。本项目应当根据“利息收入”科目的本期发生额填列。

(11)“租金收入”项目，反映单位本期经批准利用国有资产出租取得并按规定纳入本单位预算管理的租金收入。本项目应当根据“租金收入”科目的本期发生额填列。

(12)“其他收入”项目，反映单位本期取得的除以上收入项目外的其他收入的总额。本项目应当根据“其他收入”科目的本期发生额填列。

2. 本期费用

(1)“本期费用”项目，反映单位本期费用总额。本项目应当根据本表中“业务活动费用”“单位管理费用”“经营费用”“资产处置费用”“上缴上级费用”“对附属单位补助费用”“所得税费用”和“其他费用”项目金额的合计数填列。

(2)“业务活动费用”项目，反映单位本期为实现其职能目标，依法履职或开展专业业务活动及其辅助活动所发生的各项费用。本项目应当根据“业务活动费用”科目本期发生额填列。

(3)“单位管理费用”项目，反映事业单位本期本级行政及后勤管理部门开展管理活动发生的各项费用，以及由单位统一负担的离退休人员经费、工会经费、诉讼费、中介费等。本项目应当根据“单位管理费用”科目的本期发生额填列。

(4)“经营费用”项目，反映事业单位本期在专业业务活动及其辅助活动之外开展非独立核算经营活动发生的各项费用。本项目应当根据“经营费用”科目的本期发生额填列。

(5)“资产处置费用”项目，反映单位本期经批准处置资产时转销的资产价值以及在处置过程中发生的相关费用或者处置收入小于处置费用形成的净支出。本项目应当根据“资产处置费用”科目的本期发生额填列。

(6)“上缴上级费用”项目，反映事业单位按照规定上缴上级单位款项发生的费用。本项目应当根据“上缴上级费用”科目的本期发生额填列。

(7)“对附属单位补助费用”项目，反映事业单位用财政拨款收入之外的收入对附属单位补助发生的费用。本项目应当根据“对附属单位补助费用”科目的本期发生额填列。

(8)“所得税费用”项目，反映有企业所得税缴纳义务的事业单位本期计算应交纳的企业所得税。本项目应当根据“所得税费用”科目的本期发生额填列。

(9)“其他费用”项目，反映单位本期发生的除以上费用项目外的其他费用的总额。本项目应当根据“其他费用”科目的本期发生额填列。

3. 本期盈余

“本期盈余”项目，反映单位本期收入扣除本期费用后的净额。本项目应当根据本表中“本期收入”项目金额减去“本期费用”项目金额后的金额填列；如为负数，以“－”号填列。

三、净资产变动表

(一) 净资产变动表的概念与格式

净资产变动表是反映单位在某一会计年度内净资产项目的变动情况的会计报表。报表按年度编制。净资产变动表的一般格式如表 15-3 所示。

表 15-3 **净资产变动表**

会政财 03 表

编制单位:________ ____年 单位:元

项目	本年数				上年数			
	累计盈余	专用基金	权益法调整	净资产合计	累计盈余	专用基金	权益法调整	净资产合计
一、上年年末余额								
二、以前年度盈余调整(减少以“—”号填列)		—	—			—	—	
三、本年年初余额								
四、本年变动金额(减少以“—”号填列)								
(一) 本年盈余		—	—			—	—	
(二) 无偿调拨净资产		—	—			—	—	
(三) 归集调整预算结转结余		—	—			—	—	
(四) 提取或设置专用基金			—				—	
其中:从预算收入中提取	—		—		—		—	
从预算结余中提取			—				—	
设置的专用基金	—		—		—		—	
(五) 使用专用基金			—				—	
(六) 权益法调整	—	—					—	—
五、本年年末余额								

(二) 净资产变动表的编制方法

净资产变动表“本年数”栏反映本年度各项目的实际变动数。本表“上年数”栏反映上年度各项目的实际变动数,应当根据上年度净资产变动表中“本年数”栏内所列数字填列。如果上年度净资产变动表规定的项目的名称和内容与本年度不一致,应对上年度净资产变动表项目的名称和数字按照本年度的规定进行调整,将调整后金额填入本年度净资产变动表“上年数”栏内。

本表“本年数”栏各项目的内容和填列方法。

(1)“上年年末余额”行,反映单位净资产各项目上年年末的余额。本行各项目应当根据“累计盈余”“专用基金”“权益法调整”科目上年年末余额填列。

(2)“以前年度盈余调整”行,反映单位本年度调整以前年度盈余的事项对累计盈余进行调整的金额。本行“累计盈余”项目应当根据本年度“以前年度盈余调整”科目转入“累计盈余”科目的金额填列;如调整减少累计盈余,以“－”号填列。

(3)“本年年初余额”行,反映经过以前年度盈余调整后,单位净资产各项目的本年年初余额。本行“累计盈余”“专用基金”“权益法调整”项目应当根据其各自在“上年年末余额”和“以前年度盈余调整”行对应项目金额的合计数填列。

(4)“本年变动金额”行,反映单位净资产各项目本年变动总金额。本行“累计盈余”“专用基金”“权益法调整”项目应当根据其各自在“本年盈余”“无偿调拨净资产”“归集调整预算结转结余”“提取或设置专用基金”“使用专用基金”“权益法调整”行对应项目金额的合计数填列。

(5)“本年盈余”行,反映单位本年发生的收入、费用对净资产的影响。本行“累计盈余”项目应当根据年末由“本期盈余”科目转入“本年盈余分配”科目的金额填列;如转入时借记“本年盈余分配”科目,则以“－”号填列。

(6)“无偿调拨净资产”行,反映单位本年无偿调入、调出非现金资产事项对净资产的影响。本行“累计盈余”项目应当根据年末由“无偿调拨净资产”科目转入“累计盈余”科目的金额填列;如转入时借记“累计盈余”科目,则以“－”号填列。

(7)“归集调整预算结转结余”行,反映单位本年财政拨款结转结余资金归集调入、归集上缴或调出,以及非财政拨款结转资金缴回对净资产的影响。本行“累计盈余”项目应当根据“累计盈余”科目明细账记录分析填列;如归集调整减少预算结转结余,则以“－”号填列。

(8)“提取或设置专用基金”行,反映单位本年提取或设置专用基金对净资产的影响。本行“累计盈余”项目应当根据“从预算结余中提取”行“累计盈余”项目的金额填列。本行“专用基金”项目应当根据“从预算收入中提取”“从预算结余中提取”“设置的专用基金”行“专用基金”项目金额的合计数填列。

“从预算收入中提取”行,反映单位本年从预算收入中提取专用基金对净资产的影响。本行“专用基金”项目应当通过对“专用基金”科目明细账记录的分析,根据本年按有关规定从预算收入中提取基金的金额填列。

“从预算结余中提取”行,反映单位本年根据有关规定从本年度非财政拨款结余或经营结余中提取专用基金对净资产的影响。本行“累计盈余”“专用基金”项目应当通过对“专用基金”科目明细账记录的分析,根据本年按有关规定从本年度非财政拨款结余或经营结余中提取专用基金的金额填列;本行“累计盈余”项目以“－”号填列。

“设置的专用基金”行,反映单位本年根据有关规定设置的其他专用基金对净资产的影响。本行“专用基金”项目应当通过对“专用基金”科目明细账记录的分析,根据本年按有关规定设置的其他专用基金的金额填列。

(9)“使用专用基金”行,反映单位本年按规定使用专用基金对净资产的影响。本行“累计盈余”“专用基金”项目应当通过对“专用基金”科目明细账记录的分析,根据本年按规定使用专用基金的金额填列;本行“专用基金”项目以“－”号填列。

(10)“权益法调整”行,反映单位本年按照被投资单位除净损益和利润分配以外的所有者权益变动份额而调整长期股权投资账面余额对净资产的影响。本行“权益法调整”项目应当根据“权益法调整”科目本年发生额填列;若本年净发生额为借方时,以“－”号填列。

(11)“本年年末余额”行,反映单位本年各净资产项目的年末余额。本行“累计盈余”“专用基金”“权益法调整”项目应当根据其各自在“本年年初余额”“本年变动金额”行对应项目金额的合计数填列。

(12)本表各行“净资产合计”项目,应当根据所在行“累计盈余”“专用基金”“权益法调整”项目金额的合计数填列。

四、现金流量表

(一)现金流量表的概念与格式

现金流量表是反映单位在某一会计年度内现金流入和流出信息的会计报表。现金流量表一般格式如表15-4所示。

表15-4　　　　现金流量表

会政财04表

编制单位:________　　　　____年　　　　单位:元

项　　目	本年金额	上年金额
一、日常活动产生的现金流量:		
财政基本支出拨款收到的现金		
财政非资本性项目拨款收到的现金		
事业活动收到的除财政拨款以外的现金		
收到的其他与日常活动有关的现金		
日常活动的现金流入小计		
购买商品、接受劳务支付的现金		
支付给职工以及为职工支付的现金		
支付的各项税费		
支付的其他与日常活动有关的现金		
日常活动的现金流出小计		
日常活动产生的现金流量净额		
二、投资活动产生的现金流量:		
收回投资收到的现金		
取得投资收益收到的现金		
处置固定资产、无形资产、公共基础设施等收回的现金净额		

（续表）

项　　目	本年金额	上年金额
收到的其他与投资活动有关的现金		
投资活动的现金流入小计		
购建固定资产、无形资产、公共基础设施等支付的现金		
对外投资支付的现金		
上缴处置固定资产、无形资产、公共基础设施等净收入支付的现金		
支付的其他与投资活动有关的现金		
投资活动的现金流出小计		
投资活动产生的现金流量净额		
三、筹资活动产生的现金流量：		
财政资本性项目拨款收到的现金		
取得借款收到的现金		
收到的其他与筹资活动有关的现金		
筹资活动的现金流入小计		
偿还借款支付的现金		
偿还利息支付的现金		
支付的其他与筹资活动有关的现金		
筹资活动的现金流出小计		
筹资活动产生的现金流量净额		
四、汇率变动对现金的影响额		
五、现金净增加额		

现金流量表所指的现金，是指单位的库存现金以及其他可以随时用于支付的款项，包括库存现金、可以随时用于支付的银行存款、其他货币资金、零余额账户用款额度、财政应返还额度，以及通过财政直接支付方式支付的款项。

现金流量表应当按照日常活动、投资活动、筹资活动的现金流量分别反映。本表所指的现金流量，是指现金的流入和流出。本表“本年金额”栏反映各项目的本年实际发生数。本表“上年金额”栏反映各项目的上年实际发生数，应当根据上年现金流量表中“本年金额”栏内所列数字填列。单位应当采用直接法编制现金流量表。

（二）现金流量表的编制方法

本表“本年金额”栏各项目的填列方法。

1. 日常活动产生的现金流量

（1）“财政基本支出拨款收到的现金”项目，反映单位本年接受财政基本支出拨款取得的现金。本项目应当根据“零余额账户用款额度”“财政拨款收入”“银行存款”等科目及其所属明细科目的记录分析填列。

(2)“财政非资本性项目拨款收到的现金”项目,反映单位本年接受除用于购建固定资产、无形资产、公共基础设施等资本性项目以外的财政项目拨款取得的现金。本项目应当根据“银行存款”“零余额账户用款额度”“财政拨款收入”等科目及其所属明细科目的记录分析填列。

(3)“事业活动收到的除财政拨款以外的现金”项目,反映事业单位本年开展专业业务活动及其辅助活动取得的除财政拨款以外的现金。本项目应当根据“库存现金”“银行存款”“其他货币资金”“应收账款”“应收票据”“预收账款”“事业收入”等科目及其所属明细科目的记录分析填列。

(4)“收到的其他与日常活动有关的现金”项目,反映单位本年收到的除以上项目之外的与日常活动有关的现金。本项目应当根据“库存现金”“银行存款”“其他货币资金”“上级补助收入”“附属单位上缴收入”“经营收入”“非同级财政拨款收入”“捐赠收入”“利息收入”“租金收入”“其他收入”等科目及其所属明细科目的记录分析填列。

(5)“日常活动的现金流入小计”项目,反映单位本年日常活动产生的现金流入的合计数。本项目应当根据本表中“财政基本支出拨款收到的现金”“财政非资本性项目拨款收到的现金”“事业活动收到的除财政拨款以外的现金”“收到的其他与日常活动有关的现金”项目金额的合计数填列。

(6)“购买商品、接受劳务支付的现金”项目,反映单位本年在日常活动中用于购买商品、接受劳务支付的现金。本项目应当根据“库存现金”“银行存款”“财政拨款收入”“零余额账户用款额度”“预付账款”“在途物品”“库存物品”“应付账款”“应付票据”“业务活动费用”“单位管理费用”“经营费用”等科目及其所属明细科目的记录分析填列。

(7)“支付给职工以及为职工支付的现金”项目,反映单位本年支付给职工以及为职工支付的现金。本项目应当根据“库存现金”“银行存款”“零余额账户用款额度”“财政拨款收入”“应付职工薪酬”“业务活动费用”“单位管理费用”“经营费用”等科目及其所属明细科目的记录分析填列。

(8)“支付的各项税费”项目,反映单位本年用于缴纳日常活动相关税费而支付的现金。本项目应当根据“库存现金”“银行存款”“零余额账户用款额度”“应交增值税”“其他应交税费”“业务活动费用”“单位管理费用”“经营费用”“所得税费用”等科目及其所属明细科目的记录分析填列。

(9)“支付的其他与日常活动有关的现金”项目,反映单位本年支付的除上述项目之外与日常活动有关的现金。本项目应当根据“库存现金”“银行存款”“零余额账户用款额度”“财政拨款收入”“其他应付款”“业务活动费用”“单位管理费用”“经营费用”“其他费用”等科目及其所属明细科目的记录分析填列。

(10)“日常活动的现金流出小计”项目,反映单位本年日常活动产生的现金流出的合计数。本项目应当根据本表中“购买商品、接受劳务支付的现金”“支付给职工以及为职工支付的现金”“支付的各项税费”“支付的其他与日常活动有关的现金”项目金额的合计数填列。

(11)“日常活动产生的现金流量净额”项目,应当按照本表中“日常活动的现金流入小计”项目金额减去“日常活动的现金流出小计”项目金额后的金额填列;如为负数,以“—”号填列。

2. 投资活动产生的现金流量

(1)“收回投资收到的现金”项目,反映单位本年出售、转让或者收回投资收到的现金。本项目应该根据“库存现金”“银行存款”“短期投资”“长期股权投资”“长期债券投资”等科目的记录分析填列。

(2)“取得投资收益收到的现金”项目,反映单位本年因对外投资而收到被投资单位分配的股利或利润,以及收到投资利息而取得的现金。本项目应当根据“库存现金”“银行存款”“应收股利”“应收利息”“投资收益”等科目的记录分析填列。

(3)“处置固定资产、无形资产、公共基础设施等收回的现金净额”项目,反映单位本年处置固定资产、无形资产、公共基础设施等非流动资产所取得的现金,减去为处置这些资产而支付的有关费用之后的净额。由于自然灾害所造成的固定资产等长期资产损失而收到的保险赔款收入,也在本项目反映。本项目应当根据“库存现金”“银行存款”“待处理财产损溢”等科目的记录分析填列。

(4)“收到的其他与投资活动有关的现金”项目,反映单位本年收到的除上述项目之外与投资活动有关的现金。对于金额较大的现金流入,应当单列项目反映。本项目应当根据“库存现金”“银行存款”等有关科目的记录分析填列。

(5)“投资活动的现金流入小计”项目,反映单位本年投资活动产生的现金流入的合计数。本项目应当根据本表中“收回投资收到的现金”“取得投资收益收到的现金”“处置固定资产、无形资产、公共基础设施等收回的现金净额”“收到的其他与投资活动有关的现金”项目金额的合计数填列。

(6)“购建固定资产、无形资产、公共基础设施等支付的现金”项目,反映单位本年购买和建造固定资产、无形资产、公共基础设施等非流动资产所支付的现金;融资租入固定资产支付的租赁费不在本项目反映,在筹资活动的现金流量中反映。本项目应当根据“库存现金”“银行存款”“固定资产”“工程物资”“在建工程”“无形资产”“研发支出”“公共基础设施”“保障性住房”等科目的记录分析填列。

(7)“对外投资支付的现金”项目,反映单位本年为取得短期投资、长期股权投资、长期债券投资而支付的现金。本项目应当根据“库存现金”“银行存款”“短期投资”“长期股权投资”“长期债券投资”等科目的记录分析填列。

(8)“上缴处置固定资产、无形资产、公共基础设施等净收入支付的现金”项目,反映本年单位将处置固定资产、无形资产、公共基础设施等非流动资产所收回的现金净额予以上缴财政所支付的现金。本项目应当根据“库存现金”“银行存款”“应缴财政款”等科目的记录分析填列。

(9)“支付的其他与投资活动有关的现金”项目,反映单位本年支付的除上述项目之外与投资活动有关的现金。对于金额较大的现金流出,应当单列项目反映。本项目应当根据“库存现金”“银行存款”等有关科目的记录分析填列。

(10)“投资活动的现金流出小计”项目,反映单位本年投资活动产生的现金流出的合计数。本项目应当根据本表中“购建固定资产、无形资产、公共基础设施等支付的现金”“对外投资支付的现金”“上缴处置固定资产、无形资产、公共基础设施等净收入支付的现金”“支付的其他与投资活动有关的现金”项目金额的合计数填列。

(11)“投资活动产生的现金流量净额”项目,应当按照本表中“投资活动的现金流入小计”项目金额减去“投资活动的现金流出小计”项目金额后的金额填列;如为负数,以“－”号填列。

3. 筹资活动产生的现金流量

(1)“财政资本性项目拨款收到的现金”项目,反映单位本年接受用于购建固定资产、无形资产、公共基础设施等资本性项目的财政项目拨款取得的现金。本项目应当根据“银行存款”“零余额账户用款额度”“财政拨款收入”等科目及其所属明细科目的记录分析填列。

(2)“取得借款收到的现金”项目,反映事业单位本年举借短期、长期借款所收到的现金。本项目应当根据“库存现金”“银行存款”“短期借款”“长期借款”等科目记录分析填列。

(3)“收到的其他与筹资活动有关的现金”项目,反映单位本年收到的除上述项目之外与筹资活动有关的现金。对于金额较大的现金流入,应当单列项目反映。本项目应当根据“库存现金”“银行存款”等有关科目的记录分析填列。

(4)“筹资活动的现金流入小计”项目,反映单位本年筹资活动产生的现金流入的合计数。本项目应当根据本表中“财政资本性项目拨款收到的现金”“取得借款收到的现金”“收到的其他与筹资活动有关的现金”项目金额的合计数填列。

(5)“偿还借款支付的现金”项目,反映事业单位本年偿还借款本金所支付的现金。本项目应当根据“库存现金”“银行存款”“短期借款”“长期借款”等科目的记录分析填列。

(6)“偿付利息支付的现金”项目,反映事业单位本年支付的借款利息等。本项目应当根据“库存现金”“银行存款”“应付利息”“长期借款”等科目的记录分析填列。

(7)“支付的其他与筹资活动有关的现金”项目,反映单位本年支付的除上述项目之外与筹资活动有关的现金,如融资租入固定资产所支付的租赁费。本项目应当根据“库存现金”“银行存款”“长期应付款”等科目的记录分析填列。

(8)“筹资活动的现金流出小计”项目,反映单位本年筹资活动产生的现金流出的合计数。本项目应当根据本表中“偿还借款支付的现金”“偿付利息支付的现金”“支付的其他与筹资活动有关的现金”项目金额的合计数填列。

(9)“筹资活动产生的现金流量净额”项目,应当按照本表中“筹资活动的现金流入小计”项目金额减去“筹资活动的现金流出小计”金额后的金额填列;如为负数,以“-”号填列。

4. 汇率变动对现金的影响额

“汇率变动对现金的影响额”项目,反映单位本年外币现金流量折算为人民币时,所采用的现金流量发生日的汇率折算的人民币金额与外币现金流量净额按期末汇率折算的人民币金额之间的差额。

5. 现金净增加额

“现金净增加额”项目,反映单位本年现金变动的净额。本项目应当根据本表中“日常活动产生的现金流量净额”“投资活动产生的现金流量净额”“筹资活动产生的现金流量净额”和“汇率变动对现金的影响额”项目金额的合计数填列;如为负数,以“-”号填列。

第四节　行政事业单位预算会计报表的编制

15.4　预算收入支出表

一、预算收入支出表

(一) 预算收入支出表的概念与格式

预算收入支出表是反映行政事业单位在某一会计年度内各项预算收入、预算支出和预算收支差额的情况。预算收入支出表应当按照本年预算收入、本年预算支出、本年预算收支差额分类、分项列示。行政事业单位预算收入支出表的参考格式如表15-5所示。

表15-5　　**预算收入支出表**

会政预01表

编制单位：　　年　月　日　　单位：元

项　目	本年数	上年数
一、本年预算收入		
（一）财政拨款预算收入		
其中：政府性基金收入		
（二）事业预算收入		
（三）上级补助预算收入		
（四）附属单位上缴预算收入		
（五）经营预算收入		
（六）债务预算收入		
（七）非同级财政拨款预算收入		
（八）投资预算收益		
（九）其他预算收入		
其中：利息预算收入		
捐赠预算收入		
租金预算收入		
二、本年预算支出		
（一）行政支出		
（二）事业支出		
（三）经营支出		
（四）上缴上级支出		
（五）对附属单位补助支出		
（六）投资支出		
（七）债务还本支出		
（八）其他支出		
其中：利息支出		
捐赠支出		
三、本年预算收支差额		

（二）预算收入支出表的编制说明

本表“本年数”栏反映各项目的本年实际发生数。本表“上年数”栏反映各项目上年度的实际发生数，应当根据上年度预算收入支出表中“本年数”栏内所列数字填列。

如果本年度预算收入支出表规定的项目的名称和内容同上年度不一致，应当对上年度预算收入支出表项目的名称和数字按照本年度的规定进行调整，将调整后金额填入本年度预算收入支出表的“上年数”栏。

本表“本年数”栏各项目的内容和填列方法。

1. 本年预算收入

（1）“财政拨款预算收入”项目，反映单位本年从同级政府财政部门取得的各类财政拨款。本项目应当根据“财政拨款预算收入”科目的本年发生额填列。

“政府性基金收入”项目，反映单位本年取得的财政拨款收入中属于政府性基金预算拨款的金额。本项目应当根据“财政拨款预算收入”相关明细科目的本年发生额填列。

（2）“事业预算收入”项目，反映事业单位本年开展专业业务活动及其辅助活动取得的预算收入。本项目应当根据“事业预算收入”科目的本年发生额填列。

（3）“上级补助预算收入”项目，反映事业单位本年从主管部门和上级单位取得的非财政补助预算收入。本项目应当根据“上级补助预算收入”科目的本年发生额填列。

（4）“附属单位上缴预算收入”项目，反映事业单位本年收到的独立核算的附属单位按照有关规定上缴的预算收入。本项目应当根据“附属单位上缴预算收入”科目的本年发生额填列。

（5）“经营预算收入”项目，反映事业单位本年在专业业务活动及其辅助活动之外开展非独立核算经营活动取得的预算收入。本项目应当根据“经营预算收入”科目的本年发生额填列。

（6）“债务预算收入”项目，反映事业单位本年按照规定从金融机构等借入的、纳入部门预算管理的债务预算收入。本项目应当根据“债务预算收入”的本年发生额填列。

（7）“非同级财政拨款预算收入”项目，反映单位本年从非同级政府财政部门取得的财政拨款。本项目应当根据“非同级财政拨款预算收入”科目的本年发生额填列。

（8）“投资预算收益”项目，反映事业单位本年取得的按规定纳入单位预算管理的投资收益。本项目应当根据“投资预算收益”科目的本年发生额填列。

（9）“其他预算收入”项目，反映单位本年取得的除上述收入以外的纳入单位预算管理的各项预算收入。本项目应当根据“其他预算收入”科目的本年发生额填列。

“利息预算收入”项目，反映单位本年取得的利息预算收入。本项目应当根据“其他预算收入”科目的明细记录分析填列。单位单设“利息预算收入”科目的，应当根据“利息预算收入”科目的本年发生额填列。

“捐赠预算收入”项目，反映单位本年取得的捐赠预算收入。本项目应当根据“其他预算收入”科目明细账记录分析填列。单位单设“捐赠预算收入”科目的，应当根据“捐赠预算收入”科目的本年发生额填列。

“租金预算收入”项目，反映单位本年取得的租金预算收入。本项目应当根据“其他预算收入”科目明细账记录分析填列。单位单设“租金预算收入”科目的，应当根据“租金预算收入”科目的本年发生额填列。

2. 本年预算支出

(1)"行政支出"项目,反映行政单位本年履行职责实际发生的支出。本项目应当根据"行政支出"科目的本年发生额填列。

(2)"事业支出"项目,反映事业单位本年开展专业业务活动及其辅助活动发生的支出。本项目应当根据"事业支出"科目的本年发生额填列。

(3)"经营支出"项目,反映事业单位本年在专业业务活动及其辅助活动之外开展非独立核算经营活动发生的支出。本项目应当根据"经营支出"科目的本年发生额填列。

(4)"上缴上级支出"项目,反映事业单位本年按照财政部门和主管部门的规定上缴上级单位的支出。本项目应当根据"上缴上级支出"科目的本年发生额填列。

(5)"对附属单位补助支出"项目,反映事业单位本年用财政拨款收入之外的收入对附属单位补助发生的支出。本项目应当根据"对附属单位补助支出"科目的本年发生额填列。

(6)"投资支出"项目,反映事业单位本年以货币资金对外投资发生的支出。本项目应当根据"投资支出"科目的本年发生额填列。

(7)"债务还本支出"项目,反映事业单位本年偿还自身承担的纳入预算管理的从金融机构举借的债务本金的支出。本项目应当根据"债务还本支出"科目的本年发生额填列。

(8)"其他支出"项目,反映单位本年除以上支出以外的各项支出。本项目应当根据"其他支出"科目的本年发生额填列。

"利息支出"项目,反映单位本年发生的利息支出。本项目应当根据"其他支出"科目明细账记录分析填列。单位单设"利息支出"科目的,应当根据"利息支出"科目的本年发生额填列。

"捐赠支出"项目,反映单位本年发生的捐赠支出。本项目应当根据"其他支出"科目明细账记录分析填列。单位单设"捐赠支出"科目的,应当根据"捐赠支出"科目的本年发生额填列。

3. 本年预算收支差额

"本年预算收支差额"项目,反映单位本年各项预算收支相抵后的差额。本项目应当根据本表中"本期预算收入"项目金额减去"本期预算支出"项目金额后的金额填列;如相减后金额为负数,以"—"号填列。

二、预算结转结余变动表

(一) 预算结转结余变动表的概念与格式

预算结转结余变动表反映单位在某一会计年度内预算结转结余的变动情况。预算结转结余变动表应当按照"年初预算结转结余""年初余额调整""本年变动金额"分类、分项列示。"年末预算结转结余"项目金额等于前面三个项目的合计数。行政事业单位预算结转结余变动表的参考格式如表15-6所示。

(二) 预算结转结余变动表的编制说明

本表"本年数"栏反映各项目的本年实际发生数。本表"上年数"栏反映各项目的上年实际发生数,应当根据上年度预算结转结余变动表中"本年数"栏内所列数字填列。

如果本年度预算结转结余变动表规定的项目的名称和内容同上年度不一致,应当对上

表 15-6　　　　预算结转结余变动表

会政预 02 表

编制单位：　　　　年　　　　单位：元

项　　目	本年数	上年数
一、年初预算结转结余		
（一）财政拨款结转结余		
（二）其他资金结转结余		
二、年初余额调整（减少以“－”号填列）		
（一）财政拨款结转结余		
（二）其他资金结转结余		
三、本年变动金额（减少以“－”号填列）		
（一）财政拨款结转结余		
1. 本年收支差额		
2. 归集调入		
3. 归集上缴或调出		
（二）其他资金结转结余		
1. 本年收支差额		
2. 缴回资金		
3. 使用专用结余		
4. 支付所得税		
四、年末预算结转结余		
（一）财政拨款结转结余		
1. 财政拨款结转		
2. 财政拨款结余		
（二）其他资金结转结余		
1. 非财政拨款结转		
2. 非财政拨款结余		
3. 专用结余		
4. 经营结余（如有余额，以“－”号填列）		

年度预算结转结余变动表项目的名称和数字按照本年度的规定进行调整，将调整后金额填入本年度预算结转结余变动表的“上年数”栏。

本表“本年数”栏各项目的内容和填列方法。

1. 年初预算结转结余

(1)"财政拨款结转结余"项目，反映单位本年财政拨款结转结余资金的年初余额。本项目应当根据"财政拨款结转""财政拨款结余"科目本年年初余额合计数填列。

(2)"其他资金结转结余"项目，反映单位本年其他资金结转结余的年初余额。本项目应当根据"非财政拨款结转""非财政拨款结余""专用结余""经营结余"科目本年年初余额的合计数填列。

2. 年初余额调整

(1)"财政拨款结转结余"项目，反映单位本年财政拨款结转结余资金的年初余额调整金额。本项目应当根据"财政拨款结转""财政拨款结余"科目下"年初余额调整"明细科目的本年发生额的合计数填列；如调整减少年初财政拨款结转结余，以"－"号填列。

(2)"其他资金结转结余"项目，反映单位本年其他资金结转结余的年初余额调整金额。本项目应当根据"非财政拨款结转""非财政拨款结余"科目下"年初余额调整"明细科目的本年发生额的合计数填列；如调整减少年初其他资金结转结余，以"－"号填列。

3. 本年变动金额

(1)"财政拨款结转结余"项目，反映单位本年财政拨款结转结余资金的变动。本项目应当根据本项目下"本年收支差额""归集调入""归集上缴或调出"项目金额的合计数填列。

(2)"其他资金结转结余"项目，反映单位本年其他资金结转结余的变动。本项目应当根据本项目下"本年收支差额""缴回资金""使用专用结余""支付所得税"项目金额的合计数填列。

4. 年末预算结转结余

(1)"财政拨款结转结余"项目，反映单位本年财政拨款结转结余的年末余额。本项目应当根据本项目下"财政拨款结转""财政拨款结余"项目金额的合计数填列。

(2)"其他资金结转结余"项目，反映单位本年其他资金结转结余的年末余额。本项目应当根据本项目下"非财政拨款结转""非财政拨款结余""专用结余""经营结余"项目金额的合计数填列。

三、财政拨款预算收入支出表

(一) 财政拨款预算收入支出表的概念与格式

财政拨款预算收入支出表反映单位本年财政拨款预算资金收入、支出及相关变动的具体情况的会计报表。行政事业单位财政拨款预算收入支出表的参考格式如表 15-7 所示。

(二) 财政拨款预算收入支出表的编制说明

财政拨款预算收入支出表"项目"栏内各项目，应当根据单位取得的财政拨款种类分项设置。其中"项目支出"项目下，根据每个项目设置；单位取得除一般公共财政预算拨款和政府性基金预算拨款以外的其他财政拨款的，应当按照财政拨款种类增加相应的资金项目及其明细项目。

本表各栏及其对应项目的内容和填列方法。

(1)"年初财政拨款结转结余"栏中各项目，反映单位年初各项财政拨款结转结余的金额。各项目应当根据"财政拨款结转""财政拨款结余"及其明细科目的年初余额填列。本栏

表 15-7　　财政拨款预算收入支出表

会政预 03 表

编制单位：________　　____年　　单位：元

项　目	年初财政拨款结转结余		调整年初财政拨款结转结余	本年归集调入	本年归集上缴或调出	单位内部调剂		本年财政拨款收入	本年财政拨款支出	年末财政拨款结转结余	
	结转	结余				结转	结余			结转	结余
一、一般公共预算财政拨款											
（一）基本支出											
1. 人员经费											
2. 日常公用经费											
（二）项目支出											
1. ××项目											
2. ××项目											
……											
二、政府性基金预算财政拨款											
（一）基本支出											
1. 人员经费											
2. 日常公用经费											
（二）项目支出											
1. ××项目											
2. ××项目											
……											
总计											

中各项目的数额应当与上年度财政拨款预算收入支出表中“年末财政拨款结转结余”栏中各项目的数额相等。

（2）“调整年初财政拨款结转结余”栏中各项目，反映单位对年初财政拨款结转结余的调整金额。各项目应当根据“财政拨款结转”“财政拨款结余”科目下“年初余额调整”明细科目及其所属明细科目的本年发生额填列；如调整减少年初财政拨款结转结余，以“－”号填列。

（3）“本年归集调入”栏中各项目，反映单位本年按规定从其他单位调入的财政拨款结转资金金额。各项目应当根据“财政拨款结转”科目下“归集调入”明细科目及其所属明细科目的本年发生额填列。

（4）“本年归集上缴或调出”栏中各项目，反映单位本年按规定实际上缴的财政拨款结转结余资金，及按照规定向其他单位调出的财政拨款结转资金金额。各项目应当根据“财政拨款结转”“财政拨款结余”科目下“归集上缴”科目和“财政拨款结转”科目下“归集调出”明细科目，及其所属明细科目的本年发生额填列，以“－”号填列。

（5）“单位内部调剂”栏中各项目，反映单位本年财政拨款结转结余资金在单位内部不同项目等之间的调剂金额。各项目应当根据“财政拨款结转”和“财政拨款结余”科目下的“单位内部调剂”明细科目及其所属明细科目的本年发生额填列；对单位内部调剂减少的财政拨款结余金额，以“－”号填列。

（6）“本年财政拨款收入”栏中各项目，反映单位本年从同级财政部门取得的各类财政预算拨款金额。各项目应当根据“财政拨款预算收入”科目及其所属明细科目的本年发生额填列。

（7）“本年财政拨款支出”栏中各项目，反映单位本年发生的财政拨款支出金额。各项目应当根据“行政支出”“事业支出”等科目及其所属明细科目本年发生额中的财政拨款支出数的合计数填列。

（8）“年末财政拨款结转结余”栏中各项目，反映单位年末财政拨款结转结余的金额。各项目应当根据“财政拨款结转”“财政拨款结余”科目及其所属明细科目的年末余额填列。

关键术语

资产负债表　收入费用表　现金流量表　净资产变动表　预算收入支出表　预算结转结余变动表　财政拨款预算收入支出表

复习题

1. 行政事业单位会计报表有哪些种类？
2. 行政事业单位资产负债表的内容及编制方法是什么？
3. 行政事业单位年终清理结算包括哪些内容？
4. 行政事业单位年终结账包括哪些环节？
5. 行政事业单位预算收入支出表与收入费用表编制有何区别？

教学课件索取单

敬爱的老师：

感谢您使用我们出版社的教材。为了方便您的教学，本书配有相关的教学课件。如果您需要，请您填写下面表格中的相关信息，并以电子邮件的形式发到我社，我们在核对您的信息后，会免费向您提供教学课件。

我社网站提供电子版的课件索取单以及所有课件清单。

我们的联系方式：

地址：上海市中山西路 2230 号　　邮编：200235

立信会计出版社　　电话：(021)64411217

电子邮件：zql1307@163.com　　网站：www.lixinaph.com

教材名称				作者姓名	
教师姓名		性别		身份证号	
学　　校		院系		教 研 室	
学校地址				邮　　编	
职　　务		职称		办公电话	
E-mail		手机		宅　　电	
通信地址				邮　　编	
教材用量	册	委托订购单位			

您对本教材的意见和建议是：